知识产权
精品案例评析

(2015—2017)

广州知识产权法院　组织编写

主　编　黎炽森

副主编　谭海华

全国百佳图书出版单位

图书在版编目（CIP）数据

知识产权精品案例评析：2015—2017 / 广州知识产权法院组织编写；黎炽森主编 .
—北京：知识产权出版社，2017.12（2018.7 重印）

ISBN 978－7－5130－5312－9

Ⅰ.①知… Ⅱ.①广… ②黎… Ⅲ.①知识产权法—案例—中国 Ⅳ.①D923.405

中国版本图书馆 CIP 数据核字（2017）第 296131 号

责任编辑：汤腊冬　崔开丽　　　　　　责任校对：谷　洋

文字编辑：吴亚平　王小玲　　　　　　责任印制：刘译文

知识产权精品案例评析（2015—2017）

广州知识产权法院　组织编写

主　编　黎炽森

出版发行：	**知识产权出版社**有限责任公司	网　　址：	http://www.ipph.cn
社　　址：	北京市海淀区气象路 50 号院	邮　　编：	100081
责编电话：	010－82000860 转 8108	责编邮箱：	tanglad@126.com
发行电话：	010－82000860 转 8101/8102	发行传真：	010－82000893/82005070/82000270
印　　刷：	三河市国英印务有限公司	经　　销：	各大网上书店、新华书店及相关专业书店
开　　本：	720mm×1000mm　1/16	印　　张：	27.5
版　　次：	2017 年 12 月第 1 版	印　　次：	2018 年 7 月第 2 次印刷
字　　数：	410 千字	定　　价：	78.00 元

ISBN 978－7－5130－5312－9

序

创新是引领发展的第一动力。知识产权保护事关创新驱动发展战略实施，事关经济社会文化繁荣发展。充分发挥司法在知识产权保护中的主导作用，有利于推动创新活力迸发、创新成果转化，有利于激励大众创业、万众创新，有利于深入推进我国供给侧结构性改革。

2014 年 12 月 16 日，根据《全国人民代表大会常务委员会关于在北京、上海、广州设立知识产权法院的决定》，广州知识产权法院正式挂牌成立。广州知识产权法院全体法官紧紧围绕"办精品案件、育精英法官、建现代法院"的总体工作思路，深入贯彻落实国家知识产权战略和创新驱动战略，审结了一批在广东乃至全国都有较大影响力的知识产权案件。三年来，共受理各类知识产权案件 18000 余件，审结 15000 余件，充分发挥了知识产权司法保护的主导作用。广州知识产权法院审结的案例中，1 件获得"全国青年法官案例特等奖"，2 件分别入选"中国法院十大知识产权案件"和"中国法院 50 件典型知识产权案例"。

值此广州知识产权法院成立三周年之际，我们从历年审结的上万件案件中精选出典型案例汇编成册，涵盖了专利权、商标权、著作权、不正当竞争、特许经营合同等不同类型知识产权案件。这些精品案例具有典型性和新颖性，较好展现了广州知识产权法院法官审理知识产权案件的特点和水平。

"雄关漫道真如铁，而今迈步从头越。"党的十九大明确提出要"加快建设创新型国家""强化知识产权创造、保护、运用",知识产权司法保护已进入发展的快车道,知识产权保护事业正迎来前所未有的机遇。希望本册案例评析能为社会各界加强知识产权保护提供有益帮助,贡献广州知识产权法院的智慧。

本书编委会
2017 年 12 月

目　　录

专利案件

阅读提示：专利侵权案件诉前禁令应如何审查？

阅读提示：根据法院的要求，原告提交了专利权评价报告，
报告显示全部权利要求不符合授予专利权条件，同时被告未
到庭参加诉讼，法院应如何处理？

阅读提示：专利权因未缴纳年费而终止的法律效果如何？在涉
案专利权被终止后至恢复之前，实施涉案专利是否构成侵权？

阅读提示：以QQ空间相册、彩信及微信图片等电子证据提
出先用权抗辩的主张能否成立？知识产权案件审理中应如何
采信电子证据？

商标权案件

> 阅读提示：商标注册人超出核定使用商品的范围使用注册商标，是否构成侵权？

> 阅读提示：在权利人提供开放式软件开发权利的情况下，行为人对软件进行二次开发和功能拓展并使用权利人原软件商标及广告语进行宣传，是否构成侵害商标权及不正当竞争？

> 阅读提示：检察机关作出的不起诉决定能否作为在后民事诉讼中认定被诉侵权行为不构成民事侵权的依据？

> 阅读提示：如何判定游戏名称是否商标性使用？如何判定游戏名称与他人注册商标是否混淆？

> 阅读提示：被诉侵权人抗辩称其使用的标识为商品的通用型号，不构成商标侵权，应当如何认定以及如何确定举证责任？

著作权案件

不正当竞争及其他案件

专 利 案 件

1

克里斯提·鲁布托申请广州问叹贸易有限公司等诉前停止侵害专利权案

阅读提示：专利侵权案件诉前禁令应如何审查？

【裁判要旨】

为保障相关市场秩序和专利权人的利益，专利案件的诉前禁令申请应紧紧围绕以下因素进行审查：1. 涉案专利是否稳定有效；2. 被申请人正在实施的行为是否具有侵权的可能性；3. 不颁发禁令是否会给申请人的合法权益造成难以弥补的损害；4. 颁发禁令给被申请人带来的损失是否小于或相当于不颁发禁令给申请人带来的损失；5. 颁发禁令是否会损害社会公共利益；6. 申请人提供的担保是否有效、适当。

【案号】

广州知识产权法院（2016）粤73行保1、2、3号

【案情与裁判】

申请人：克里斯提·鲁布托（简称鲁布托）

被申请人：广州问叹贸易有限公司（简称问叹公司）

被申请人：广州贝玲妃化妆品有限公司（简称贝玲妃公司）

被申请人：广州欧慕生物科技有限公司（简称欧慕公司）

请求与抗辩

鲁布托系 ZL201430483611.7、ZL201430484500.8、ZL201430484638.8 号

外观设计专利的专利权人，该专利权至今有效，且外观设计专利权评价报告的初步结论为专利全部外观设计未发现存在不符合授予专利权条件的缺陷。鲁布托经公证取得被诉侵权产品口红三支。被诉侵权产品销售单价约为270元，涉案专利产品的海外销售单价约合600元。鲁布托表示问叹公司、贝玲妃公司、欧慕公司未经许可，正大量制造、销售以及许诺销售被诉侵权产品，如不及时加以制止，将对其合法权益造成难以弥补的损害。故向广州知识产权法院请求责令问叹公司立即停止制造、销售、许诺销售VT1、VT2、VT3、VT4、VT5、VT6、VT7、VT8、VT9九款被诉侵权产品，贝玲妃公司、欧慕公司立即停止制造上述九款被诉侵权产品。

问叹公司承认制造、销售、许诺销售了VT1、VT2、VT3、VT4、VT5、VT6、VT7、VT8、VT9九款被诉侵权产品，但辩称其不知被诉侵权产品有专利，且在收到本案听证材料后，在可控范围内已完全停止了同款产品的销售和发布，此外被诉侵权产品的产销量小，对鲁布托影响不大。

贝玲妃公司、欧慕公司均否认制造了被诉侵权产品的容器唇膏管，仅承认其为问叹公司加工歌剧粉、优雅粉等涉案产品的原料，并进行灌装。贝玲妃公司、欧慕公司辩称其已查看被诉侵权产品外观设计申请专利的相关资料，其不存在任何过错，现已将加工的原料全部交货至问叹公司，没有任何存货，请求驳回鲁布托对贝玲妃公司、欧慕公司的禁令申请。

法院听证查明

被诉侵权产品上标明的制造者为问叹公司、贝玲妃公司。经技术比对，本案VT1、VT2、VT3、VT4、VT5、VT6、VT7、VT8、VT9九款被诉侵权产品的盖子与ZL201430483611.7号专利的相应设计相同；就瓶体及盖子与瓶体的组合而言，除被诉侵权产品VT7型号产品外，其余产品与ZL201430484500.8号专利和ZL201430484638.8号专利的相应设计相同，而VT7型号产品仅主体表面花纹与对应设计有细微差别，与ZL201430484500.8号专利和ZL201430484638.8号专利近似（详见附图）。在听证过程中，经组织双方当事人就担保金额进行协商，问叹公司、贝玲妃公司当庭表示，不要求鲁布托提供担保。鲁布托根据法院要求，就三份禁令申请共提交了100万元的现金担保。

法院判理和结果

法院认为，根据《专利法》第六十六条、《民事诉讼法》第一百零一条、《最高人民法院关于对诉前停止侵犯专利权行为适用法律问题的若干规定》第四条、第十一条的规定，应当从以下六个方面对本案诉前禁令申请进行审查，以决定是否颁发诉前禁令。

一、涉案专利是否稳定有效。根据《最高人民法院关于对诉前停止侵犯专利权行为适用法律问题的若干规定》第四条的规定，专利权人提出申请时，应当提交证明其专利权真实有效的文件，包括专利证书、权利要求书、说明书、专利年费交纳凭证。本案鲁布托提交的证据证明了其为涉案专利的专利权人，且涉案专利稳定。虽问叹公司的法定代表人盛玉泽就被诉侵权产品申请了外观设计专利，但其申请时间晚于涉案专利申请日，故未损害涉案专利的稳定性。

二、被诉侵权行为是否存在侵犯专利权的可能性。在处理诉前禁令申请时，法院只有判定被诉侵权行为存在侵权可能性时，才有权要求行为人停止被诉侵权行为。经技术比对，本案九款被诉侵权产品均落入涉案专利权的保护范围，被诉侵权产品上仅标明问叹公司、贝玲妃公司制造，因此，问叹公司、贝玲妃公司的行为均存在侵权的可能性。

三、不采取有关措施，是否会给鲁布托的合法权益造成难以弥补的损害。在专利侵权案中，若出现如下情形之一，如不颁发禁令，将会给申请人的合法权益造成难以弥补的损害：1. 权利人声誉被损害；2. 侵权人没有足够的经济能力支付赔偿；3. 损害赔偿无法计算。本案中，首先，问叹公司、贝玲妃公司未提交其具备赔偿能力的证据。其次，侵权产品通常价格较低，专利权人将会因此而丧失相应市场份额，而专利产品价格被侵蚀和市场份额的丧失所共同造成的损失难以计算。综上，如不颁发禁令，将会给鲁布托造成难以弥补的损害。

四、颁发禁令给问叹公司、贝玲妃公司带来的损失是否小于或相当于不颁发禁令给鲁布托带来的损失。就本案而言，问叹公司、贝玲妃公司将因禁令而损失开发模具费、宣传费、已制造出来的被诉侵权产品的其他生产成本，以及禁令期间不能制造、销售被诉侵权产品的盈利；而不颁发禁令，鲁布托不但会损失显而易见的开发设计费、宣传费，还会为竞争而降低产品价格，减少市场份额，失去竞争优势，这些损失显然大于问叹公司、贝玲妃公司所遭受的损失。

五、颁发禁令是否会损害社会公共利益。法院的决定不能有违社会公共利益，如果涉案专利对社会公众的生命、健康等重大社会公共利益有着不容忽视的影响，那将会直接影响到禁令的颁发与否。就本案而言，从产品性质上看，被诉侵权产品与社会公共利益并无直接关系。

六、鲁布托是否提供了有效、适当的担保。根据《专利法》第六十六条的规定，专利权人向人民法院申请诉前禁令时，应当提供担保，不提供担保的，驳回申请。诉前禁令的审查具有很强的时效性，因此，鲁布托要提供合理的、适当的担保。本案在初步确定担保数额时，法院考虑了以下因素：1. 问叹公司、贝玲妃公司表示不要求鲁布托提供担保；2. 鲁布托胜诉的可能性高；3. 涉案专利仅涉及同一种产品。综上，法院初步确定鲁布托需提供100万元作为三份禁令申请的担保。在执行裁定的过程中，如有证据证明问叹公司、贝玲妃公司因停止被诉侵权行为造成更大损失，法院将依据《最高人民法院关于对诉前停止侵犯专利权行为适用法律问题的若干规定》第七条的规定，责令鲁布托追加相应的担保。鲁布托不追加担保的，将解除禁令。

综上，鲁布托对问叹公司、贝玲妃公司的诉前禁令申请，符合法律规定，法院予以支持。由于目前没有证据证明欧慕公司存在制造被诉侵权产品的行为，故鲁布托对欧慕公司的诉前禁令申请依据不足，法院不予支持。根据《专利法》第六十六条、《民事诉讼法》第一百零一条、第一百零八条、第一百五十四条第一款第（四）项、《最高人民法院关于对诉前停止侵犯专利权行为适用法律问题的若干规定》第十四条的规定，裁定：一、问叹公司于收到裁定之日起立即停止制造、销售、许诺销售 VT1、VT2、VT3、VT4、VT5、VT6、VT7、VT8、VT9 九款口红产品；二、贝玲妃公司于收到裁定之日起立即停止制造 VT1、VT2、VT3、VT4、VT5、VT6、VT7、VT8、VT9 九款口红产品；三、驳回鲁布托的其他禁令申请。裁定的法律效力维持到案件终审法律文书生效时止。

【法官评述】

知识产权诉前禁令制度能有效保障相关市场秩序和知识产权人的利益，但对被申请人的利益，甚至社会公共利益亦有重大影响。综合《最高人民法院关于对诉前停止侵犯专利权行为适用法律问题的若干规定》第四条、第十一条的规定，对专利案件的诉前禁令申请应围绕以下因素进行审查。

一、申请人涉案专利是否稳定有效

申请人涉案专利稳定有效是请求颁发禁令的基础。我国专利法现行规定在授予外观设计专利权时仅经初步审查程序，未进行实质性审查，致其稳定性不高，故申请人除了提交专利权属文件外，还应当提供其外观设计专利权评价报告、外观设计专利权经专利复审委员会无效宣告审查程序被维持效力、民事判决认定针对其外观设计专利权侵权的指控能够成立或其他类似的证据，以证明其权利的稳定性。本案申请人提交了涉案外观设计专利授权公告文件、专利登记簿副本及外观设计专利权评价报告，证明了申请人为涉案专利的专利权人，有禁令申请权，涉案专利目前有效，且未发现存在不符合授予专利权条件的缺陷；申请人还提交了其与涉案专利相同的外观设计向印度、韩国等国家申请专利的证据。值得一提的是，虽有他人就被诉侵权产品申请了外观设计专利，但其申请日晚于申请人涉案专利的申请日和授权公告日，故不会损害申请人涉案专利的稳定性。同时，涉案专利从获得授权至今，包括本案被申请人在内，未有人向国家知识产权局申请宣告其无效。因此，涉案专利目前有效，其稳定性较高。

二、被申请人正在实施的行为是否存在侵犯专利权的可能性

需指出的是，法院在审查时，只要能认定存在侵权可能即可，而无须判断申请人是否会胜诉。经技术比对，本案被诉侵权产品与涉案专利产品均为化妆品的盖子、化妆品的容器，是相同种类产品，两者的相应外观设计构成

相同或者近似，九款被诉侵权产品均落入涉案专利权的保护范围。根据《专利法》第十一条第二款的规定，外观设计专利权被授予后，任何单位或者个人未经专利权人许可，都不得实施其专利，即不得为生产经营目的制造、许诺销售、销售、进口其外观设计专利产品。在听证过程中，申请人明确其主张：问叹公司制造、销售、许诺销售了被诉侵权产品，贝玲妃公司、欧慕公司制造了被诉侵权产品。根据现有证据，未表明欧慕公司制造了被诉侵权产品口红的盖子、容器，而问叹公司、贝玲妃公司未经专利权人许可的行为均存在侵权的可能性。

三、不采取有关措施，是否会给申请人的合法权益造成难以弥补的损害

诉前禁令作为一种严厉的提前介入的救济措施，若权利人的声誉没有被侵害，或者损害赔偿可被准确计算，且被申请人具备赔偿能力，则权利人所受损失可依生效判决获赔，并无颁发禁令之必要。首先，一般来讲，权利人的权益在胜诉后会得到法律保障，但实际上由于侵权人赔偿能力有限或者居无定所等原因，权利人的经济损失也许根本得不到物质上的足额赔偿。若放任侵权行为发生，将使本可避免的损害成为必然。侵权人执行判决的能力越差，越有可能受到禁令的限制。本案问叹公司、贝玲妃公司未提交证据以示其具备足够的赔偿能力。其次，在认定损害赔偿难以计算上，所依情形为：（1）产品价格被侵蚀和市场份额的丧失所共同造成的损失难以计算；（2）若市场上有数名侵权者，则难以准确计算出每名侵权者应承担的赔偿数额；（3）权利人将难以再把为与侵权者竞争而降低的产品价格重新提升到原来的水平。实际上，专利权人通常会在产品价格中收回研究与开发费用，因此专利权人通常会以较高价格销售其产品，而侵权人则会以较低价格销售其产品（不含研究与开发费用），专利权人将会因此而丧失其应有的市场份额。本案中，问叹公司以不及专利产品售价的一半来销售与申请人专利产品具有竞争关系的被诉侵权产品，无疑会抢占部分市场份额，如不颁发禁令，计划将专利产品推广到中国市场的申请人将会因此丧失其应有的市场份额。稳固市场一旦确定，竞争者进入市场将要付出巨大代价。为与侵权者竞争，夺回被抢占的市场份额，申请人将不得不降价销售，乃至难以重新提升到原来水平，

其市场份额将会永久性地被破坏，上述产品价格被侵蚀和市场份额的丧失所共同造成的损失难以计算。而且，涉案专利产品属于化妆品的外观设计，具有新颖性、流行性的特点，一旦被诉侵权产品在市场上大量出售将会降低相关公众的购买欲望，缩短专利产品的生命周期，因此，制止可能的侵权行为具有紧迫性。需要指出的是，问叹公司在听证过程中，虽表示愿意停止被诉侵权行为，但并没有向法院表明其如何具体有效地停止被诉侵权行为，其上述承诺不足以阻却禁令的颁发。综上，如不颁发禁令，将会给申请人的合法权益造成难以弥补的损害。

四、被申请人因禁令之损失是否小于或相当于无禁令之于申请人的损失

诉前禁令作为责令被申请人诉前停止被诉侵权行为的一种救济措施，必然会影响申请人和被申请人双方的重大经济利益。在决定是否颁发禁令前，需同时考虑其对双方的影响，以避免禁令救济造成更大损失，浪费巨大的社会成本，难以实现社会利益的最大化。保障申请人的利益虽正当，因诉前禁令也往往对被申请人的经营活动带来不虞之灾，如申请人实际损失较被申请人而言微不足道，则颁发禁令将有悖于禁令制度的立法宗旨，故应将"被申请人因禁令之损失是否小于或相当于无禁令之于申请人的损失"作为衡量是否颁发禁令的标准之一。倘颁发诉前禁令给被申请人带来的损失，将小于不颁发诉前禁令给申请人带来的损失，则应支持申请人的禁令申请；否则，应驳回其禁令申请；当然，如果被申请人因禁令之损失与无禁令之于申请人的损失相当，应优先保护申请人的权利，支持其禁令申请。就本案而言，问叹公司、贝玲妃公司因禁令所受损失显然小于无禁令之于鲁布托所受损失。

五、颁发禁令是否会损害社会公共利益

社会公共利益是公民利益的集中体现，维护社会公共利益也是司法机构的重要职责。无论法院作何决定，都不能有悖于社会公共利益，颁发禁令亦是如此。如果涉案专利对社会公众的生命、健康、安全、环保以及其他重大社会公共利益有着不容忽视的影响，那么社会公共利益将直接影响禁令发布与否。就本案而言，一方面，涉案专利产品和被诉侵权产品均属于化妆品类，

颁发禁令仅涉及被申请人的经济利益，不会损害社会公共利益；另一方面，涉案专利的新颖性具备一定的识别功能，颁发禁令将有助于避免市场混淆，维护市场秩序，更益于保障公共利益。

六、申请人是否提供了有效、适当的担保

诉前禁令的作用是迅速制止侵权行为，具有很强的时效性，所以法院的审查往往历时较短，以致法院根据申请而采取的禁令措施与判决结果不一定相符。正是由于法律充分地考虑到这一风险，所以要求申请人在申请时需提供相应的财产担保。一方面，这一要求对申请人来讲，促使其在申请时须考虑胜诉率，谨慎提出申请，避免申请人滥用申请权；另一方面，在申请有误时，该担保财产可尽填补损失之用。在加强知识产权司法保护的大局下，降低担保也是降低维权门槛、维权成本的一种方式。申请人应提供有效担保，担保金额应合理、适当，以足以弥补因申请错误造成被申请人损失和支付相关费用为限。为此，应根据禁令颁发错误可能给被申请人造成的实际损失来确定担保金额。就本案而言，如判理所述，经法院综合考虑三个因素后所定的 100 万元担保金额应系有效且适当，另外，该担保金额并非固定不变，法院会根据实际情况决定是否追加担保。

编写人：广州知识产权法院　谭海华　吴学知

附图：

被诉侵权产品与涉案专利比对

被诉侵权产品	ZL201430483611.7	ZL201430484500.8	ZL201430484638.8
VT1 号歌剧红	设计 3 立体图	设计 1 立体图	设计 3 立体图
VT2 号优雅粉	设计 1 立体图	设计 1 立体图	设计 1 立体图
VT3 号魅妃粉	设计 2 立体图	设计 2 立体图	设计 2 立体图

续表

被诉侵权产品	ZL201430483611.7	ZL201430484500.8	ZL201430484638.8
VT4 号珊瑚红	设计 3 立体图	设计 1 立体图	设计 3 立体图
VT5 号爱慕紫	设计 1 立体图	设计 1 立体图	设计 1 立体图
VT6 号魅惑紫	设计 2 立体图	设计 2 立体图	设计 2 立体图

被诉侵权产品	ZL201430483611.7	ZL201430484500.8	ZL201430484638.8
VT7 号缤果橙	设计 3 立体图	设计 1 立体图	设计 3 立体图
VT8 号豆沙红	设计 1 立体图	设计 1 立体图	设计 1 立体图
VT9 号冰玫红	设计 2 立体图	设计 2 立体图	设计 2 立体图

2

林涌强诉佛山市南海华凯电线有限公司侵害实用新型专利权纠纷两案

> 阅读提示：根据法院的要求，原告提交了专利权评价报告，报告显示全部权利要求不符合授予专利权条件，同时被告未到庭参加诉讼，法院应如何处理？

【裁判要旨】

《最高人民法院关于修改〈最高人民法院关于审理专利纠纷案件适用法律问题的若干规定〉的决定》（法释〔2015〕4号）第二条，将第八条第一款修改为："对申请日在2009年10月1日前（不含该日）的实用新型专利提起侵犯专利权诉讼，原告可以出具由国务院专利行政部门作出的检索报告；对申请日在2009年10月1日以后的实用新型或者外观设计专利提起侵犯专利权诉讼，原告可以出具由国务院专利行政部门作出的专利权评价报告。根据案件审理需要，人民法院可以要求原告提交检索报告或者专利权评价报告。原告无正当理由不提交的，人民法院可以裁定中止诉讼或者判令原告承担可能的不利后果。"本两案中，根据法院的要求，原告提交了专利权评价报告，但是均显示全部权利要求不符合授予专利权条件。鉴于专利权评价报告不能作为认定专利权是否有效的依据，在被告缺席的情况下，根据现有法律规定，法院仍作出了侵权认定，但在判赔数额中予以了考虑。

【案号】

一审：广州知识产权法院（2016）粤73民初1241、1242号

【案情与裁判】

原告：林涌强

被告：佛山市南海华凯电线有限公司（简称华凯公司）

起诉与答辩

林涌强于 2014 年 10 月 31 日向国家知识产权局申请了名称为"一种可万向塑形弯曲的支撑臂"的实用新型专利，2015 年 3 月 11 日获得授权公告。林涌强专利产品可以作为手机、照明灯具等的支撑架，在市场上深受消费者欢迎，并取得了一定的市场和经济效益。林涌强发现华凯公司大批量生产、销售侵犯其专利权的产品。华凯公司将侵权产品通过速递发往全国各地，还在中国供应商网发布大批量销售侵权产品的信息，造成林涌强专利产品销量及价格大幅度下滑，经济损失严重。林涌强向法院提出诉讼，请求判令华凯公司：1. 立刻停止生产、销售侵犯林涌强 ZL201420648970.8 实用新型专利权的侵权产品，销毁库存侵权产品及生产侵权产品的设备；2. 赔偿林涌强经济损失及为制止侵权行为所支付的合理开支合计 10 万元；3. 承担本案案件受理费。

法院通过法院专递以及现场送达等方式，均未能向华凯公司送达起诉状副本、开庭传票及其他诉讼材料，后进行了公告送达。华凯公司未到庭应诉，亦未提交任何书面材料。

一审审理查明

林涌强是 ZL201420648970.8 "一种可万向塑形弯曲的支撑臂"实用新型专利权人，该专利申请日为 2014 年 10 月 31 日，授权公告日为 2015 年 3 月 11 日，国家知识产权局 2016 年 7 月 5 日作出的《专利登记簿副本》显示专利权有效。林涌强明确在本案中主张的专利保护范围为权利要求 1、2，内容为："1. 一种可万向塑形弯曲的支撑臂，包括塑性内芯（1）和塑性外套（2）；其特征在于：所述塑性内芯的横截面形状为至少三瓣瓣形是梅花瓣形的梅花形形状，所述塑性外套的横截面形状为圆形或椭圆形；2. 根据权利要求1所述的可万向塑形弯曲的支撑臂,其特征在于:所述塑性内芯为柔性金属体,所述塑性外套为柔性非金属体。"国家知识产权局2016年12月6日作出的《实用新型专利权评价报告》显示,全部权利要求1－2不符合授予专利权条件。

(2016)粤揭揭阳第721号公证书载明,林涌强委托代理人黄少松于2016年6月24日,向公证处申请对网页进行保全证据公证。同日,黄少松操作公证处电脑进入"中国供应商—推进诚信贸易 创建国际品牌官网",进而通过搜索,进入页面抬头为"华凯公司"的页面,显示产品名称为"手机懒人支架批发 支架支管 懒人支撑架 支撑架 支撑架铝支架 铁支架 手机支架套管",产品名称下注明"本厂专业生产手机懒人支架批发、支架支管、懒人支撑架、支撑架、支撑架铝支架、手机支架套管、铝镁合金手机支架、铁支架。颜色靓丽,多款选择,通过淬火技术控制其软硬度",并注明产品品牌为"华凯",材质为"铝合金",联系人为"邝生"。产品图片显示该产品内芯为梅花形。该企业页面左侧显示"企业信息 华凯公司 邝生 公司注册地址:广东省佛山市南海区下柏第二工业区沿江路5号"。(2016)粤揭揭阳第752号公证书载明,林涌强委托代理人黄少松于2016年6月24日,向公证处申请对其在"中国供应商网"上购买产品、收取和确认所购产品的行为进行保全证据公证。

林涌强当庭提交了一个公证封存、包装完好的纸箱,当庭拆封后内有三条支撑杆。该支撑杆可万向塑形弯曲,包括塑性内芯和塑性外套,该塑性内芯的横截面形状为六瓣梅花瓣形的梅花形形状,该塑性外套的横截面形状为圆形。该塑性内芯为柔性金属体,该塑性外套为柔性非金属体。将被诉侵权产品与林涌强专利进行比对,林涌强认为构成相同侵权。

本案中,林涌强称合理费用包括快递费12元、公证费1040元,提供了相关票据。林涌强还称其有委托代理人的费用以及办理专利登记簿副本等费用。林涌强主张本案的经济损失及维权费用由法院酌定。

另查明,华凯公司为有限责任公司(自然人独资),成立于2014年8月22日,注册资本为20万元,经营范围为加工、销售:电线、电器。

再查明，林涌强在法院同时起诉华凯公司另一案件，案号为（2016）粤73 民初 1242 号，被诉侵权产品亦为上述（2016）粤揭揭阳第 752 号公证书所涉的产品。该案件所涉及的实用新型专利申请日为 2015 年 11 月 9 日，授权公告日为 2016 年 3 月 23 日，名称为"一种塑性可弯扭定形的支撑臂"，专利号为 ZL201520891340.8，权利要求为："1. 一种塑性可弯扭定形的支撑臂，包括柔性内芯（1）和塑性外套（2）；其特征在于：所述柔性内芯的横截面形状为正多边形，所述塑性外套的横截面形状为正多边形或圆形；2. 根据权利要求 1 所述的塑性可弯扭定形的支撑臂，其特征在于：所述正多边形的边数为 3~12 边；3. 根据权利要求 1 或 2 所述的塑性可弯扭定形的支撑臂，其特征在于：所述柔性内芯为柔性金属体，所述塑性外套为柔性非金属体。"

一审判理和结果

林涌强是专利号为 ZL201420648970.8，名称为"一种可万向塑形弯曲的支撑臂"的实用新型专利权人，虽然专利权评价报告显示该专利全部权利要求不符合授予专利权条件，但是专利权评价报告不是认定专利权效力的有效依据，故林涌强专利权仍处于合法有效状态，应受法律保护。他人未经林涌强许可，不得为生产经营目的，制造、销售其专利产品。

关于被诉侵权产品是否落入林涌强专利权利要求 1、2 保护范围的问题。《专利法》第五十九条第一款规定，发明或者实用新型专利权的保护范围以其权利要求的内容为准，说明书及附图可以用于解释权利要求。将被诉侵权产品与林涌强专利权利要求 1、2 进行比对，被诉侵权产品具备该两项权利要求的全部技术特征，被诉侵权产品落入林涌强主张的专利保护范围，构成侵权。

根据（2016）粤揭揭阳第 721、752 号《公证书》记载的内容，法院认定被诉侵权产品系华凯公司所制造、销售。

华凯公司未经许可，制造、销售被诉侵权产品，构成对林涌强专利权的侵犯，应当承担停止侵权及赔偿损失的侵权责任。关于赔偿损失，林涌强鉴于其因华凯公司侵权所造成的损失，以及华凯公司因侵权所取得的获利均无法确定，请求法院酌定。法院综合考虑林涌强专利权的现有状态，另案专利权的情况，华凯公司侵权行为的性质和情节，华凯公司的企业规模，林涌强为调查、制止侵权行为而支付的合理费用及林涌强同时对华凯公司提起两件诉讼等因素，一并酌定华凯公司赔偿林涌强 25000 元。根据《民法通则》第一百三十四条第一款第（一）项、第（七）项、第二款，《专利法》第十一条第一款、第五十九条第一款、第六十五条，《最高人民法院关于审理侵犯专利权纠纷案件应用法律若干问题的解释》第七条，《民事诉讼法》第一百四十四条的规定，判决：一、华凯公司自判决发生法律效力之日起立即停止制造、销售侵害林涌强 ZL201420648970.8 "一种可万向塑形弯曲的支撑臂"实用新型专利权的侵权产品；二、华凯公司自判决发生法律效力之日起十日内赔偿林涌强经济损失及维权合理费用共计 25000 元；三、驳回林涌强的其他诉讼请求。

（2016）粤 73 民初 1242 号与 1241 号案情基本相同，仅涉及专利不同，《实用新型专利权评价报告》亦显示全部权利要求不符合授予专利权条件。在此不再赘述。

本两案各方当事人均未上诉。

【法官评述】

本两案为侵害实用新型专利权纠纷，专利权利要求限定的技术特征简单，侵权事实亦有公证书证明，毫无疑问是两起"简单"案件。但是，正是这两起简单案件，让经办人思虑再三。通过庭前阅卷以及开庭，经办人对于两案专利的权利保护范围有了充分的认识，考虑到本两案均是实用新型专利，起诉时原告均没有提交专利权评价报告，并同时对被告提起两起诉讼，在查阅了相关专利文献并咨询了相关技术人员后，经办人认为本两案符合"根据案件审理需要，人民法院可以要求原告提交检索报告或者专利权评价报告"的情形，经合议庭合议后，告知原告提交。原告一开始表示不同意提交，后还是进行了提交，两案专利权评价报告均显示全部权利要求不符合授予专利权的条件。这一结果，虽然能够证明合议庭的决定是正确的，但是这两份专利权评价报告也像两个烫手山芋，让经办人无法下手。

我国的实用新型检索报告制度是 2000 年第二次修改《专利法》时引入的，2001 年 7 月 1 日起实施的《专利法》第五十七条第二款规定，专利侵权纠纷涉及实用新型专利的，人民法院或者管理专利工作的部门可以要求专利权人出具由国务院专利行政部门作出的检索报告。同日实施的《最高人民法院关于审理专利纠纷案件适用法律问题的若干规定》（简称若干规定）第八条第一款规定，提起侵犯实用新型专利权诉讼的原告，应当在起诉时出具由国务院专利行政部门作出的检索报告。该若干规定实施后，就实用新型检索报告是否为提起实用新型专利侵权诉讼必要条件的问题，各地做法不一。后最高人民法院答复北京市高级人民法院针对该问题的请示，意见为：该司法解释是主要针对在专利侵权诉讼中因被告提出宣告专利权无效导致中止诉讼问题而采取的措施。因此，检索报告只是作为实用新型专利权有效性的初步证据，并非出具检索报告是原告提起实用新型专利侵权诉讼的条件。该司法解释所称"应当"，意在强调从严执行这项制度，以防过于宽松而使之失去意义。凡符合《民事诉讼法》第一百零八条规定的起诉条件的案件，人民法院均应当立案受理。考虑到实用新型专利检索报告制度存在的种种不足，2009 年 10 月 1 日实施的第三次修正的《专利法》第六十一条第二款中有了专利权评价报告的规定，并将外观设计专利纳入其中。同时，通过 2010 年第二次修订的《专利法实施细则》第五十六条和第五十七条以及 2010 年 2 月 1 日起施行的《专利审查指南》第五部分专门新增的第十章对专利权评价报告制度进行了进一步的明确。《专利审查指南》中对于专利权评价报告的定义是：人民法院或者管理专利工作的部门审理、处理专利侵权纠纷的证据，主要用于人民法院或者管理专利工作的部门确定是否需要中止相关程序。专利权评价报告不是行政决定，因此专利权人或者利害关系人不能就此提起行政复议和行政诉讼。《最高人民法院关于修改〈最高人民法院关于审理专利纠纷案件适用法律问题的若干规定〉的决定》（法释〔2015〕4 号）第二条，将上述若干规定第八条第一款进行了修改，解决了原若干规定仅涉及实用新型专利权检索报告的问题，针对检索报告和评价报告并行实施的现状，以申请日为限进行划分。并将上述最高人民法院的答复意见反映在司法解释内，明确检索报告和评价报告不是原告提起实用新型和外观设计专利诉讼的必要条件。并且规定了根据案件审理需要,人民法院可以要求原告提交检索报告或者专利权评价报告。原告无正当理由不提交的,人民法院可以裁定中止诉讼或者判令原告承担可能的不利后果。

回到本两案中,原告起诉时未提交专利权评价报告,并未违反法律规定。法院结合案件具体情况,要求原告提交专利权评价报告亦有法可依。但是,该两份评价报告在本案中的作用确实有些尴尬。上述法释〔2015〕4号第二条规定原告无正当理由不提交专利权评价报告的,人民法院可以裁定中止诉讼或者判令原告承担可能的不利后果。也就是说,即便原告不提交,因为本案被告未到庭,本案不可能中止诉讼,承担的可能不利后果亦不明确。况且,原告根据法院的要求提交了专利权评价报告。法律并未进一步规定,如果原告提交的专利权评价报告显示专利权不符合授予条件,如何处理。如果本案被告到庭,法庭可以向其释明,要求其提起无效申请并中止案件审理。如果其拒不提起无效申请,再由其承担不利后果,亦会让他心服口服。退一步,被告也可能利用评价报告中的对比文献作现有技术或现有设计抗辩。但是,本两案被告没有到庭。在现有法律规定下,一方面由于专利权评价报告不能作为认定专利是否有效的依据,法院不能直接依据该专利权评价报告认定专利无效,而且由于原告不能就专利权评价报告提起行政复议和行政诉讼,如果可以作为依据,也对原告不公平;另一方面现有技术或现有设计抗辩是抗辩事由,被告没有到庭,法院不能主动适用。最后,合议庭仅能从判赔角度予以考虑。但是,本两案的极端情形,足以引发大家对专利权评价报告以及司法判定专利有效性的思考。

编写人:广州知识产权法院　丁　丽

3

陈石安诉佛山市立信金属制品有限公司等侵害实用新型专利权纠纷案

阅读提示： 专利权因未缴纳年费而终止的法律效果如何？在涉案专利权被终止后至恢复之前，实施涉案专利是否构成侵权？

【裁判要旨】

国务院专利行政部门在六个月滞纳期结束之后通知专利权人"权利终止"并登记于专利登记簿，属于终止程序的启动，此时专利权人仍然享有恢复权利请求权。其若向国务院专利行政部门请求恢复权利并经审查符合规定的，权利可以得到恢复。任何人均不得在专利等待恢复的宽限期内未经许可实施他人专利；若未经许可实施他人专利的，应承担相应的后果。另，在委托加工专利产品的情况下，如果委托方要求加工方根据其提供的技术方案制造专利产品，或者专利产品的形成中体现了委托方提出的技术要求，则可以认定是双方共同实施了制造专利产品的行为，并且，双方之间关于知识产权瑕疵担保的约定也不得对抗善意第三人。

【案号】

一审：广州知识产权法院（2016）粤73民初2248号

【案情与裁判】

原告：陈石安

被告：佛山市立信金属制品有限公司（简称立信公司）

被告:梁锐广

被告:常德市德山俊灿建材批发经营部(简称俊灿经营部)

被告:邹金平

起诉与答辩

2007 年 5 月 18 日,陈石安设计的名称为"推拉窗上下滑组件"实用新型,于 2008 年 4 月 9 日公告并授予实用新型专利权,专利号为 ZL200720090395.4。该专利迄今仍在有效期内。陈石安发现,立信公司生产、制造,并在市场上销售安全型推拉窗。经过比对分析,立信公司生产的上述推拉窗中的上下滑组件,使用了陈石安所享有的上述实用新型专利,其技术特征落入陈石安专利权权利要求保护范围。另外,陈石安发现,俊灿经营部在湖南省常德市湘西北综合建材市场上大量销售、许诺销售标识有立信公司生产许可证号的上述推拉窗,其行为同样侵犯了陈石安的专利权。梁锐广、邹金平作为立信公司的股东与负责人,应对此承担连带赔偿责任。为此,陈石安为维护自身合法权益,于 2016 年 11 月 10 日向法院提起诉讼,请求法院判令立信公司、梁锐广、俊灿经营部、邹金平:1. 立即停止制造、销售、许诺销售侵害陈石安第 ZL200720090395.4 实用新型专利权的行为,并销毁库存侵权产品;2. 连带赔偿因其侵权行为给陈石安造成的经济损失 10 万元;3. 连带赔偿陈石安因其侵权行为而支付的维权费用共 15500 元;4. 负担本案诉讼费用。

立信公司答辩称,立信公司是受俊灿经营部、邹金平的委托为其开模生产,如果构成侵权应由俊灿经营部、邹金平承担责任;陈石安专利是 2016 年 4 月 6 日才恢复登记,但公证书公证购买侵权产品是 2016 年 5 月 7 日,即专利保护期间仅为一个月,即使侵权也显著轻微。

俊灿经营部、邹金平答辩称,陈石安专利权因未在期限内缴纳年费于 2015 年 5 月 18 日专利权终止,2016 年 4 月 6 日才恢复登记,根据专利法规定,没有按照规定缴纳年费属于专利权提前终止的情形,专利权终止后作为专利权客体的发明创造进入公有领域,已构成专利法规定的现有技术,任何单位和个人均可自由使用,不构成侵权。

一审审理查明

发明人陈石安、胡秀梅、张曙光于 2007 年 5 月 18 日向国家知识产权局申请了名称为"推拉窗上下滑组件"的实用新型专利，并于 2008 年 4 月 9 日获得授权，专利号为 ZL200720090395.4，专利权人为陈石安、胡秀梅、张曙光。国家知识产权局于 2016 年 6 月 28 日出具的专利登记簿副本记载：2015 年 5 月 18 日，因"未在期限内缴纳或缴足年费"，本案专利权终止；2016 年 4 月 6 日，本案专利权恢复登记；该专利第 10 年度年费已缴纳，该专利的法律状态为专利权有效。张曙光、胡秀梅自愿放弃在本案中的诉讼权利，并将其在该案中的权益均受让给陈石安所有。

2015 年 4 月 1 日，邹金平出具委托书，委托立信公司生产俊灿牌铝合金型材，委托期限 2015 年 4 月 1 日至 2018 年 12 月 31 日。2016 年 5 月 6 日，广州市粤兴铝业有限公司的委托代理人徐全生向广州市海珠公证处申请对其在有关商店购买产品的行为进行保全证据公证。该日下午，徐全生与公证人员一同来到湖南省常德市海德路 1 号的"湘西北综合建材市场"南区 1 栋一门面标示有"俊灿铝材"等字样的商店。在公证人员的监督下，徐全生在该商店购买了样品一个，并取得宣传资料一份、单据及名片各一张。

一审判理和结果

一审法院审理认为，在本案中，专利权人在收到国务院专利行政部门关于其权利终止的通知之后，在规定的期限内补缴了恢复权利所需费用，国家知识产权局于 2016 年 4 月 6 日准予其恢复权利。因而从本案专利的授权公告日 2008 年 4 月 9 日截至陈石安提起本案诉讼时，本案专利权处于有效状态。俊灿经营部、邹金平提出的本案专利权因未在期限内缴纳年费而终止，已构成专利法规定的现有技术，任何单位和个人均可自由使用，不构成侵权的抗辩意见，依据不足。

立信公司主张其是受俊灿经营部和邹金平的委托为其加工被诉侵权产品，不应承担侵权的法律责任。法院认为立信公司根据俊灿经营部和邹金平的委托生产被诉侵权产品，并在产品上标注了其生产许可证号，属于专利法意义上的制造者，其与俊灿经营部、邹金平共同实施了制造被诉侵权产品的行为。立信公司还抗辩称俊灿经营部、邹金平在委托其生产被诉侵权产品时保证不存在侵犯他人知识产权的行为，应予免责。法院认为，即便该条款属实，也不发生对抗善意第三人的效力。同时，立信公司能否根据其与邹金平的补充协议中的知识产权担保条款向邹金平主张违约责任也不影响立信公司对外以被诉侵权产品制造者的身份承担责任。综上分析，法院认定立信公司与俊灿经营部、邹金平共同实施了制造被诉侵权产品的行为，俊灿经营部、邹金平还实施了销售、许诺销售被诉侵权产品的行为。

鉴于本案实用新型专利权的申请日是 2007 年 5 月 18 日，其期限已于 2017 年 5 月 18 日届满，因此陈石安要求立信公司、梁锐广、俊灿经营部、邹金平立即停止以制造、销售、许诺销售的方式侵害其本案专利权的行为并销毁库存侵权产品的诉讼请求，不予支持。

综上，一审法院依照《侵权责任法》第十五条第一款第一项和第六项、第二款，《专利法》第十一条第一款、第五十九条第一款、第六十五条，《最高人民法院关于审理侵犯专利权纠纷案件应用法律若干问题的解释》第七条，《最高人民法院关于审理专利纠纷案件适用法律问题的若干规定》第二十一条，《民事诉讼法》第六十四条的规定，判决：1. 俊灿经营部、邹金平于判决发生法律效力之日起十日内赔偿陈石安经济损失及合理开支共计 35000 元，立信公司、梁锐广对其中的 2 万元承担连带赔偿责任；2. 驳回陈石安的其他诉讼请求。

本案各方当事人均未上诉。

【法官评述】

本案为侵害实用新型专利权纠纷，争议焦点之一在于涉案专利权因年费缴纳问题而终止时，其在权利恢复的宽限期内的法律状态问题。一方面，在司法个案中，此问题涉及涉案专利法律状态及权利人提起诉讼请求的权利基础的认定；另一方面，在国家政策层面，此问题亦关乎专利权人与社会公众的利益平衡。司法实践中涉及该问题的案件较少，而现有专利法及其实施细则、专利审查指南等对此并无明确而具体的规定，法律适用上存在一定难度。生效判决从具体的法律规定切入，通过对法律条文背后的立法目的及其法理依据的梳理，对侵害专利权纠纷中上述问题的法律适用进行了分析。

一、何为专利权终止

《易经·序卦》："物不可以终止，故受之以渐。"终止，即停止，不再继续之意，强调的是一种结果状态。权利的终止即为权利停止，即权利从终止之日起，因为某种原因而不再继续存在，强调的是权利停止的结果，而并不影响终止日之前的权利状态。对有形财产的所有权来讲，如果财产本身不消灭，财产所有人对财产的所有权是始终存在的。专利权则不是这样，专利权具有时间性，这是作为知识产权的专利权同有形财产的所有权相区别的特征之一。法律规定的专利期限届满或提前终止，尽管发明创造的技术本身还存在，但专利权却不存在了。也就是说，对该项技术的独占使用权不存在了，该发明创造进入公有领域，任何人都可以无偿使用。法律对专利权保护期限的规定，一方面是激励人们投身于发明创造，另一方面，也是为了防止权利人对某种技术方案无限期垄断而阻碍技术创新。根据我国专利法的规定，专利权的终止主要有两类共四种情形。第一类是自然终止，包括：1. 专利权的保护期满，此为最常见的专利权终止的情形；2. 专利权人死亡，无继承人或无受遗赠人，专利权由于没有权利主体而终止。第二类是提前终止，即为我国《专利法》第四十四条规定的两种情形：1. 没有按照规定缴纳年费的；2. 专利权人以书面声明放弃其专利权的。专利权作为一项民事权利，在法定的专利保护期限内，专利权人可以根据本专业技术发展的周期及专利技术的实施情况，通过不缴纳年费或者声明放弃专利权的办法，自行决定其实际受保护期的长短。值得注意的是，我国《专利法》既规定了专利权终止的情形，同时亦对专利权无效进行了规定，根据《专利法》第四十七条第一款，宣告无效的专利权视为自始即不存在。由此可见，专利权终止和专利权无效，在法律后果上大相径庭。

二、专利权因未缴纳年费而终止的法理分析

专利权因费用终止，顾名思义，是指专利权人或其他利害关系人未在规

定的期限内缴纳或缴足专利年费,专利权被终止。《专利法》第四十三条规定,专利权人应当自被授予专利权的当年开始按期缴纳年费。这是专利权人的一项义务,是维持其专利权效力的必要条件。专利权人要想在保护期限届满前保持其专利权的效力,就必须按期缴纳年费。否则,按照权利和义务对等的原则,不履行按期缴纳年费的义务,就不能继续保持其享受专利权保护的权利。由于专利权终止后,专利技术将进入公共领域,任何人都可以不经专利权人同意而实施该技术。因此,专利权因未缴纳年费而在期限届满前终止的,需要经过相应的程序,并由国务院专利行政部门登记和公告,使公众能够知悉。

实践中,专利权因费用终止可能包含有两种情况,一是由于科学技术的进步,迅速更新换代,部分专利权人认为其拥有的专利已经失去存在的实际价值,或者专利实施的效益与逐年增加的年费相比,专利权人认为在经济上不划算等,因而通过不缴费的方式自动放弃其专利权;二是部分专利权人由于客观上的因素导致其缴费失误。对于专利权人因为第二种情况而丧失专利权,其必然会给专利权人或利害关系人带来较大的经济损失,我国《专利法实施细则》在制度上为其设置了"滞纳期"和"恢复程序"的救济措施。《专利法实施细则》第九十八条规定,"授予专利权当年以后的年费应当在上一年度期满前缴纳。专利权人未缴纳或者未缴足的,国务院专利行政部门应当通知专利权人自应当缴纳年费期满之日起 6 个月内补缴,同时缴纳滞纳金……期满未缴纳的,专利权自应当缴纳年费期满之日起终止";第六条第二款规定,"……当事人因其他正当理由延误专利法或者本细则规定的期限或者国务院专利行政部门指定的期限,导致其权利丧失的,可以自收到国务院专利行政部门的通知之日起 2 个月内向国务院专利行政部门请求恢复权利"。

根据上述规定,专利权人未按期缴纳或缴足年费时,可以在缴纳年费期满之日起 6 个月的滞纳期内补缴年费及相应的滞纳金。如果 6 个月的滞纳期届满,仍未缴费,专利权人在收到国家知识产权局发出的专利权终止之日起 2 个月内办理恢复手续,可见,国务院专利行政部门此时的"权利终止",属于终止程序的启动，专利权人可以向国务院专利行政部门请求恢复权利并经审查符合规定的，权利可以得到恢复。在经过"滞纳期"以及"恢复手续"未被批准后，专利权自应当缴纳年费期满之日起终止，国务院专利行政部门将依照《专利法》第四十四条的规定在专利公报上予以公告，宣布该专利终止，此时的"终止"才是符合其字面意义的不可恢复的终止。

三、专利权因未缴纳年费而终止后至恢复前，实施专利行为的法律认定

在专利侵权纠纷案件的审理中，若侵权行为人主张其是在涉案专利权被终止后恢复之前的期间内实施的制造、销售被诉侵权产品行为，此时该如何认定被诉行为的性质，在实践中存有一定争议。比如在本案中，根据专利登记簿副本的记载：因未在期限内缴纳或缴足年费，专利权于2015年5月18日终止；专利权恢复登记日期为2016年4月6日。被诉侵权行为人提出涉案专利权因未在期限内缴纳年费而终止，已构成现有技术，任何单位和个人均可自由使用的抗辩意见，并认为即使构成侵权，由于本案中权利人公证购买被诉产品的时间是2016年5月17日，即距离专利权恢复的保护期间仅为1个月，因此侵权情节显著轻微。

实践中有观点认为，被诉侵权行为人在涉案专利权终止后恢复之前的期间内实施的制造、销售被诉产品的行为，不构成侵犯专利权。对此，我们认为，首先，通过上文对专利权因未缴纳年费而终止的法理分析和相关法律规定的梳理，国务院专利行政部门在六个月滞纳期结束之后通知专利权人"权利终止"并登记于专利登记簿，属于终止程序的启动，此时专利权人仍然享有恢复权利请求权。若专利权人在恢复权利的宽限期内请求恢复并经审查核准，其权利得到恢复，该段期间当然应受到专利权的保护。其次，从行为人主观状态来看，专利权的终止和恢复，均必须依法在专利登记簿上进行登记，而且因未予缴费而终止专利权这一终止原因也会在登记簿上记载。任何查询专利登记簿的公众都应当知道专利权人因未予缴费而导致专利权终止的，可以自收到国务院专利行政部门的通知之日起2个月内请求恢复权利。因此被诉侵权行为人在该段宽限期内未经专利权人许可实施可能得到权利恢复的专利技术，主观上仍然具有侵权的故意，应当认定为侵害专利权的行为。

此外，本案另一诉辩焦点：被诉侵权行为人之一主张其是受委托加工被诉侵权产品，不应承担侵权的法律责任。对此，我们认为，专利法所称的"制造专利产品"，对于发明或者实用新型来说，是指作出或者形成覆盖专利权利要求所记载的全部技术特征的产品。在委托加工的情况下，如果委托方要求加工方根据其提供的技术方案制造专利产品，或者专利产品的形成中体现了委托方提出的技术要求，则可以认定是双方共同实施了制造侵害专利权产品的行为。并且，双方之间关于知识产权瑕疵担保的约定不得对抗善意第三人，加工方能否根据双方约定的知识产权担保条款向委托方主张违约责任并不影响其对外以被诉侵权产品制造者的身份承担责任。

编写人：广州知识产权法院　程方伟　李德军

4

蒋岚诉广州市伽利略电子科技有限公司
侵害外观设计专利权纠纷案

阅读提示：以 QQ 空间相册、彩信及微信图片等电子证据提出先用权抗辩的主张能否成立？知识产权案件审理中应如何采信电子证据？

【裁判要旨】

由于电子证据具有虚拟性和改动的隐蔽性，在数据生成、传递、保存和展示等环节可能会受到人为或技术等因素的影响，从而导致内容发生变化，因此对于此类证据应结合证据的真实性、可靠性等具体情况加以认定。

【案号】

一审：广州知识产权法院（2015）粤知法专民初字第 244 号

【案情与裁判】

原告：蒋岚

被告：广州市伽利略电子科技有限公司（简称伽利略公司）

起诉与答辩

蒋岚诉称，其于 2014 年 6 月 18 日申请并于同年 10 月 29 日取得国家知识产权局授权的名称为"手机保护膜包装盒（001）"、专利号为 ZL201430189441.1 的外观设计专利证书，至今有效。该专利产品设计美观新颖，投放市场后深受欢迎,为蒋岚获得较高的经济效益。伽利略公司未经蒋岚授权许可,擅自大规模制造、销售、许诺销售侵权产品。蒋岚经公证购买,取得侵权产品。经比对,上述产品落入授权外观设计专利的保护范围,构成侵权。为维护合法权益,故诉至法院请求判令伽利略公司:1. 停止侵犯蒋岚 ZL201430189441.1 号外观设计专利的侵权行为,包括立即停止销售、许诺销售侵权产品,并销毁侵权产品、用于制造侵权产品的模具及宣传材料等;2. 赔偿蒋岚经济损失及维权合理支出共计 20 万元;3. 承担本案的诉讼费用。

伽利略公司辩称,蒋岚取得涉案专利的时间是 2014 年 6 月 18 日,但伽利略公司于 2014 年 6 月 11 日已经将涉案产品"战甲"的照片上传于其 QQ 空间并在此期间通过彩信、微信等方式将上述照片发给同行。此外广州市海珠区力际彩色印刷厂(简称力际印刷厂)出具了《证明书》,证明伽利略公司已经于 2014 年 5 月份委托其印刷"战甲"的包装盒。上述证据均证明伽利略公司在蒋岚申请涉案专利前已经将涉案产品投入生产、销售,向市面公开,属于公知技术。蒋岚诉伽利略公司侵害其专利权,没有依据,请法院驳回蒋岚的全部诉讼请求。

一审审理查明

蒋岚是名称为"手机保护膜包装盒 001"、专利号为 ZL201430189441.1 的外观设计专利的专利权人,该专利的申请日为 2014 年 6 月 18 日,授权公告日为 2014 年 10 月 29 日。外观设计专利证书载明该设计产品用于装手机膜;设计要点为产品的图案;请求保护的外观设计包含色彩。

2014 年 12 月 24 日,蒋岚的委托代理人在公证人员的见证下购得被诉侵权产品。当庭拆封公证封存物品,伽利略公司确认被诉侵权产品系其销售、委托印刷。将被诉侵权设计与授权外观设计专利图片进行比对,蒋岚认为被诉侵权设计与授权外观设计除了包装盒上的产品商标标识不同外,其他在视觉效果上一致,构成相同。伽利略公司认为两者左上角及中间商标标识不一样,右上角的商标标识有差异;被诉侵权产品叫"战甲",授权外观设计的产品是"铠甲";包装盒中间部分关于手机保护膜厚度的粉红色标识,授权外观设计显示是 0.33mm,被诉侵权设计显示是 0.15mm;两者包装盒背面印刷的厂名、厂址等信息不同。

伽利略公司提交三份公证书，第一份公证书记载伽利略公司的代理人在公证人员的见证下登陆其腾讯 QQ 空间查看空间相册的过程，其中 QQ 空间相册中标题为"超薄钢化膜"相册显示"战甲系列"图片 15 张，上传日期为 2014 年 6 月 11 日。公证保全过程截图以黑白打印，图片中产品的图案设计与被诉侵权设计除颜色外，其他部分在视觉效果上相同。第二份公证书记载伽利略公司的代理人在公证人员的见证下，对据称为其本人使用的移动电话内短信记录中的彩信进行查看的过程，其中显示伽利略公司代理人于 2014 年 6 月 16 日将两张图片发给案外人，图片中产品的图案设计与被诉侵权设计在视觉效果上相同。第三份公证书记载伽利略公司的代理人在公证人员的见证下，对据称为其本人使用的移动电话内相关微信通信记录进行查看的过程，其中微信通信记录显示该移动电话于 2014 年 6 月 15 日所发的两张图片，图片中产品的图案设计与被诉侵权设计在视觉效果上相同。

伽利略公司提交一份力际印刷厂的书面证明，载明该厂于 2014 年 5 月份起开始生产伽利略公司的"战甲"包装盒，该证明所附图片与被诉侵权设计图案基本一致。

一审判理和结果

一审法院审理认为，本案被诉侵权产品与授权专利产品相同，可以进行比对。两者的整体构图、颜色搭配等在整体视觉效果上无实质性差异，构成近似，被诉侵权设计落入授权外观设计专利的保护范围。而关于伽利略公司主张先用权抗辩的问题，伽利略公司为证明其在授权专利申请日前已制造相同产品，提交其以公证方式取得的电子证据，证据形式合法，且涉案电子证据分别储存在腾讯公司及中国移动的服务器上，上述两家互联网服务商网络系统较稳定可靠，用户无法对图片上传时间及图片进行编辑修改，可信度高。且上述电子证据与力际印刷厂的书面证明形成证据链，证明被诉侵权产品制造早于授权外观设计申请日，故伽利略公司的抗辩理由成立。依照《民事诉讼法》第六十四条第一款，《专利法》第六十九条第（二）项以及《最高人民法院关于审理侵犯专利纠纷案件应用法律若干问题的解释》第八条、第十一条规定,判决:驳回蒋岚的诉讼请求。

本案各方当事人均未上诉。

【法官评述】

本案主要涉及在知识产权案件审理中对于电子证据的采信问题。被诉侵权人依据其提交的电子证据主张先用权抗辩,根据《专利法》第六十九条第(二)项规定,在专利申请日前已经制造相同产品、使用相同方法或者已经做好制造、使用的必要准备,并且仅在原有范围内继续制造、使用的,不构成侵犯专利权。在本案中,伽利略公司为证明其在涉案授权外观设计专利申请日前已制造相同产品,提交了电子计算机上QQ空间相册、移动电话中的相关彩信及微信图片证据。经目测比对,上述图片的整体视觉效果与被诉侵权设计无差异,可以认定为相同。上述证据系电子证据,属于法定的独立证据类型。根据我国《民事诉讼法》的规定,经查证属实的电子数据证据可以作为认定案件事实的依据。由于电子证据具有虚拟性和改动的隐蔽性,在数据生成、传递、保存和展示等环节可能会受到人为或技术等因素的影响,从而导致内容发生变化,因此对于此类证据应结合证据的真实性、可靠性等具体情况加以认定。伽利略公司以公证方式取得电子证据,证据形式合法,涉案图片电子证据分别储存在腾讯公司及中国移动的服务器上,上述两家公司是具有很高知名度的互联网服务商,其网络系统较为稳定可靠,文件上传时间由系统自动生成,用户无法对时间及上传至服务器中的图片进行编辑修改,可信度高。涉案电子证据取证经过公证处公证,在没有其他证据足以推翻的情况下,法院对涉案公证证据予以采信,确认涉案电子证据中的图片上传的时间分别为2014年6月11日、2014年6月15日及2014年6月16日。并且,涉案电子证据与力际印刷厂的书面证明可以形成一个有机的证据链,证明被诉侵权产品的制造时间早于授权外观设计专利申请日。因此,伽利略公司的抗辩理由成立,法院予以采纳。被诉侵权产品的外观设计并未构成对授权专利的侵害,蒋岚的诉讼请求依法不能成立。

电子证据属于法定的独立证据类型,经查证属实的电子证据可以作为认定案件事实的依据。法院在全面审查本案电子证据的取证方式、数据储存服务器的具体网络服务商及其系统稳定性、数据修改的可能性以及数据可信度的基础上，对本案的电子证据依法进行采信。本案判决对于在网络交易频繁化及常态化的大数据时代下电子证据的认定及采信等均具有一定参考意义。

编写人：广州知识产权法院　陈东生　杨春莲

5

黄燕璇等诉陈庭佳等侵害外观设计
专利权纠纷案

> **阅读提示**：被告以淘宝网页快照作为专利侵权纠纷中现有技术/设计抗辩的证据时，应如何认定？

【裁判要旨】

随着互联网的普及和网络技术的进步，电子证据在专利侵权诉讼中出现的频率越来越高，然而电子证据易篡改、易删除的特性，要求法院在全面审查电子证据取证方式的合法性、证明内容真实性的基础上，对电子证据予以采信。

【案号】

一审：广州知识产权法院（2015）粤知法专民初字第 1042 号

【案情与裁判】

原告：黄燕璇

原告：陈欢欢

被告：陈庭佳

被告：谢妙珠

起诉与答辩

陈继生在提起诉讼后去世，涉案专利权由其妻黄燕璇和其女陈欢欢共同继承。黄燕璇、陈欢欢向法院起诉，请求判令陈庭佳、谢妙珠停止制造、许诺销售及销售与本专利产品相同或相似的侵权产品；销毁库存的侵权产品、半成品和专用于制造侵权产品的模具和设备；赔偿经济损失 10 万元并承担维权过程的维权费用 5000 元。事实与理由：陈继生是涉案专利的专利权人，且该专利处于合法有效状态。陈庭佳和谢妙珠在"1688 阿里巴巴批发网"及相关网页上出售被诉产品。被诉产品的用途、外观、形状与涉案专利设计相同，侵犯该专利权。陈庭佳和谢妙珠共同大量制造、销售及许诺销售被诉产品，对专利权人造成一定的经济损失。陈继生去世后，黄燕璇和陈欢欢是涉案专利权的继承人，为维护陈继生的合法权益，坚持本案诉讼。

陈庭佳、谢妙珠共同答辩，涉案专利为现有设计。被诉产品与涉案专利既不相同也不近似，且为现有设计。黄燕璇和陈欢欢明知被诉产品为现有设计仍提起诉讼，属于滥用专利权行为。谢妙珠并非本案适格被告，无证据证明本案与其有关。被诉产品价格较低，黄燕璇和陈欢欢提出的赔偿数额明显过高。

一审审理查明

涉案专利为 ZL201330382816.1 "香烟盒（中港 - 238 型）"外观设计，专利权人为陈继生，专利申请日为 2013 年 8 月 11 日，授权公告日为 2014 年 1 月 22 日。最新年费缴纳日为 2016 年 3 月 15 日。专利设计如附图 1。根据国家知识产权局 2014 年 10 月 22 日出具的本专利权评价报告，全部外观设计未发现存在不符合授予专利权条件的缺陷。2014 年 2 月 10 日，陈继生在广东省潮州市韩江公证处通过信息网络进入"阿里巴巴/日用百货/陈庭佳"页面，将被诉产品图片及相关信息进行固定。广东省潮州市韩江公证处据此出具（2014）粤潮韩江第 299 号公证书。

2014 年 8 月 25 日，陈继生在广东省潮州市韩江公证处，通过信息网络登陆阿里巴巴网站，进入供销商名称为"陈庭佳"的网页首页，将被诉产品图片及相关信息进行固定。广东省潮州市韩江公证处据此出具（2014）粤潮韩江第 002180 号公证书。

2015 年 5 月 19 日，陈继生的委托代理人在广东省广州市萝岗公证处，通过信息网络购买并收取被诉产品。广东省广州市萝岗公证处据此分别出具（2015）粤广萝岗第 6050 号、第 6051 号公证书。

黄燕璇、陈欢欢提交的话费缴纳发票，客户名称均显示"陈庭佳"，ZL201330519933.8 外观设计专利公示信息打印件，显示申请（专利权）人为谢妙珠。原告提交了 2015 年 5 月 8 日的阿里旺旺聊天记录及关于"陈庭佳"网店的截图打印件。庭审中，陈庭佳、谢妙珠确认上述公证书所涉及的网店均为陈庭佳开设及经营，涉及的电话号码也为陈庭佳所有，网店展示的 ZL201330519933.8 外观设计专利权人为谢妙珠。

本案被诉产品为塑料烟盒，其外观设计如附图 2。将其与本案专利设计对比，两者均为内空的半透明长方体，前后左右面封闭，左上角顶部敞口处留有一扇马蹄形薄片翻盖，前后面的顶部分别留有对称的半圆形豁口，底部有两个镂空图案，底部中间位置有上下两排压制的文字。二者差异为：1. 被诉产品左上角有透明图案，本案专利设计相应位置无此要点；2. 被诉产品底部镂空图案为心形，本案专利设计底部图案为苹果形。

本案中，陈庭佳、谢妙珠提出现有设计抗辩，并提供了（2014）粤潮韩江第 2131 号公证书、（2015）粤潮韩江第 1685 号公证、（2015）深证字第 158883 号公证书、（2015）深证字第 158890 号公证书、网页打印件、单号为 300009537358 的金峰快递单复印件等证据，拟证明其主张。

（2014）粤潮韩江第 2131 号公证书记载：2014 年 8 月 19 日，谢妙珠通过信息网络进入"一淘"网站网页，该网页的百度快照时间显示为"2013 - 5 - 12"，网页列表中展示了被诉产品如附图 3。

（2015）粤潮韩江第 1685 号公证书记载：2015 年 8 月 13 日，谢妙珠通过信息网络进入"阿里巴巴"网站的相关网页，网页中包括若干条日期显示为 2013 年 4 月至 8 月的评价记录；在"新浪微博"网页，日期显示为 2013 年 8 月 2 日的"Hi_ 乐乐精品"微博展示了一种半透明烟盒如附图 4。

（2015）深证字第 158883 号公证书记载：2015 年 9 月 18 日，谢妙珠的委托代理人通过信息网络登陆阿里巴巴网站，进入"Best 义乌海飞小额混批网"店铺网页，固定了四个货品快照页面，其中，一个货品快照页面显示的生成时间为 2013 年 7 月 15 日，展示的塑料烟盒产品外观如附图 5。

（2015）深证字第 158890 号公证书记载：2015 年 9 月 18 日，谢妙珠的委托代理人通过信息网络登陆阿里巴巴网站，进入"义乌市海飞打火机商行"店铺网页，固定了货品快照页面，显示生成时间均为 2013 年 7 月 28 日，分别对两种塑料烟盒产品进行了展示。

网页打印件的内容包括：显示成交时间为 2013 年 8 月 11 日的产品"20 支装整包透明创意塑料烟盒"的订单信息，"淘金来"店铺若干买家评价信息，显示有"陈继生"姓名的号码×××手机归属地查询信息，以及显示联系人或经营者均为"陈继生"的"深圳市南山区中港纸制品商行"在不同网站的企业信息，显示生成时间为 2013 年 7 月 28 日的阿里巴巴网站"新 20 支装透明塑料烟盒　装整包软壳香菸　个性创意烟盒批发"货品快照页面。

单号为 300009537358 的金峰快递单复印件，显示有"寄件人姓名：黄，寄件公司：淘金来，烟盒 2 个，手机×××，收件人姓名：陈庭佳……"等信息。

一审判理和结果

一审法院审理认为，陈继生是 ZL201330382816.1"香烟盒（中港 - 238 型）"外观设计专利权人，黄燕璇、陈欢欢是该专利权的继承人，该专利现在有效期内，黄燕璇、陈欢欢的专利权受法律保护。黄燕璇和陈欢欢提交的公证书及被诉产品等证据足以证明，陈庭佳通过信息网络销售、许诺销售了被诉产品，但是，仅凭网店上关于"采用 PP 原料精工制作……"等描述不足以认定其制造行为。关于对谢妙珠的指控，仅凭快递单上寄件人为"谢小姐"和其为网店中展示的专利权证书的专利权人，相对于待证事实证据薄弱，而且不能排除其与陈庭佳可能存在雇佣关系，即该项举证不足以证明其与陈庭佳共同实施了上述销售、许诺销售行为。自行打印的阿里旺旺聊天记录等证据证明力弱，无其他证据佐证，不足以采信。

陈庭佳和谢妙珠提交的（2014）粤潮韩江第 2131 号公证书、（2015）粤潮韩江第 1685 号公证、所涉及的网页内容，来自百度快照和阿里巴巴网店产品网页、新浪微博网页的实时打印，但百度快照页面所显示日期的真实性未能确定，且只有一个视图，无法与被诉产品进行对比；网店的产品图片具有可改性，因此 2013 年的评价记录对应的未必是 2015 年 8 月 13 日该网页所展示的产品图片，仅凭评价记录的时间不能确认该网页产品图片已于 2013 年公开；新浪微博网页也只展示了一个视图，无法进行对比。（2015）深证字第 158883 号公证书、（2015）深证字第 158890 号公证书涉及的阿里巴巴网站的货品快照页面，由软件系统自动即时生成，所有数据由网站进行管理，货品快照一旦生成，买卖双方或是第三人均无法自行修改，结合该网站的稳定性和信誉度，可认定阿里巴巴货品快照真实记录了其所显示的生成时间当时产品页面展示的内容，因此在没有反证的情况下，可以认定在货品快照生成之前所涉及的产品信息已经在互联网上公开。经核查，2013 年 7 月 15 日生成的阿里巴巴货品快照页面早于本案专利申请时间形成，附图 5 可见产品外观设计各面清晰视图，可作为现有设计进行对比。

附图 5 中的产品外观实为与本案专利相同之设计，被诉产品外观与之的对比，正如被诉产品外观与本案专利的对比，即仅存在顶部左上角是否有透明图案、底部镂空图案分别为心形和苹果形的差异。然而，产品顶部左上角图案为虚图，视觉效果不明显；镂空图案的区别则位于底部，处于正常使用时非容易被直接观察到的部位，对整体视觉效果无实质性影响。而且，根据本案专利权评价报告中的说明，香烟盒体的开口部位及底部的结构和图案均有较大设计空间，在此情况下被诉产品的外观设计与现有设计仅存在上述两处局部差异，可见被诉产品的外观设计与现有设计在整体视觉效果无实质性区别，为近似设计，应认定被诉产品实施的是现有设计。

一审法院依照《专利法》第十一条第二款、第二十二条第五款、第五十九条第二款、第六十二条，《最高人民法院关于审理侵犯专利权纠纷案件应用法律若干问题的解释》第八条、第十条、第十一条、第十四条第二款，《最高人民法院关于审理侵犯专利权纠纷案件应用法律若干问题的解释（二）》第十四条，《民事诉讼法》第六十四条第一款，《最高人民法院关于适用〈中华人民共和国民事诉讼法〉的解释》第九十条之规定，判决：驳回黄燕璇、陈欢欢的诉讼请求。

本案各方当事人均未上诉。

【法官评述】

本案的亮点是电子证据在专利诉讼中的认定。随着计算机和网络技术的普及，电子商贸活动和其他许多基于网络的人际交往大量出现，电子文件逐渐成为了传递信息、记录事实的重要载体，而在纠纷发生时，相关的电子文件就成为了重要的证据。2012 年《民事诉讼法》第六十三条首次将电子数据增加为证据的一种，电子证据成为了一种法定且独立的证据类型。在《民事诉讼法》修改之前，无论在刑事或者民事诉讼中都有涉及电子证据并被采纳的案例，而网页截图、电子订单等在知识产权诉讼中出现得更为频繁，其存在于知识产权的各个分支，且其多以公证的形式出现，但大部分又属于孤立的证据，在无其他证据辅证的情形下，法院对电子证据是否采信直接影响着案件的最终审理结果。电子证据一般存储在计算机的存储系统中，其对运行环境的依赖性大，容易修改且不易被发现，因此当事人提交电子证据拟证明待证事实时，法院需审慎对待，经查证属实的电子证据方可作为认定案件事实的依据。司法实践中，对于电子证据，一般从其合法性、真实性等方面进行认定。所谓的合法性是指电子证据的获得手段或形式合法，根据《民事诉讼法》第六十九条的规定，除了对方当事人向法院提交了相反证据足以推翻公证书证明的情况外，公证书具有绝对的证明力，是法院可以直接采信的证据。[1] 由于电子证据自身的特点，其不同于一般的证据，可以通过原件对比等形式进行真实性的认定，因此相比较于传统证据，其在真实性认定上具有一定的难度。实践中，法院对于电子证据真实性的认定可以考量以下因素：首先是审查电子证据的形成过程，例如电子证据是否自动生成、存储电子证据的介质是否清洁[2]、电子证据是否完整等；其次是可以借助专家辅助人或

---

① 参见赵静：《网络知识产权案件中的证据问题》，载《人民司法》2002 年第 7 期，第 10 页。

② 《办理保全互联网电子证据公证的指导意见》第七条 "公证机构办理保全互联网电子证据公证应当在公证机构的办公场所内，使用公证机构的计算机和公证机构的网络接口接入互联网，否则应当对所使用的计算机进行清洁性检查"。

者鉴定机构对电子证据进行专业分析,以增加法官的内心确信;再次是具体网络服务商及其系统的稳定性;最后是电子证据被修改的可能性。

本案中,陈庭佳主张现有设计抗辩的证据为其在阿里巴巴网站上的货品快照,该网页快照的取得均是在公证处公证人员的监督下进行,取证形式合法,其合法性可予认定。《专利法》第二十三条第四款、第六十二条和《最高人民法院关于审理侵犯专利纠纷案件应用法律若干问题的解释》第十四条第二款均有关于现有设计的规定。本案中,将被诉侵权设计与陈庭佳提交的网页货品快照进行对比,两者并无实质差异,故判断其现有设计抗辩是否成立的关键在于所主张的现有设计是否在本案专利申请日以前已经在国内外被公众所知,该要件包含"申请日前公开"及"被公众所知"两个要点。

一、关于所主张的现有设计是否在本案专利申请日前公开的问题

陈庭佳提交的(2015)深证字第 158883 号公证书、(2015)深证字第 158890 号公证书所记载的货品快照的形成时间均为 2013 年 7 月,早于本案专利的申请日,这成立的前提在于该货品快照是真实且未经修改的。网页快照系搜索引擎服务商等互联网服务商提供的一种服务,本案的货品快照也属于网页快照的一种,但其与一般的网页快照在存储路径上存在着较大区别,普通网页快照是通过蜘蛛爬虫(spider)抓取第三方网站上的网页进行备份、建立索引,由于图片、音频等信息的容量巨大,普通网页快照只会临时缓存原网页的图片、音频等信息的链接地址,而图片、音频等信息本身仍然存储于原网站的服务器上,用户通过快照浏览到的图片等信息仍是通过技术手段从第三方网站抓取,当第三方网站上的图片或音频有更改时,搜索引擎也会自动进行更改,即该网页快照存在修改的可能性,无法准确反映公开的时间。[①] 而本案的货品快照来源于阿里巴巴网站,其上的快照均由软件系统自动即时生成,所抓取的图片等信息均存储于其自己或可控制的网络服务器上,用户所浏览的快照直接来源于阿里巴巴网站服务器,不存在从第三方调取的情形,

---

① 参见张学军:"网页快照能否作为侵害专利权纠纷中在先技术或在先设计的公开时间证据",载《专利代理》2016 年第 1 期,第 92 页。

而阿里巴巴作为国内最大的网络交易平台，各种交易快照的存在本来就具有固定和记录电子商务的交易情况，防止交易双方在纠纷发生时无迹可寻、无证可查等功能，因此其并不会对快照内容进行修改，同时由于快照信息存储于阿里巴巴网站后台服务器，快照一旦生成，无论是交易双方或是第三人均无法进行修改，在黄燕璇、陈欢欢未提出反证的情况下，法院结合阿里巴巴网站的稳定性和信誉度，认定该货品快照真实记录了其所显示的生成时间当时产品页面展示的内容。

二、关于所主张的现有设计是否"被公众所知"的问题

《专利法》第二十三条第四款所规定的"为公众所知"是指处于公众想得知就能够得知的状态。阿里巴巴网站是国内最大的网络交易平台，其在国内拥有广泛的用户，具有较大的影响力，而该平台上的店铺经营者在网站上放置的产品照片的用途在于宣传其产品本身，根据日常生活经验，经营者在宣传推广产品时，往往希望更大范围的公众获知宣传信息，而从本案的公证流程可知，在登陆阿里巴巴网站后，通过搜索店铺即可进入店铺页面，进而可以浏览相关产品的图片，由此可知该网站信息属于向社会不特定公众公开，且处于公众想得知就能够得知的状态。

随着网络社交媒体的进步，人与人之间的交流沟通越来越多地转移到了网络媒体上，在网络社交媒体上形成的证据也日益增多，从早期的 QQ、QQ 空间到现在的微信朋友圈，司法实践中，以 QQ 空间、微信朋友圈中展示的文本或者图片主张现有技术或现有设计抗辩的案件越来越多，对于此类案件，侵权行为人抗辩能否成立的关键在于其所主张的现有技术或者现有设计是否"为公众所知"，此处的"公众"指的是不特定多数人。由于 QQ 空间以及微信朋友圈属于用户在网络上的私人空间，而两款软件均自带访问权限设置功能，由用户自行控制允许访问的对象，因此，当侵权行为人提交该两类证据主张技术或者现有设计抗辩时，在对该证据的合法性及真实性进行审查后，仍需审查以下事实：QQ 空间是否处于向所有人开放的状态，即是否可以直接在浏览器地址栏输入 QQ 空间地址的方式进入该空间；QQ 空间中展示的文本或者图片是否在展示当时即设置为"所有人可见"；微信朋友圈展示文本

或图片时,其朋友圈的权限设置是否为向所有朋友开放,需要说明的是,由于当前微信用户数量庞大,微信朋友圈的传播速度快、传播范围广,因此如行为人能证明在微信朋友圈展示文本或图片时,其朋友圈权限设置为"公开",即可认定该内容向不特定多数人公开。

编写人:广州知识产权法院　郑志柱

附图1：

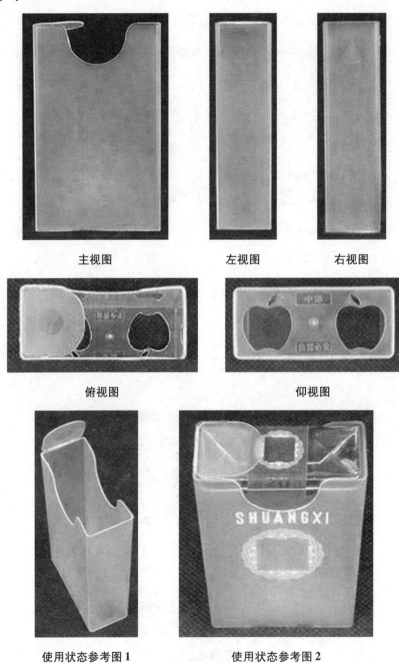

主视图　　　　　　左视图　　　　　　右视图

俯视图　　　　　　仰视图

使用状态参考图1　　　　使用状态参考图2

附图2：

主视图   左视图   右视图

 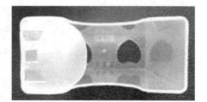

俯视图   仰视图

使用状态图

附图3：

附图4：

附图5：

6

麦甜洪诉青岛兴邦电子电器有限公司
侵害发明专利权纠纷案

阅读提示： 发明专利申请公布时申请人请求保护的范围与发明专利公告授权时的专利权保护范围不一致的，对被诉侵权行为应如何判断？

【裁判要旨】

发明专利申请公布时申请人请求保护的范围与发明专利公告授权时的专利权保护范围不一致，应当将被诉技术方案分别与前述申请公布的范围及授权公告的范围进行技术比对，同时落入两个保护范围的，人民法院应当认定被诉侵权人在发明专利临时保护期内实施了该发明。被诉侵权人在发明专利临时保护期内实施该发明，权利人依法有权请求其支付适当的费用；在发明授权公告后，被诉侵权人将被诉产品的部分技术特征进行等同替换继续销售的，依法应当承担赔偿损失等侵权责任。

【案号】

一审：广州知识产权法院（2015）粤知法专民初字第 1352 号
二审：广东省高级人民法院（2017）粤民终 1370 号

【案情与裁判】

原告（被上诉人）：麦甜洪

被告（上诉人）：青岛兴邦电子电器有限公司（简称兴邦公司）

起诉与答辩

麦甜洪以兴邦公司未经其许可，为生产经营需要制造、销售、许诺销售落入其专利权保护范围的空气加热式烹调锅给其造成经济损失为由向一审法院提起诉讼，请求判令：1. 兴邦公司立即停止侵害麦甜洪专利权的行为，包括停止制造、销售、许诺销售侵权产品，销毁库存侵权产品、专用模具；2. 兴邦公司赔偿麦甜洪经济损失、发明专利临时保护期使用费及其为制止侵权所支出的合理费用共计 50 万元；3. 由兴邦公司承担本案诉讼费用。

兴邦公司辩称，被诉侵权产品缺少涉案专利权利要求 1 的两项技术特征，因此被诉侵权产品不侵犯麦甜洪的专利权。故请求驳回麦甜洪的全部诉讼请求。

一审审理查明

2013 年 6 月 10 日，麦甜洪向国家知识产权局申请提出名称为"一种空气加热式烹调锅"的发明专利申请，国家知识产权局于同年 9 月 4 日公布该申请，该专利申请权利要求 1 记载内容如下："一种空气加热式烹调锅，包括机体、盖体和锅体，所述机体设有加热腔以及设有往所述加热腔吹热风的热风产生装置，所述锅体放置在所述加热腔内，其特征是，所述空气加热式烹调锅还包括转盘电机和至少三个支承滚轮，所述转盘电机设置在机体内，所述转盘电机的电机轴通过传动件带动所述锅体旋转，所述至少三个支承滚轮呈圆周分布、并位于所述锅体底部与所述加热腔底部之间；所述机体包括底壳、隔热盘、上壳和侧板，隔热盘和上壳分别设置在底壳上，隔热盘顶面向下凹进以形成顶侧敞开的所述加热腔，上壳位于加热腔开口的一侧并与侧板连接，侧板表面设有热风出风口；所述底壳与所述隔热盘之间形成有风道，所述风道与所述热风产生装置的离心风轮的吸风口连通；所述加热腔表面设有热风回收孔，所述热风回收孔将所述加热腔与所述风道连通。"

2015 年 5 月 13 日，麦甜洪申请的名称为"一种空气加热式烹调锅"的发明专利获得授权，专利号为 ZL201310231135.4。该专利权利要求 1 具体内容如下:"一种空气加热式烹调锅,包括机体、盖体和锅体,所述机体设有加热腔以及设有往所述加热腔吹热风的热风产生装置,所述锅体放置在所述加热腔内,其特征是,所述空气加热式烹调锅还包括转盘电机和至少三个支承滚轮,所述转盘电机设置在机体内,所述转盘电机的电机轴通过传动件带动所述锅体旋转,所述至少三个支承滚轮呈圆周分布、并位于所述锅体底部与所述加热腔底部之间;所述机体包括底壳、隔热盘、上壳和侧板,隔热盘和上壳分别设置在底壳上,隔热盘顶面向下凹进以形成顶侧敞开的所述加热腔,上壳位于加热腔开口的一侧并与侧板连接,侧板表面设有热风出风口;所述底壳与所述隔热盘之间形成有风道,所述风道与所述热风产生装置的离心风轮的吸风口连通;所述加热腔表面设有热风回收孔,所述热风回收孔将所述加热腔与所述风道连通。"

2014 年 4 月,麦甜洪向广交会知识产权和贸易纠纷投诉接待站投诉兴邦公司在第 115 届广交会 4.2G09 - 10 摊位展出的空气炸锅(简称广交会空气炸锅)涉嫌侵犯其专利。2015 年 5 月 22 日,麦甜洪在淘宝天猫"兴邦电器专营店"购买了一款名称为"悠贝家电炸锅无油空气炸锅大容量无烟智能炸锅家用通用全国包邮"的产品。一审庭审时,兴邦公司确认该产品由其制造、销售,亦确认被诉侵权产品与广交会空气炸锅的技术方案仅存在如下改动,即将空气炸锅的传动件、支承滚轮结合改成了支撑托盘,二者的其余结构均一致。

一审判理和结果

一审法院审理认为,本案重点在于技术比对及行为人在专利临时保护期内及在授权公告日后不同时间段实施发明专利的行为定性问题。

关于技术比对。将被诉侵权产品所实施的技术方案与本案专利权利要求 1 记载的全部技术特征进行比对,二者区别技术特征为:本案专利权利要求 1 中锅体底部设有"至少三个支承滚轮",上述支承滚轮呈圆周分布并位于锅体底部与加热腔底部之间,转盘电机的电机轴通过传动件带动锅体旋转;而被诉侵权技术方案中没有设置支承滚轮,而是在锅体底部与加热腔之间设置有支承转盘,转盘电机的电机轴通过支承转盘带动锅体旋转。关于风道的问题。首先，被诉侵权产品底壳与隔热盘之间存在空间，该空间与热风产生装置的离心风轮的吸风口相连，加热腔表面的热风回收孔与该空间连通，可见，该空间与麦甜洪专利权利要求1记载的风道位置相同，且两者均与吸风口、热风回收孔的相连，从上述位置、结构分析，该空间即为风道；其次，关于兴邦公司抗辩被诉侵权产品底壳设置有多个散热孔导致风会从侧面的散热孔流出的问题，第一，结合麦甜洪专利说明书看，与风道11位置平行的底壳上亦设有多个散热孔，可见，散热孔的设置并不会导致不能形成风道；第二，被诉侵权产品设有离心风轮，被诉侵权产品底壳与隔热盘之间存在空间与离心风轮的吸风口相连，从离心风轮的工作原理分析，当离心风轮运转时，上述空间会形成风道，而不会导致热风完全从上述散热孔流出。故对兴邦公司称被诉侵权产品没有风道的抗辩，不予支持。

关于区别技术特征，双方对被诉侵权产品"支承转盘"，与涉案专利权利要求1中"至少三个支承滚轮"及"传动件"这一技术特征不相同均无异议。关于两者是否构成等同的技术特征。本案专利权利要求1记载"所述至少三个支承滚轮呈圆周分布并位于所述锅体底部与所述加热腔之间"，结合说明书及附图分析，被诉侵权产品的"支承转盘"与涉案专利权利要求1中"至少三个支承滚轮"及"传动件"的组合，两者的手段基本相同，实现的功能相同，达到的效果基本相同，且这一技术手段的替换在侵权行为发生时对于本领域的普通技术人员而言属于无需经过创造性劳动就能够联想到的。故，上述区别特征构成等同特征。

关于本案专利权的临时保护期的保护范围。兴邦公司是在2014年4月的广交会上展示了上述空气炸锅，故该产品是在本案发明专利申请公布日至授权公告日期间制造的。本案专利申请公布的权利要求1请求保护的范围与专利公告授权时的不一致。本案中麦甜洪主张保护本案专利权利要求1，将广交会空气炸锅实施的技术方案与本案专利申请公布时的权利要求1记载的全部技术特征及公告授权的权利要求1记载的全部技术特征进行比对。经比对，广交会空气炸锅实施的技术方案同时落入本案专利申请公布时及本案专利公告授权时的权利要求1的保护范围。兴邦公司在麦甜洪专利申请公布后、授权之前，实施了麦甜洪的发明，故麦甜洪有权要求兴邦公司支付适当的费用。兴邦公司在临时保护期后将广交会空气炸锅的技术方案予以改动，改动后的技术方案亦落入本案专利权利要求1的保护范围，依法应承担停止侵权、赔偿损失的责任。

综上所述，依照《侵权责任法》第二条、第三条、第十五条第一款第（一）项、第（六）项，《专利法》第十一条第一款、第十三条、第五十九条第一款、第六十五条，《最高人民法院关于审理侵犯专利权纠纷案件应用法律若干问题的解释》第一条、第十六条第一款，《最高人民法院关于审理侵犯专利权纠纷案件应用法律若干问题的解释（二）》第十八条第一款、第二款，《最高人民法院关于适用〈中华人民共和国民事诉讼法〉的解释》第九十二条第一款、第二款的规定，判决：一、兴邦公司向麦甜洪支付发明专利临时保护期使用费5万元；二、兴邦公司停止制造、销售侵害麦甜洪发明专利权的产品并销毁库存侵权产品；三、兴邦公司赔偿麦甜洪含合理支出在内的经济损失共计15万元；四、驳回麦甜洪的其他诉讼请求。

上诉与答辩

一审判决后，兴邦公司不服，向广东省高级人民法院提起上诉称：1.一审判决对风道的判定缺乏客观性与公正性，麦甜洪在无效审查过程中主张涉案专利的热风循环空间是封闭的，表明不存在吸风口，可见，被诉侵权产品的风道与涉案专利的风道作用不相同。2.一审判决对"支承转盘"的判定缺乏客观性与公正性，被诉产品的支承转盘是一个整体部件，而涉案专利则是一个传动件、支承滚轮等组成的部分，二者不相同也不等同。3.一审判决的临时保护期使用费及侵权赔偿数额过高。据此，兴邦公司请求二审法院撤销一审判决，依法改判。

麦甜洪答辩称，被诉侵权产品风道的位置、具体结构与涉案专利等同，且专利复审委员会对风道具有创造性的认定没有提及密封的问题。被诉侵权产品底部的孔是散热孔，不会吸进冷风。关于支承转盘，同意一审判决的认定结论。兴邦公司提交的现有技术抗辩证据与本案没有关联性。一审判赔数额合理。故，请求二审法院驳回上诉，维持原判。

二审审理查明

二审中，兴邦公司提交了专利复审委员会于 2016 年 7 月 4 日作出的第 29489 号《无效宣告请求审查决定书》、公证书、空气炸锅、优酷视频等证据，拟证明被诉侵权产品的风道与涉案专利不相同也不等同，被诉侵权产品实施的是现有技术。

二审判理和结果

二审法院审理认为，关于风道，虽然麦甜洪在无效审查过程中主张过涉案专利的热风循环空间是封闭的，但因其没有明确该"封闭"的含义是底壳不开孔，故不应依此限定涉案专利底壳不开孔，亦不能因此认定该特征为区别技术特征，故被诉侵权产品具备涉案专利权利要求 1 中与风道有关的全部技术特征。关于支承转盘，被诉侵权产品支承转盘的技术特征系对涉案专利支撑滚轮和传动件技术特征的等同替换，况且经查看，被诉产品的锅体底部与加热腔之间、支承转盘外有六个长方形凹坑呈圆周分布，表明被诉侵权产品预留了支承滚轮的位置，该布局与涉案专利实施例附图中六个支承滚轮的布局相同，亦从侧面印证了被诉侵权产品的支承转盘的技术特征系对涉案专利支撑滚轮和传动件技术特征的等同替换。故被诉侵权技术方案包含与涉案专利权利要求 1 记载的全部技术特征相同或等同的技术特征，应当认定被诉侵权产品落入涉案专利权的保护范围。兴邦公司提交的现有技术证据未展示产品的具体技术特征，故对其该项抗辩不予支持。一审判决的临时保护期使用费及侵权赔偿数额合理，应予维持。兴邦公司的上诉请求不能成立，应予驳回。故依照《民事诉讼法》第一百七十条第一款第（一）项之规定，判决：驳回上诉，维持原判。

【法官评述】

发明专利实行"早期公开、延迟审查"制度，因此存在专利申请公布日与授权公告日之间的临时保护期。本案中，涉案发明专利申请公布日是 2013 年 9 月 4 日，授权公告日是 2015 年 5 月 13 日。兴邦公司实施的行为有两种：

一是在临时保护期内制造、许诺销售实施本案发明的产品。二是在专利授权公告日后将空气炸锅的部分技术特征进行等同替换后继续销售。

一、关于权利人是否可主张临时保护期使用费的问题

《专利法》第十一条规定的侵权行为均存在于专利权被授予之后，在性质上临时保护期内实施发明不属于侵权行为，但是根据《专利法》第十三条的规定，权利人有权请求实施该发明的单位或者个人支付在上述期间内实施专利的适当费用。

本案中，兴邦公司在广交会上许诺销售的空气炸锅，时间在本案发明专利申请公布日后、授权公告日前，据此可推定该空气炸锅亦是在前述时间段内制造的。由于本案发明专利申请公布日与专利授权公告日两个时间点的保护范围不一致，根据《最高人民法院关于审理侵犯专利权纠纷案件应用法律若干问题的解释（二）》第十八条第二款规定："发明专利申请公布时申请人请求保护的范围与发明专利公告授权时的专利权保护范围不一致，被诉技术方案均落入上述两种范围的，人民法院应当认定被告在前款所称期间内实施了该发明；被诉技术方案仅落入其中一种范围的，人民法院应当认定被告在前款所称期间内未实施该发明。"故，应当以被诉技术方案均落入申请公布日、授权公告日两个保护范围作为认定兴邦公司在临时保护期内实施发明的构成要件。经比对，被诉技术方案均落入上述两种保护范围，故麦甜洪作为权利人依法有权请求兴邦公司支付适当的使用费。

二、关于传动件、支承滚轮与支撑托盘是否构成等同技术特征的问题

兴邦公司确认广交会空气炸锅所实施的技术方案落入本案专利权保护范围，其亦确认被诉侵权产品除将广交会空气炸锅的传动件、支承滚轮结合改成了支撑托盘外，二者的其余结构均一致。

关于上述改动是否构成等同的技术特征的问题。《最高人民法院关于审理专利纠纷案件适用法律问题的若干规定》第十七条第二款规定："等同特征是与所记载的技术特征以基本相同的手段，实现基本相同的功能，达到基本相同的效果，并且本领域的普通技术人员无需经过创造性劳动就能够联想

到的特征。"可见，等同特征判断方法，应以本领域普通技术人员的认知能力为主观标准，以被诉侵权行为发生时为时间节点，审查技术手段、功能和效果方面是否基本相同。被诉侵权产品的"支承转盘"与涉案专利权利要求1中"至少三个支承滚轮"及"传动件"的组合，两者的手段基本相同，实现的功能相同，达到的效果基本相同，且这一技术手段的替换在侵权行为发生时对于本领域的普通技术人员而言属于无需经过创造性劳动就能够联想到的。故，一、二审法院均认定上述区别特征构成等同特征。

三、关于将专利临时保护期内制造的产品实施的技术方案进行等同替换后继续销售的行为是否构成侵权的问题

最高人民法院发布的第20号指导案例《深圳市斯瑞曼精细化工有限公司诉深圳市坑梓自来水有限公司、深圳市康泰蓝水处理设备有限公司侵害发明专利权纠纷案》的判决要点是：在发明专利申请公布后至专利权授予前的临时保护期内制造、销售、进口被诉专利侵权产品不为专利法禁止的情况下，其后续的使用、许诺销售、销售，即使未经专利权人许可，也不视为侵害专利权，但专利权人可以依法要求临时保护期内实施其发明的单位或者个人支付适当的费用。

本案中，发明专利的授权公告日是2015年5月13日，兴邦公司在授权公告日后通过其网店销售被诉产品的时间是同年5月22日，但是该产品的结构与兴邦公司在本案专利临时保护期内制造的空气炸锅仅存在一个区别特征，即将传动件、支承滚轮结合改成了支撑托盘。首先，从被诉侵权产品的锅体底部与加热腔之间、支承转盘外有六个长方形凹坑呈圆周分布等情况分析，该凹坑是预留给支撑滚轮的位置，故被诉侵权产品的部分构件可能是在临时保护期内制造的；其次，即使除支撑托盘以外的其余构件均是在临时保护期内制造的，但兴邦公司将临时保护期内制造的空气炸锅的传动件及位于锅体底部呈圆周分布的至少三个滚轮替换为传动件与支撑圆盘组合为一体的支承转盘的行为应当属于新的制造行为；第三，兴邦公司在2015年5月22日销售被诉侵权产品的行为是否属于对其在临时保护期内制造产品的后续销售行为应当由其提出抗辩并提出证据予以证实，由于兴邦公司在本案中并未提出被诉侵权产品是其在临时保护期内制造的抗辩，故不能认定被诉侵权产品的替换行为发生在临时保护期内，亦不能认定被诉侵权行为属于在临时保护期内制造产品的后续销售行为。

综上所述，一、二审法院依法认定兴邦公司在本案发明专利授权公告日后销售被诉侵权产品的行为构成侵权，并据此判令其承担赔偿损失等侵权责任。

编写人：广州知识产权法院　彭　盎

7

莫列斯公司诉乔讯电子（东莞）有限公司侵害实用新型专利权纠纷案

阅读提示：被诉侵权产品虽因缺少相关技术特征而未落入权利人专利权保护范围，但他人根据产品规格书指引使用该产品必将侵犯权利人专利权的，是否构成专利侵权？专利间接侵权中的教唆侵权应如何认定？使用环境特征的侵权判定规则是什么？专利间接侵权与含有使用环境特征的专利侵权能否选择适用？

【裁判要旨】

专利间接侵权中的教唆侵权，是指行为人通过教唆、引诱等方式唆使他人实施专利技术的行为。被诉侵权产品尽管因缺少相关技术特征未落入权利人专利权保护范围，但他人根据产品规格书指引使用该产品必将侵犯专利权的，则行为人构成教唆侵权。教唆侵权行为的成立必须以直接侵权行为的发生为前提，但这并不要求权利人必须证明直接侵权行为已经实际发生，权利人仅需证明直接侵权行为具有实际发生的高度可能性即可。教唆侵权中的"明知"是指行为人知道或者应当知道其行为将导致直接侵权行为的发生，并且具有鼓励直接侵权行为发生的明显意图。

【案号】

一审：广州知识产权法院（2015）粤知法专民初字第 975 号

【案情与裁判】

原告：莫列斯公司

被告：乔讯电子（东莞）有限公司（简称乔讯公司）

起诉与答辩

莫列斯公司诉称，其是 ZL201090001038.6"板对板连接器"实用新型的专利权人。乔讯公司制造、销售、许诺销售了与莫列斯公司专利相同的产品。乔讯公司的行为未经莫列斯公司许可，侵犯了莫列斯公司的专利权。故请求法院判令乔讯公司：1. 立即停止侵权行为，销毁库存侵权产品和专用生产模具；2. 赔偿莫列斯公司经济损失 100 万元；3. 承担莫列斯公司因制止侵权支出的调查费和律师费共 320509 元；4. 承担本案诉讼费。

乔讯公司辩称，乔讯公司没有生产销售被诉侵权产品的行为，不构成侵权。请求驳回莫列斯公司全部诉请。

一审审理查明

莫列斯公司是 ZL201090001038.6"板对板连接器"实用新型的专利权人。该专利权利要求书 1 记载：一种板对板连接器，包括第一连接器，其具有由绝缘材料制成的第一外壳和装配在所述第一外壳中的第一端子，所述第一连接器被构造为表面安装在第一板的顶面上且使其配合面沿着与所述第一板的所述顶面相交的方向延伸；以及第二连接器，其具有由绝缘材料制成的第二外壳和装配在所述第二外壳中且被构造为与所述第一端子接触的第二端子，所述第二连接器被构造为表面安装在第二板的顶面上以与所述第一连接器接合且使其配合面沿着与所述第二板的所述顶面相交的方向延伸；其中所述第一外壳或所述第二外壳设有被构造为从其表面向外突出且能够获得所述第一端子或所述第二端子的绝缘距离的绝缘距离获得部分。莫列斯公司公证购买取得乔讯公司生产、销售的被诉连接器实物。同时莫列斯公司发现，乔讯公司关联公司的官网上展示了被诉连接器图片及其产品规格书。产品规格书显示，被诉连接器用于将两块电路板连接。将被诉侵权产品与涉案专利权利要求 1 对比，乔讯公司认为：被诉侵权产品没有第一板和第二板，缺少涉案专利权利要求 1 记载的"第一连接器被构造为表面安装在第一板的顶面上且使其配合面沿着与第一板的顶面相交的方向延伸"以及"第二连接器被构造为表面安装在第二板的顶面上以与第一连接器接合且使其配合面沿着与第二板的顶面相交的方向延伸"这两个技术特征，故被诉侵权产品未落入涉案专利权保护范围。莫列斯公司确认购得的被诉连接器实物没有第一板和第二板，但认为该实物唯一作用是将第一板和第二板相互连接，除此之外没有任何其他用途，且乔讯公司在被诉连接器产品规格书中明确指示用户必须将该实物以权利要求记载的方式与第一板和第二板连接，故乔讯公司生产、销售、许诺销售该产品侵犯了其专利权。

一审判理和结果

一审法院审理认为，根据《侵权责任法》第九条，教唆、帮助他人实施侵权行为的，应当与行为人承担连带责任。本案中，被诉侵权产品规格书清晰显示该产品可将两块电路板进行连接，该两块电路板相当于涉案专利权利要求中的第一板和第二板，且连接器与电路板的连接方式与涉案专利权利要求记载的连接方式相同，虽然乔讯公司仅向用户销售连接器，并未提供电路板，但可以合理预见，无权实施涉案专利的用户购得被诉侵权产品后将根据该产品规格书的指示将其与电路板进行连接使用，从而构成专利侵权。乔讯公司对此显然是明知的。另外，根据连接器的特性和用途，用户购买连接器的目的是将其用于自己的电路板上，以满足自己的生产经营需要，故一般不可能出现乔讯公司在提供连接器时一并提供电路板的情形。再者，乔讯公司也未举证证明其被诉连接器产品具有其他实质性非侵权用途。综上，乔讯公司生产、销售、许诺销售被诉侵权产品的行为构成教唆侵权，应承担停止侵权、赔偿损失等民事责任。依照《侵权责任法》第十五条第一款第（一）项、第（六）项、第二款，《专利法》第十一条第一款、第六十五条的规定，判决：乔讯公司立即停止生产、销售、许诺销售侵犯莫列斯公司涉案"板对板连接器"实用新型专利权的产品，并销毁库存的侵权产品及生产该产品的专用模具；乔讯公司赔偿莫列斯公司经济损失 40 万元和合理维权费用 10 万元。

本案各方当事人均未上诉。

【法官评述】

一、本案涉及专利间接侵权行为中教唆侵权的司法认定

本案判决发生在《最高人民法院关于审理侵犯专利权纠纷案件应用法律若干问题的解释（二)》（简称《专利法司法解释二》）颁布实施之前，法院准确适用侵权责任法中教唆侵权的规定对乔讯公司的侵权行为作出认定，判决认定的教唆侵权的构成要件符合专利法司法解释二的规定，体现了法官对专利间接侵权制度的精准把握。

《专利法司法解释二》第二十一条第二款规定，明知有关产品、方法被授予专利权，未经专利权人许可，为生产经营目的积极诱导他人实施了侵犯专利权的行为，权利人主张该诱导者的行为属于《侵权责任法》第九条规定的教唆他人实施侵权行为的，人民法院应予以支持。据此，专利间接侵权中的教唆侵权行为应具备以下要件。

第一，行为人具有侵权的主观故意。教唆侵权行为要求行为人知道或者应当知道其行为将导致直接侵权行为的发生，并且具有鼓励直接侵权行为发生的明显意图。对于行为人主观故意，可以根据案件事实进行认定，例如行为人提供了与专利技术的实质性要素相关的产品，并且该产品不具有其他实质性非侵权用途，在此情况下，行为人仍通过相关行为教唆、引诱他人实施专利方法或生产专利产品，即可推定行为人具有主观故意。本案中，用户购买被诉侵权的连接器的目的是将其用于购买者的电路板上，以实现电路板的连接，而且乔讯公司亦未证明该连接器具有其他实质性的非侵权用途，在此情况下，乔讯公司还在被诉侵权产品的规格书中指示用户将被诉侵权产品与电路板连接，由此可知乔讯公司具有主观故意，并鼓励用户实施直接侵权行为。第二，行为人未经许可，实施了具体的诱导行为。教唆侵权行为包括各种教唆、诱导直接侵权行为发生的行为，例如劝诱他人购买相关的零部件组装专利产品、通过说明书等方式告知购买者利用相关产品具体实施侵权行为

的方法等。如果行为人提供专用品的行为是唆使他人实施专利侵权行为的方式之一，则此时教唆侵权行为吸收了帮助侵权行为，仅需认定行为人构成教唆侵权行为即可。比如本案中，乔讯公司通过产品规格书指示用户将被诉侵权的连接器与电路板连接，并提供了被诉侵权的连接器，最终法院认定乔讯公司构成教唆侵权行为。第三，他人在行为人的诱导下，实施了专利侵权行为。这涉及专利间接侵权与直接侵权的关系，存在"从属说"和"独立说"两种观点。"从属说"主张间接侵权的损害结果应当表现为直接侵权行为发生，如果不存在直接侵权行为，那么间接侵权行为也就不能成立；"独立说"则主张认定间接侵权行为时无需考虑直接侵权行为是否存在，即使直接侵权行为不发生，只要其行为符合相关的必要条件即可追究行为人的侵权责任。从《专利法司法解释二》作出的"诱导他人实施了侵犯专利权的行为"的规定来看，我国采用的是"从属说"。虽然专利教唆侵权行为的成立以存在直接侵权行为为前提，但是根据案件事实，他人在行为人的诱导下具有实施专利侵权行为高度可能性的，可以推定他人实施了专利侵权行为。具体于本案而言，乔讯公司提供了被诉侵权的连接器，并在产品规格书中指示用户将连接器与其电路板连接，根据连接器的特性和用途，用户购买连接器的目的是将其用于自己的电路板上，以满足自己的生产经营需要，故根据上述事实可以推定用户购买被诉侵权产品后，必然会在生产经营活动中实施莫列斯公司的专利技术，故乔讯公司构成专利间接侵权行为。

二、本案纠纷的解决还有另一种思路，即适用含有使用环境特征的专利侵权判定规则

使用环境特征是指权利要求中用来描述发明所使用的背景或者条件的技术特征。《专利法司法解释二》第九条规定，被诉侵权技术方案不能适用于权利要求中使用环境特征所限定的使用环境的，人民法院应当认定被诉侵权技术方案未落入专利的保护范围。该条文就是关于专利使用环境特征的规定。我国《专利审查指南》对于使用环境特征这种类型的权利要求尚未作出特殊规定。但欧洲专利局的专利审查指南在其C部分第三章"4.14 通过用途或参照其他实体来进行限定"部分则作出了如下规定："由于第一实体经常可以以独立于第二实体的方式生产和销售，通常可以通过适当地选择权利要求的措辞来获得对第一实体的独立保护……也可以允许在独立权利要求中通过引用第二实体的尺寸和/或对应形状来限定第一实体的尺寸和/或对应形状，该第二实体并不是要求保护的第一实体的某一部分，但通过使用而与第一实体产生了某种关系。"简单地讲，这类权利要求保护的是 A 产品，但其中又记载有 B 产品的一部分结构特征，而 B 产品不属于专利权的保护范围，但与 A 产品具有连接或配合关系。之所以采用这种撰写方式，是因为只有这样才能完全体现该专利的创造性和新颖性，进而获得专利授权。本案中，涉案专利权保护的是一种连接器，该连接器的作用在于连接两块电路板，涉案专利在描述该连接器的结构特征的同时，也限定了该连接器在相应的第一板和第二板上的安装位置及连接关系，即限定了连接器的使用背景和条件，可认定属于使用环境特征。

关于使用环境特征的解释规则。最高人民法院在申请再审人株式会社岛野与被申请人宁波市日骋工贸有限公司侵犯发明专利权纠纷案［（2012）民提字第 1 号］中，指出：已经写入权利要求的使用环境特征属于权利要求的必要技术特征，对于权利要求的保护范围具有限定作用；使用环境特征对于权利要求保护范围的限定程度需要根据个案情况具体确定，一般情况下应该理解为要求被保护的主题对象可以用于该使用环境即可，而不是必须用于该使用环境，但是本领域普通技术人员在阅读专利权利要求书、说明书以及专利审查档案后可以明确而合理地得知被保护对象必须用于该使用环境的除外。本案中，根据涉案专利的权利要求书及说明书的记载，第一连接器和第二连接器必须安装于相应的第一板和第二板的顶面，并且使其配合面沿着与相应的第一板和第二板的顶面相交的方向延伸，因此，涉案专利使用环境特征对于权利要求保护范围的限定应理解为：被保护的主题对象必须用于该使用环境，即涉案专利权保护的连接器中，第一连接器和第二连接器必须安装用于相应的第一板和第二板上。

关于使用环境特征的侵权判断规则。由于被保护主题对象的使用环境不属于其本体结构的一部分，故使用环境特征不同于产品结构特征。在进行侵权对比时，不应直接将被诉侵权产品的结构特征与权利要求记载的环境特征进行对比，而应将被诉侵权产品的使用环境特征与专利权利要求记载的使用环境特征进行对比。被诉侵权产品的使用环境，可以根据被诉侵权产品的结构特征及其相应的使用说明综合判断得出。同时，由于使用环境特征只有在产品进入使用环节时才需要实施，而莫列斯公司购买的被诉侵权产品通常仅是在产品流通环节而未进入使用环节，故诉讼中的被诉侵权产品通常不具有环境特征，但只要能够根据案件事实查明被诉侵权产品的使用环境特征，不管被诉侵权产品是否已经进入使用环节，均不影响两者的侵权比对。对此，北京市高级人民法院颁布的《专利侵权判定指南（2017）》第二十四条规定，被诉侵权技术方案能够适用于权利要求记载的使用环境的，应当认定被诉侵权技术方案具备了权利要求记载的使用环境特征，而不以被诉侵权技术方案实际使用该环境特征为前提。具体于本案而言，虽然莫列斯公司公证购买的被诉侵权连接器没有权利要求所述的第一板和第二板，但是根据本案被诉侵权产品规格书的记载，被诉侵权的连接器可将两块电路板按照涉案专利权利要求记载的连接方式进行连接。而且，该连接器的用途就是用于连接两块电路板，用户购买连接器的目的也是将其用于连接自己的电路板，即被诉侵权的连接器在实际使用过程中必然会实施涉案专利权利要求记载的使用环境特征，因此，被诉侵权的连接器落入涉案专利权的保护范围。

从上述分析可知，对涉案专利权利要求中某一技术特征的不同理解，将会出现适用直接侵权或者适用间接侵权两种截然不同的侵权认定，特别是司法实践对"使用环境特征"的认定缺乏可操作性，更会加剧这种分歧。已有学者指出，"使用环境特征"作为类型化技术特征的指称可能并不具备普适性。以墨盒为例，来自墨盒安装本体的限定特征包括了打印机的形状、结构、作用、功能、特征、方法、用途等多种限定内容及其组合，一概而论为"使用环境特征"会显得牵强或不相适应。① 尽管使用环境特征的定义仍然不明

---

① 王大鹏："亚组合权利要求解释及其专利审查与保护实践"，载《知识产权》第2014年第6期。

确，但使用环境特征的引入，为解决组合体权利要求的解释和侵权判定提供了另一种分析路径。由于使用环境特征包含了与专利权保护的主题相配合的形状、结构、作用、功能、特性、方法、用途等多种限定内容及其组合，而且这些限定内容记载在权利要求中，当结合专利相关的内部证据和外部证据均无法明确权利要求中的某一技术特征的性质时，将该技术特征解释为专利权的产品结构特征，还是解释为使用环境特征，并未违反权利要求解释规则。在此情况下，法院可以根据案件的具体事实行使释明权，让双方当事人对该技术特征的性质作出充分解释，并最终决定适用专利间接侵权，还是适用含有使用环境特征的专利侵权。对此，在含有使用环境特征的专利侵权制度较为成熟的日本司法实践中，亦存在适用直接侵权或者间接侵权的问题。从保护专利技术的"实质性部分"的结果意义上说，适用间接侵权，或者适用含有使用环境特征的专利侵权，两者的处理结果并无不同。在前文所引述的案例中，双方当事人对法院适用间接侵权认定乔讯公司承担专利侵权责任均未提上诉，也印证了法院处理结果的妥当性。

编写人：广州知识产权法院　龚麒天　蔡健和

8

刘建华诉深圳优威派克科技股份有限公司、查文等侵害实用新型专利权纠纷案

> **阅读提示**：电脑销售商根据安装指引，将配件组装为电脑整机出售侵犯他人专利权的，应如何认定其行为性质？提供上述零部件的生产商，又应负何责？如何认定帮助侵权行为人"明知"的主观意愿？

【裁判要旨】

电脑产品所用技术方案侵犯他人专利权的，其组装及销售者构成生产侵权产品的行为；明知根据自己生产的零部件配置必要配件后得出的成品侵犯他人专利权，仍出于生产经营目的为他人提供该侵权零部件的，构成教唆侵权行为，应负连带责任。

【案号】

一审：广州知识产权法院（2015）粤知法专民初字第 1402 号

【案情与裁判】

原告：刘建华

被告：叶文君

被告：深圳优威派克科技股份有限公司（简称优威派克公司）

被告：查文

被告：深圳市中联盛科技有限公司（简称中联盛公司）

被告：陈松

起诉与答辩

刘建华起诉称，叶文君销售的产品侵犯了刘建华享有的专利号为ZL201320576041.6，名称为"电脑一体机"实用新型专利权，优威派克公司、中联盛公司提供了显示器、电源及显示器壳体等部件，在主观上诱导购买其产品的用户实施本专利，客观上为他人直接实施侵权行为提供必要条件，已构成了专利间接侵权，应共同承担责任。查文、陈松分别是优威派克公司、中联盛公司的独资投资人，依法应对优威派克公司、中联盛公司的债务承担连带责任。请求：1. 叶文君立即停止销售侵犯涉案专利权的产品；2. 优威派克公司、中联盛公司停止共同制造、销售帮助侵犯涉案专利权的产品，销毁制造该产品的专用模具及库存产品；3. 叶文君、优威派克公司、查文、中联盛公司、陈松连带赔偿刘建华经济损失60万元（包括维权合理费用）；4. 叶文君、优威派克公司、查文、中联盛公司、陈松承担本案的诉讼费用。

叶文君答辩称，其确实销售了被诉侵权产品，该产品是优威派克公司的业务员上门来推销的，其不知道该产品是侵权产品。叶文君称其只销售了这一台产品，之后也没有销售，依法可免责。

优威派克公司答辩称，未侵犯涉案专利权，不同意赔偿。

查文、中联盛公司、陈松均未答辩。

一审审理查明

刘建华是涉案专利的专利权人。该专利现为有效专利。刘建华本案请求保护的权利范围是该专利权利要求1－3，具体为："1. 一种电脑一体机，包括：显示器、主板、硬盘、电源盒和后盖，所述显示器的壳体后侧限定出安装腔，其特征在于，所述后盖背面中间设置高出后盖背面两侧平面的凸起部形成的空间，所述主板扩展槽位于凸起部空间下部，所述电源安装在安装腔的靠近扩展槽的一侧，所述的硬盘置于所述的电源一侧上部；2. 根据权利要求1所述的电脑一体机，其特征在于，所述凸起部呈竖向为凸槽形状；3. 根据权利要求 1 所述的电脑一体机，其特征在于，所述主板与电脑配件的接口置于后盖内由后盖覆盖。"

涉案专利说明书【0011】段有如下内容："所谓后盖设置有凸起部，凸起部配合主板的扩展槽位置设置，凸起部所产生的空间可以使显卡等扩展卡直接插入扩展槽，也使安装腔扩大，能够容纳市场的通用器件，通用性强，给硬件升级留置了空间，也可以减少转接卡或转接线连接的不便。"【0015】段有如下内容："使用外壳覆盖主板接口，既隐蔽了接口，也可以到达美观，更可以包装隐藏接口和连接线，防止他人盗窃电脑配件，如鼠标、键盘及摄像头或耳机等常用的外接配件，这是网吧里常发生的事。"

刘建华为证明叶文君、优威派克公司、查文、中联盛公司、陈松实施了被诉侵权行为，提交了公证购买的"电脑一体机"实物为证。公证书显示涉案网店对 27 寸一体机提供了五款套餐的特惠报价，五款套餐的价格除因 CPU、主板、显卡三项的参数不同从而"适用"不同外，其他配置和参数均相同。刘建华购买的是套餐三，其区别于其他"套餐"的相应配置和参数是，CPU：AMD860 四核 3.7G（保 3 年），主板：昂达或梅杰 A55（保 3 年），显卡：高端 HD7670/2G 独立显卡。

庭审中经查验，上述公证封存的外包装箱上印制了"ViewPaker"标识、微信二维码、www. viewpaker. com，及"史上最强游戏一体机""制造商：深圳优威派克科技有限公司""生产厂：深圳市中联盛科技有限公司"等字样。

打开包装箱后，内有被诉侵权产品电脑一体机一台，附《ViewPaker 产品保修卡回执》和《ViewPaker 机箱显示器使用手册》（简称《使用手册》）等各一张。上述《使用手册》列举了该产品的部件包括上盖与下盖、弹簧、弹片等共 17 部件，以图文方式逐一介绍了拆装底座与后壳，安装主板、独立显卡、电源、光驱、硬盘的各个步骤及产品视图。其中，配图部分可见待安装的一整张金属板上的特定位置预留了螺丝开孔；文字部分，如"安装主板"除了注明可兼容的主板类型和散热模组型号外，还介绍"1. 将 IO 挡板如图所示安装上。2. 将 PC 主板对准主板螺丝柱，锁上 9 颗 PWM3 ×5 机牙螺丝"；"安装独立显卡"注明集显机型不需此步骤，并介绍"将独立显卡插入

PC 主板的 PCI 插槽，用 2 颗 PWM3 × 5 螺丝将独立显卡锁附在显卡支架上"等。

经观察，被诉侵权产品的外部整体由显示器（正面）、与显示器长宽尺寸吻合的后盖（背面）两部分钉装而成。显示器对外一侧（正面）的显示屏上有"ViewPaker"标识。后盖为一体成型，中间部位凸起，完全遮盖了显示器的背面，从外部无法观察到产品的内部结构。装嵌于后盖下侧的铭牌显示，"ViewPaker 机箱显示器，型号：E270DMG，制造商：深圳市优威派克科技有限公司"，并警告"本产品内部不含任何维修备件，为避免触电，请勿任意拆开后盖……"。

从显示器与后盖的嵌合处打开产品，可见后盖内部未附任何配件，其背面中间高出两侧，形成相对凸起的空间，从使用者平视的角度呈竖向凸槽形状。显示器对内一侧（后侧）为一整块与显示器尺寸相近的金属板，主板、硬盘、电源均已安装其上。其中，标示了"广州瑞友科技有限公司监制　地址：广州市天河区东圃吉山工业区"等字样的电源（盒）安装在金属板右下侧；套装在硬盘盒内的硬盘安装在电源一侧的上部；主板安装在金属板的左侧偏下处；主板向电源盒方向的延伸处设有两道槽位（简称主板槽），其中一道槽位插入了显卡，安装位置可与后盖凸起部相对应。主板与电脑配件的接口与后盖相应部位的开口齐平，平视时该接口被后盖隐蔽，不可见，仰视则可见接口。经比较，上述主板、硬盘、电源的位置分布与前述《使用手册》配图指引的安装位置相同。又拆移安装在金属板上的电源（盒）和硬盘（盒），可见该金属板上安装电源（盒）和硬盘（盒）的螺丝开孔位与前述《使用手册》配图中未安装电脑配件前的金属板的状态相同。

刘建华认为上述证据可证明显示器、电源、硬盘盒，及与显示器尺寸相配的机箱（含安装腔和后盖在内的箱体框架）均由优威派克公司、中联盛公司生产并销售给叶文君组装，再由叶文君销售。叶文君确认组装并销售了被诉侵权产品，称产品外壳箱体及显示器是从优威派克公司处进的货，通过现金交易，没有相关证据，并称该"一体机"内部确实可以组装，其根据客户的要求添加配件，但产品的外壳是一体成型的。优威派克公司坚称只生产和销售了显示器给叶文君，内附的使用说明等是关于显示器的；与中联盛公司没有关系，产品外包装箱用于包装显示器，不清楚为何同时显示了中联盛公司的企业名称。

经比对，刘建华认为产品后盖背面中部设有高出后盖背面两侧的呈竖向的凸起，显示器背面的金属板就是安装腔，该安装腔及相应的配件已限定了显示器、主板、硬盘、电源的安装位置，主板槽具有扩展功能并设于后盖凸起部空间下部，主板和电脑配件的接口被后盖遮蔽，故被诉侵权技术方案符合其专利权利要求1－3的描述，落入其涉案专利权保护范围，构成相同侵权。优威派克公司不予认同，认为被诉侵权产品：1. 没有主板扩展槽，故缺少"主板扩展槽位于凸起部空间下部"的技术特征，同意具备专利权利要求1记载的其他技术特征；2. 具备与专利权利要求2相同的全部技术特征；3. 主板与电脑配件的接口没有被后盖覆盖，不具备专利权利要求3记载的技术特征。叶文君表示：1. 被诉侵权产品的主板、硬盘、电源等安装位置是固定的，外壳是一体成型的；2. 主板槽位确实可插入扩展卡等客户需要的电脑通用配件；3. 是否侵权由法院审定。刘建华称被诉侵权产品的主板槽就是其专利所述的"主板扩展槽"，只因扩展卡没有安装才没有显示其"扩展"功能，该功能在专利说明书【0011】已有描述，后盖相应凸起部位留存足够空间可证明此点。

刘建华请求法院酌定赔偿数额，称本案维权合理费用包括公证费3390元和购买产品费用3630元。

另查明，经在网络搜索"PCI插槽"的含义，"百度百科"解释PCI插槽是基于PCI局部总线（Peripheral Component Interconnection，周边元件扩展接口）的扩展插槽，是主板的主要扩展插槽，通过插接不同扩展卡可以获得电脑能实现的几乎所有功能，是名副其实的"万用"扩展插槽。

一审判理和结果

一审法院审理认为，被诉侵权技术方案落入涉案专利权的保护范围，涉案产品为侵权产品。叶文君为生产经营目的擅自销售侵权产品，优威派克公司、中联盛公司擅自生产、销售教唆他人实施专利侵权行为的侵权零部件，均侵犯了刘建华涉案专利权。刘建华诉请上述侵权者立即停止侵权、赔偿损失，应予支持。在赔偿责任的承担上，叶文君使用优威派克公司、中联盛公司提供的侵权零部件、添置其他配件后组装成侵权产品整机出售，性质上已非单纯的销售行为。由于刘建华未指控叶文君实施了生产行为，故对叶文君上述组装行为的性质不予评定，但叶文君显然不具备不知晓销售的是侵权产品且有合法来源可免除赔偿责任的法定情形。刘建华指控优威派克公司、中联盛公司帮助叶文君实施了侵权行为，故优威派克公司、中联盛公司应对叶文君因销售侵权产品所应负的赔偿责任承担连带责任。优威派克公司、中联盛公司原分别为查文、陈松个人独资设立的有限责任公司。查文、陈松均未应诉答辩，未提供侵权行为发生之时各自独资设立的优威派克公司、中联盛公司的财产独立于个人财产的证据或侵权行为发生之后优威派克公司、中联盛公司性质变更时债务承担方面的证据，故刘建华请求查文、陈松对优威派克公司、中联盛公司的债务各自承担连带责任合法有据，应予支持。据此，一审法院依照《侵权责任法》第八条、第九条第一款、第十五条第一款第（一）项、第（六）项和第二款，《专利法》第十一条第二款、第五十九条第一款、第六十五条，《公司法》第六十三条，《最高人民法院关于审理侵犯专利权纠纷案件应用法律若干问题的解释》第七条，《民事诉讼法》第一百四十四条的规定，判决：一、叶文君停止销售侵权产品。二、优威派克公司、中联盛公司停止生产、销售帮助侵权的侵权零部件，销毁库存的侵权零部件及专用的生产模具。三、叶文君赔偿刘建华55000元；优威派克公司、中联盛公司对此承担连带责任。四、查文对优威派克公司的责任承担连带清偿责任。五、陈松对中联盛公司的责任承担连带清偿责任。六、驳回刘建华的其他诉讼请求。

本案各方当事人均未上诉。

【法官评述】

此案值得讨论的是各被告在整个侵权行为链条中的角色和责任承担。

一、关于两被告公司

优威派克公司坚称无辜，称自己只是生产和提供了显示器给叶文君，没有实施侵权行为。法院如何锁定其为侵权行为责任主体？第一，外包装箱信息初步证明。产品外包装箱与产品外观尺寸相配，可认定是产品出厂时的包装箱原物。根据外包装箱上印制的"ViewPaker"标识及"史上最强游戏一体机""制造商：深圳优威派克科技有限公司""生产厂：深圳市中联盛科技有限公司"等信息，可初步认定两被告公司是包装箱内置的侵权产品，至少是侵权产品外壳的生产者。第二，后盖外部铭牌显示的信息进一步说明。该铭牌（从外部即可察看）显示的"ViewPaker 机箱显示器"品名、生产者信息及警告语"本产品内部不含任何维修备件，为避免触电，请勿任意拆开后盖……"等，足可说明优威派克公司是"ViewPaker 机箱显示器"的生产者，ViewPaker 为该公司品牌；该"机箱显示器"包括后盖。第三，产品内外结构反映了侵权零部件设计的一体性。设于显示器背面的安装腔（金属板）与显示器尺寸相当，通过预设的螺丝开孔在安装腔上限定的主板和电源盒的安装位与后盖凸起部位置及凸起空间相配，设计具有整体性，反映了侵权零部件为同一或关联厂家所生产。第四，随附的书面单据可予佐证。产品随附的《使用手册》以图文方式逐一介绍了拆装底座与后壳，安装主板等核心电脑配件的各个步骤并提供了相关配件，佐证该"机箱显示器"并非仅指显示器，还包括底座与后壳，连同可安装主板、电源、硬盘等电脑配件的金属板状的"安装腔"在内的整个箱体框架。第五，前述证据与叶文君陈述可相互印证。叶文君承认显示器和侵权零部件来自于优威派克公司，与前述证据证明的事实可相印证，形成证据链。

法院没有采纳刘建华关于电源盒亦由两被告公司生产的观点，理据如下。第一，根据商业习惯，生产者通常直接将品牌标示于产品之上。侵权产品的显示器、主板、硬盘、电源盒等核心电脑配件中，仅显示器（显示屏）标示了"ViewPaker"品牌，电源盒上显示的是案外某公司的名称，用于套装硬盘的硬盘盒上没有显示生产者信息。第二，产品的组装和销售者叶文君未提及电源和硬盘盒来自于两被告公司。可见，现有证据不足以认定产品的电源和硬盘盒来源于两被告公司。

综上，法院综合侵权产品的外包装箱、外部铭牌、内外构造及附件、当事人称述等证据显示的信息以及两被告公司的经营范围，认定两被告公司共同生产了侵权产品的显示器及侵权零部件并提供给叶文君组装。至于两被告公司行为的定性稍后再述。

二、关于叶文君

叶文君承认销售了侵权产品。值得注意的是其行为内容是否仅限于销售？叶文君使用两被告公司提供的侵权零部件、添置其他配件后组装成侵权产品整机出售的行为，已触犯了我国《专利法》第十一条"发明和实用新型专利权被授予后，……，任何单位或者个人未经专利权人许可，都不得实施其专利，即不得为生产经营目的制造、使用、许诺销售、销售、进口其专利产品"的规定，属情节严重的"制造"行为。仅因刘建华未指控叶文君实施了制造行为，法院才对叶文君上述"组装"实为制造行为的性质未予直接认定。我国《专利法》第七十条"为生产经营目的使用、许诺销售或者销售不知道是未经专利权人许可而制造并售出的专利侵权产品，能证明该产品合法来源的，不承担赔偿责任"的规定并不适用于生产者。叶文君本案的情形显然不符合上述法律规定，不具备不知道销售的是侵权产品且有合法来源，不符合可免除赔偿责任的法定情形。

三、两被告公司的行为性质

我国《侵权责任法》第九条第一款规定，教唆、帮助他人实施侵权行为的，应当与行为人承担连带责任。法院根据对侵权技术方案和两被告公司行为内容的分析和认定，采纳了刘建华关于两被告公司实施了教唆侵权行为的主张。理据是：涉案专利技术的核心不在于显示器、主板及扩展槽、硬盘、电源等电脑配件本身的技术方案，而在于上述电脑配件相互之间，及各电脑配件与后盖凸起位置和凸起空间之间的配合关系所产生的实用效能。根据生活常识，电脑产品的正常运作无法脱离显示器、主板、硬盘、电源等基本配置，其中除了显示器因显示屏尺寸不同而存在明显区别外，其他电脑配件的规格尺寸即其占用的安装空间区别有限，可出厂预设。涉案侵权产品的主板及扩展槽、硬盘、电源虽出自不同厂家，但其安装位置早已通过预设的螺丝开孔限定在安装腔内。侵权产品随附的《使用手册》显示该安装腔在使用前，即出厂时虽只是一整张在特定位置上预留了螺丝开孔的金属板，但其生产者一方面提供了使用该安装腔必要的部件，另一方面以图文方式详细介绍了其安装方法和步骤，甚至细微至具体的螺丝型号。加之与显示器框架、安装腔配套使用的后盖凸起部和后盖下侧预留的主板及电源与外部电脑配件的开口设计，可判定用户使用该安装腔在何位置安装主板及扩展槽、硬盘、电源盒不存在自主选择性，只能遵从生产者的指引。换言之，箱体的框架结构决定了金属板状的安装腔只能设置于显示器背面，生产者通过螺丝开孔预设的安装腔上的安装位和后盖的凸起部的一体设计共同决定了主板、电源和硬盘等电脑配件的安装位置，用户遵从安装指引配置必要配件后获得的电脑成品必然是实施了他人专利的侵权产品，否则该电脑一体机无法正常使用。上述结果属于侵权零部件的生产者即两被告公司可合理预见的范围。两被告公司明知自己产品面向的不是终端消费者而是中间商，却仍以经营为目的提供侵权零部件，教唆他人实施侵权行为，依法应承担相应的侵权责任。上述电脑配件安装位的限定并不影响安装于该安装位上的电脑配件的更换升级。优威派克公司以产品后盖可打开、内部电脑配件可更换为由否认其行为构成侵权，实际上是混淆"电脑配件"和"安装电脑配件的位置"的概念。

2016年3月发布的《最高人民法院关于审理侵犯专利权纠纷案件应用法律若干问题的解释（二）》第二十一条规定："明知有关产品系专门用于实施专利的材料、设备、零部件、中间物等，未经专利权人许可，为生产经营目的将该产品提供给他人实施了侵犯专利权的行为，权利人主张该提供者的行为属于侵权责任法第九条规定的帮助他人实施侵权行为的，人民法院应予支持。明知有关产品、方法被授予专利权，未经专利权人许可，为生产经营目的积极诱导他人实施了侵犯专利权的行为，权利人主张该诱导者的行为属于侵权责任法第九条规定的教唆他人实施侵权行为的，人民法院应予支持。"单纯从构成要件上分析，两被告公司的行为完全符合上述规定，应认定为专利间接侵权行为。然两被告公司的行为发生在 2015 年 6 月 24 日该司法解释发布之前，根据法不溯及既往的原则，法院最终援引了《侵权责任法》第九条第一款的规定，认定两被告公司的行为构成教唆叶文君实施侵权的行为。

四、各被告的责任承担

赔偿数额的确定和承担与侵权者的行为性质和责任轻重有关。首先需要厘清叶文君和两被告公司责任的主次关系。既然认定两被告公司构成教唆叶文君实施侵权的行为，那么叶文君就是直接侵权人（主责任人），两被告公司是间接侵权人（从责任人）。两被告公司责任承担取决于叶文君的责任轻重。其次是赔偿数额的确认。该案中，虽则叶文君的行为在法律上属生产行为，但因刘建华仅指控并请求叶文君对销售侵权产品的行为承责，故法院判令直接侵权行为人叶文君就其销售侵犯他人实用新型专利权产品的行为承担 55000 元（含维权合理费用支出）的赔偿责任。再次是责任的轻重，基于间接侵权行为的"从属性"，法院判令两被告公司对叶文君上述赔偿责任承担连带责任。

需要警醒的是，现今电脑产品市场上普遍存在"销售商"按客户需求组装电脑的情况，有的"销售商"甚至还为客户提供下载涉嫌侵权电脑软件的服务，都非常容易引发大面积的知识产权纠纷。如若此类"叶文君"一直未对自己行为性质有清醒认识，总以为自己只是靠技术帮客户组装电脑的"小"零售商，迟早是要吃大苦头的。

编写人：广州知识产权法院　郭小玲

9

VMI 荷兰公司诉揭阳市双骏橡胶机械有限公司侵害发明专利权纠纷案

阅读提示：侵权比对时额外添加使之运转的必要辅助设备是否妥当？如何界定上述必要辅助设备的边界？如何理解有歧义的权利要求书？在当事人均未举证的情况下，如何公平且合法有据地确定赔偿数额？

【裁判要旨】

1. 侵权比对中添加必要的辅助设备应仅限于产品正常运转之必要，且应以被诉侵权技术方案没有因此引入新的技术特征或改变原有的技术特征为前提。2. 对权利要求的理解应当以本领域普通技术人员的角度，结合说明书与权利要求上下文及一般交易习惯等进行理解。3. 计算侵权获利数额的证据在被告（侵权行为实施者）控制之下且被告无正当理由拒不提供，法院可适当引入行业平均利润率，结合其他证据估算被告侵权获利。

【案号】

一审：广州知识产权法院（2015）粤知法专民初字第 1849 号

二审：广东省高级人民法院（2016）粤民终 1390 号

【案情与裁判】

原告（被上诉人）：VMI 荷兰公司（VMI Holland B. V.）

被告（上诉人）：揭阳市双骏橡胶机械有限公司（简称双骏公司）

起诉与答辩

VMI 荷兰公司诉称，其是专利号为 ZL01806616. X，名称为"具有翻边装置的轮胎成型鼓"发明专利（简称涉案专利）的权利人。双骏公司制造、许诺销售及销售的轮胎鼓产品侵犯了其合法权益。诉请判令双骏公司：1. 停止制造、销售及许诺销售侵权产品；2. 赔偿 300 万元及合理费用共计 590260 元；3. 承担本案诉讼费用。

双骏公司辩称，被诉侵权产品与涉案专利具有完全不同的特征，不构成侵权。

一审审理查明

一、关于涉案专利权

VMI 荷兰公司是涉案专利的专利权人。该专利申请日为 2001 年 3 月 16 日，授权公告日为 2008 年 6 月 4 日。

二、关于被诉侵权产品

2014 年 2 月 26 日下午，VMI 荷兰公司以 40 万元的价格，以公证购买的方式在双骏公司购买了 1 台 16 寸机械鼓。该《购销合同》备注：不含主轴，结构形式见原理图及图片。

2014 年 4 月 11 日，VMI 荷兰公司按约定在广州机械中心仓库公证收取了 16 寸"VMI 机械鼓"机器一台（简称被诉侵权产品），随附的《产品合格证》标明了产品"联接主轴孔径"等主要项目尺寸的参数，原理图显示产品有"缸体""下活塞""上活塞""内气缸盖""活塞体"等装置。

2014 年 6 月中下旬，VMI 荷兰公司以双骏公司未经许可擅自生产、销售、许诺销售侵权产品侵害其涉案专利权为由，请求广东省知识产权局进行调处。该局以粤知执处字【2014】第 9 号（简称省知产局 9 号案）立案后，派员到双骏公司经营场所进行勘验，现场发现涉嫌侵权的轮胎鼓 1 对，印有被诉侵权产品图片和相关内容的双骏公司广告册 1 本。双骏公司厂长蔡俊妙接受询问时称公司从 2013 年 12 月底开始生产"半钢轮胎"，涉嫌侵权的轮胎鼓是其中一个品种；共生产过 2 对产品，一对规格是 16 寸，已经卖出；另一对规格是 18 寸，即现场勘验发现的这一对，两种机械鼓除了尺寸不同，其他均相同。关于上述两对机械鼓是否成品的问题，蔡俊妙答称对卖家而言，是成品；对买家而言，是半成品，因买家使用时要加些零部件。关于机械鼓的工作原理，蔡俊妙介绍"中间部分支撑块"在高压充气时可以拱起，支撑板可以沿铰接装置移动。关于成型鼓铰接架的动力装置，蔡俊妙表示"是通过汽缸传动"。

2014 年 7 月 29 日，广东省知识产权局组织双方第一次侵权比对。当日由于现场缺乏相关辅助设备，无法演示产品的工作状态。

2015 年 1 月 23 日第二次侵权技术比对。广东省知识产权局为被诉侵权产品添加了主轴、外接管路、支架、空气压缩机、气缸、活塞等固定装置和充气装置（简称涉案辅助设备），使被诉侵权产品可以正常工作。现场演示的录像光盘显示，被诉侵权产品为圆柱体形结构，经向被诉侵权产品供应轮胎构件，该轮胎构件在机器的作用下形成一个圆柱形胎体，再径向展开成弯曲的环形，产品的翻边装置绕前述胎体的两侧对该轮胎构件进行翻边，使轮胎成型。其中，被诉侵权产品靠近 VMI 荷兰公司所指称的"第一翻边装置"的端部设有可移动的支撑表面，该组支撑表面由 42 条盖板组成，在所述的"第一位置"形成一个貌似封闭的近似圆柱形的正多面形表面用于支撑前述的轮胎构件。

2015 年 4 月 8 日，广东省知识产权局作出处理决定，确认双骏公司侵犯了 VMI 荷兰公司涉案专利权，责令双骏公司立即停止侵权。双骏公司对该决定不服，诉至广州知识产权法院。广州知识产权法院以（2015）粤知法专行初字第 3 号案受理。

三、关于技术方案的侵权比对

VMI 荷兰公司明确其该案请求保护的范围是涉案专利权利要求 1 的内容，即：用于未硫化轮胎成型的具有翻边机构的轮胎鼓，所述轮胎具有橡胶制成的轮胎构件或设有加强帘线及两个可以设有或没有胎边填充条的胎边芯的轮胎构件，其中该轮胎鼓具有中心轴线，位于轴线周围且彼此间隔开用于支撑边芯的两个环形部分，用于径向展开位于所述环形部分之间的轮胎构件部分的装置，其中该轮胎鼓在所述环形部分的每一外侧分别设有一组轴向延伸的铰接臂，其中每一臂分别设有朝向所述环形部分的一端部，该端部具有第一翻边装置，该轮胎鼓还具有用于使每一组臂沿轴向和径向从第一位置移动到展开的第二位置的装置，在第一位置，所述那组臂的第一翻边装置形成实际上封闭的环，以便将位于所述环形部分外侧的轮胎构件部分压在位于所述环形部分之间的展开的轮胎构件部分上，其特征在于，所述臂在靠近第一翻边装置的端部设有可移动的支撑表面，该支撑表面在第一位置形成一实际上封闭的圆柱形表面，用于支撑所述轮胎构件，并且相对于臂是可移动的。

经整理，一审法院归纳双方分歧在于：

VMI 荷兰公司认为被诉侵权技术方案落入其请求保护的权利范围，构成侵权。

双骏公司首先对现场演示中添加涉案辅助设备提出异议，认为被诉侵权产品所附的原理图用于定义该产品的可能应用场景，仅供具体客户参考，不能将这些附加部件解释成被诉侵权产品的组成部分，故演示中添加的涉案辅助设备不应当视为被诉侵权产品的组成部分。

就技术比对而言，双骏公司认为被诉侵权产品：1. 没有"轮胎构件、加强帘线和胎边芯"。2. 没有实体装置的"中心轴线"。理由是涉案权利要求书从未指明产品的中心轴线是"虚拟"或"几何"，相反说明书附图清晰标示其为实体的中心主轴并以配件固定，说明书还载明盖板等实体部件均与此主轴平行移动，可知晓权利要求描述的中心轴线应该是具有实体装置的中心轴而不是几何中心轴，而被诉侵权产品没有实体装置的中心轴。3. 没有"用于径向展开位于所述环形部件之间的轮胎构件部分的装置"。4. 没有"用于使每一组臂沿轴向和径向从第一位置移动到展开的第二位置的装置"。上述两点意见的共同理由是：涉案专利说明书对权利要求书所述的"径向展开装置""第一位置"及"第二位置"均无清晰的披露和说明，普通技术人员根本无法明确其含义，更无从得知上述术语隐含的技术方案。5. "翻边装置"与专利方案的"第一翻边装置"完全不同，也不可能形成实际上"封闭的环"。理由是被诉侵权产品翻边装置形成的是"轮"，滚轮之间具有明显的间隙,不是"封闭的环";涉案专利第一翻边装置形成的是"辊",形成"实际上封闭的环"。6. 没有形成"圆柱形表面"。理由是被诉侵权产品的支撑表面是一个平面,其组合形成的是多面体,不可能形成涉案专利所述的"圆柱形表面",且该表面不可移动。

经查,涉案专利权利说明书载有以下内容"……在该成型鼓上供应轮胎构件,尤其是衬里层和胎壳层,并形成一个圆柱形胎体,且供应胎边芯……"。涉案专利权利要求书没有关于"中心轴线"技术特征的具体描述,说明书仅在介绍某实施例时有"设有中心轴"的文字记载并标示在附图中。

四、VMI 荷兰公司的索赔依据

本案中,VMI 荷兰公司请求双骏公司赔偿经济损失 300 万元及其为制止侵权所支付的合理费用 590260 元。关于损害赔偿数额,VMI 荷兰公司请求以双骏公司的侵权获利为赔偿依据,申请法院调取双骏公司与被诉侵权产品盈利相关的财务帐册等证据,未就己方损失、对方侵权获利、专利许可使用费等情况进行举证。一审法院根据 VMI 荷兰公司申请,责令双骏公司限期内提供上述证据,但双骏公司一直没有提交。关于维权合理费用支出,VMI 荷兰公司称购买被诉侵权产品支出 40 万元,公证费支出 7860 元,律师费支出 182400 元,均提供了相应发票为证。

五、其他情况

VMI 荷兰公司提交的经大使馆证明的《授权委托书》显示,该公司委托律师在针对其与双骏公司等侵权争议中作为该公司代理人,权限包括收集、提交证据,申请专利行政调处,提起和/或参加关于行政调处的一、二审行政诉讼等。

一审判理和结果

一审法院审理认为,被诉侵权技术方案具有与涉案专利相同或等同的全部技术特征,落入了 VMI 荷兰公司本案请求保护的范围,构成侵权。双骏公司为生产经营目的,擅自制造、许诺销售、销售使用了专利技术方案的产品,依法应承担相应法律责任。赔偿责任方面,为预防和制裁侵权行为,填平权利人损失,VMI 荷兰公司经济损失 300 万元的赔偿请求应予全部支持。VMI 荷兰公司主张本案维权合理费用共计 590260 元（包括购买侵权产品的费用 40 万元及公证费、律师费），均提供了相应的发票为证。经审查上述费用均属 VMI 荷兰公司依法维权而发生的必要且合理的支出，亦应予以全部支持。据此，一审法院依照《侵权责任法》第十五条第一款第（一）项、第（六）项和第二款，《专利法》第十一条第一款、第五十九条第一款、第六十五条，《最高人民法院关于审理侵犯专利权纠纷案件应用法律若干问题的解释》第七条，《最高人民法院关于审理专利纠纷案件适用法律问题的若干规定》第十七条、第二十二条的规定，判决：一、双骏公司停止生产、许诺销售、销售侵权产品；二、双骏公司赔偿 VMI 荷兰公司经济损失 300 万元；三、双骏公司赔偿 VMI 荷兰公司为制止侵权行为所支付的合理开支共计 590260 元。

上诉与答辩

一审判决后，双骏公司不服，向广东省高级人民法院提起上诉称，被诉侵权产品与涉案专利完全不同，不构成侵权；一审法院判决赔偿金额毫无依据；涉案专利权利状况并不稳定，本案应中止诉讼。请求撤销一审判决，驳回 VMI 荷兰公司的诉讼请求，由 VMI 荷兰公司承担诉讼费用。

VMI 荷兰公司辩称，被诉侵权产品落入涉案专利保护范围；相关证据足以证明请求的赔偿金额；双骏公司请求中止的理由不能成立。

二审审理查明

二审查明事实与一审查明事实一致。

二审判理和结果

二审法院审理认为，双骏公司的上诉理由不能成立，依照《民事诉讼法》第一百七十条第一款第（一）项的规定，判决：驳回上诉，维持原判。

【法官评述】

一、被诉侵权技术方案是否落入专利权的保护范围

尽管双方就此有多个分歧点，但其中有讨论价值的有如下两个。

（一）关于技术比对中增加的未随附于被诉侵权产品的辅助设备的恰当性

VMI荷兰公司本案请求保护的权利范围是权利要求1记载的技术方案。但在真正进入技术比对之前，当事人双方已就现场演示中应否为被诉侵权产品增加主轴等设备使机器运转的问题发生了严重争议。法院的观点是：（1）被诉侵权技术方案以被诉侵权产品为载体，没有产品的正常运转，被诉侵权技术方案难以完整客观呈现，则无从进行技术特征比对，从而进一步作出是否侵权的判定，因此，尽管被诉侵权产品在售出时不包含"主轴、外接管路、支架、空气压缩机、气缸、活塞"等设备，但在比对时可以添加必要的辅助设备使被诉侵权产品正常运作；（2）侵权比对中添加的辅助设备应仅限于"必要"和"无改变"。具体如下。

（1）仅限于产品正常运转之必要。首先，双骏公司厂长蔡俊妙曾表示买家使用被诉侵权产品时要加些零部件，可知被诉侵权产品的正常运转需要添置辅助设备。其次，涉案《购销合同》备注被诉侵权产品出售时"不含主轴"，产品随附的《产品合格证》上标明了该产品"联接主轴孔径"尺寸的参数，可合理推定被诉侵权产品的正常使用需要联接符合参数要求的主轴。再次，被诉侵权产品原理图显示该产品应配有"缸体""下活塞""上活塞""内气缸盖""活塞体"等装置。而蔡俊妙也曾介绍"机械鼓"高压充气时的工作状态并通过汽缸传动动力。上述证据相互印证，足可证明被诉侵权产品的正常运转需要使用活塞、气缸等装置。据此，可认定侵权比对过程中添加的涉案辅助设备均系由被诉侵权产品自身的性能所决定的，均属必要。

（2）没有影响比对结果之客观性。假若被诉侵权技术方案因添加的辅助设备而被动引入新的技术特征或改变了原有的技术特征，则该技术方案已不再是"被诉侵权技术方案"了，技术比对也脱离了其原来的宗旨而变得毫无意义。正如大型机器的开动通常无法脱离电力供应，被诉侵权产品的正常运转也需要必要的助力配件。本案在技术比对环节添加的"缸体""下活塞""上活塞""内气缸盖""活塞体"等装置辅助设备属于制造轮胎的通用设备和零部件，均可拆卸并因需配置组装，且易于在市面采购。被诉侵权产品在出厂时没有配备上述部件的事实一方面表明轮胎生产企业通常都会自备上述部件，另一方面可说明被诉侵权产品即使没有上述配件也已具有独立完整的技术方案，上述配件的功能仅在于助力被诉侵权产品的正常运转，对该产品正常运转后能否实现设定的效能没有技术上的贡献。因为从常理出发，买家是不会购买技术方案不完整，而配件又难以添置的生产设备的。

综上，法院认为前述两次比对的过程和结果表明被诉侵权产品所附《产品合格证》及原理图的内容并非如双骏公司所言仅供用户参考，而是辅助设备要求。基于查清事实的目的，在不损害当事人合法权益的前提下，在技术比对时添加未随附于被诉侵权产品的必要辅助设备无不妥。

（二）对涉案专利权利要求书中关于轮胎鼓"用于未硫化轮胎成型……所述轮胎具有橡胶制成的轮胎构件或设有加强帘线及……胎边芯的轮胎构件"的理解

被诉侵权产品本身没有"橡胶制成"的或"设有加强帘线及两个胎边芯"的轮胎构件，双骏公司据此认为该产品缺失了专利所述的相应技术方案。法官认为，根据一般交易习惯，制造商（供方）仅提供符合技术要求的机器产品，消费者（需方）根据己方的生产需求自备生产用料。因此尽管被诉侵权产品本身没有"橡胶制成"的或"设有加强帘线及两个胎边芯"的轮胎构件，但这并不意味着被诉侵权技术方案就必然不具有相应技术特征。欲作此判定，应先剖析涉案专利"轮胎构件、加强帘线和胎边芯"的含义从而确定与之相关的技术特征的内容。经分析后，法院最终没有采纳双骏公司的上述意见，理据如下。

首先，根据社会公知常识，"轮胎构件"是制造轮胎的主要生产用料。其次，结合说明书，根据文意可知涉案专利权利要求1"用于未硫化轮胎成型的具有翻边机构的轮胎鼓，所述轮胎具有橡胶制成的轮胎构件或设有加强帘线及两个可以设有或没有胎边填充条的胎边芯的轮胎构件"中"橡胶制成的""设有加强帘线及两个设有或没有胎边填充条的胎边芯"的修辞对象是制作轮胎的"轮胎构件"，而非"轮胎鼓"。即上述"轮胎构件、加强帘线和胎边芯"等记载实为对所述技术方案实施客体（轮胎构件）技术要求和数量的说明，属于对"轮胎鼓"产品功能或效果的描述。《最高人民法院关于审理侵犯专利权纠纷案件应用法律若干问题的解释》第四条规定："对于权利要求中以功能或者效果表述的技术特征，人民法院应当结合说明书和附图描述的该功能或者效果的具体实施方式及其等同的实施方式，确定该技术特征的内容。"根据上述分析，可确定涉案专利权利要求 1 中相关表述实指可将"橡胶制成的"，或"设有加强帘线及两个（可以设有或没有胎边填充条的）胎边芯"的未硫化的轮胎构件成型轮胎。经现场演示，被诉侵权产品可以实现上述功能，故应认定被诉侵权技术方案具有与涉案专利该技术方案相同的技术特征。对权利要求的理解并非孤立进行，应当以本领域普通技术人员的角度，结合说明书与权利要求上下文及一般交易习惯等进行理解。双骏公司将"轮胎构件、加强帘线和胎边芯"等词语从整个句式中分割开来，仅强调被诉侵权产品没有轮胎构件，回避了该产品可将所述轮胎构件成型轮胎的事实，其抗辩意见不能成立。

二、赔偿数额

如何公平合理地判定或酌定赔偿数额是知识产权纠纷案件的"老问题"。VMI 荷兰公司本案请求双骏公司赔偿 300 万元。为预防和制裁侵权行为，弥补权利人损失，法院最终全额支持了 VMI 荷兰公司的赔偿请求，考虑如下。

首先是关于举证责任。《最高人民法院关于民事诉讼证据的若干规定》第七十五条规定："有证据证明一方当事人持有证据无正当理由拒不提供，如果对方当事人主张该证据的内容不利于证据持有人，可以推定该主张成立。"本案中，VMI 荷兰公司请求以双骏公司侵权所获得的利益确定赔偿数额，依法本应承担相应举证责任。但基于计算涉案侵权获利数额的证据在双骏公司控制之下，VMI 荷兰公司在举证期限内申请法院调取双骏公司与侵权产品相关的财务账册等证据，法院已予准许。自法院依法责令双骏公司限期内提交上述证据之日起，上述举证义务已移转至双骏公司负担。双骏公司强调仅生产了两对侵权产品且其中一对正是销售给 VMI 荷兰公司，却无正当理由拒不履行举证义务，拒不提供销售数据支持其主张，依法应承担相应不利的法律后果。法官对双骏公司自辩侵权获利数额不大的意见难以采信，并倾向于采信 VMI 荷兰公司关于双骏公司侵权获利数额特别巨大的主张。

其次是关于具体数额。法官虽确信双骏公司侵权获利特别巨大，但并不意味着VMI荷兰公司300万的赔偿请求就应理所当然地得到支持。本案最终判定赔偿数额考虑的是：双骏公司擅自实施的侵权行为包括生产、许诺销售和销售；侵权技术方案占据产品技术的核心，其价值主导了产品的市场价格；涉案发明专利用于成型轮胎的轮胎鼓，技术研发成本高，所涉行业技术门槛高，可合理推定该行业平均利润率相对高，故VMI荷兰公司关于该行业平均利润率为20%的陈述可予采信。目前虽无法确切查明双骏公司因侵权获利的数额，但以VMI荷兰公司购买侵权产品（16寸）的过程和价格为例，从VMI荷兰公司2014年2月26日订购至双骏公司同年4月11日按约交付产品，可估算1对（台）侵权产品的生产周期最多需时一个半月，以一条生产线为计算单位，双骏公司每年可生产8对（台）产品。双骏公司自述从2013年年末开始生产侵权系列产品，初算至2016年6月已有两年半的时间。上述因素的乘积：40万元（单价）×8对（台）×20%平均利润率×2.5（年）=160万元，应为双骏公司生产侵权产品至今获利的保守估算。事实上，广东省知识产权局在双骏公司经营场所现场勘验时还发现了（该公司自认亦使用了侵权技术方案）另1对（台）18寸的"VMI机械鼓"产品。结合双骏公司的生产规模，假定其生产线为2条，则双骏公司至今获利至少320万元（160万元×2）。由此，VMI荷兰公司主张双骏公司因涉案侵权行为至今获利超过300万元亦属合理。根据上述合理推定，法院认为法定最高100万元的赔偿限额明显不能填平VMI荷兰公司损失，VMI荷兰公司请求双骏公司赔偿300万元合理，应予支持。

上述判赔数额貌似突破了法律最高100万元的赔偿限额，但回归到法律的本意及法律条文的本身，再回顾法院计算赔偿数额的推断过程，可以发现其实法院并没有突破法律规定：法院是根据证据严谨地认定侵权人双骏公司因侵权行为非法获利达到300万元，而不是简单地行使了司法裁量权，两者在内涵上有着本质的区别。

编写人：广州知识产权法院　郭小玲

10

恒大长白山矿泉水股份有限公司诉广州基正投资有限公司等侵害外观设计专利权纠纷案

阅读提示：能否以多个设计的组合进行现有设计抗辩？在法院酌定赔偿数额时，专利产品的品牌知名度、市场影响力能否作为考量因素？

【裁判要旨】

在专利侵权案件中，现有设计的判断应采用"单独对比"的方法，即只能依据一项现有设计与被诉侵权产品进行对比，不能将几项现有设计组合起来进行不侵权抗辩。若将品牌的知名度和影响力作为侵害外观设计专利权的赔偿数额的考量因素，则会不适当地扩大对权利人的保护范围，造成重复及过度保护，与我国立法将著作权、商标权、专利权等各类型知识产权分别保护的目的不符。

【案号】

一审：广州知识产权法院（2016）粤 73 民初 1146 号

二审：广东省高级人民法院（2017）粤民终 1328 号

【案情与裁判】

原告（被上诉人）：恒大长白山矿泉水股份有限公司（简称恒大矿泉水公司）

被告（上诉人）：广州基正投资有限公司（简称基正公司）

被告：鹤山市万古食品有限公司（简称万古公司）

被告：高新区石羊腾飞书店（简称腾飞书店）

起诉与答辩

恒大矿泉水公司起诉称，恒大矿泉水公司依法享有专利号为 ZL201330528802.6，名称为"矿泉水瓶"的外观设计专利权。基正公司、万古公司未经许可擅自生产、销售侵犯涉案专利的产品，腾飞书店未经许可擅自销售侵犯涉案专利的产品。为维护自身权利，特向法院提起诉讼，请求法院判令：1. 基正公司、万古公司停止生产、销售被诉侵权产品的行为，腾飞书店停止销售被诉侵权产品的行为；2. 基正公司、万古公司承担 100 万赔偿款的连带责任，腾飞书店在 3 万元的范围内承担连带责任；3. 基正公司、万古公司、腾飞书店承担本案诉讼费用。

基正公司辩称：1. 涉案专利不符合《专利法》第二十三条第二款的授予条件，涉案专利不具有新颖性且是现有设计，应当宣布无效，基正公司已向专利复审委员会提出了无效宣告申请；2. 被诉侵权产品使用的是现有设计；3. 恒大矿泉水公司主张 100 万的赔偿请求没有依据，若认定基正公司构成侵权，应当以广州市工商行政管理局番禺分局（简称番禺工商分局）认定的数量来考虑赔偿数额。

腾飞书店辩称：1. 其不清楚被诉侵权产品是侵权的；2. 只要产品有国家认证 QS 标志，其认为就可以销售，其产品具有合法来源；3. 恒大矿泉水公司主张赔偿的数额过高。

万古公司未答辩。

一审审理查明

恒大矿泉水公司于 2013 年 11 月 6 日向国家知识产权局申请名称为"矿泉水瓶"的外观设计专利，并于 2014 年 4 月 9 日获得授权，专利号为 ZL201330528802.6。涉案专利设计要点为产品的形状和图案。2015 年 10 月 29 日，国家知识产权局出具第 27359 号《无效宣告请求审查决定书》，维持涉案专利权有效。

（2016）成证内经字第 5389 号公证书载明：2016 年 1 月 28 日，恒大矿泉水公司的委托代理人陈欢前往四川省成都市成都公证处，申请对购买被诉侵权产品的过程进行证据保全。在成都公证处公证员的监督下，陈欢来到成都石羊客运站一层大厅标有"腾飞书店　便利店　快餐　熟食区"等字样的区域，购买了一箱"恒大山泉"牌天然山泉水，并取得手写"石羊小卖部"等字样的字条一张。公证人员对现场情况及所购商品进行了拍照。

恒大矿泉水公司称由于其工作交接问题，暂时没有取得公证购买的实物，故在一审庭审中重新提交一瓶被诉侵权产品的实物。基正公司、腾飞书店同意将恒大矿泉水公司当庭提交的产品实物设计与涉案专利设计进行对比。经对比，恒大矿泉水公司认为被诉侵权产品设计与涉案专利设计完全相同，基正公司、腾飞书店认为两者构成近似。基正公司主张现有设计抗辩，并提交了两份对比设计文件，分别为授权公告号为 USD570701S 的美国外观专利（简称对比设计一），其公开日为 2008 年 6 月 10 日；授权公告号为 USD553992S 的美国外观专利（简称对比设计二），其公开日为 2007 年 10 月 30 日。基正公司认为涉案专利是对比设计一的上部与对比设计二的下部拼凑组合而成，只是螺纹旋转的方向不一致。被诉侵权产品的上半部分与对比设计一的上半部分相同，下半部分与对比设计二的下半部分相同，是对比设计一和对比设计二上、下半部分的直接组合，故被诉侵权产品与现有设计构成相同，对涉案专利不构成侵权。恒大矿泉水公司认为基正公司通过拼凑不同的专利进行抗辩，无法律及事实依据，且认为被诉侵权产品与其主张的现有设计不相同不近似，故现有设计抗辩不成立。

基正公司确认实施了生产、销售被诉侵权产品的行为，同时称其与万古公司之间为委托加工关系。腾飞书店确认实施了销售被诉侵权产品的行为，并主张合法来源抗辩，恒大矿泉水公司放弃对腾飞书店主张赔偿责任。

番禺工商分局于 2015 年 6 月 23 日对基正公司涉嫌使用与知名商品近似的名称、包装、装潢的行为进行立案调查，已查明自 2015 年 5 月 2 日至案发，基正公司委托万古公司生产"恒大山泉天然山泉水"5550 箱（每箱 24

瓶),其中 2550 箱存放于基正公司经营场所,另 3000 箱已由基正公司销售。基正公司销售上述 3000 箱"恒大山泉天然山泉水"的销售额为 48000 元,获取违法所得 4192.19 元。恒大矿泉水公司称其所主张的 100 万赔偿请求为酌定数额,请求法院依法判处。

恒大矿泉水公司为证明"恒大集团""恒大""恒大冰泉"品牌在国内享有极高的知名度,以及其对"恒大冰泉"投入了大量的广告宣传提交了一系列证据,包括恒大集团近年所获得的各项荣誉、"恒大冰泉"品牌所获得的荣誉及其新闻报道,以及"恒大冰泉"的广告宣传审计报告、报刊、报道、代言推广合同、发票、民事判决书等。上述民事判决书查明恒大地产集团有限公司于 2013 年 10 月 22 日向国家商标局在第 32 类纯净水、矿泉水等商品上申请恒大冰泉及图、恒大冰泉及图及字母为其注册商标,分别取得第 13401599 号、第 13401600 号商标。

一审判理和结果

一审法院审理认为,经对比,被诉侵权设计与涉案专利设计构成近似,落入涉案专利权的保护范围,且被诉侵权产品设计与对比设计一和对比设计二在整体上均存在显著区别,基正公司主张的现有设计抗辩不成立。根据现有证据及当事人的自认,认定基正公司实施了制造、销售被诉侵权产品的行为,万古公司实施了制造被诉侵权产品的行为,腾飞书店实施了销售被诉侵权产品的行为。恒大矿泉水公司当庭放弃对腾飞书店主张赔偿责任。根据《专利法》第六十五条规定,在恒大矿泉水公司并未举证证明其因侵权行为受到的实际损失或基正公司、万古公司的侵权获利的情况下,综合考虑涉案专利为外观设计专利,基正公司的制造、销售侵权行为,万古公司的制造侵权行为,番禺工商分局于 2015 年 6 月 23 日查明的被诉侵权产品数量及销售利润,结合恒大矿泉水公司为制止侵权行为购买被诉侵权产品并支付了公证费,及委托律师出庭诉讼等事实,对恒大矿泉水公司的经济损失及其为维权而支出的合理费用一并予以酌定。据此,依照《侵权责任法》第十五条第一款第(一)项、第(六)项、第二款,《专利法》第十一条第二款、第五十九条第二款、第六十五条的规定,判决:一、基正公司于判决发生法律效力之日起立即停止制造、销售侵犯恒大矿泉水公司涉案专利权的产品的行为；二、万古公司于判决发生法律效力之日起立即停止制造侵犯恒大矿泉水公司涉案专利权的产品的行为；三、腾飞书店于判决发生法律效力之日起立即停止销售侵犯恒大矿泉水公司涉案专利权的产品的行为；四、基正公司于判决发生法律效力之日起十日内赔偿恒大矿泉水公司经济损失及维权合理费用共5万元，万古公司在3万元的范围内承担连带赔偿责任；五、驳回恒大矿泉水公司的其他诉讼请求。

上诉与答辩

一审判决后，基正公司不服，向广东省高级人民法院提起上诉称：1. 恒大矿泉水公司的涉案专利与现有设计特征的组合相比构成相同的外观设计，不符合《专利法》第二十三条第二款规定的外观设计专利权授予条件。2. 一审法院将不属于对比设计一的设计要素与被诉侵权产品进行对比，得出的结论错误。被诉侵权产品与对比设计一应只对比两者的瓶颈与瓶身，两者的区别属于一般消费者在施以一般注意力并不能察觉到的局部细微变化，被诉侵权产品与对比设计一没有实质性差异。故被诉侵权产品的设计属于现有设计，不构成专利侵权。请求二审法院判令撤销一审判决，驳回恒大矿泉水公司的全部诉讼请求，恒大矿泉水公司承担一、二审的诉讼费用。

恒大矿泉水公司答辩称，一审法院认定事实清楚，适用法律正确，请求二审法院驳回上诉，维持原判。

二审审理查明

二审中，基正公司提交了专利复审委员会于 2017 年 5 月 16 日作出的第32209 号《无效宣告请求审查决定书》，决定维持涉案专利权有效。基正公司认为该决定书错误，拟向北京知识产权法院提起行政诉讼，并请求二审法院中止审理本案。

二审判理和结果

二审法院审理认为，专利复审委员会曾于 2015 年 10 月 29 日作出第27359 号《无效宣告请求审查决定书》，决定维持涉案专利权有效，现专利复审委员会又作出第 32209 号《无效宣告请求审查决定书》，决定维持涉案专利权有效，由此可见，涉案专利权处于比较稳定的状态，故本案无须中止诉讼，基正公司请求二审法院中止审理，缺乏充分的事实和法律依据，二审法院依法不予支持。

基正公司认为被诉侵权产品使用了现有设计，提交了授权公告号为 USD570701S 的美国外观专利作为对比文件。该对比文件的申请日为 2007 年 8 月 1 日，早于本案专利申请日 2013 年 11 月 6 日，可以作为现有设计的对比文件。将被诉侵权设计与对比文件进行对比，两者的瓶口为类似圆柱体，瓶颈类似圆锥台，瓶颈上均匀分布一圈五条呈顺时针螺旋式向上延伸的曲线，瓶身类似圆柱体。两者主要区别为：1. 对比设计的瓶身为光滑的圆柱体设计，其上无任何凸起或内凹，而被诉侵权设计的瓶身上下两端与瓶颈和瓶底的连接处均有几圈内凹和外凸的设计；2. 对比设计的瓶底圆周部有呈放射状分布的五道凹槽，并延伸至瓶底侧面，瓶底侧面在凹槽之间各有一竖条状凸起。被诉侵权设计的瓶底类似圆柱体，直径与瓶身直径相同，底面圆周部有呈放射状分布的 8 道凹槽，并延伸至瓶底侧面下半部分。根据整体观察、综合判断的原则，以一般消费者的视角进行判断，两者整体视觉效果具有显著差异，不构成近似。二审法院依照《民事诉讼法》第一百七十条第一款第（一）项的规定，判决：驳回上诉，维持原判。

【法官评述】

本案为侵害外观设计专利权纠纷，争议焦点在于：（1）现有设计抗辩的判断应采用何种对比方法？（2）在法院酌定赔偿数额时，专利产品的品牌知名度、市场影响力是否应作为考量因素？

一、现有设计抗辩的判断应采用"单独对比"方法

《专利法》第六十二条的规定，在专利侵权纠纷中，被控侵权人有证据证明其实施的技术或者设计属于现有技术或现有设计的，不构成侵犯专利权。

同时，现有设计这一措辞还出现在该法第二十三条第一款[1]关于判断外观设计申请的新颖性条件的规定中。鉴于同一法律不同条款中的相同措辞应赋予相同的含义，故对现有设计抗辩是否成立的判断应当采用与新颖性判断基本相同的方式，即只有当被诉侵权人使用的外观设计与其举证的一项现有设计相比不具备新颖性的情况下，才应当认定现有设计抗辩成立。[2] 而《最高人民法院关于审理侵犯专利权纠纷案件应用法律若干问题的解释》第十四条第二款的规定，被诉侵权设计与一项现有设计相同或无实质性差异的，人民法院应当认定被诉侵权人实施的设计属于《专利法》第六十二条规定的现有设计。由此可见，从增强操作性、统一司法尺度的角度出发，该司法解释将被诉侵权人主张现有设计抗辩所能援引的设计限定为一个。除此之外，《专利审查指南》第四部分第五章中业已确立的外观设计新颖性的判断方式为"单独对比"，即一般应当用一项对比设计与涉案专利进行单独对比，而不能将两项或者两项以上对比设计结合起来与涉案专利进行对比。结合对比方法并不适用于外观设计新颖性判断，而是适用于外观设计创造性判断。通过拼凑几项现有设计而结合形成新的设计，该设计可能具备创造性，但根据我国现行法律规定，专利权是否符合授予条件并非法院在侵权判断中的审查内容，而是应由国务院专利行政部门作出判断。若在司法审判中允许被诉侵权人以结合对比方法进行现有设计抗辩，将会导致不适当地扩大现有设计抗辩的范围，不利于维护专利权人的合法权益。

本案中，基正公司主张现有设计抗辩提交了对比设计一、对比设计二文件，但其主张采用的对比方法并非"单独对比"方法，而是将被诉侵权产品与对比设计一上半部分、对比设计二的下半部分进行结合对比。基正公司主张采用结合对比的方式进行现有设计抗辩，没有法律依据，本案应通过"单独对比"方法将被诉侵权产品与对比设计一、对比设计二分别进行对比。经

---

[1]《专利法》第二十三条第一款："授予专利权的外观设计，应当不属于现有设计；也没有任何单位或者个人就同样的外观设计在申请日以前向国务院专利行政部门提出过申请，并记载在申请日以后公告的专利文件中。"

[2] 尹新天：《中国专利法详解》（缩编版），知识产权出版社 2012 年版，第 540 页。

对比，被诉侵权产品与对比设计一和对比设计二在整体上均存在显著区别，故无法证明被诉侵权产品采用的是现有设计，对基正公司主张的现有设计抗辩不予支持。

二、专利产品的品牌知名度、市场影响力不应作为法院酌定赔偿数额时的考量因素

商标最基本的作用是标示商品或服务的来源，同时还可通过商业宣传、持续使用等方式增加权利人的信誉与知名度。而作为创造性成果权利的外观设计专利权，与商标权的最主要区别就在于前者保护的是创新成果，而后者更多的是保护识别性信息。虽然外观设计专利在一定程度上也能起到识别功能，但该识别性是它的附带功能。[1] 如果将专利产品的品牌知名度、市场影响力等作为法院酌定赔偿的考量因素，将淡化外观设计专利权与商标权的差别，导致权利的混同保护。

回归到本案，恒大矿泉水公司提供了"恒大集团""恒大冰泉"所获荣誉及"恒大冰泉"的广告推广等证据，因本案为侵害外观设计专利权纠纷，专利产品的品牌知名度和影响力与案件事实无关，并非本案考虑的因素，且"恒大冰泉"商标的持有人为恒大地产集团有限公司，恒大矿泉水公司并未提交其他证据证明其有权对"恒大冰泉"商标主张权利。如果被诉侵权人侵害了商标权利人的商标权，则商标权利人可通过另案起诉。若将品牌的知名度和影响力作为侵害外观设计专利权的赔偿数额的考量因素，则会不适当地扩大对权利人的保护范围，造成重复及过度保护，与我国立法将著作权、商标权、专利权等各类型知识产权分别保护的目的不符。

编写人：广州知识产权法院　张　姝　戴瑾茹　郑伟鸿

---

①张广良：《外观设计的司法保护》，法律出版社 2008 版，第 32 - 33 页。

附件一：专利授权公告图片

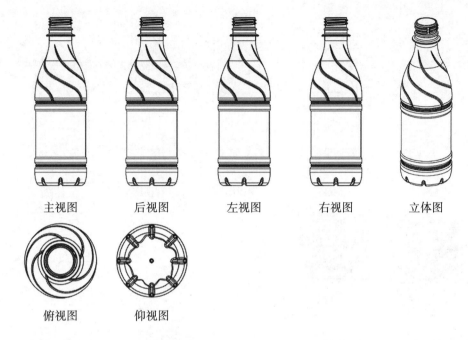

主视图 后视图 左视图 右视图 立体图

俯视图 仰视图

附件二：被诉侵权产品图片

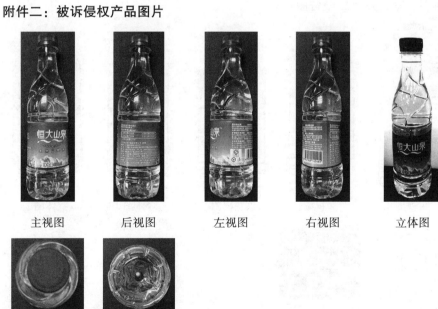

主视图 后视图 左视图 右视图 立体图

俯视图 仰视图

附件三：对比设计一公告图片

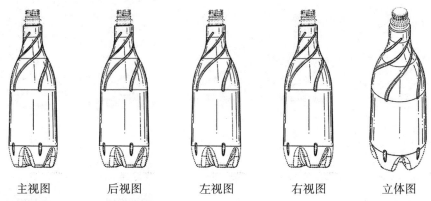

主视图　　　　后视图　　　　左视图　　　　右视图　　　　立体图

俯视图　　　　仰视图

附件四：对比设计二公告图片

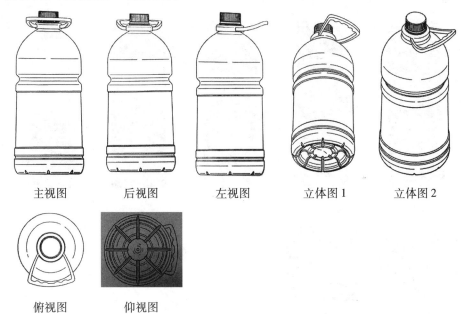

主视图　　　　后视图　　　　左视图　　　　立体图 1　　　立体图 2

俯视图　　　　仰视图

11
东莞怡信磁碟有限公司诉陈双林侵害
实用新型专利权纠纷案

> 阅读提示：互联网在线交易模式与实体交易模式下的合法来源成立要件有何区别？应如何酌定赔偿数额以体现个案公平并与知识产权市场价值相契合？

【裁判要旨】

在互联网在线交易模式下，合法来源抗辩成立的主体、主观、客观要件中所涉的具体情形均与传统实体交易模式存在区别，法院在审查合法来源抗辩时要结合在线交易模式的特点进行审查。并且，在法定赔偿范围内酌定损失赔偿数额时，应充分考虑知识产权对获利的贡献率、授权专利的性质及其创造性、具体的侵权情节等因素进行综合判断。

【案号】

一审：广州知识产权法院（2016）粤 73 民初 424 号
二审：广东省高级人民法院（2017）粤民终 597 号

【案情与裁判】

原告（被上诉人）：东莞怡信磁碟有限公司（简称怡信公司）

被告（上诉人）：陈双林

起诉与答辩

怡信公司于 2016 年 4 月 6 日向广州知识产权法院起诉称，怡信公司享有改进型便携可充式喷液瓶的实用新型专利权，陈双林未经怡信公司许可，许诺销售、销售侵害专利权的产品，怡信公司据此请求判令：1. 陈双林立即停止许诺销售、销售侵权行为，删除网页及下架被诉侵权产品；2. 陈双林赔偿怡信公司经济损失及因调查、制止侵权所支付合理费用共5万元；3. 陈双林承担本案的诉讼费用。

陈双林辩称：1. 确认存在销售、许诺销售被诉侵权产品的行为；2. 在收到法院传票后已下架所有被诉侵权产品并关闭涉案淘宝店铺；3. 被诉侵权产品有合法来源，陈双林是从淘宝卖家"爱静12309"处进货后销售给怡信公司的；4. 被诉侵权产品是在涉案淘宝商铺成立经营不满一个月时销售的，当时陈双林缺乏专利保护的意识，怡信公司请求的赔偿数额缺乏依据。

一审审理查明

怡信公司于2008年12月26日向国家知识产权局申请了名称为"改进型便携可充式喷液瓶"实用新型专利，并于2009年10月21日获得授权，专利号为ZL200820206225.2。涉案专利权利要求1记载：一种改进型便携可充式喷液瓶，包括喷头组件、内瓶和外壳，喷头组件安装于内瓶上部，内瓶底部设有充液结构，充液结构包括内瓶底部的充液口、安装在充液口的顶杆、顶杆回位结构以及密封结构，内瓶上还设有排气结构，其特征在于：所述的顶杆上部为一限位块，下部有一凹槽，所述的密封结构包括第一密封圈和第二密封圈，其中第一密封圈与顶杆上部的限位块相连，第二密封圈嵌入顶杆下部的凹槽中，所述的排气结构包括设置于内瓶底部的排气孔接通并延伸到内瓶顶部的导气管。权利要求2记载：根据权利要求1所述的一种改进型便携可充式喷液瓶，其特征在于：所述的第二密封圈与排气孔形成动态密封，即充液时，第二密封圈随顶杆上移，其与排气孔分离，常态时，第二密封圈环压在排气孔处，形成密封。怡信公司明确主张涉案专利保护范围是权利要求1、权利要求2。

根据怡信公司提交的实用新型专利检索报告，检索结论认为权利要求1不具备《专利法》第二十二条第三款规定的创造性；权利要求2具有新颖性和创造性。

2015 年 9 月 24 日，怡信公司在陈双林的淘宝店铺购买了被诉侵权的香水瓶 4 件，单价 59.00 元，总价 236.00 元，公证处据此出具相应公证书。2015 年 9 月 25 日，陈双林从昵称为"爱静 12309"、姓名为"程国"的卖家处购买了 5 件被诉侵权产品，单价为 4.9 元，并留下了怡信公司的委托代理人周凌峰的收货地址，由程国直接通过物流公司百世汇通发货给怡信公司。2015 年 9 月 28 日，怡信公司收到了被诉侵权产品。被诉侵权产品包含了本案专利权利要求 1 与权利要求 2 的全部技术特征。

陈双林在一审庭审中陈述其于 2015 年 8 月开始经营涉案淘宝网店，至收到传票后关闭网店历时不满一年；并当庭以"活在当世 8"账户登录淘宝网，页面显示其所经营的涉案网站已关闭，"活在当世 8"用户活跃度为 253 天。此外，陈双林自认在向程国购买被诉侵权产品前，已通过网络查询得知淘宝上相同或同类产品的单价从几十元到一百多元；向程国以 4.9 元的单价购买被诉侵权产品是首次购买该产品，在销售给怡信公司后收到淘宝关于涉嫌销售侵权产品的警告，并未再向程国购买产品，改向有专利证书展示在网店中的卖家购买。

一审另查明，怡信公司主张本案被诉侵权产品同时侵害其两项实用新型专利权，分别向一审法院提出诉讼。

一审判理和结果

一审法院审理认为，被诉侵权技术方案落入本案专利权保护范围，陈双林实施了销售、许诺销售被诉侵权产品的侵权行为。

关于陈双林主张的合法来源抗辩是否成立的问题。根据《专利法》第七十条的规定，为生产经营目的的使用、许诺销售或者销售不知道是未经专利权人许可而制造并售出的专利侵权产品，能证明该产品合法来源的，不承担赔偿责任。据此，成立合法来源抗辩，需要同时符合主体是为生产经营目的的使用、许诺销售或者销售专利侵权产品的侵权人、具备能证明该产品合法来源的客观要件，以及具备不知道是未经专利权人许可而制造并售出的专利侵权产品的主观要件三方面。关于成立合法来源抗辩的客观要件，根据《最高人民法院关于审理侵犯专利权纠纷案件应用法律若干问题的解释（二）》第二十五条的规定，合法来源是指通过合法的销售渠道、通常的买卖合同等正常商业方式取得产品；对于合法来源，使用者、许诺销售者或者销售者应当提供符合交易习惯的相关证据。在传统的实体交易模式中，使用者、许诺销售者或者销售者通常需要提交产品来源者经过合法注册登记的主体信息、证明交易存在的合同、合法票据或支付凭证等符合实体交易习惯的相关证据证明合法来源。本案的交易是在互联网的淘宝平台中完成，这种交易模式有别于实体交易模式，一是在主体上体现为个人卖家只需要经过淘宝实名认证而不需要工商注册登记，买卖双方的主体信息除了可以在淘宝的后台数据查询获取以外，还会呈现在买卖双方交易时的订单信息中；二是在交易过程中当买家点击购买产品后，会形成相应的订单，订单中包括了产品的名称、数量、单价、折扣及总价等合同关键的要素，因此订单可视为双方的交易合同；三是合同的履行是通过物流送货以及第三方支付平台支付宝完成付款的，送货和付款记录都可以在订单信息中得以呈现。根据淘宝交易平台的以上特点，结合双方当事人提交的证据，足以证明 2015 年 9 月 24 日怡信公司委托代理人在陈双林经营的淘宝网店以单价 59 元点击购买被诉侵权产品后，陈双林于 2015 年 9 月 25 日以单价 4.9 元向从昵称为"爱静 12309"、姓名为"程国"的淘宝卖家处购买了 5 件被诉侵权产品，并由程国直接发货给怡信公司委托代理人，怡信公司委托代理人于 2015 年 9 月 28 日收到被诉侵权产品的事实；虽然陈双林不能提交程国经营的网店具有工商营业登记的证据，但鉴于淘宝平台不需要个人卖家进行工商注册登记的特点（陈双林也没有进行注册登记），应认定陈双林是通过符合交易习惯的合法销售渠道取得被诉侵权产品的，符合成立合法来源抗辩的客观要件。关于成立合法来源抗辩的主观要件，根据《最高人民法院关于审理侵犯专利权纠纷案件应用法律若干问题的解释（二）》第二十五条关于"不知道是指实际不知道且不应当知道"之规定，侵权人成立合法来源抗辩的主观要件，对于不知道是未经专利权人许可而制造并售出的专利侵权产品的事实，应当既无故意也无过失，不存在应当知道的情形。依据《最高人民法院关于适用〈中华人民共和国民事诉讼法〉的解释》第一百零五条关于"人民法院应当按照法定程序，全面、客观地审核证据，依照法律规定，运用逻辑推理和日常生活经验法则，对证据有无证明力和证明力大小进行判断"之规定，运用逻辑推理和日常生活经验法则，本案中陈双林承认其在交易前已通过淘宝网对该种产品的价格进行过查询，知道相同或同类产品的价格从几十元到一百多元不等，陈双林向怡信公司销售的被诉侵权产品单价也设定为 59 元。因此，在陈双林以单价仅为 4.9 元向程国购买被诉侵权产品时，应当注意到其单价与市场价格相差十倍乃至数十倍，在面对如此巨大差价的情况下，由于陈双林并不是作为终端用户购买产品自用而是继续对外销售，陈双林应当对程国销售的被诉侵权产品是否属于侵权产品存有质疑，并施以合理的注意义务进行询问、了解、核实，但陈双林在购买前却未尽相应的注意义务，即使如陈双林所言其存在经营淘宝网店时间较短、专利保护意识欠缺、过后已改向有专利证书的商家购买等原因，但陈双林在购买被诉侵权产品时主观上依然具有疏忽大意的过失，不符合不应当知道被诉侵权产品属于侵权产品的主观要件。综上所述，陈双林主张的合法来源抗辩不能成立，一审法院不予支持。

关于陈双林在本案中应承担的民事责任，陈双林未经怡信公司许可，销售、许诺销售被诉侵权产品，其行为构成侵权，依法应承担停止侵权及赔偿损失的民事责任。由于陈双林已证明其已关闭经营销售被诉侵权产品的涉案网店，主动停止上述侵权行为，因此一审法院对于停止侵权的民事责任不再予以判处。关于陈双林依法应承担的赔偿损失数额，本案中，一审法院根据以下涉案具体因素酌定赔偿数额。首先，在计算实际损失或侵权获益酌定赔偿数额时，应当考虑知识产权在实现产品利润中所起的作用来确定其对获利的贡献率。本案中，怡信公司依据两项实用新型专利权就同一被诉侵权产品起诉陈双林，并就两项权利同时请求赔偿，应当审查该产品分别侵犯每项知识产权给怡信公司造成的损失，在酌定赔偿数额时合理确定赔偿额。其次，根据怡信公司提交的实用新型专利检索报告，检索结论认为权利要求 1 不具备《专利法》第二十二条第三款规定的创造性；权利要求 2 具有新颖性和创造性。即使检索报告只能作为实用新型专利权有效性的初步证据，但由于存在对实用新型专利的申请只作初步审查而不需要实质审查即可以授予专利权之规定，因此怡信公司的实用新型专利在无效宣告程序中确实存在因部分权利要求不具备创造性而被宣告部分无效的可能性。第三，如前所述，陈双林虽然由于其主观认识上至少存在过失因而不符合不知道的要件导致不能成立合法来源抗辩，但其客观上提供了被诉侵权产品的明确来源，让怡信公司可以另案根据陈双林提供的来源向其前手主张权利；并且，陈双林也在怡信公司起诉后主动关闭淘宝网店，从主观意志而言是不希望、不放任侵权行为继续发生的，客观上也杜绝了侵权行为的继续扩延。陈双林的上述行为，令其有别于不能提供明确产品来源的侵权人，也有别于继续放任侵权发生的侵权人，其上述行为应当得到法律的肯定评价。第四，根据现有证据，陈双林是未经工商注册登记的淘宝个人卖家，个人网络账号的活跃天数不足一年，经营规模较小、经营时间较短。结合以上因素，并综合考虑本案专利权的其他情况，包括被诉侵权产品进价与售价在内的其他侵权具体情节以及怡信公司为维权支出的购买产品费用以及委托律师代理案件等合理支出，酌定陈双林在本案中赔偿怡信公司1万元。怡信公司所主张赔偿金额超出上述金额的部分，一审法院不予支持。

据此，依照《侵权责任法》第十五条第一款第一项和第六项、第二款，《专利法》第十一条第一款、第四十条、第六十五条、第七十条，《最高人民法院关于审理侵犯专利权纠纷案件应用法律若干问题的解释》第七条、第十六条，《最高人民法院关于审理侵犯专利权纠纷案件应用法律若干问题的解释（二）》第二十五条，《最高人民法院关于适用〈中华人民共和国民事诉讼法〉的解释》第一百零五条的规定，判决：一、陈双林于判决发生法律效力之日起十日内赔偿怡信公司经济损失及合理开支共计1万元；二、驳回怡信公司的其他诉讼请求。

上诉与答辩

一审判决后，陈双林不服，向广东省高级人民法院提起上诉称，一审判决关于被诉侵权产品与市场价格相差巨大，陈双林在购买被诉侵权产品时主观上具有疏忽大意的过失的认定与客观事实不符，应予纠正。陈双林的合法来源抗辩成立，不应承担赔偿责任。遂请求撤销一审判决第一项，维持第二项；判令怡信公司承担本案诉讼费用。

怡信公司答辩称，陈双林具有主观恶意，请求二审法院驳回陈双林的上诉请求，维持一审判决。

二审审理查明

二审查明事实与一审查明事实一致。

二审判理和结果

二审法院审理认为，合法来源抗辩成立的要件除了"来源"以外，还必须同时具备"实际不知道且不应当知道"的主观要件。一审法院主要对陈双林采购单价与销售单价、同类产品通常价格相差数倍的情况存疑，并据此对陈双林的主观过错状态作出分析认定。一审法院已经全面、客观地审查了相关证据，其作出的认定既符合逻辑推理，也兼顾运用了日常生活经验法则，一审认定陈双林不属于"实际不知道且不应当知道"产品侵权，理据并无不当，二审法院予以维持。陈双林的合法来源抗辩不成立。遂依照《民事诉讼法》第一百七十条第一款第（一）项的规定，判决：驳回上诉，维持原判。

【法官评述】

本案的主要争议焦点在于：1. 侵权人通过互联网在线交易的方式购入侵权产品并销售给专利权人，其主张的合法来源抗辩理由能否成立；2. 当侵权行为成立，法院在判定侵权赔偿数额时该如何结合个案的具体情况进行综合考虑。

一、互联网在线交易模式下合法来源抗辩成立要件的审查

在专利侵权纠纷案件中，合法来源抗辩是侵权成立条件下免除赔偿责任的抗辩理由之一。《专利法》第七十条规定，为生产经营目的使用、许诺销售或者销售不知道是未经专利权人许可而制造并售出的专利侵权产品，能证明该产品合法来源的，不承担赔偿责任。据此，成立合法来源抗辩，需要同时符合三个要件。1. 主体要件：主体是为生产经营目的使用、许诺销售或者销售专利侵权产品的侵权人；2. 客观要件：能证明该产品的合法来源；3. 主

观要件：不知道是未经专利权人许可而制造并售出的专利侵权产品。

随着科技的发展、交易方式的电子化和便捷化，互联网在线交易成为经济市场交易中最为重要的一种交易模式，并与传统实体交易模式相比呈现出不同的特点。本案的交易是在互联网的淘宝平台中完成，属于互联网在线交易模式。首先，在传统的实体交易模式中，使用者、许诺销售者或者销售者通常需要提交产品来源者经过合法注册登记成立的主体信息，用以证明产品来源于注册登记合法经营的主体，否则侵权人通常无法证明产品来源的主体是真实、确定且合法的，据此法院将认定侵权人未完成合法来源抗辩的举证责任；而在本案中，产品来源的主体是淘宝平台上的个人卖家，其只需要经过淘宝实名认证而不需要工商注册登记，买卖双方的主体信息除了可以在淘宝的后台数据查询获取以外，还会呈现在买卖双方交易时的订单信息中，因此销售主体是真实、确定且合法的，据此法院认定侵权人已完成了主体要件的举证责任。

其次，在实体交易模式中，侵权人通常需要提交证明交易存在的合同、合法票据或支付凭证等符合实体交易习惯的相关证据证明合法来源。在本案的在线交易模式中，当买家点击购买产品后，会形成相应的订单，订单中包括了产品的名称、数量、单价、折扣及总价等合同关键的要素，因此订单可视为双方的交易合同；且合同的履行是通过物流送货以及第三方支付平台支付宝完成付款的，送货和付款记录都可以在订单信息中得以呈现。因此，上述内容符合《最高人民法院关于审理侵犯专利权纠纷案件应用法律若干问题的解释（二）》第二十五条关于合法来源是指通过合法的销售渠道、通常的买卖合同等正常商业方式取得产品；对于合法来源，使用者、许诺销售者或者销售者应当提供符合交易习惯的相关证据之规定，据此法院认定侵权人已完成了客观要件的举证责任。

最后，在成立合法来源抗辩的主观要件方面，要求侵权人实际不知道且不应当知道被诉产品是未经专利权人许可而制造并售出的专利侵权产品，即侵权人对于不知道是未经专利权人许可而制造并售出的专利侵权产品的事实应当既无故意也无过失，不存在应当知道的情形。关于侵权人对专利侵权事实是否存在故意或过失的主观状态的判断问题，依据《最高人民法院关于适用〈中华人民共和国民事诉讼法〉的解释》第一百零五条的规定，应当按照法定程序，全面、客观地审核侵权人提交的证据，并依照法律规定运用逻辑推理和日常生活经验法则，对证据有无证明力和证明力大小进行判断。在本案的在线交易模式中，侵权人清楚地知道与侵权产品相同或同类产品的一般市场交易价格，并据此设定了其自行销售的侵权产品价格，故其向他人采购侵权产品时，应当注意到该采购单价与市场价格相差甚远，而在面对如此巨大差价的情况下，由于侵权人并不是作为终端用户购买产品自用而是继续对外销售，其应当对该产品是否属于侵权产品存有质疑，并施以合理的注意义务进行询问、了解、核实。然而本案侵权人在购买前却未尽相应的注意义务，主观上具有疏忽大意的过失，不符合不应当知道被诉侵权产品属于侵权产品的主观要件。

二、充分考虑个案情况酌定侵权赔偿数额

广州知识产权法院作为知识产权司法保护与市场价值研究（广东）基地，应按照侵权赔偿应当符合知识产权市场价值的思路来认定个案赔偿数额，充分考虑个案的具体情况和侵权情节等因素进行综合判断，酌定的赔偿数额要既能体现个案公平又能体现知识产权市场价值。

首先，法院认定的损害赔偿数额要与知识产权对侵权行为获利的贡献率相适应。根据《最高人民法院关于审理侵犯专利权纠纷案件应用法律若干问题的解释》第十六条的规定，人民法院确定侵权人的侵权获利时，应当限于侵权人因侵犯专利权行为所获得的利益；因其他权利所产生的利益，应当合理扣除。对于专利权人依据多项专利权就同一被诉侵权产品提起诉讼，并就多项权利同时请求赔偿的情况，应当审查侵权产品分别侵犯每项知识产权给专利权人造成的损失，在酌定赔偿数额时合理确定赔偿额。其次，法院认定的损害赔偿数额要体现出知识产权的保护力度与知识产权的创新程度相适应。根据授权专利的检索报告结论，综合考虑授权专利的新颖性、创造性以及在无效宣告程序中是否具有因部分权利要求不具备创造性而被宣告部分无效的可能性。第三，法院认定的损害赔偿数额要考虑侵权人的主观恶意和悔改程

度。本案中，虽然侵权人由于其主观认识上至少存在过失而不符合不知道的要件导致不能成立合法来源抗辩，但在酌定赔偿数额时，仍应考虑侵权人客观上提供了被诉侵权产品的明确来源，让专利权人可另案根据该来源向其前手主张权利；且侵权人主动关闭淘宝网店，从主观意志而言不希望、不放任侵权行为继续发生，客观上也杜绝了侵权行为的继续扩延。上述积极行为应当得到法律的肯定评价。第四，法院认定的损害赔偿数额要考虑侵权人的侵权时间、经营规模等具体侵权情节。根据现有证据，本案侵权人是未经工商注册登记的淘宝个人卖家，个人网络账号的活跃天数不足一年，经营规模较小、经营时间较短。结合以上因素，并综合考虑权利人为维权支出的购买产品费用以及委托律师代理案件等合理支出，法院依法合理地酌定赔偿额，既体现出个案公平又与知识产权市场价值相契合。

编写人：广州知识产权法院　朱文彬　杨春莲

12

深圳市将者科技有限公司诉东莞市
慧衍电子有限公司侵害外观设计专利权纠纷案

> **阅读提示**：确定专利侵权赔偿数额时，应如何考虑涉案专利在实现成品利润时的贡献率？

【裁判要旨】

确定侵权人因侵权所获得的利益，应当限于侵权人因侵犯专利权行为所获得的利益。侵害涉案外观设计专利权的电源主机为被诉侵权产品汽车应急启动电源的主要零部件，其外观亦构成产品外观的主要部分，在实现整款产品的利润时发挥主要作用，因侵害该专利权的行为所获得的利益可视为主要侵权获利。

【案号】

一审：广州知识产权法院（2015）粤知法专民初字第 1229 号

【案情与裁判】

原告：深圳市将者科技有限公司（简称将者公司）

被告：东莞市慧衍电子有限公司（简称慧衍公司）

起诉与答辩

将者公司以慧衍公司未经其许可，为生产经营需要制造、销售、许诺销售落入其专利权保护范围的汽车移动充电电源给其造成经济损失为由向一审法院提起诉讼,请求判令:1. 慧衍公司立即停止制造、销售、许诺销售被诉侵权产品;2. 慧衍公司赔偿将者公司经济损失及合理费用共 10 万元;3. 慧衍公司负担本案的全部诉讼费用。

慧衍公司答辩称,被诉侵权产品为汽车应急启动电源,包括电源主机、充电器、电源夹、一出三电线等配件,涉案专利为移动电源,二者并非同类或近类产品;被诉侵权产品有合法来源,且慧衍公司对"多功能移动电源装置"拥有自有实用新型专利,不存在侵害本案专利权的动机;被诉侵权行为轻微且电源主机的外壳对产品销售的贡献率很低,获利微乎其微。故慧衍公司请求驳回将者公司全部诉讼请求。

一审审理查明

将者公司于 2013 年 8 月 14 日向国家知识产权局申请名称为"移动电源"的外观设计专利,并于 2014 年 4 月 2 日获得授权,专利号为 ZL201330403682.7,该专利处于有效状态。

2015 年 4 月 24 日,将者公司通过慧衍公司经营的阿里巴巴网店购买了汽车移动电源产品一件,并对前述网购过程进行了证据保全公证。当庭拆封经公证购买实物,该汽车移动电源产品的外包装及其产品本身无任何厂商信息,该产品为一款汽车应急启动电源,包括电源主机、充电器、电源夹及一出三电线等配件。将者公司主张本案的被诉侵权对象为上述电源主机。经查,电源主机整体呈长方形,横向宽度约为纵向高度的 1/2,左右上方为扁平圆角,左右下方为 135 度斜角;产品正面上方为一圆形电源按钮,下方为纵向排列细直条纹的长方形区域,该区域上方边缘中部呈内凹弧形,下方边缘呈内收弧形;产品背面左右上方各设一圆孔,下方为纵向排列细直条纹的长方形区域;产品左右两侧均呈竖直形,其上方边缘平直,下方边缘为半圆形,其中左侧自上而下设一个 USB 接口、五个椭圆形指示灯、一个 USB 接口及一个圆形充电接口。

一审判理和结果

一审法院审理认为,本案焦点是被诉侵权设计是否落入本案专利权保护范围及赔偿数额如何确定。

关于被诉侵权设计是否落入本案专利权保护范围的问题。首先，关于本案专利权的保护范围，涉案专利名称为移动电源，从专利证书显示的图片来看，其保护范围限于移动电源中的电源主机的外观设计。其次，关于本案外观设计的比对对象，因被诉侵权产品为一款包括电源主机、充电器、电源夹及电线等配件的应急启动电源，而其中与涉案专利产品相近用途的零部件为被诉侵权产品的电源主机，故应以该电源主机的外观为比对对象。将者公司以被诉侵权产品的电源主机设计作为被诉侵权设计并与涉案专利设计进行比对的主张，依法予以支持。第三，将被诉侵权设计与涉案专利设计进行比对，二者相同之处在于：二者整体均呈长方形，横向宽度约为纵向高度的 1/2，左右上方为扁平圆角，左右下方为 135 度斜角；二者正面上方设计有圆形的电源开关按钮，下方为近似长方形的区域，该区域上设有若干纵向排列的细直条纹，其上边缘中部呈内凹弧形，下边缘呈内收弧形；二者背面左右上方各设一圆孔，下方为设有纵向排列的细直条纹的长方形区域；二者左右两侧均呈竖直形，其上边缘平直，下边缘为半圆形，其中左侧自上而下设一个 USB 接口、五个椭圆形指示灯、一个 USB 接口及一个圆形充电接口。二者不同之处在于：被诉侵权设计左侧第二个 USB 接口上方有 "USB" 字样，涉案专利下方有 "USB" 字样。经整体观察，综合判断，二者在整体视觉效果上不存在差异，构成相同设计，故被诉侵权设计落入本案专利权的保护范围。

将者公司在慧衍公司的阿里巴巴网店公证购买被诉侵权产品，且该网店公开展示包括被诉侵权产品在内的多款产品并作出对外销售的意思表示，慧衍公司亦当庭确认被诉侵权产品由其销售，现有证据足以证实慧衍公司存在销售、许诺销售被诉侵权产品的侵权行为。关于慧衍公司是否实施制造侵权行为，被诉侵权产品的外包装及产品本身无任何制造商、销售商等信息，慧衍公司在其阿里巴巴网店宣传自己主要开发、生产各种便携式电源等产品，同时其经营范围为产销电子产品等，可见其具备相应生产能力，在不能证实被诉侵权产品系案外人制造的情况下，根据现有证据可以推定被诉侵权产品由慧衍公司制造。故慧衍公司构成制造、销售及许诺销售侵权。因慧衍公司未能举证证明被诉侵权产品是从正规合法渠道、以正常合理价格购进的事实，其主张的合法来源抗辩缺乏依据，对此不予支持。

关于本案的赔偿数额的确定问题。首先，本案真正的被诉侵权设计体现在汽车应急启动电源主机的外观，在判断侵权人侵权获利时，应当结合涉案专利的市场价值以及侵犯涉案专利权的上述电源主机在实现整款汽车应急启动电源的市场利润时所发挥的作用，以确保损害赔偿数额与涉案专利的市场价值相契合，与涉案专利对侵权行为获利的贡献率相适应。其次，慧衍公司以近三个月其在阿里巴巴网站销售被诉侵权产品的记录主张其侵权获利小，该销售记录为未经公证的网络打印件，其真实性难以确定，即使该网页真实可信，但该销售记录仅为其一家网店近三个月的销售业绩，仅以此确定被诉侵权产品的销售量，明显缺乏依据。第三，关于维权的合理支出，将者公司提交的公证费发票能证实其支出公证费1010元，予以支持；而将者公司提交的律师费发票，因无其他证据佐证该费用仅限本案支出，故该费用应结合将者公司委托代理人出庭应诉等情况予以酌定。综上，因将者公司未举证证明其因侵权行为导致的实际损失或慧衍公司的侵权获利，综合考虑涉案专利为外观设计专利，慧衍公司的成立时间及生产经营规模，被诉侵权设计为被诉侵权产品的主要零部件及网络销售单价，慧衍公司实施制造、销售、许诺销售的侵权行为，并结合将者公司确因本案维权而支出的费用等因素，酌情判定慧衍公司赔偿将者公司经济损失及合理费用共5万元。对将者公司所主张赔偿金额超出上述金额的部分不予支持。

综上所述，依照《侵权责任法》第二条、第三条、第十五条、第一款第（一）项、第（六）项，《专利法》第二条第三款、第十一条第二款、第六十五条，《最高人民法院关于审理侵犯专利权纠纷案件应用法律若干问题的解释》第八条、第九条、第十一条第二款、第十二条第二款、第十六条第一款的规定，判决：一、慧衍公司停止制造、销售、许诺销售侵害将者公司名称为"移动电源"，专利号为ZL201330403682.7的外观设计专利权的产品；二、慧衍公司赔偿将者公司经济损失及合理费用共5万元；三、驳回将者公司的其他诉讼请求。

本案各方当事人均未上诉。

【法官评述】

在进行外观设计专利权侵权判定时，首先要判定被诉侵权产品与外观设计专利产品是否属于相同或相近种类产品，在判定侵权赔偿数额时应当考虑该专利在实现成品利润时的贡献率。

一、外观设计专利权侵权判定首先应确定被诉侵权产品与专利产品是否属于相同或相近种类产品

在与外观设计产品相同或相近种类产品上采用与授权外观设计相同或相近似外观设计的，应当认定被诉侵权外观设计落入外观设计专利权保护范围。因此，外观设计专利权侵权判断的首要前提是被诉侵权产品与外观设计专利产品属于相同或相近种类产品。

《最高人民法院关于审理侵犯专利权纠纷案件应用法律若干问题的解释》第九条规定，人民法院应当根据外观设计产品的用途，认定产品种类是否相同或者相近。确定产品的用途，可以参考外观设计的简要说明、国际外观设计分类表、产品的功能以及产品销售、实际使用的情况等因素。

本案被诉侵权产品是汽车应急启动电源，是一种集供电和充电功能于一体的便携式移动电源，其主要功能为在汽车亏电或者其他原因无法启动时可以帮助汽车应急启动，同时也可以给手机、平板电脑、MP3等数码设备随时随地充电，一般由锂电芯作为储电单元，相对于手机移动电源而言其电源容量更大。该类产品通常包括电源主机、充电连接线、电源夹等零部件。涉案专利根据其简要说明的记载，为一种移动电源，俗称"充电宝"，是一种集供电和充电功能于一体的便携式充电器，可以给手机、平板电脑等数码设备随时随地充电，一般由锂电芯为储电单元。该类产品通常包括电源主机、充电连接线等零部件。由此可见，汽车应急启动电源与移动电源均为集供电和充电功能于一体的便携式移动电源，虽然被诉侵权产品具备给汽车、手机、平板电脑等多种设备充电的用途，但其与涉案专利产品具备重合的用途，即给手机、平板电脑等数码设备充电，故二者可认定为相近类别的产品。

二、确定专利侵权案件赔偿数额应当考虑专利的贡献度

在外观设计专利权纠纷中，在判断侵权获利时应当充分结合侵害该专利权的零部件产品在实现整款成品的利润时所发挥的作用，以确保损害赔偿数额与涉案专利的市场价值相契合，与涉案专利对侵权行为获利的贡献率相适应。

首先，《最高人民法院关于审理侵犯专利权纠纷案件应用法律若干问题的解释》第十六条第一款规定，"人民法院依据专利法第六十五条第一款的规定确定侵权人因侵权所获得的利益，应当限于侵权人因侵犯专利权行为所获得的利益；因其他权利所产生的利益，应当合理扣除。侵犯发明、实用新型专利权的产品系另一产品的零部件的，人民法院应当根据该零部件本身的价值及其在实现成品利润中的作用等因素合理确定赔偿数额。侵犯外观设计专利权的产品为包装物的，人民法院应当按照包装物本身的价值及其在实现被包装产品利润中的作用等因素合理确定赔偿数额"。根据前述司法解释的规定，在专利侵权案件中，对于外观设计专利用于产品包装物的侵权以及发明、实用新型专利用于产品零部件的侵权，应当考虑专利在实现成品利润中的作用，即应当考虑知识产权的贡献。

其次，权利人的损失及侵权人的获利并非由侵权行为直接导致，还与专利创新程度、产品推广宣传力度、产品更新频率、售后服务质量、商业信誉等诸多因素相关，故不能将侵权造成的损失或获利赔偿给权利人。为了使侵权判赔数额更加合理，在并非零部件和包装物的专利侵权案件中确定赔偿数额时，也应当审查侵权行为与损失或获利之间的关联性，并充分考虑产品中所涉知识产权对于获利或损失所产生的影响。

本案在确定赔偿数额时，从以下几个因素考虑了本案专利权对于整个产品市场利润的贡献度。首先，本案公证购买的产品为汽车应急启动电源，而被诉侵权产品为电源主机。电源主机属于具有一定创新程度的高新科技领域产品，其包含的各项零部件均具备一定的技术内容，其中电源主机为其主要零部件，是汽车应急启动电源中蓄电与放电的主要载体，对实现整款产品的利润发挥主要作用，而其余零部件如电源夹、充电器、连接线的用途仅为连

接启动电源与待充电设备，所起作用较小。其次，被诉侵权设计体现在汽车应急启动电源主机的外观，故作为应急启动电源的主要零部件的电源主机，其外观亦构成产品外观的主要部分，从影响一般消费者视觉效果的角度分析，该主机的外观在实现整款产品的利润时发挥主要作用，因侵害该专利权的行为所获得的利益可视为主要侵权获利。

编写人：广州知识产权法院　彭　盎

13

佛山市南海区蓝飞五金加工厂诉
胡崇亮专利权宣告无效后返还费用纠纷案

> **阅读提示:**《专利法》第四十七条第三款对专利权无效后返还费用请求人的权利是否保护进行了原则性规定,在司法实践中如何准确理解该条款所规定的"明显违反公平原则"?

【裁判要旨】

宣告专利无效的决定对于已经执行完毕的专利侵权纠纷判决、调解书不具有溯及力,是处理返还专利侵权赔偿金纠纷应当遵循的基本原则。公平原则是在当事人权利义务明显失衡的情况下采取的补救手段,法院在适用该原则处理纠纷时应当采用相当审慎的态度。能否适用明显违反公平原则的规定需要综合考虑专利权人的权利基础是否稳定、返还费用请求人在专利侵权案件中有无穷尽方法行使诉讼权利,如在专利侵权案件审理过程中是否积极提出无效宣告申请、在判决发生法律效力后有无积极申请再审或申请中止执行以及在涉案专利无效后是否积极行使自身权利、专利权宣告无效后返还费用请求人实际损失的大小等因素来判断是否存在显失公平的情形。

【案号】

一审:广州知识产权法院(2016)粤 73 民初 550 号

二审:广东省高级人民法院(2017)粤民终 212 号

【案情与裁判】

原告（被上诉人）：佛山市南海区蓝飞五金加工厂（简称蓝飞加工厂）

被告（上诉人）：胡崇亮

起诉与答辩

蓝飞加工厂起诉称，胡崇亮原为名称为"天花边角（L型穿条）"，专利号为201230484035.9（简称涉案专利）的专利权人，其向广东省佛山市中级人民法院对蓝飞加工厂的经营者吴丰青提起侵害外观设计专利权诉讼。经广东省佛山市中级人民法院及广东省高级人民法院审理，判决蓝飞加工厂停止制造、销售侵害涉案专利权产品，销毁库存并赔偿损失。该案执行完毕后，涉案专利被国家知识产权局专利复审委员会（简称复审委）宣告全部无效。蓝飞加工厂认为，胡崇亮的行为构成恶意申请，其获得赔偿款是不公平的，故请求判令：1. 胡崇亮返还蓝飞加工厂赔偿款7万元；2. 胡崇亮赔偿蓝飞加工厂损失8万元；3. 胡崇亮承担本案的诉讼费用。

胡崇亮答辩称：第一，胡崇亮起诉蓝飞加工厂时，涉案专利合法有效，其提起诉讼并无不当；第二，涉案专利被宣告无效并非因为胡崇亮恶意抄袭他人设计，胡崇亮不存在恶意申请专利的行为；第三，蓝飞加工厂在侵权诉讼案件中怠于行使申请中止审理和中止执行的权利，依法应当承担不利后果；第四，蓝飞加工厂在提起本案诉讼前，已就生效并执行完毕的判决向最高人民法院申请再审，属于重复起诉。

一审审理查明

胡崇亮向广东省佛山市中级人民法院提起诉讼，认为其是涉案专利权人，吴丰青作为蓝飞加工厂的经营者侵犯其涉案专利权。广东省佛山市中级人民法院经审理后判决：一、吴丰青应于判决发生法律效力之日起立即停止制造、销售侵害涉案专利权的产品的侵权行为，并销毁库存的侵权产品；二、吴丰青应于判决发生法律效力之日起十日内赔偿胡崇亮经济损失及合理费用支出共计7万元；三、驳回胡崇亮的其他诉讼请求。吴丰青不服该判决，向广东省高级人民法院提起上诉。在二审诉讼期间，吴丰青提交了《中止审理申请书》，称其已向复审委提出涉案外观设计专利无效申请，申请中止审理。广东省高级人民法院对该申请不予支持，并驳回上诉，维持原判。该判决发生法律效力后，广东省佛山市中级人民法院执行了吴丰青财产。后涉案专利被宣告全部无效。吴丰青以涉案专利已被认定无效为由向最高人民法院申请再审，最高人民法院认为尽管吴丰青提交了涉案专利被宣告无效的决定，但因本案已执行完毕，该宣告无效决定对已经执行的判决不具有溯及力，故裁定驳回吴丰青的再审申请。

一审判理和结果

一审法院审理认为，现有证据无法证实胡崇亮在申请专利及提起专利侵权诉讼时存在主观恶意。关于本案专利无效后不返还费用是否违反公平原则问题，第一，胡崇亮被宣告无效的专利权视为自始即不存在，如胡崇亮在专利无效后仍不返还费用明显违反公平原则。第二，在涉案专利侵权纠纷案件审理期间，吴丰青已经积极行使权利，向复审委申请宣告涉案专利无效，并向法院申请中止审理。第三，在吴丰青依照生效判决向胡崇亮支付了高额损害赔偿金后不足三个月，涉案专利被宣告无效，时间相隔较短，蓝飞加工厂及时提起本案诉讼主张返回已经支付的专利侵权赔偿金，并不违反设立《专利法》第四十七条第二款关于维持专利侵权案件生效判决相对稳定性的初衷。据此，一审法院认为，蓝飞加工厂请求返还专利侵权赔偿金的诉请依法有据，一审法院予以支持。依据《专利法》第四十七条、《最高人民法院关于适用〈中华人民共和国民事诉讼法〉的解释》第五十九条之规定，判决：一、胡崇亮在判决发生法律效力之日起十日内向蓝飞加工厂返还专利侵权赔偿金 7 万元；二、驳回蓝飞加工厂的其他诉讼请求。

上诉与答辩

一审判决后，胡崇亮不服，向广东省高级人民法院上诉称，吴丰青未在一审答辩期提起专利无效请求，怠于行使诉讼权利；专利被宣告无效并非一定会导致返还赔偿款，且涉案专利被宣告无效并非因为胡崇亮主观过错造成；

一审法院审理此案程序违法，蓝飞加工厂提起本案诉讼属于重复诉讼；蓝飞加工厂诉讼主体不适格。

蓝飞加工厂答辩称，一审法院认定事实清楚，适用法律正确，请求二审法院驳回蓝飞加工厂的上诉请求，维持原判。

二审审理查明

二审查明，吴丰青于2014年8月4日就涉案专利提出无效宣告请求一事与北京汇思诚业知识产权代理有限责任公司签订专利无效代理协议，于2014年8月13日向复审委提出无效宣告请求。

二审判理和结果

二审法院审理认为，关于一审判决胡崇亮返还专利侵权赔偿金是否有事实及法律依据的问题。一审法院根据现有证据确认无法证实胡崇亮申请涉案专利时或者对吴丰青提起侵权诉讼时存在主观恶意，二审法院予以确认。关于胡崇亮不向蓝飞加工厂返还专利侵权赔偿金是否明显违反公平原则问题。二审法院认为，本案尚不存在明显违反公平原则的情形，理由如下。第一，宣告专利无效的决定对于已经执行完毕的专利侵权纠纷判决、调解书不具有溯及力，是处理返还专利侵权赔偿金纠纷应当遵循的基本原则。公平原则是在当事人权利义务明显失衡的情况下采取的补救手段，法院在适用该原则处理纠纷时应当采用相当审慎的态度。第二，胡崇亮获取专利侵权赔偿金具有法律正当性。最高人民法院驳回再审申请进一步证明胡崇亮占有专利侵权赔偿金合法有据。第三，蓝飞加工厂存在怠于行使权利的情形。吴丰青在二审审理期间才向复审委提出无效宣告请求，理应由其承担怠于行使权利的不利后果。一审判决认定胡崇亮应向蓝飞加工厂返还专利侵权赔偿金的结论错误。二审法院予以纠正。依据《专利法》第十一条第二款、第五十九条第二款、第六十五条，《民事诉讼法》第一百七十条第一款第（二）项、第（三）项的规定，判决：一、撤销广州知识产权法院（2016）粤73民初550号民事判决；二、驳回蓝飞加工厂的全部诉讼请求。

【法官评述】

本案为专利权宣告无效后返还费用纠纷。《专利法》第四十七条第一款规定宣告专利权无效的决定具有追溯力是总体原则，即专利权被无效后视为自始不存在；《专利法》第四十七条第二款前半部分规定宣告专利权无效的决定对在宣告专利权无效前人民法院作出并已执行的专利侵权的判决、调解书或已经履行或者强制执行的专利侵权纠纷处理决定以及已经履行的专利实施许可合同和专利权转让合同不具有追溯力。该规定作为第一款规定的总体原则的例外原则，旨在维护已经执行完毕的法律文书的稳定性；《专利法》第四十七条第二款后半部分及第三款规定了两种宣告专利权无效的决定不具有追溯力的例外情形，第一种是专利权人存在恶意给他人造成损失的，第二种是不返还专利侵权赔偿金、专利使用费、专利权转让费，明显违反公平原则的，应当全部或部分返还。

两审法院均认为根据现有证据无法证实专利权人存在恶意，所以本案的焦点问题集中在判定不返还专利侵权赔偿金是否明显违反公平原则。一审法院认为本案应适用明显违反公平原则判决专利权人返还费用，理由如下：第一，涉案专利被无效后应视为权利自始不存在；第二，根据专利自始不存在的基本原则，蓝飞加工厂仍然依照本案所涉及的已经发生法律效力的判决，向不享有专利权的胡崇亮支付专利侵权赔偿款明显违反公平原则；第三，吴丰青已经积极行使权利，向复审委申请宣告涉案专利无效，并向审理的法院申请中止审理；第四，涉案专利被宣告无效时间与吴丰青依照生效判决向胡崇亮支付高额损害赔偿金的时间相隔较短，并不影响维护已经执行完毕的法律文书的稳定性。而二审法院认为本案不应当适用明显违反公平原则判决专利权人返还费用，理由如下：第一，宣告专利无效的决定对于已经执行完毕的专利侵权纠纷判决、调解书不具有溯及力，是处理返还专利侵权赔偿金纠纷应当遵循的基本原则；第二，胡崇亮获取专利侵权赔偿款具有法律正当性；第三，蓝飞加工厂存在怠于行使权利的情形。如何正确理解和适用《专利法》第四十七条中关于公平原则的规定是这类案件处理的关键，笔者认为可以从以下方面进行思考。

一、民法公平原则在专利侵权案件中的正确运用

《民法通则》第四条规定："民事活动应当遵循自愿、公平、等价有偿、诚实信用的原则"，新颁布的《民法总则》第六条规定："民事主体从事民事活动，应当遵循公平原则，合理确定各方的权利和义务"。从上述规定看，公平原则是民法的一项基本原则，其设立的目的是维持当事人之间的利益均衡，在民事活动中，应当遵循公平原则确定各方当事人的权利和义务，享受公平合理的对待，既不享有特权，也不应当履行任何不公平的义务。

《专利法》第四十七条在法条中规定专利权无效宣告后专利权视为自始不存在。那既然是自始不存在，又为什么承认之前返还费用请求人与原专利权人之间基于原专利权的法律行为有效呢？是否违反民法的公平原则呢？既然认定了法律行为有效，那么为何又要赔偿或是返还请求人的财产呢？这其中涉及的是普通法与特殊法之间的关系问题。知识产权具有法定性，知识产权的权利范围是由知识产权法创设的。尽管从民法原理看，第四十七条存在着法理漏洞，但第四十七条是《专利法》依据知识产权纠纷的特殊性而创设的，类似纠纷不能简单套用民法原理进行认定和处理。而知识产权法又是民法的特殊法，也不能完全抛弃民法，故此第四十七条规定了在存在恶意或是显失公平的情况下，利益人依然可以维权。但因为第四十七条存在的漏洞会让法官在司法实践中产生误解，从而影响利益人维权。在专利侵权案件中，应当以《专利法》规定的宣告专利无效的决定对于已经执行完毕的专利侵权纠纷判决、调解书不具有溯及力作为处理返还专利侵权赔偿金纠纷应当遵循的基本原则，而不应当以民法的公平原则为前提，优先适用公平原则进行处理。

二、如何平衡知识产权权利人与社会公共利益之间的关系

虽然知识产权法是为促进科学文化事业的发展，鼓励创新，激励知识产权权利人而创设的法律，但知识产权权利人和合法行使自身权益的其他人之间的地位是平等的，不能因激励功能而使知识产权权利人享有不合理的权益。故而，在本问题中，当专利被无效，在原专利权人存在恶意或是原专利权人

与返还费用请求人之间显失公平的情况之下，不能以保护知识产权权利人的利益为重心而忽视了对合法行使权利的其他人的权利保护。

从利益平衡原则中的普遍关注点，即知识产权权利人与社会公共利益的角度来看，不保护合法行使权利的其他人的权利是否有损社会公共利益？合法行使权利的其他人作为社会公众中的一员，其权利是社会公共利益中的一部分，不保护合法行使权利的其他人的权利显然对社会公共利益是有损的。若是对合法行使权利的其他人的权利不进行保护，也就意味着在专利权宣告无效后，不论何种情况原专利权利人先前与合法行使权利的其他人之间的法律行为都是合法有效的。如此会打破利益平衡格局，因此，保护合法行使权利的其他人的权利是利益平衡原则的应有之义。故《专利法》第四十七条第三款针对知识产权案件的特殊性，为维护合法权益，平衡知识产权权利人与社会公共利益作了具有补救性质的规定。

三、在审判实践中应当如何正确理解和适用《专利法》第四十七条关于公平原则的规定

目前《专利法》只是对显失公平条款作了原则性的规定，但在显失公平的适用标准方面没有明确的规定，司法实践也尚未出现适用显失公平条款认定原专利权人应当向专利权宣告无效后返还费用请求人返还专利侵权赔偿金的典型案例，所以存在类似本案一审法院和二审法院的不同意见。笔者认为解决上述问题，首先，需要在法律或司法解释层面对哪些情况或者条件可以适用显失公平原则作出较为具体的规定，为司法实践提供明确的指引。在相关法律或司法解释没有出台前，能否适用明显违反公平原则的规定需要综合考虑原专利权人的权利基础是否稳定、返还费用请求人在专利侵权案件中有无穷尽方法行使诉讼权利，如在专利侵权案件审理过程中是否积极提出无效宣告申请、在判决发生法律效力后有无积极申请再审或申请中止执行以及在涉案专利无效后是否积极行使自身权利、专利权宣告无效后返还费用请求人实际损失的大小等因素来判断是否存在显失公平的情形。

编写人：广州知识产权法院　谭卫东

14

科星汽车设备（珠海）有限公司诉
广东省知识产权局不服行政处理决定纠纷案

阅读提示：知识产权行政管理部门认定构成专利侵权并作出行政处理决定后，在行政诉讼期间，相关专利权被宣告无效的，法院应否撤销行政处理决定？

【裁判要旨】

在行政诉讼程序中，据以主张保护的专利权被专利复审委员会宣告无效后，行政机关作出的行政处理决定已失去事实依据，基于稳定市场秩序的需要、行政效率原则以及专利保护的行政执法程序与民事司法程序相衔接，应当撤销行政处理决定。

【案号】

一审：广州知识产权法院（2016）粤 73 行初 12 号
二审：广东省高级人民法院（2017）粤行终 843 号

【案情与裁判】

原告（被上诉人）：科星汽车设备（珠海）有限公司（简称科星公司）

被告（上诉人）：广东省知识产权局

第三人（上诉人）：古丽亚诺集团股份有限公司（简称古丽亚诺公司）

起诉与答辩

科星公司不服广东省知识产权局作出的行政处理决定，于法定期限内提起诉讼，诉称：1. 被诉侵权产品中的技术方案与古丽亚诺公司的专利技术既不相同也不等同，因此，被诉侵权产品并未落入本案专利权利要求的保护范围。2. 科星公司并未基于抽样取证的产品实施使用和许诺销售行为。综上所述，广东省知识产权局作出的涉案处理决定存在事实认定错误和法律适用错误，请求撤销广东省知识产权局作出的粤知执处字〔2016〕第5号《专利纠纷案件处理决定书》，并判令广东省知识产权局重新作出处理决定。

广东省知识产权局辩称：1. 被诉侵权产品落入涉案专利的保护范围。2. 科星公司存在许诺销售和使用被诉侵权产品的行为。综上所述，广东省知识产权局的行政行为合法，请予以维持。

古丽亚诺公司述称，广东省知识产权局所作出的决定符合法律规定，适用法律正确，认定事实清楚。

一审审理查明

古丽亚诺公司是专利号为 ZL200910175775.1，名称为"用于拆卸和装配车辆轮胎的操作头"发明专利权人，该专利申请日是 2009 年 10 月 13 日，授权公告日是 2015 年 3 月 4 日。

广东省知识产权局接到古丽亚诺公司投诉后，于 2016 年 3 月 17 日依法到科星公司住所进行了现场勘验，并在科星公司住所现场取样被诉侵权产品"翻转拆装头"1 个。在现场调查时，科星公司总经理欧阳小春介绍，该展厅内展示的带拆装操作头的轮胎拆装机（型号 BD15）的操作头是买来的非标配件，带拆装操作头的整机还在打样过程中，还未正式批量销售，在展会上展示的是概念机，该型号没有出口，也没有库存。科星公司认为其许诺销售行为是针对轮胎拆装机整机，而非针对该轮胎拆装机上装有的被诉侵权产品。同时，科星公司亦否认其对被诉侵权产品存在使用行为。科星公司、广东省知识产权局与古丽亚诺公司均确认涉案处理决定并未认定科星公司存在销售被诉侵权产品的行为。

科星公司认为由于被诉侵权产品所使用的连接技术与涉案发明专利权利要求 1 中所述的连接方式不一致，因此，被诉侵权产品不落入涉案发明专利的保护范围。

广东省知识产权局经审查认为，被诉侵权产品"翻转拆装头"具备涉案发明专利权利要求 1 的全部技术特征，落入了该专利权利要求 1 的保护范围。据此，广东省知识产权局于 2016 年 7 月 11 日作出粤知执处字〔2016〕第 5 号《专利纠纷案件处理决定书》：一、责令科星公司立即停止侵权行为，即停止使用、许诺销售与 ZL200910175775.1 发明专利技术方案相同的产品，消除影响，并且不得进行任何实际销售行为；二、责令科星公司销毁侵权产品。对于古丽亚诺公司的其他行政处理请求，没有相关的法律法规依据，广东省知识产权局不予支持。

科星公司后向国家知识产权局专利复审委员会就涉案专利提起无效宣告请求。2016 年 12 月 14 日，国家知识产权局作出第 30902 号无效宣告请求审查决定书，宣告涉案专利权全部无效。

一审判理和结果

一审法院审理认为，虽然广东省知识产权局在古丽亚诺公司持有的涉案专利真实有效且受法律保护的情况下，作出涉案处理决定，认定科星公司使用并许诺销售被诉侵权产品"翻转拆装头"安装在轮胎拆装机（型号 BD15）上侵犯了涉案专利权，该处理并未违反法律规定。但是，国家知识产权局专利复审委员会已宣告涉案专利权全部无效，即古丽亚诺公司在本案中据以主张保护的专利权利内容已被宣告无效，不再受专利法保护。依据《专利法》第四十七条第一款关于"宣告无效的专利权视为自始即不存在"的规定，根据新出现的情况，充分考虑公平原则，广东省知识产权局作出涉案处理决定已经失去事实依据，为保护专利纠纷当事人的合法权益，涉案处理决定应予撤销，并由广东省知识产权局重新作出行政行为。当然，对于涉案处理决定被撤销，广东省知识产权局本身并无责任。据此，依照《行政诉讼法》第七十条第（一）项的规定，判决：一、撤销广东省知识产权局粤知执处字〔2016〕第 5 号《专利纠纷案件处理决定书》；二、责令广东省知识产权局重新作出行政处理决定。

上诉与答辩

一审判决后，广东省知识产权局、古丽亚诺公司均不服，向广东省高级人民法院提起上诉。

广东省知识产权局上诉称：1. 一审法院判决撤销处理决定及重新作出处理决定，会造成行政重复处理行为。若通过行政诉讼，法院最终维持涉案专利权有效，那么重新作出行政处理后会再次面临行政诉讼及再次重新作出处理决定的风险，对当事人的合法权益造成损害，浪费行政和司法资源。2. 一审法院认定在涉案专利权被宣告无效前，作出的涉案处理决定并未违反法律规定，应当判决确认涉案处理决定合法或有效。综上，请求撤销一审判决，确认涉案处理决定有效，并由科星公司负担诉讼费用。

古丽亚诺公司上诉称，古丽亚诺公司已提起行政诉讼，涉案专利权无效的决定并未生效，一审法院据此认定涉案专利权自始不存在不符合事实，适用的司法解释也未必适用于行政诉讼。综上，请求撤销一审判决。

科星公司答辩称，参照《最高人民法院关于审理侵犯专利权纠纷案件应用法律若干问题的解释（二）》第二条的规定，在本行政诉讼中，涉案专利权被专利复审委员会宣告无效，应当以此作为认定案件事实的依据。

二审审理查明

二审查明事实与一审查明事实一致。

二审判理和结果

二审法院审理认为，专利复审委员会宣告涉案专利权无效，广东省知识产权局作出的处理决定已经失去事实依据，该决定从内容到后果上对一个并不存在侵权行为的主体进行行政处理，从实质上损害了被处理人的权益，为保护专利纠纷当事人的合法权益，该处理决定应予撤销。故一审法院根据新出现的情况，充分考虑公平原则，判决撤销处理决定，并无不当。古丽亚诺公司称已针对涉案专利无效宣告决定提起行政诉讼，请求撤销一审判决或者中止审理。对此，《最高人民法院关于审理侵犯专利权纠纷案件应用法律若干问题的解释（二）》第二条的颁布就是为了解决专利侵权案件审理周期长、社会公众的经营活动不能有效、稳定开展而进行的制度设计。根据该条款规定，如果日后古丽亚诺公司通过行政诉讼恢复涉案专利权，古丽亚诺公司有权以新发生的事实为理由再次维权，并对因此所遭受的经济损失在后续法律程序中寻求救济，故广东省知识产权局和古丽亚诺公司以被诉处理决定合法且可能导致重复处理为理由，请求撤销一审判决的上诉理由，缺乏事实与法律依据，不予支持。本案亦不存在中止审理的正当理由，因此，古丽亚诺公司的上诉请求依法应予驳回。综上，二审法院依照《行政诉讼法》第八十九条第一款第（一）项之规定，判决：驳回上诉，维持原判。

【法官评述】

随着我国知识产权保护意识的提高，当事人知识产权诉讼能力也在不断增强，申请无效权利人的专利权作为一项对抗手段也越来越多地被使用，这虽然促进了专利制度的发展，但也造成不少专利维权诉讼审理周期长的问题。就此，最高人民法院颁布的《最高人民法院关于审理侵犯专利权纠纷案件应用法律若干问题的解释（二）》第二条在民事诉讼中很好地解决了该问题，提高专利侵权诉讼的审理效率。但是在行政诉讼中应如何处理，并没有明确的回答。本案审理指出在行政诉讼中亦应先行撤销行政处理决定，很好地实现了专利保护中行政执法与民事诉讼双轨制在程序上的衔接。

一、在据以保护的专利权被宣告无效后，撤销行政处理决定，是稳定市场秩序的需要

市场经济的快速发展离不开各种权益的确定和稳定。这就要求行政和司法处理要及时快捷。对此，《专利行政执法办法》第四十四条第一款规定，管理专利工作的部门作出认定专利侵权行为成立并责令侵权人立即停止侵权行为的处理决定后，被请求人向人民法院提起行政诉讼的，在诉讼期间不停止决定的执行。本案中，科星公司被认定为侵权后，就必须要停止使用、许诺销售被诉侵权产品。这充分保障了古丽亚诺公司的权益，保障了市场秩序。在行政诉讼过程中，涉案专利权被宣告无效，依据《专利法》第四十七条第一款的规定，宣告无效的专利权视为自始即不存在。古丽亚诺公司在本案中据以主张保护的专利权利内容已被宣告无效，不再受专利法保护。此时，科星公司实施的相关行为就不再构成侵权，但依据行政处理决定，其仍不能使

用、许诺销售被诉侵权产品，因此，涉案处理决定实质上损害了科星公司的权益，且会给其他市场主体使用、许诺销售被诉侵权产品造成困扰，不利于市场秩序的稳定。故，根据新出现的情况，充分考虑公平原则，涉案处理决定应予撤销。

二、在据以保护的专利权被宣告无效后，撤销行政处理决定，充分体现了行政效率原则

效率原则一直是行政执法所需要优先考虑的原则。为此，在行政诉讼期间，可以不停止决定的执行。可见，即使在行政诉讼中，也应尽可能快地确定行政决定的效力。专利权被宣告无效后，虽可以提起行政诉讼，但实践中，行政诉讼改变专利复审委员会决定的比例较低。因此，若中止本案的行政诉讼程序，等待涉案专利权可能被维持有效的行政诉讼结果，无疑是用较长的时间等待一个低概率的结果，看似节约了司法和行政资源，但违反了行政效率的原则，反而造成更大的危害。当然，涉案处理决定在作出时，依据的是当时的证据，并未违反法律规定，广东省知识产权局对涉案处理决定被撤销并无责任和过错，但这并不能成为不撤销涉案处理决定的理由。也正是由于行政机关对涉案处理决定被撤销没有责任，因此，相关的诉讼费用应由古丽亚诺公司负担。

三、在据以保护的专利权被宣告无效后，撤销行政处理决定，有利于实现专利保护中行政执法与民事诉讼双轨制在程序上的衔接

当前我国实行的是专利保护的"民行二元分立"体系，这就造成二者如何衔接的问题。在民事程序上，《最高人民法院关于审理侵犯专利权纠纷案件应用法律若干问题的解释（二）》第二条规定，权利人在专利侵权诉讼中主张的权利要求被专利复审委员会宣告无效的，审理侵犯专利权纠纷案件的人民法院可以裁定驳回权利人基于该无效权利要求的起诉。即，在民事侵权诉讼中，据以保护的专利权被宣告无效后，法院无需等待行政诉讼的最终结果，对民事侵权诉讼直接不再审理。若相关专利权被维持有效，当事人可通过另行起诉的方式予以救济。但是在行政处理程序中尚无相关的规定。这就

可能造成行政处理程序与民事司法程序在处理结果上相脱节。本案明确了在据以保护的专利权被宣告无效后，在行政诉讼中，法院亦无须等待专利权被宣告无效的行政诉讼的最终结果，应当直接撤销行政处理决定，实现专利保护中行政执法与民事诉讼双轨制在程序上的衔接。

编写人：广州知识产权法院　谭海华　吴学知

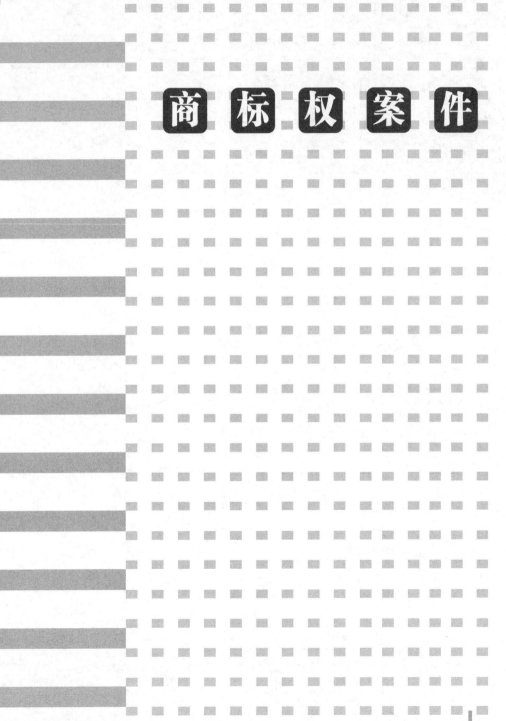

商标权案件

15

广州四三九九信息科技有限公司诉
上海卓纵软件有限公司商标权纠纷管辖权异议案

阅读提示：网络游戏运营商侵犯网络游戏商标，应如何确定管辖？被侵权人住所地法院能否作为侵权行为地法院对该类纠纷有管辖权？

【裁判要旨】

网络游戏的开发、运营、用户参与均在网络环境中完成。网络游戏运营者之间因网络游戏商标产生的侵权行为，可定性为信息网络侵权行为，适用《最高人民法院关于适用〈中华人民共和国民事诉讼法〉的解释》（简称民事诉讼法司法解释）第二十四条、第二十五条的规定，认定被侵权人住所地法院作为侵权行为地法院对此类纠纷具有管辖权。

【案号】

一审：广东省广州市天河区（2015）穗天法知民初字第 1724 号
二审：广州知识产权法院（2016）粤 73 民辖终 476 号

【案情与裁判】

原告（被上诉人）：广州四三九九信息科技有限公司（简称四三九九公司）

被告（上诉人）：上海卓纵软件有限公司（简称卓纵公司）

起诉与答辩

2015 年 12 月，四三九九公司以卓纵公司为被告，向广州市天河区人民法院起诉称，四三九九网络股份有限公司是网页游戏《火线精英》和手机游戏《火线精英》的研发方，后授权四三九九公司在中国境内独家代理《火线精英》网页游戏和《火线精英》手机游戏，并授权四三九九公司可以自己的名义对侵权行为采取必要措施。经推广，"火线精英"商标（注册号：14814659）在游戏业内具有高知名度和影响力。卓纵公司研发《火线精英3D》游戏，并在"九游网""应用宝""豌豆荚网""百度移动游戏"等网络平台运营。"火线精英 3D"和"火线精英"构成近似。卓纵公司在研发、运营及推广该游戏时使用"火线精英 3D"侵犯了"火线精英"的商标专用权，构成不正当竞争。为维护自身合法权益，四三九九公司提起诉讼，请求判令：1. 卓纵公司立即停止侵犯"火线精英"商标专用权及不正当竞争的行为，停止其开发、运营的游戏软件中使用"火线精英"文字；2. 卓纵公司在"九游网""应用宝""豌豆荚网""当乐网""搜狗应用""百度""OPPO 商店"等网站以及《中国知识产权报》等全国性报刊媒体显著位置刊登声明，赔礼道歉并消除影响；3. 卓纵公司赔偿四三九九公司经济损失及维权合理开支共300 万元；4. 卓纵公司承担全部诉讼费用。

广州市天河区人民法院受理后，卓纵公司在答辩期间提出管辖权异议，主张其是否实施了网络侵权行为，应经过实体审理，在查清其公司是否实施信息网络侵权行为之前，不能依据"信息网络侵权行为实施地包括实施被诉侵权行为的计算机等信息设备所在地，侵权结果发生地包括被侵权人所在地"确认管辖法院。依据"原告就被告"的原则，由于卓纵公司住所地在上海市奉贤区，故请求将本案移送至上海市奉贤区人民法院审理。

一审判理和结果

一审法院审查认为，因侵权纠纷提起的诉讼，由侵权行为地或者被告住所地人民法院管辖。依据《最高人民法院关于适用〈中华人民共和国民事诉讼法〉的解释》第二十四条"民事诉讼法第二十八条规定的侵权行为地，包括侵权行为实施地、侵权结果发生地"及第二十五条"信息网络侵权行为实施地包括实施被诉侵权行为的计算机等信息设备所在地，侵权结果发生地包括被侵权人住所地"的规定，四三九九公司住所地可视为侵权行为地。四三九九公司住所地在广州市天河区建中路 8 号四楼 B2 房，在一审法院辖区范围内，故一审法院对本案有管辖权。卓纵公司提出的管辖权异议不成立，应予驳回。一审法院依照《民事诉讼法》第二十八条、第一百二十七条、第一百五十四条第一款第（二）项、第二款的规定，裁定驳回卓纵公司对本案管辖权提出的异议。

上诉与答辩

卓纵公司不服一审裁定，向广州知识产权法院提起上诉，请求撤销广州市天河区人民法院（2015）穗天法知民初字第 1724 号民事裁定，并将本案移送至上海市奉贤区人民法院审理。上诉的主要事实和理由与一审管辖权异议理由相同。

四三九九公司二审中未提交答辩意见。

二审判理和结果

二审法院审查认为，四三九九公司以卓纵公司运营的游戏"火线精英3D"侵犯其"火线精英"游戏商标权为由提起诉讼，本案为侵害商标权及不正当竞争纠纷。本案维权商标为"火线精英"游戏商标，被诉侵权行为是卓纵公司在网络上运营"火线精英 3D"游戏。依据《最高人民法院关于适用〈中华人民共和国民事诉讼法〉的解释》第二十四条"民事诉讼法第二十八条规定的侵权行为地，包括侵权行为实施地、侵权结果发生地"的规定，四三九九公司住所地作为侵权结果发生地，可以成为确定管辖的依据。四三九九公司住所地在广州市天河区，属一审法院管辖范围，故一审法院对本案具有管辖权。虽然卓纵公司住所地法院也有管辖权，但是根据《民事诉讼法》第三十五条的规定"两个以上人民法院都有管辖权的诉讼，原告可以向其中一个人民法院起诉"，四三九九公司向一审法院提起诉讼，符合法律规定。卓纵公司请求将本案移送上海市奉贤区人民法院审理的请求，缺乏法律依据，不予支持。综上，一审裁定认定事实清楚，适用法律正确，应予维持。依照《民事诉讼法》第一百七十条第一款第一项、第一百七十一条规定，裁定驳回上诉，维持原裁定。

【法官评述】

本案为网络游戏商标侵权纠纷，争议焦点在于：网络游戏运营者间的商标侵权行为，能否认定为信息网络侵权行为，是否适用民事诉讼法司法解释第二十四条、第二十五条认定被侵权人住所地法院具有管辖权？随着信息技术的普及，网络游戏越来越深入大众生活，由此引发的纠纷也日渐大量涌现，网络游戏商标侵权行为，应如何定性，如何确定管辖，应慎重考虑。本案审理过程中，有两种迥异的观点。

一种观点认为，网络游戏是一种在线服务，网络游戏商标属服务商标，除表现形式、载体特殊外，无其他特殊之处，故应以普通的商标纠纷来确定管辖。本案侵权行为虽然发生在网络环境中，但四三九九公司寻求保护的仍是商标权，本案属商标侵权诉讼应无争议。现行商标法及司法解释规定的此类纠纷的管辖连接为被告住所地、侵权产品储藏地、查封扣押地。在无其他管辖连接的情况下，应依被告住所地确定管辖。故本案应撤销一审裁定，依法移送审理。

另一种观点认为，网络游戏商标固然属于商标的一种，但有别于传统的实物商标或服务商标，此类商标无对应的产品实物或实体店，故不存在通常商标侵权纠纷的查封扣押地、侵权产品储藏地等管辖连接。如依普通的商标侵权案件确定管辖，则只能选择向被告住所地法院起诉，显然不能满足信息时代权利人维权的需要。此类纠纷可直接适用民事诉讼法司法解释第二十四条"民事诉讼法第二十八条规定的侵权行为地，包括侵权行为实施地、侵权结果发生地"，以及第二十五条"信息网络侵权行为实施地包括实施被诉侵权行为的计算机等信息设备所在地，侵权结果发生地包括被侵权人住所地"的规定，认定被侵权人住所地法院有管辖权。

经综合比较分析，笔者同意第二种观点，具体理由如下。

一、涉案侵权行为符合信息网络侵权行为的特征，可适用民事诉讼法司法解释第二十四条、第二十五条为依据确定管辖

涉案争议商标为网络游戏商标，被诉侵权行为也是同业经营者的行为。网络游戏的开发测试、运营推广、用户参与均是在网络环境中完成。本案四三九九公司注册"火线精英"游戏商标并运营相应名称的网络游戏，卓纵公司开发并运营"火线精英3D"游戏。双方当事人的行为均发生在网络环境中。四三九九公司诉请保护的注册商标"火线精英"所承载的文字信息、形状，从产生至涉讼，均是在线上运营、传播，其所承载的商业价值，也主要是在网络环境中体现。案涉侵权行为，也是以信息网络形式实施的商标侵权行为，将其定性为信息网络侵权行为，符合社会公众对此的认知。

二、适用民事诉讼法司法解释第二十四条、第二十五条确定管辖，符合信息时代权利人充分维权的需求

商标，作为区分产品或服务提供者的重要标识，承载着商家的知名度、美誉度，是重要的无形资产。发生商标侵权纠纷时，一般依据商标法及其司法解释确定管辖。根据《最高人民法院关于审理商标民事纠纷案件适用法律若干问题的解释》第六条的规定，"因侵犯注册商标专用权行为提起的民事诉讼，由商标法第十三条、第五十二条所规定侵权行为的实施地、侵权商品的储藏地或者查封扣押地、被告住所地人民法院管辖。前款规定的侵权商品的储藏地，是指大量或者经常性储存、隐匿侵权商品所在地；查封扣押地，是指海关、工商等行政机关依法查封、扣押侵权商品所在地"。传统商标侵权诉讼，法定管辖连接一般为被告住所地、侵权商品储藏地、查封扣押地，理论界和实务界对依此标准确定普通商标侵权案件的管辖没有争议。

但是，商标法司法解释制定于2002年，经过近十几年的发展，市场主体、经济运行模式、民众生活方式均发生了翻天覆地的变化，商标法及其司法解释的规定已难以适应新形态下的商标侵权案件管辖的确定。以本案为例，

如依该规定，则被侵权人只能选择到被告住所地法院起诉，显然不足以满足权利人维权的需求，也难以有效遏制侵权行为。

本案从案涉行为定性、普通商标纠纷管辖认定标准的限制、信息化背景下对权利人充分保护等角度，综合考虑，认为对纯信息网络环境下的商标侵权行为，可将其认定为信息网络侵权行为，适用民事诉讼法司法解释第二十四条、第二十五条的规定，认定原告住所地作为侵权结果发生地可以作为管辖连接点。本案的裁判，突破了普通商标侵权案件依据商标法及司法解释确定管辖的限制，对类似案件管辖的确定具有典型意义。

编写人：广州知识产权法院　黄惠环　刘传飞

16

利惠公司诉广州市衣炫服装有限公司等
商标侵权纠纷案

阅读提示：如何认定相似性和混淆可能性？

【裁判要旨】

认定商标相同或近似按照以下原则进行：1. 以相关公众的一般注意力为标准；2. 既要进行对商标的整体比对，又要进行对商标主要部分的比对，比对应当在比对对象隔离的状态下分别进行；3. 判断商标是否近似，应当考虑请求保护注册商标的显著性和知名度。

【案号】

一审：广东省广州市黄埔区人民法院（2016）粤 0112 民初 6047 号
二审：广州知识产权法院（2017）粤 73 民终 1183 号

【案情与裁判】

原告（上诉人）：利惠公司（LEVI STRAUSS & CO.）

被告（上诉人）：广州市衣炫服装有限公司（简称衣炫公司）

被告（上诉人）：刘祚福

起诉与答辩

利惠公司向广州市黄埔区人民法院起诉称，其是根据美国特拉华州法律注册成立的公司。利惠公司的"LEVI'S"品牌在中国已经成为具有极高知名度的品牌。衣炫公司在广州市增城区新塘镇新塘国际牛仔城经营一家店铺，销售带有与利惠公司的商标相似的标识。衣炫公司恶意使用与利惠公司近似的标识，企图借助利惠公司的知名度销售侵权商品，该行为侵占利惠公司商品的大量市场份额，给利惠公司造成了巨大的经济损失。衣炫公司为一人有限责任公司，其股东以及法定代表人为刘祚福，刘祚福不能证明公司财产独立于股东自己的财产，应当对公司债务承担连带责任。请求法院判令衣炫公司、刘祚福：1. 立即停止销售侵犯利惠公司第 2023725 号商标、第 1485434 号商标、第 9723321 号商标、第 1489307 号商标和第 12585395 号商标的牛仔裤商品，并销毁侵权商品库存；2. 连带赔偿利惠公司经济损失 50 万元；3. 承担本案的诉讼费用和保全费用。

衣炫公司答辩称：一、衣炫公司是有限责任公司，具有独立的法人资格。刘祚福只是股东，不应承担法律责任；二、利惠公司的 1485434 号商标是双马图形，衣炫公司服装上是两匹骆驼；利惠公司的 9723321 号商标是双马，衣炫公司服装上是骆驼，标识也不一样；利惠公司 1489307 号商标数字组合是 501，衣炫公司的标识是 504；利惠公司的 12585395 号商标颜色是红色，衣炫公司的不是红色的。衣炫公司确认侵犯利惠公司 2023725 号注册商标专用权，但已经停止生产、销售行为，未给利惠公司造成直接的经济损失，且该商标的显著性逐步丧失。

一审审理查明

利惠公司拥有第 2023725 号注册商标、第 1485434 号注册商标、第 9723321 号注册商标、第 1489307 号注册商标、第 12585395 号注册商标（商标标识见附表），核定使用商品为第 25 类的服装、牛仔裤等。利惠公司的"LEVI'S"品牌创立至今已有超过 150 年历史，在我国享有较高的知名度和商誉，其商标应用的商品主要是服装。衣炫公司销售的牛仔裤上使用了附表中的被诉标识。

一审判理和结果

被诉侵权商品上使用的被诉标识 1 的元素与第 2023725 号注册商标构成

的形状基本一致，两者在视觉上基本无差别，可以认定被诉侵权商品上使用了与利惠公司的第 2023725 号注册商标相近似的商标。

被诉侵权商品上使用的被诉标识 2 与第 1485434 号注册商标构图方式一致，被诉标识 2 的图形为工装裤裤腰两头各拴一头骆驼，扬鞭的人坐在骆驼上；第 1485434 号注册商标为工装裤裤腰两头各拴一匹马，扬鞭的人站在马旁，因此通过对细节比对，两者虽然构成方式一致，但不相同也不近似。

被诉侵权商品上使用的被诉标识 3 与第 9723321 号注册商标文字与图形的使用方式、排列基本一致，虽然第一行文字部分不同，且图形部分利惠公司的是两匹马，被诉侵权商品上是两头骆驼，且最下方的字母带上的单词不相同，但第三行的弧形带以及其上单词相同，弧形带下双马或双骆驼的构图近似，二者整体近似。

被诉侵权商品上使用的被诉标识 4 与第 1489307 号注册商标构成元素是数字，但组合为"504"，一般而言，相关公众对于数字识别度相对于图形或文字会更高，因此相关公众会辨别两者的不同之处；且利惠公司"501"的数字组合不能排除其他数字组合作为标识，因此被诉侵权商品上的使用的"504"与利惠公司的第 1489307 号商标不相同也不近似。

被诉侵权商品上使用的被诉标识 5 与第 12585395 号注册商标所使用的标识同为红色底色的类似蝙蝠状的图形，其上并有"504"数字组合，与第 12585395 号注册商标不相同也不近似。

因此，衣炫公司使用在其牛仔裤上的标识与利惠公司的第 2023725 号、第 9723321 号注册商标相近似，容易导致相关公众的混淆。衣炫公司未经商标注册人利惠公司的许可，在同一种商品上使用与其注册商标近似的标识，容易导致混淆，侵犯了利惠公司商标专用权，应承担停止侵权、赔偿损失的责任。另，刘祚福未举证证明公司财产独立于其自己的财产，依法应对公司的债务承担连带责任。综上所述，依据《侵权责任法》第十五条第一款第（一）项、第（六）项、第二款、《商标法》第三条、第五十七条第（二）、（三）项、第六十三条第一、三款、《公司法》第六十三条、《民事诉讼法》第二百五十九条、第二百六十九条、最高人民法院《关于审理商标民事纠纷案件适用法律若干问题的解释》第九条、第十条、第十六条、第十七条之规定，判决：一、衣炫公司立即停止销售侵犯利惠公司第 2023725 号、第 9723321 号注册商标专用权的商品；二、衣炫公司于判决发生法律效力之日起十日内向利惠公司赔偿经济损失（含合理费用）共计 18 万元；三、刘祚福对衣炫公司应付利惠公司的经济损失 18 万元承担连带责任；四、驳回利惠公司的其他诉讼请求。

上诉与答辩

一审判决后，双方均不服一审判决，向广州知识产权法院提起上诉。

利惠公司上诉请求：1. 判令衣炫公司、刘祚福立即停止销售侵犯利惠公司第 1485434 号商标、第 1489307 号商标和第 12585395 号商标的牛仔裤商品，并销毁侵权商品的库存；2. 撤销广州市黄埔区人民法院（2016）粤 0112 民初 6047 号案民事判决的第二项判决，依法判令衣炫公司、刘祚福连带赔偿利惠公司经济损失 50 万元，其中包括利惠公司为调查、制止衣炫公司、刘祚福侵权所支出的费用；3. 衣炫公司、刘祚福承担本案一审的全部受理费和二审的上诉费用。

利惠公司提出的事实与理由：一、被诉标识 2 与第 1485434 号注册商标构成近似。理由是：1. 被诉标识与利惠公司的注册商标组成要素一致，均为被拉扯的工装裤、向左右两边不同方向行走的马或骆驼以及挥舞皮鞭的人。骆驼与马都是身形高大、四肢行走的哺乳类动物，加之被诉标识中挥舞皮鞭的人骑在骆驼上，骆驼的驼峰并不明显，从视觉效果上看二者极为相似，鉴于利惠公司注册商标本身构图和组成元素的独特性、复杂性，细微区别不足以区分被诉标识和利惠公司的商标；2. 第 1485434 号注册商标为驰名商标，判断商标是否近似，应当考虑请求保护注册商标的显著性和知名度；二、被诉标识 4 与第 1489307 号注册商标构成近似。理由是：1. 被诉标识"504"仅由三个数字组成，其中两个数字与利惠公司的注册商标一模一样；2. 被诉标识 4 的实际使用形态、所采用的字体与利惠公司的注册商标近似；3. 一审判决认定相关公众对于数字的识别度高于图片或文字没有依据；4. 国家商标评审委员会出具的商评字〔2016〕第 0000096011 号《关于第 11954401 号

"504"商标无效宣告请求裁定书》认定数字组合"504"与利惠公司的商标"501"的显著识别部分构成近似，易使消费者误认为系列商标，双方共存于市场易造成消费者的混淆和误认，已构成《商标法》所指的近似标识。三、被诉标识5与第12585395号注册商标构成近似。理由是：1.被诉标识中所使用的蝙蝠图形与利惠公司的注册商标在形状和颜色上完全一样；2.被诉标识中使用的"504"数字标识也是抄袭利惠公司的"501"注册商标，其不仅不会起到区分二者的作用，反倒会增加混淆的概率。一审判决赔偿金额过低。

衣炫公司、刘祚福答辩称，一审判决在商标近似度认定上完全客观、合理、合法，所以利惠公司上诉无依据；一审判决额度过高，利惠公司还要求追加赔偿额不合理。

衣炫公司、刘祚福上诉请求，撤销一审判决第二项内容，依法改判衣炫公司、刘祚福无须对利惠公司承担赔偿18万元的经济损失。事实和理由：1.一审判决衣炫公司、刘祚福承担赔偿18万元的经济损失缺乏依据；2.利惠公司第2023725号商标因使用多年已丧失显著性；3.利惠公司主张的律师代理费明显过高且缺乏法律依据。

利惠公司答辩称，衣炫服装、刘祚福上诉无依据。

二审审理查明

二审查明事实与一审查明事实一致。

二审判理和结果

二审法院将被诉侵权商品上使用的标识与注册商标重新比对，认为：

一、被诉侵权商品上使用的被诉标识1与第2023725号注册商标比对，该标识元素与构成的形状与第2023725号注册商标基本一致，两者在视觉上基本无差别，意见与一审法院一致，可以认定被诉侵权商品上使用了与利惠公司的第2023725号注册商标相近似的商标。

二、被诉侵权商品上使用的被诉标识2与第1485434号注册商标比对，被诉标识3与该商标构图方式一致，区别在于被诉侵权商品上的标识为工装裤裤腰两头各栓一头骆驼，扬鞭的人坐在骆驼上；利惠公司的商标为工装裤裤腰两头各栓一匹马，扬鞭的人站在马旁，二者虽存在细节上的差异，但考虑到利惠公司该商标在牛仔服装行业的知名度，以及在隔离比对状态下，消费者对二者的主要印象均是两匹高大的四肢动物往两边拉扯牛仔裤，且该标识的使用范围与利惠公司商标主要使用范围相同，容易引起消费者对商品来源的混淆，在比对时可以忽略细节的差异，认定二者构成相似，被诉侵权商品上使用该标识侵害了利惠公司第 1485434 号注册商标的商标权。

三、被诉侵权商品上使用的被诉标识 3 与第 9723321 号注册商标比对，在隔离比对状态下，消费者对二者的主要印象近似，应该认定被诉侵权商品上使用了与利惠公司的第 9723321 号注册商标相近似的商标。

四、被诉侵权商品上使用的被诉标识 4 与第 1489307 号注册商标比对，第 1489307 号注册商标在牛仔服领域享有较高的知名度，被诉标识 4 采用了与利惠公司注册商标相同的两个数字且使用的数字字体相似，"501"与"504"在数值上也相近，衣炫公司将上述"504"标识使用在牛仔裤上，容易引起普通消费者联想到被诉侵权商品与利惠公司的商品是同一系列的商品，从而引起对商品来源的混淆，因此，应认定上述"504"标识与第 1489307 号注册商标构成近似，侵害了利惠公司的商标权。

五、被诉侵权商品上使用的被诉标识 5 与第 12585395 号注册商标，二者均使用红色底色的类似蝙蝠状的图形，且图形基本相同，区别在于被诉标识上有"504"数字组合。鉴于已认定在牛仔裤上使用相同字体的"504"标识构成对利惠公司的商标侵权，两个侵权标识组合在一起，更容易引起对商品来源的混淆，因此，认定被诉侵权商品上使用被诉标识 5 侵害了利惠公司第 12585395 号注册商标的商标权。

因对被诉商品使用标识是否侵犯利惠公司注册商标重新进行了认定，二审法院认为利惠公司的上诉请求成立，予以支持，衣炫公司的上诉请求不成立，予以驳回。依照《侵权责任法》第十五条第一款第（一）项、第（六）项、第二款，《商标法》第三条、第五十七条第（二）、（三）项、第六十三条第一、三款，《公司法》第六十三条，《民事诉讼法》第六十四条第一款、第一百六十九条、第一百七十条、第二百五十九条、第二百六十九条，《最高人民法院关于审理商标民事纠纷案件适用法律若干问题的解释》第九条、第十条、第十六条、第十七条之规定，判决：一、变更广州市黄埔区人民法院（2016）粤0112民初6047号民事判决第一判项为：衣炫公司立即停止生产、销售侵犯利惠公司第2023725号、第1485434号、第9723321号、第1489307号、第12585395号注册商标专用权的商品；二、变更广州市黄埔区人民法院（2016）粤0112民初6047号民事判决第二判项为：衣炫公司于判决发生法律效力之日起十日内向利惠公司赔偿经济损失（含合理费用）共计35万元；三、变更广州市黄埔区人民法院（2016）粤0112民初6047号民事判决第三判项为：刘祚福对衣炫公司应付利惠公司的经济损失35万元承担连带责任；四、驳回利惠公司的其他诉讼请求；五、驳回衣炫公司、刘祚福的上诉请求。

【法官评述】

本案主要涉及商标侵权案件中近似性比对和混淆性认定问题。《商标法》第五十七条第一款第（二）项规定，未经商标注册人的许可，在同一种商品上使用与其注册商标近似的商标，或者在类似商品上使用与其注册商标相同或者近似的商标，容易导致混淆的，属侵犯商标专用权行为。可见我国商标法在判定商标侵权时存在相似性和混淆性两个标准，两个标准的关系学理上有不同的说法，司法实践中一般将混淆性内化于相似性，以相似性为基础，混淆性为限定。关于相似性的判断，《最高人民法院关于审理商标民事纠纷案件适用法律若干问题的解释》第九条、第十条作出了较详细的规定，但在具体的判断中仍会产生分歧，本案例通过对具体标识是否构成侵权的分析，试图帮助读者理解商标比对的方法和原则。《最高人民法院关于审理商标民事纠纷案件适用法律若干问题的解释》第十条规定，认定商标相同或者近似按照以下原则进行："（一）以相关公众的一般注意力为标准；（二）既要进行对商标的整体比对，又要进行对商标主要部分的比对，比对应当在比对对象隔离的状态下分别进行；（三）判断商标是否近似，应当考虑请求保护注册商标的显著性和知名度。"

一、以相关公众的一般注意力为标准原则

司法解释对相关公众的解释是与商标所标识的某类商品或者服务有关的消费者和与前述商品或者服务的营销有密切关系的其他经营者。就本案而言，相关公众是指牛仔裤的消费者，此类消费者与珠宝、奢侈品等高价商品消费者在一般注意力上是有区别的，牛仔裤等服装类消费品的价格相对低廉，消费者一般注意力不会太高，珠宝、奢饰品等高价商品消费者在选择商品时往往会经过细致比较、深思熟虑，对商品的注意力较高。因此，本案中将被诉标识进行比对时就不能局限于细节。例如，在被诉标识 2 与第 1485434 号注册商标比对时，二者构图方式一致，被诉标识 2 的图形为工装裤裤腰两头各栓一头骆驼，扬鞭的人坐在骆驼上；第 1485434 号注册商标为工装裤裤腰两头各拴一匹马，扬鞭的人站在马旁。如果比对的注意力在细节上，二者是有区别的，但，如前所述，牛仔裤的消费者在一般注意力情况下，对注册商标的主要印象是两头高大的四肢动物将牛仔裤裤头向两边拉伸，以表示牛仔裤的韧度较高，不会注意扬鞭人是坐在动物上还是站在动物旁，也不会去注意到动物是马还是骆驼。

二、整体比对和主要部分比对

主要部分比对，是指将被诉标识中主要部分与利惠公司注册商标中主要识别部分进行比对，而不能仅仅因为被诉标识中非主要识别部分与利惠公司注册商标非主要识别部分不相同、不相近似，而认定两个商标不近似。例如，被诉标识 3 与第 9723321 号注册商标的主要部分由两匹动物向两边拉扯加弧形带加文字构成主要部分，二者在图形的使用方式、排列方面基本一致，区别在于第一行文字部分不同，图形部分注册商标是两匹马，被诉标识上是两头骆驼，且最下方的字母带上的单词不相同，但这些只是标识的非主要部分。所以，应认定被诉标识与注册商标整体相似。

三、隔离比对原则

隔离比对原则符合消费者的认知习惯，一般而言，大部分的消费者不会拿着注册商标的样本去市场上对照商品进行选购，消费者一般是以对某商标

的主要印象进行比对,即一个在脑海里,一个在现实中进行比对。因此,在司法实践中遵循隔离比对原则是符合客观实际的。隔离比对是指将请求保护的商标与被诉标识置于不同的时间,不同的空间下进行观察比对。隔离比对原则要求比对者在比对时不能左右手各持比对对象进行比对,而是要凭主要印象进行观察,这导致标识的主要部分和给人印象最深刻的部分将直接影响比对的结果。本案被诉标识3的比对充分体现了这个原则。

四、考虑显著性和知名度原则

在诉求商标显著性较强和知名度较高的情况下,可以适当减低被诉标识的相似程度以判断相似性。本案中利惠公司涉案商标具有较高的市场认知度,数个商标被认定为驰名商标,商标的显著性也较高,被诉标识攀附的意图十分明显,多处区别明显是在利惠公司商标基础上为规避法律责任所做修改,因此在判断相似性时可适当减低相似度。

五、在相似性有争议时,应考虑混淆可能性

《商标法》第五十七条对商标侵权中相似性标准与混淆可能性标准的关系的规定并不十分明确,但从商标的功能角度分析,商标侵权比对的本质是判断混淆可能性。因此,在相似性有争议时,应该考虑被诉标识与注册商标的混淆可能性。本案中较大争议的是被诉标识4,即"504"标识。在该标识与"501"注册商标进行比对时,认为消费者对数字的辨识度较高有一定道理,担心"501"扩大保护到其他数字的担忧也是可以理解的。但是,从该标识的组合图形上看,该标识与"501"商标具有一定的相似度,且二者数值相近,考虑到"501"商标在牛仔服领域的知名度,容易引起消费者误以为是利惠公司的系列商品,从而实现攀附的目的,故应认定为侵权。

在判断被诉标识是否侵权时,上述原则应同时适用,以减少比对必然存在的主观性。

编写人:广州知识产权法院 姚勇刚

附表：

衣炫公司牛仔裤及包装上使用的标识	利惠公司的商标
被诉标识 1 	2023725 号注册商标
被诉标识 2 	1485434 号注册商标
被诉标识 3 	9723321 号注册商标
被诉标识 4 	1489307 号注册商标
被诉标识 5 	12585395 号注册商标

17

中粮集团有限公司诉广州市
清石海食品有限公司等侵害商标权纠纷案

> 阅读提示：在何种情况下，两商标的局部构成要素近似等同于商标整体近似？

【裁判要旨】

在近似商标侵权案件中，只有主张权利的商标知名度远高于被诉侵权商标时，才可采取比较商标主要部分来决定两商标近似与否，同时，该主要部分必须满足足以令相关公众识别出商品来源于权利人及其近似足以导致相关公众混淆的前提，方可成为认定商标侵权的必要案件。知名商标的保护范围，以其主要部分的识别功能为最宽边界，如被诉商标可能破坏权利商标主要部分的来源识别功能，容易导致相关公众对商品来源的误认或混淆，则该被诉商标落入权利商标的保护范围。

【案号】

一审：广东省广州市白云区人民法院（2016）粤 0111 民初 3851 号
二审：广州知识产权法院（2017）粤 73 民终 168 号

【案情与裁判】

原告（被上诉人）：中粮集团有限公司（简称中粮公司）

被告（上诉人）：广州市清石海食品有限公司（简称清石海公司）

被告：广州市白云区龙归乐佳家日用百货店（简称乐佳家日用百货店）

起诉与答辩

中粮公司起诉称，中粮公司是第 690278 号"福临门"、第 6167565 号"福"注册商标的所有人。清石海公司未经许可，擅自在其生产、销售的油类商品上突出使用的"金满福""福满满"标识与中粮公司第 690278 号"福临门"、第 6167565 号"福"注册商标相近似，足以造成相关公众的混淆。清石海公司的上述行为侵犯中粮公司的商标专用权，乐佳家日用百货店明知清石海公司的侵权行为仍销售上述侵权商品，属共同侵权。为维护中粮公司合法权益，请求法院判令：1. 清石海公司、乐佳家日用百货店立即停止生产、销售侵犯中粮公司"福临门"商标的侵权商品，并销毁已生产的侵权商品和包装；2. 清石海公司、乐佳家日用百货店赔偿中粮公司经济损失及为制止侵权行为所支付的合理费用共计 20 万元；3. 本案的诉讼费由清石海公司、乐佳家日用百货店承担。

清石海公司辩称，其不同意中粮公司的诉讼请求。1. 清石海公司的两个标识与中粮公司商标在文字组成、含义等有明显的区别，商品显著位置有清石海公司的品牌名称，一般公众就可注意到其区别。2. 清石海公司商品上的"福"字是来源于网络，中粮公司注册商标是"福临门"，并不是单独的"福"，仅仅是"福"相同，不能因此认为误导消费者。3. 中粮公司要求的赔偿数额过高，被诉商品是副营商品，销量不高。

乐佳家日用百货店答辩称：1. 涉案商品是从清石海公司处合法取得，其不应当承担赔偿责任；2. 涉案"福满满"调和油和"金满福"调和油全部利润仅有 120 元，中粮公司要求的赔偿金额明显偏高；3. 涉案商品并不侵权。涉案商品的标识"福满满""金满福"，除"福"字与中粮公司商标"福临门"当中的"福"字相似之外，其他特征均不相同，且商品装潢也没有相似之处，不足以造成公众混淆或误导公众。综上，请求法院驳回中粮公司的诉讼请求。

一审审理查明

第 6167565 号"福"注册商标核定使用商品类别为第 29 类：食用油

脂、食用菜子油、食用油等。2010 年 2 月 13 日，国家工商行政管理总局商标局核准第 6167565 号注册商标转让，受让人为中粮公司。第 690278 号"福临门"注册商标核定使用商品类别为第 29 类：食用油脂。2010 年 2 月 13 日，国家工商行政管理总局商标局核准第 690278 号注册商标转让，受让人为中粮公司。

经公证，中粮公司取得被诉侵权商品福满满食用调和油 900ml 一瓶、金满福食用调和油 750ml 一瓶。被诉侵权商品"福满满食用调和油 900ml"的瓶身标签正中部分标识为"福满满"三字，瓶身左侧标注有生产厂家、厂址、生产许可证编号和保质期等，生产厂家为清石海公司；被诉侵权商品"金满福食用调和油 750ml"的瓶身标签正中部分标识为"金满福"三字，且右上角有"TM"标识，瓶身右侧标注有生产厂家、厂址、生产许可证编号和保质期等，生产厂家为清石海公司。

一审判理和结果

一审法院审理认为，被诉侵权商品"福满满食用调和油 900ml"上使用的"福满满"标识中采取特殊写法的单独"福"字明显放大，在整个商标标识中比重较大、位置突出，与中粮公司的涉案注册商标中"福"字的写法基本一致。中粮公司的涉案注册商标中"福"字因其独特的写法及寓意具有较强的显著性和识别力，随着涉案注册商标的历史发展、宣传推广和实际应用，已具有较高的知名度，被诉侵权商品上使用的"福满满"标识虽与中粮公司的涉案注册商标存在一定的差异，但两者主要部分相似，结构基本一致，且用于同一种商品食用油上，易引起相关公众对商品的来源产生误认或认为其来源与中粮公司有特定联系。被诉侵权商品"金满福食用调和油 750ml"上使用的"金满福"标识，"福"字与中粮公司的涉案注册商标中"福"字的写法基本一致，且"福"字均为金色，同理，中粮公司的涉案注册商标中"福"字因其独特的写法及寓意具有较强的显著性和识别力，随着涉案注册商标的历史发展、宣传推广和实际应用，已具有较高的知名度，被诉侵权商品上使用的"金满福"标识虽然读法、组合、排列与中粮公司的第6167565号"福"、第690278号"福临门"注册商标并不相同,但两者主要部分相似,结构基本一致,且用于同一种商品食用油上,易引起相关公众对商品的来源产生误认或认为其来源与中粮公司有特定联系。综上,认定被诉侵权商品"福满满食用调和油900ml""金满福食用调和油750ml"属于侵犯中粮公司享有的第6167565号"福"、第690278号"福临门"注册商标专用权的商品,现中粮公司要求乐佳家日用百货店、清石海公司停止侵权、赔偿经济损失和合理费用的诉讼请求,于法有据。一审法院依据《商标法》第五十七条第(二)项、第(三)项、第六十三条第一款、第三款,《最高人民法院关于审理商标民事纠纷案件适用法律若干问题的解释》第九条第二款、第十条、第十六条、第十七条,《民事诉讼法》第六十四条之规定,判决:一、乐佳家日用百货店于判决生效之日起,立即停止销售侵害中粮公司享有的第6167565号"福"、第690278号"福临门"注册商标专用权的商品,并销毁库存商品;二、清石海公司于判决生效之日起,立即停止生产、销售侵害中粮公司享有的第6167565号"福"、第690278号"福临门"注册商标专用权的商品,并销毁库存商品;三、乐佳家日用百货店于判决生效之日起十日内,赔偿中粮公司经济损失5000元(含合理费用);四、清石海公司于判决生效之日起十日内,赔偿中粮公司经济损失8万元(含合理费用);五、驳回中粮公司的其他诉讼请求。

上诉与答辩

一审判决后,清石海公司不服,向广州知识产权法院提起上诉称,一、一审法院认定清石海公司的"福满满""金满福"两个商品标识易引起相关公众对商品的来源产生误认或认为其来源与中粮公司有特定关系,没有事实和法律依据。从文字组成看,被诉商标与中粮公司的商标不构成近似;从读音来看,被诉商标与中粮公司的商标有明显的差异;从含义看,被诉商标有特定含义,与中粮公司的商标明显不同;将被诉商标作为一个整体标识来看,中粮公司的商标与被诉商标的外形截然不同;清石海公司使用的两个标识中"福"字为公有领域素材，中粮公司不能以"福临门"注册商标专用权主张对"福"字享有专用权；中粮公司的"福临门"商标是文字加图形的整体性商标，其显著性在于商标整体，公众不会仅凭"福"字就对商品来源进行认定。二、一审判决认定赔偿数额 8 万元明显过高。被诉商品销量不佳，很快下架。请求二审法院判令：撤销一审判决的第二项、第四项，驳回中粮公司的全部诉讼请求。

中粮公司答辩称，被诉侵权标识与请求保护的系列商标构成近似，二者均使用于食用油商品上，主要部分文字的写法相同，且清石海公司突出使用该部分文字，两者整体结构相近似，容易使相关公众产生误认。"福临门"商标群组经过多年宣传使用，具有极高的知名度。对于注册商标驰名的认定，至今时间不长，其知名度没有遭到减损。一审确定的赔偿数额有充分的法律和法律依据。请求法院维持一审判决。

乐佳家日用百货店述称，一审法院判令其赔偿 5000 元过高。

二审审理查明

二审查明事实与一审查明事实一致。

二审判理和结果

二审法院审理认为：一、被诉侵权商品"福满满食用调和油 900ml"的"福满满"标识中的"福"字写法，与中粮公司涉案注册商标中"福"字的写法基本一致，该标识中"福"字在整个标识中明显放大、属于突出部分，"满满"两字较小且处于"福"字右上角的位置，被诉商标与第 6167565 号"福"商标在整体外形均为左大右小，构成近似，"福"字亦相近似。考虑到"福"注册商标的知名度，被诉侵权标识容易导致相关公众的混淆，侵犯了"福"注册商标专用权。中粮公司的第 690278 号"福临门"注册商标的"福临门"三个字位于两平行条纹图案的中间，并横向分布，"福"字背景为菱形图案，故"福满满"标识与"福临门"注册商标除了"福"字的写法相近似外，在文字排列、整体形状、装饰线条等均有区别。中粮公司未能举证证明仅凭"福临门"注册商标中的"福"字已足以让相关公众识别其商品。因此，"福"标识中仅有"福"字与"福临门"注册商标中的"福"字字形近似，不足以导致相关公众混淆，并未侵犯"福临门"注册商标专用权。二、被诉侵权商品"金满福食用调和油 750ml"上"金满福"标识中的"福"字写法与中粮公司涉案注册商标中"福"字的写法基本一致，但"金满福"三字横向排行、"福"字并未突出放大、"福"字位于最后位置、字体无阴影或背景图案、整体无线条装饰，故该标识的文字组合、读音、整体形状均与中粮公司"福""福临门"注册商标有显著差异，未足以导致相关公众的混淆。一审法院认为"金满福"标识侵犯中粮公司享有的"福"注册商标、"福临门"注册商标专用权不当。三、关于赔偿责任的问题。因被诉侵权商品"福满满食用调和油 900ml"仅侵犯中粮公司享有的"福"注册商标专用权，而被诉侵权商品"金满福食用调和油 750ml"并未侵犯中粮公司的涉案注册商标专用权，故对应承担的赔偿数额酌情调整。二审法院依照《商标法》第五十七条第（二）项、第（三）项、第六十三条第一款、第三款，《最高人民法院关于审理商标民事纠纷案件适用法律若干问题的解释》第九条第二款、第十条、第十六条、第十七条，《民事诉讼法》第一百七十条第一款第（二）项，《最高人民法院关于适用〈中华人民共和国民事诉讼法〉的解释》第三百二十三条规定，判决：一、撤销（2016）粤 0111 民初 3851 号民事判决第五项；二、变更（2016）粤 0111 民初 3851 号民事判决第一项为：乐佳家日用百货店于判决生效之日起，立即停止销售侵害中粮公司享有的第 6167565 号"福"注册商标专用权的商品，并销毁库存商品；三、变更（2016）粤 0111 民初 3851 号民事判决第二项为：清石海公司于判决生效之日起，立即停止生产、销售侵害中粮公司享有的第 6167565 号"福"注册商标专用权的商品，并销毁库存商品；四、变更（2016）粤 0111 民初 3851 号民事判决第三项为：乐佳家日用百货店于判决生效之日起十日内，赔偿中粮公司经济损失 3000 元（含合理费用）；五、变更（2016）粤 0111 民初 3851 号民事判决第四项为：清石海公司于判决生效之日起十日内，赔偿中粮公司经济损失 5 万元（含合理费用）；六、驳回中粮公司的其他诉讼请求。

【法官评述】

基于商标权的无形性，其权利边界呈模糊状态，因此司法实践中对商标的保护均采取弹性保护原则，如何圈定注册商标权的保护阈值一直是商标侵权案件中的难点问题，商标权阈值越大，则对其施加的保护程度越高、保护力度更强，但不适当扩大商标的保护范围，可能导致市场秩序的混乱和市场利益的失衡，唯有恰当地划定注册商标的保护阈值，才能有效地衡平市场利益，鼓励正当竞争和净化市场秩序。商标权利边界模糊为商标侵权争议提供了空间，本案争议的焦点在于：如何确定商标及商标构成要素的权利保护范围。二审法院通过个案提炼商标近似的认定标准，厘清了如何通过确定商标及商标构成要素的权利保护范围来判断商标近似与否的问题。

一、关于商标专用权保护范围的确定

对于商标专用权保护范围的界定问题，需要"正确把握商标权的专用权属性，合理界定权利范围，既确保合理利用商标资源，又维护公平竞争；既以核定使用的商品和核准使用的商标为基础，加强商标专用权核心领域的保护，又以市场混淆为指针，合理划定商标权的排斥范围，确保经营者之间在商标的使用上保持清晰的边界，使自主品牌的创立和发展具有足够的法律空间。"①《商标法》对注册商标的保护范围作出了原则性规定，《商标法》第五十六条规定，注册商标的专用权，以核准注册的商标和核定使用的商品为限，也就是说，对注册商标的保护，仅限于核准注册的商标和核定使用的商品范围之内，不得任意改变或者扩大保护范围。② 注册商标专用权包括使用权及禁用权，如上所述，使用权是在核定使用的商品上使用核准注册商标的

---

①《最高人民法院关于当前经济形势下知识产权审判服务大局若干问题的意见》（2009 年 4 月 21 日印发　法发〔2009〕23 号）。

②朗胜主编：《中华人民共和国商标法释义》，法律出版社 2013 年 10 月版，第 105 页。

权利，其范围是明确清晰的，禁用权则是禁止在相同或类似商品上使用相同或近似商标的权利。因此，注册商标的保护阈值问题，实质是指注册商标的禁用权之边界问题。商标的基本功能是区分商品或服务的来源，保护商标的区别功能就是防止商品和服务来源的混淆和误认，所以，商标禁用权边界应当以商标实现识别功能的构成要素为基础，如被诉商标不能避免地导致权利人商品和服务来源的混淆和误认，则落入注册商标禁用权的边界之内。

二、关于商标构成要素近似与商标近似的界定

关于商标近似与商标构成要素近似的关系问题，商标法意义上的近似是指足以产生市场混淆的近似，而不仅仅是构成要素上的近似性。构成要素的近似达到足以产生市场混淆的程度，才可以构成商标侵权意义上的近似。《商标法》第五十七条第二款所规定的近似商标，就是构成商标法意义上的近似商标，如此才可能给商标的标识性造成市场妨碍。《最高人民法院关于充分发挥知识产权审判职能作用推动社会主义文化大发展大繁荣和促进经济自主协调发展若干问题的意见》中明确提出"妥善处理商标近似与商标构成要素近似的关系，准确把握认定商标近似的法律尺度。认定是否构成近似商标，要根据案件的具体情况。通常情况下，相关商标的构成要素整体上不近似，但主张权利的商标的知名度远高于被诉侵权商标的，可采取比较主要部分决定其近似与否。要妥善处理最大限度划清商业标识之间的边界与特殊情况下允许构成要素近似商标之间适当共存的关系。"因此，以注册商标的局部构成要素的显著性来认定近似商标侵权与否，只有在符合以下三个要件的情况下才具备正当性：第一，主张权利的商标的知名度远高于被诉侵权商标。第二，两商标的近似性比较的对象应是商标构成要素整体，或至少是商标构成要素的主要部分，且仅该商标构成要素的主要部分单独标识于商品上，已足以产生令相关公众识别该商品来自商标的权利人。第三，被诉侵权商标构成要素的主要部分与权利商标的近似，足以导致相关公众对商品来源的混淆。

本案中，一审法院认为被诉侵权商标中的"福"字与涉案注册商标的"福"字近似，遂认定被诉侵权商标构成商标侵权。审查被诉侵权商标与涉案权利商标的近似与否是本案认定的基础和关键，二审法院对此问题的观点与一审法院迥异。原因分析如下：（1）对于被诉侵权商标"福临门"与第690278号"福临门"注册商标。第一，中粮公司已举证证实第690278号"福临门"注册商标具有较高的知名度，故该商标符合前述第一个条件，即主张权利的商标的知名度高于被诉侵权商标；第二，由于第690278号"福临门"注册商标构成要素包括"福临门"三个字位于两平行条纹图案的中间、横向分布、"福"字背景为菱形图案，亦即第690278号"福临门"注册商标是组合商标，"福"字相对于整个商标标识的多个构成要素而言，仅占其中小部分，因此，仅"福"字尚未能构成该注册商标构成要素的主要部分，中粮公司也未能举证证实相关公众仅凭"福"字足以识别该商品来源于中粮公司，可见，"福临门"商标中的"福"字并不符合前述第二个条件。第三，现有证据不足以证实被诉侵权"福临门"商标中"福"字与"福临门"注册商标中"福"字的近似足以导致相关公众对商品的混淆。因此，不应认定被诉侵权商标"福临门"落入"福临门"注册商标的禁用权范围。（2）对于被诉侵权商标"金满福"与第6167565号"福临门"注册商标。第一，原告已举证证实第6167565号"福临门"注册商标具有较高的知名度，故该商标符合前述第一个条件，即主张权利的商标的知名度高于被诉侵权商标；第二，由于第6167565号"福临门"注册商标构成要素包括"福临门"三个字整体呈左大右小分布，其中"福"较大，"临门"二字较小，分布在"福"字右上角且有方形背景图案，该方形背景图案左下方用浓墨撇出成为福字左下方的背景色，亦即第6167565号"福临门"注册商标是组合商标，"福"字仅占整个商标标识的构成要素的部分，尚未能构成商标构成要素的主要部分，仅凭"福"字尚不足以让相关公众识别该商品来源于原告，因此，第6167565号"福临门"商标中的"福"字并不符合前述第二个条件。第三，由于"金满福"标识整体大小基本一致，并无左大右小的结构，且其"福"字非位于首字而位于末端，现有证据不足以证实被诉侵权商标"金满福"中"福"字与第6167565号"福临门"

注册商标中"福"字的近似足以导致相关公众对相应商品混淆。因此，不应认定被诉侵权商标"鑫满福"落入第6167565号"福"注册商标的禁用权范围。

综上，如商标的部分构成要素被单独提取出来，使用于商品时，并不足以令相关公众将该部分商标构成要素与商标权利人的商品相关联，则不宜认定商标的该部分构成要素属商标的主要部分，否则容易扩大商标的保护范围、模糊商标权利边界。本案中，如将"福临门"或"福"注册商标的保护边界扩大至"福"字的保护边界，其他商标标识均不得擅用"福"字，则容易导致过于扩大注册商标的禁用权范围，不利于划定的清晰商标边界，更容易导致"福"字商标资源为原告所独享，不利于市场主体的公平竞争及商标权利的衡平。

编写人：广州知识产权法院　黄彩丽

18

样样好餐饮管理（深圳）有限公司诉 广东贡茶投资有限公司等侵害商标权及 不正当竞争纠纷案

阅读提示：在类似商品或者服务上使用通过拆分、重组等手段加工而成的商业标识是否构成侵权？

【裁判要旨】

通过拆分、重组等手段"加工"而成的商业标识，在类似商品或者服务上使用，导致相关公众误认，构成商标侵权，应承担侵权责任。

【案号】

一审：广东省广州市海珠区人民法院（2014）穗海法知民初字第749号

二审：广州知识产权法院（2015）粤知法商民终字第162号

【案情与裁判】

原告（被上诉人）：样样好餐饮管理（深圳）有限公司（简称样样好公司）

被告（上诉人）：广东贡茶投资有限公司（简称贡茶公司）

被告：广东贡茶投资有限公司虎门大润发分公司（简称贡茶虎门分公司）

起诉与答辩

样样好公司起诉请求：1. 贡茶公司和贡茶虎门分公司停止生产及销售侵

犯样样好公司的商品及停止在其自营或授权经营场所中使用与样样好公司商标类似的标识及近似装饰装潢等；2. 没收和销毁贡茶公司和贡茶虎门分公司现有的侵权商品；3. 贡茶公司和贡茶虎门分公司连带赔偿样样好公司经济损失及为制止、消除侵权行为的必要合理支出计200万元；4. 贡茶公司和贡茶虎门分公司在省级以上媒体公开致歉，消除影响；5. 贡茶公司和贡茶虎门分公司承担本案所有诉讼费用。样样好公司是专业从事奶茶饮品生产销售的企业，依法取得"贡茶""漾漾好""GONG CHA"图文字样组合商标（商标注册证号为第8529436号、第8529453号）。样样好公司以"贡茶茶饮系列"为主要商品，通过自营和授权经营的方式设立店铺进行销售。样样好公司自设立以来即获得上述商标的许可使用权，并在2013年12月13日依法受让取得上述商标。样样好公司在中国大陆自营及通过加盟设立有270余家店铺，其中在广东地区经营有店铺100家。近期，样样好公司发现贡茶公司和贡茶虎门分公司在其开设的商铺销售假冒样样好公司第8529436号、第8529453号商标的茶饮料商品及在宣传资料中使用样样好公司的商标，构成了商标侵权行为；贡茶公司和贡茶虎门分公司在其店铺的装饰装潢中使用样样好公司的商标及在其网站上使用样样好公司的商标进行加盟及业务拓展，构成了商标侵权行为及不正当竞争行为。

贡茶公司和贡茶虎门分公司在一审中共同辩称，不同意样样好公司的诉讼请求，理由如下：1. 根据《商标法》第五十一条规定，贡茶公司和贡茶虎门分公司的行为不构成对样样好公司商标专用权的侵犯；2. 样样好公司并未提供证据证明贡茶公司和贡茶虎门分公司生产、销售行为侵犯样样好公司商标专用权，贡茶公司和贡茶虎门分公司行为没有违反《商标法》第五十七条的情形，样样好公司的诉讼请求不应得到支持；3. 贡茶公司和贡茶虎门分公司的行为没有违反《反不正当竞争法》第五条规定，因此也并未构成不正当竞争；4. 根据《商标法》第十四条规定，注册商标中含有通用名称，商标权人无权阻止其他人使用，即便贡茶公司和贡茶虎门分公司在商品中使用了"贡茶"或"贡茶"的拼音，样样好公司无权禁止贡茶公司和贡茶虎门分公司使用；5. 样样好公司主张贡茶公司和贡茶虎门分公司连带赔偿损失无法律依据，本案的贡茶公司和贡茶虎门分公司不存在承担连带责任的基础；6. 公开道歉是对人身权利造成侵害的救济，本案是基于财产权的争议，样样好公司主张公开致歉不应得到法院的支持。即便法院认为贡茶公司和贡茶虎门分公司存在侵犯样样好公司商标专用权的行为，样样好公司主张经济赔偿及赔礼道歉的诉讼请求不应得到支持。

一审审理查明

贡茶商行有限公司经国家商标局核发取得以下两商标的专用权：一、第8529436 号 【"贡茶（篆书字体）" + "漾漾好（楷书字体）" + "GONG CHA" + " "（简称"A 图形"）】商标之注册商标专用权，商标注册有效期限自 2011 年 9 月 7 日至 2021 年 9 月 6 日，商标核定使用商品（第 35 类）：广告、电视广告、商业管理辅助、商业管理咨询、特许经营的商业管理、进出口代理、替他人采购（替其他企业购买商品或服务）、人事管理咨询；开发票；寻找赞助；二、第 8529453 号 【"贡茶（篆书字体）" + "漾漾好（楷书字体）" + "GONG CHA" + " "】商标之注册商标专用权，商标注册有效期限自 2013 年 7 月 21 日至 2023 年 7 月 20 日，商标核定使用商品（第 43 类）：备办宴席、餐馆、饭店、咖啡馆、快餐馆、流动饮食供应、汽车旅馆、提供营地设施、住所（旅馆、供膳寄宿处）、自助餐馆。2013 年 12 月 13 日，国家商标局核准贡茶商行有限公司将上述两商标转让给样样好公司。

2014 年 4 月 9 日，样样好公司委托代理人孙胜通过公证保全将以下证据固定：（一）在 http：//www. igong－cha. cn 中国贡茶饮品集团网站，网页显示有" "（简称"贡茶篆书字体图形 + GONG CHA"）及 A 图形。（二）在http：//www. igongcha. com 网站首页，显示：御可贡茶， （简称 B 图形），页面有"御可"、 （简称"贡茶篆书字体图形"）、B 图形及 GONG CHA 组合图案，另页面中有"御可、贡茶篆书字体图形及 B 图形"；"加盟代理"页面中有代理区域和代理费用，"加盟咨询"栏中有广东地区加盟店开业信息。

（三）在 http：//www.taobao.com 淘宝网站搜索栏中输入"黄金寻宝阁"，网页显示内容有" GONG CHA "、"御可"及 B 图形组合图案，"御可""贡茶篆书字体图形"、B 图形及 GONG CHA 组合图案。深圳市福田公证处于 2014 年 4 月 9 日出具了（2014）深福证字第 6786、6787、6788 号《公证书》，证明以上情况。样样好公司向深圳市福田公证处支付了公证费 6000 元。贡茶公司确认 http：//www.igongcha.com 是其公司网站，但不确认淘宝网中的卖家"黄金寻宝阁"是其公司经营的网店。

诉讼中，样样好公司举证了彩色宣传册 2 本、2 个饮品店的照片、2 条吸管、奶茶打包包装袋、媒体报道截图 9 幅，上述证据印有 A 图形图案、B 图形图案、"御可"" GONG CHA ""台湾御可饮品集团.广东贡茶投资有限公司"及"贡茶篆书字体图形"。贡茶公司及贡茶虎门分公司对上述证据的真实性及关联性均不予确认。

深圳市宝安区地方税务局、深圳市宝安区国家税务局西乡税务分局、深圳市蛇口地方税务局、深圳市南山地方税务局、深圳市龙华新区地方税务局、深圳市福田区地方税务局分别向样样好公司及其分公司出具《纳税证明》，证明上述企业在 2014 年 6 月 1 日至 2014 年 7 月 31 日期间分别纳税的金额。

样样好公司于 2014 年 8 月 18 日提起本案及另案［（2014）穗海法知民初字第 750 号］诉讼。样样好公司委托了广东龙高律师事务所代理诉讼，双方在（2014）龙律代专字第 010 号《民事委托代理合同》中约定每件诉讼案件律师代理费 35000 元。广东龙高律师事务所向样样好公司开具了合计律师费 35000 元金额的发票 2 张。

另查，样样好公司于 2010 年 7 月 14 日成立。贡茶公司于 2014 年 1 月 22 日成立，注册资本 1000 万元，主营项目类别为商务服务业。贡茶虎门分公司是贡茶公司的分公司，于 2014 年 4 月 2 日成立，经营范围为餐饮服务。

一审判理和结果

一审法院审理认为，贡茶公司在其公司网站网店、自营店或授权经营场所内、奶茶商品上均使用与样样好公司商标近似的图形标识，构成商标侵权；

当事人均在广东省从事奶茶连锁店经营业务，存在市场竞争关系；对贡茶虎门公司的指控证据不足。依据《商标法》（2001 年修正）第五十一条、第五十二条第（一）项、第（二）项、第五十六条，《最高人民法院关于审理商标民事纠纷案件适用法律若干问题的解释》第十六条第一款、第二款、第十七条、第二十一条第一款，判决贡茶公司停止侵权行为，在报纸上刊登消除影响声明，并赔偿样样好公司经济损失及合理费用 50 万元。

上诉与答辩

一审判决后，贡茶公司不服，向广州知识产权法院提起上诉：一、第 8529436 号和第 8529453 号商标已分别被国家商标总局进行无效宣告，商标权利未明确，本案应中止审理，但一审未按合法程序进行诉讼，故应发回重审。二、本案的侵权认定基于对"溢香杯"的对比，与双方当事人的另一案 750 号案完全重合。贡茶公司只有一个行为却在两个案件中承担法律后果，有悖于法理。对于本案应驳回样样好公司的诉讼请求。三、贡茶公司的行为不侵害样样好公司的商标专用权，其相关请求不应得到支持。一审判决未对"贡茶"是否属商品通用名称进行审查，导致事实认定错误，应于纠正。四、一审判令贡茶公司在《广州日报》上刊登声明消除影响超出样样好公司的诉请范围，应予撤销，且一审确定的赔偿数额过高。请求撤销一审判决第一、二、三项，驳回样样好公司的诉讼请求，由样样好公司承担一、二审诉讼费用。

样样好公司答辩称：一、贡茶公司及其股东分别以权利人在先使用和商标未连续使用为由向国家商标局请求宣告涉案商标无效，这只是其诉讼策略。涉案商标经过实质审查，不存在可能被撤销的情形。贡茶公司的中止申请不合法也没有事实依据。二、样样好公司的两组商标分别注册，应分别得到法律保护。贡茶公司驳回诉请的上诉理由不成立。三、涉案商标是文字图形组合商标，有显著性，并非只是商品名称，贡茶公司采用的商业标识图形与之不存在差别，构成近似。贡茶公司不仅在奶茶杯上使用近似的商业标识，还在店铺装饰装潢上突出使用该标识，足以使相关公众产生混淆和误认，构成侵权，应当承担侵权责任。四、样样好公司起诉时要求贡茶公司在省级以上媒体公开致歉，消除影响。一审判令在《广州日报》刊登声明并未超出样样好公司的诉请范围。贡茶公司自注册成立时起便使用近似标识进行经营活动，参加上海加盟商展销活动，并通过央视频道的报道误导公众。其对样样好公司的通告置之不理，大肆开设直营店并授权他人开店，获利巨大，侵权范围广，影响恶劣，有明显的主观恶意。样样好公司在业内有一定知名度。一审确定的赔偿数额不过高。请求驳回上诉。

贡茶虎门分公司未答辩。

二审审理查明

一审庭审中，法官问样样好公司"主张在省级以上媒体公开致歉，媒体具体指的是?"样样好公司回答《深圳特区报》。另经二审法院于2015年11月27日通过国家工商总局网站查询涉案两个商标的法律状态，均显示为"无效宣告完成"。

二审判理和结果

二审法院审理认为，样样好公司通过受让成为涉案的第8529436号和第8529453号商标权人，其合法权利受法律保护。涉案商标虽曾被请求宣告无效，但在本案诉讼期间，其未被撤销或宣告无效，一审据其现有的效力状态进行侵权审理并无不当，贡茶公司对一审的审理程序提出的质疑不成立，予以驳回。

将贡茶公司使用的被诉标识与涉案商标对比，涉案商标由4部分组成："贡茶"加框 + GONG CHA + 阴刻"漾漾好" + 溢香杯图，被诉标识也由4部分组成："贡茶"加框 + GONG CHA + 阴刻"御可" + 溢香杯图。即使"贡茶"二字及其拼音GONG CHA是通用的名称，但是，涉案商标的组成远非此二字及其拼音，不但"贡茶"二字经艺术化处理并配以框图，还将之组合在阴刻"漾漾好" + 溢香杯图中，由此形成的文字及图之组合显著性较高。被诉标识也非仅使用"贡茶"二字及其拼音，而是仿冒涉案商标的文字及图之构图方式，仅作组成部分比例或相对位置的调整。故一审将两者认定近似是正确的，贡茶公司以商标中含有通用的名称辩称两者不近似，理由不成立，予以驳回。因此，贡茶公司在同一种商品上使用近似商标，侵害了样样好公司的商标专用权，依法应承担相应的侵权责任。另外，查明样样好公司针对贡茶公司的同一行为指控侵害两个商标权，由于本案商标与（2014）穗海法知民初字第750号案商标为整体与部分的关系，贡茶公司的同一行为同时侵害两个商标权，一审法院根据样样好公司的起诉分别判令贡茶公司承担侵权责任并无不当。

样样好公司在一审中的诉讼请求包括"在省级以上媒体公开致歉，消除影响"，这是一项明确的诉讼请求，虽然在一审庭审中样样好公司回答法官称具体指《深圳特区报》，但一审法院判令在《广州日报》上刊登声明，仍未超出样样好公司提起诉讼的请求范围，也在法官的裁量权范围内，不因此而损害对方当事人的利益，故关于此节不予变更。关于赔偿数额，由于因侵权导致的损失或获利均难以计算确定，一审法院综合考虑贡茶公司侵权行为的性质、侵权的主观故意、经营方式及规模、涉案商标的知名程度以及样样好公司为制止侵权的合理开支进行酌情确定，经审查，贡茶公司网页上显示，贡茶公司在全国20余省份有营业网点，还通过央视采访等渠道进行推广招商，可见其侵权规模较大；而且，贡茶公司的侵权行为导致相关公众在同类市场中识别商品来源上的混乱，主观故意明显；一审在法律规定的范围内确定的数额并无不当。另外，由于本案与（2014）穗海法知民初字第750号案为贡茶公司同一行为侵害两个商标权，即使按照同一行为通观此两案，两案的判决赔偿数额也在合理范围内，应予维持。

综上，依照《民事诉讼法》第一百七十条第一款第（一）项的规定，判决：驳回上诉，维持原判。

【法官评述】

理论上，商标权包括专用权和禁用权。《商标法》第五十六条和五十七条分别是关于商标专用权和禁用权的规定，以上法律条款从正反两方面"合围式"地规定了商标权的保护范围。但是，商标专用权与禁用权的关系并非硬币的两个面，而更像满月与月晕的关系。商标专用权的规定要求商标注册人必须忠实使用商标标识；如果需要改变商标图样的，商标注册人应当重新提出注册申请。商标禁用权则包括两个层次，商品和商标的"两相同"固然构成侵权；商品或商标的"一相似""两相似"（指类似商品或近似商标）也属侵权。本案中，被诉标识虽非原样照抄涉案商标，但在类似商品服务中使用近似商标，落入商标禁用权范围，应认定为侵权。

在同行业和消费者中有知名度的企业，易受到恶意仿冒商标的行为侵害，相似品牌往往利用无法被独占的标识，组合难以一目了然辨认的部分，在相关市场未成熟之时一哄而上，在相关公众中产生混淆误认。侵权者循此渠道以较低的成本得到了大量资源与利润，应承担相应的侵权责任。通过该类案件的审理，司法权在保护知识产权中的主导作用得以彰显，不仅有利于定纷止争，更有利于规范市场竞争秩序。

编写人：广州知识产权法院　郑志柱

19

广州市山特不间断电源科技有限公司诉 广州市天河区市场和质量监督管理局等 行政处罚纠纷案

> **阅读提示**：商标注册人超出核定使用商品的范围使用注册商标，是否构成侵权？

【裁判要旨】

第三人注册商标在核定使用商品上长期持续规范使用，具有一定的知名度和显著性，同业经营者应有相当程度的认识。同业经营者将注册在其他核定使用商品的商标使用在第三人注册商标核定使用的商品上，构成近似，造成相关公众混淆误认，攀附第三人注册商标知名度和良好商誉的意图明显，应承担相应法律后果。销售者具有侵权故意，工商行政机关对销售者实施行政处罚，不违反相关实体及程序法，应当予以支持。

【案号】

一审：广东省广州市天河区人民法院（2014）穗天法行初字第 795 号

二审：广州知识产权法院（2016）粤 73 行终 1 号

【案情与裁判】

原告（上诉人）：广州市山特不间断电源科技有限公司（简称广州山特公司）

被告（被上诉人）：广州市天河区市场和质量监督管理局（原广州市工

商行政管理局天河分局,简称天河工商分局)

第三人:山特电子(深圳)有限公司(简称山特深圳公司)

起诉与答辩

广州山特公司于 2014 年 10 月 27 日向广州市天河区人民法院起诉称,2013 年 12 月 31 日,天河工商分局工作人员前往其公司调查,尽管其公司出示了商标权证等证明资料,但该局工作人员当即表示这是侵权行为,并扣押了 92 台其公司的设备,后又多次传唤其公司配合调查。广州山特公司每次都全面配合并组织申辩,但 2014 年 6 月 6 日天河工商分局仍然执意作出了穗工商天分处字〔2014〕55 号行政处罚决定,其公司因不服该处罚决定,申请行政复议。广州市工商行政管理局受理后于 2014 年 10 月 13 日向广州山特公司送达了行政复议决定书,维持该处罚决定。广州山特公司认为,天河工商分局作为的行政处罚决定适用法律错误,并且没有事实依据,违反法定程序,应予以撤销。请求法院判决:1. 撤销天河工商分局作出的穗工商天分处字〔2014〕55 号行政处罚决定;2. 将已没收的 92 台不间断电源退还广州山特公司;3. 责令天河工商分局重新作出行政处罚决定。

天河工商分局辩称,使用在计算机等商品上的"SANTAKUPS"商标,已由吴长华在国家工商总局商标局注册,核定商品为《类似商品和服务区分表》第 9 类 0901;0907;0910;0912;0914;0920;092 类似群商品,注册证号为第 3342682 号。使用在不间断电源等商品上的"SANTAK"商标,已由山特深圳公司在国家工商总局商标局注册,核定商品为《类似商品和服务区分表》第 9 类 0910;0913 类似群商品,注册证号为第 619938 号。"SANTAKUPS"注册商标由注册人吴长华许可深圳市山特不间断电源有限公司(简称深圳山特公司)使用,已在国家工商总局商标局备案。被许可人深圳山特公司超出核定使用商品类别,擅自在不间断电源商品上使用"SANTAKUPS"注册商标,其商标与"SANTAK"注册商标属于近似商标,其行为侵犯了山特深圳公司"SANTAK"注册商标专用权。广州山特公司销售"SANTAKUPS"商标不间断电源商品的行为属于《商标法》第五十二条第(二)项"销售侵犯注册商标专用权的商品的"的规定所指侵犯注册商标专用权的行为。依据《商标法》第五十三条以及《商标法实施条例》第五十二条之规定，其所作的行政处罚决定事实清楚，证据充分，程序合法，适用法律正确，请求人民法院予以维持。

山特深圳公司述称，天河工商分局作出的具体行政行为事实清楚，证据确凿，应当依法予以维持。

一审审理查明

2013 年 12 月 31 日，天河工商分局执法人员根据北京捷鼎知识产权代理有限责任公司的投诉，对广州山特公司位于广州市天河区龙口东路广州龙口科技大厦 601 房自编 605 单元的经营场所进行检查。现场检查发现该公司经营场所入口处标注了"SANTAKUPS"（其中"SANTAK"6 个字母为红色，"UPS"3 个字母为黄色）和"UPS 电源销售中心"字样的招牌。经检查，该公司维修点兼仓库存放了 92 台标有"SANTAKUPS"注册商标的不间断电源商品。天河工商分局因上述物品上标识的"SANTAKUPS"注册商标核定的商品不包括不间断电源，认定广州山特公司涉嫌侵犯"SANTAK"注册商标专用权，于当日立案调查，扣押上述物品，并出具了穗工商天分石牌法字〔2013〕331 号《实施行政强制措施决定书》。

广州山特公司在 2012 年 3 月 1 日至 2013 年 12 月 31 日期间，从深圳山特公司购进 164 台标有"SANTAKUPS"标识的不间断电源商品，已售出 72 台，尚有 92 台未售出，非法经营额共计 118320 元，违法所得共计 15460.93 元。

2014 年 3 月 25 日，天河工商分局作出穗工商天分石牌听告字〔2014〕4 号《行政处罚听证告知书》，认定深圳山特公司在不间断电源商品上使用"SANTAKUPS"注册商标，侵犯山特深圳公司"SANTAK"注册商标专用权，广州山特公司销售"SANTAKUPS"商标不间断电源商品的行为属于《商标法》① 第五十二条第（二）项"销售侵犯注册商标专用权的商品的"的规定所指侵犯注册商标专用权的行为，将拟作出的行政处罚内容及依据告知广州山特公司。天河工商分局于 2014 年 5 月 5 日举行听证会听取广州山特公司的

---

① 2001 年 12 月施行的《商标法》。

意见，同年 6 月 6 日作出穗工商天分处字〔2014〕55 号行政处罚决定：（1）责令立即停止侵犯注册商标专用权的行为；（2）没收侵犯"SANTAK"注册商标专用权的不间断电源 92 台；（3）罚款 25 万元。该处罚决定书于 2014 年 6 月 6 日送达广州山特公司。广州山特公司不服，向广州市天河区人民政府申请行政复议。广州市天河区人民政府于 2014 年 8 月 12 日将申请材料转广州市工商行政管理局处理。广州市工商行政管理局于 2014 年 10 月 10 日作出穗工商行复〔2014〕46 号行政复议决定，维持天河工商分局作出的穗工商天分处字〔2014〕55 号行政处罚决定。广州山特公司仍不服，遂向一审法院提起行政诉讼。

一审判理和结果

一审法院审理认为，广州山特公司销售的不间断电源商品使用的"SANTAKUPS"注册商标，在注册时核定使用商品不包括不间断电源，该商标前六个字母与"SANTAK"注册商标相同，多出的后三个字母"UPS"是不间断电源的英文缩写，该商标在不间断电源商品上使用，易造成相关公众混淆误认，以为是山特深圳公司生产的商品，应判定与山特深圳公司"SANTAK"商标构成近似。天河工商分局在接到权利人投诉后，依法对广州山特公司进行了现场检查，对案件进行调查，并根据调取的证据认定该公司销售"SANTAKUPS"商标不间断电源商品构成商标侵权，依法作出行政处罚。在作出处罚前，其已告知广州山特公司事实、理由、依据及要求听证的权利，在收到听证申请后，召开听证会听取了广州山特公司的意见。该行政处罚认定事实清楚、适用法律正确、程序合法正当。其作出罚款的额度亦在《商标法实施条例》（2002 年 9 月 5 日施行）第五十二条规定的非法经营额 3 倍以下，并无不当。依照《最高人民法院关于执行〈中华人民共和国行政诉讼法〉若干问题的解释》第六十九条之规定，判决：驳回广州山特公司的诉讼请求。

上诉与答辩

一审判决后，广州山特公司不服，向广州知识产权法院提起上诉称：

一、一审法院认定两个商标"SANTAKUPS"和"SANTAK"构成近似于法无据，两个商标都是注册商标，均有商标证，均享有商标专用权。国家工商行政管理总局商标评审委员会已认定"SANTAKUPS"商标与"SANTAK"商标不构成近似商标，"SANTAK"商标不构成知名商标，且争议商标（"SANTAKUPS"商标）的注册和使用没有误导相关公众。两个争议商标都是整体无含义，外文字母相差三个，不构成近似商标。从已查处的所谓侵权商品包装上可以看出广州山特公司并没有假冒山特深圳公司"SANTAK"商标进行销售，消费者也不会因此误认"SANTAKUPS"商标就是"SANTAK"商标。二、适用法律错误。认定近似商标并认定广州山特公司侵权结论的适用法律错误。将原本属于"超范围使用注册商标"混淆为"近似商标侵权"，属于适用法律错误。一审法院适用《最高人民法院关于执行〈中华人民共和国行政诉讼法〉若干问题的解释》第六十九条属于适用法律错误。另外，广州山特公司只是一家拥有独立法人的销售企业，合法购入、合法销售，对涉诉商品是否侵权并不知情，依法提供了合法取得来源的证据，天河工商分局对广州山特公司予以行政处罚明显是偏袒山特深圳公司的违法行政行为，理应判令撤销。

天河工商分局答辩称，一审判决认定事实清楚，适用法律正确。其作出的具体行政行为认定事实清楚，证据充分，适用法律准确。

山特深圳公司称：1. "SANTAKUPS"商标在0913类跨类别使用构成对"SANTAK"商标的侵权。2. 根据《商标审查及审理标准》"SANTAKUPS"商标在0913类别使用与山特深圳公司的"SANTAK"商标构成商标近似。山特深圳公司"SANTAK"商标在不间断电源行业有很高的知名度，"UPS"是不间断电源的通用名称，在"SANTAK"后面加"UPS"，会导致消费者误认为"SANTAKUPS"商品是山特深圳公司的商品。广州山特公司与深圳山特公司是关联企业，其共同股东都是吴长华，广州山特公司与深圳山特公司同属于吴长华管理的公司，两家公司的商标侵权行为具有共同性和主观故意性。一审判决事实清楚、证据充分、适用法律正确、程序合法，应予维持，请求驳回广州山特公司的上诉请求。

二审审理查明

国家工商行政总局商标评审委员会关于第 3342682 号"SANTAKUPS"商标争议裁定书要〔商评字（2009）第 29145 号〕查明：1. 争议商标"SANTAKUPS"由被申请人（吴长华）于 2002 年 10 月 22 日提出注册申请，指定使用在第 9 类计算机、电源材料（电线、电缆）、避雷针等商品上，经核准注册。2. 下列商标现为山特深圳公司所有，均早于争议商标的申请注册日：第 619938 号"SANTAK"商标（以下称为引证商标一），指定使用在第 9 类不间断电源、逆变器、开关电源、精密稳压电源商品上；第 512383 号"山特"商标（以下称为引证商标二），指定使用在第 9 类不间断电源、精密电源、稳压电源装置商品上；第 1096821 号"山特"商标（以下称为引证商标三），指定使用在第 9 类电池、充电器商品上……争议商标与引证商标一、二核定使用的商品不类似；申请人提供的证据不足以证明在争议商标申请注册之前，"SANTAK"与"山特"已经形成了一一对应关系，因此，争议商标与引证商标三不构成近似商标。综上，争议商标与诸引证商标均未构成使用在同一种或类似商品上的近似商标，争议商标的注册未违反《商标法》第二十八条的规定。

二审判理和结果

二审法院审理认为，天河工商分局在作出被诉的行政处罚决定前向广州山特公司告知了违法事实及有陈述申辩等权利，出示了证据，被诉的行政处罚决定程序合法。第 619938 号"SANTAK"商标，指定使用在第 9 类不间断电源、逆变器、开关电源、精密稳压电源商品上，为山特深圳公司所有，早于"SANTAKUPS"商标的申请注册日。"SANTAKUPS"商标超出其核定使用的商品，使用在"SANTAK"商标核定使用的商品不间断电源上，"SANTAKUPS"前六个字母与"SANTAK"注册商标相同，多出的后三个字母"UPS"是不间断电源的英文缩写，该商标在不间断电源商品上使用，易造成相关公众混淆误认，以为是山特深圳公司生产的商品，应判定与山特深圳公司"SANTAK"商标构成近似。天河工商分局依据《商标法》（2001 年

12 月施行)、《商标法实施条例》(2002 年 9 月施行)对广州山特公司进行处罚符合法律法规的规定。一审引用《最高人民法院关于执行〈中华人民共和国行政诉讼法〉若干问题的解释》第六十九条的规定有误,予以纠正,但一审判决结果正确,依照《行政诉讼法》第六十一条第(一)项的规定,判决:驳回上诉,维持一审判决。

【法官评述】

本案为不服行政机关商标侵权行政处罚决定的知识产权行政纠纷案件。广州山特公司认为其销售的商品上使用的"SANTAKUPS"商标是合法注册的商标,国家工商行政总局商标评审委员会都认为"SANTAKUPS"商标与"SANTAK"商标不近似,其只是销售者,能够提供商品生产者,工商行政机关不应对其予以行政处罚。

一、注册商标跨类使用时商标近似的判断

在商标侵权民事纠纷和行政纠纷案件中都可能涉及有关商标近似的判断。《最高人民法院关于审理商标民事纠纷案件适用法律若干问题的解释》第十条规定了认定的基本原则。我国注册商标的专用权以核准注册的商标和核定使用的商品为限。将注册商标使用于核定使用的商品之外的商品,不享有在该商品上商标专用权。如果与他人注册商标构成近似,应承担由此带来的不利法律后果。本案"SANTAKUPS"商标由吴长华于 2002 年 10 月 22 日提出注册申请,指定使用在第 9 类计算机、电源材料(电线、电缆)、避雷针等商品上,经核准注册。山特深圳公司所有的下列商标,均早于"SANTAKUPS"商标的申请注册日:第 619938 号"SANTAK"商标,指定使用在第 9 类不间断电源、逆变器、开关电源、精密稳压电源商品上;第 512383 号"山特"商标,指定使用在第 9 类不间断电源、精密电源、稳压电源装置商品上;第 1096821 号"山特"商标,指定使用在第 9 类电池、充电器商品上。国家工商行政总局商标评审委员会认为"SANTAKUPS"商标与山特深圳公司所有的上述三个商标均未构成使用在同一种或类似商品上的近似商标。但是,当"SANTAKUPS"商标使用在"SANTAK"商标核定使用的不间断电源商品上

时，"SANTAKUPS"商标就不享有专用权，与"SANTAK"商标是否构成近似，应按商标近似认定的基本原则进行判断。"SANTAKUPS"前六个字母与"SANTAK"注册商标相同，多出的后三个字母"UPS"是不间断电源的英文缩写。"SANTAK"注册商标所有人山特深圳公司成立于1992年，注册资本1亿4100万元，为世界500强企业"美国伊顿集团"在中国的全资公司，专业从事不间断电源（UPS）商品的生产和销售，2007年，"SANTAK"商标被认定为中国驰名商标，2011年被评定为广东省著名商标。结合"SANTAK"商标的使用情况和知名度，"SANTAKUPS"商标在不间断电源商品上使用，易造成相关公众混淆误认，以为是山特深圳公司生产的商品或者认为其来源与"SANTAK"不间断电源商品有特定联系，因此，使用在不间断电源商品上的"SANTAKUPS"商标，应判定与山特深圳公司"SANTAK"商标构成近似。

二、侵犯注册商标专用权的商品销售者的法律责任

商标注册人或者利害关系人可以向人民法院起诉侵犯注册商标专用权的商品销售者，也可以请求工商行政管理部门处理。商标注册人或者利害关系人请求工商行政管理部门处理，认定侵权行为成立的，工商行政管理部门依照《商标法》（2001年12月施行）第五十三条规定，可以不考虑销售者是否存在主观恶意、是否有合法来源，对其作出没收、销毁侵权商品并处以罚款的行政处罚。可是，商标注册人或者利害关系人向人民法院提起民事诉讼，销售者不知道自己销售的是侵犯注册商标专用权的商品，能证明该商品是自己合法取得的并说明提供者的，不承担赔偿责任。相同的行为，一方面，在民事诉讼中依法不承担民事赔偿责任，另一方面，在工商行政管理部门处理时，却可能被处以较大数额罚款，这就会存在合理性问题。

上述问题已在2014年5月1日起施行的《商标法》中得到解决，第六十条规定，销售不知道是侵犯注册商标专用权的商品，能证明该商品是自己合法取得并说明提供者的，由工商行政管理部门责令停止销售。

本案中，山特深圳公司成立于1992年，注册资本1亿4100万元，注册商标"SANTAK"核定使用在第9类不间断电源、逆变器、开关电源、精密稳压电源商品上（注册号：619938），1992年11月30日注册，续展注册有

效期自 2012 年 11 月 30 日至 2022 年 11 月 29 日。2007 年，"SANTAK"品牌被认定为中国驰名商标，2011 年被评定为广东省著名商标。山特深圳公司所有的第 512383 号"山特"商标，注册公告日期为 1990 年 2 月 20 日，指定使用在第 9 类不间断电源、精密电源、稳压电源装置商品上。

广州山特公司成立于 2004 年 5 月，"SANTAKUPS"商标于 2002 年 10 月 22 日提出注册申请，商标持有人吴长华是广州山特公司股东，2002 年 10 月 22 日提出注册申请，2008 年，吴长华许可深圳山特公司使用"SANTAKUPS"商标。企业从事经营活动，必须遵守法律、行政法规，遵守社会公德、商业道德，诚实守信。广州山特公司作为不间断电源的销售者，在购进深圳山特公司标有"SANTAKUPS"商标的不间断电源商品时，理应对此领域内有很高知名度的山特深圳公司的"SANTAK"商标有相当程度的认识。广州山特公司主张合法来源，除要能证明该商品是自己合法取得的并说明提供者外，还要对自己不存在主观恶意作出合理的解释或说明，本案"SANTAKUPS"商标所有人吴长华攀附"SANTAK"商标的知名度和良好商誉的恶意明显，吴长华一方面许可一家企业生产，另一方面开设公司（即广州山特公司）进行销售，广州山特公司称不知道自己销售的是侵犯"SANTAK"注册商标专用权的商品的意见与查明的事实不符，工商行政管理部门对广州山特公司实施行政处罚，不违反相关实体及程序法，应当予以支持。

编写人：广州知识产权法院　邓永军

20

腾讯科技（深圳）有限公司诉
广州市三元信息技术有限公司
侵害商标权及不正当竞争纠纷案

> 阅读提示：在权利人提供开放式软件开发权利的情况下，行为人对软件进行二次开发和功能拓展并使用权利人原软件商标及广告语进行宣传，是否构成侵害商标权及不正当竞争？

【裁判要旨】

被告的经营方式为对企业已注册的微信公众号进行二次开发，拓展原微信号的功能。在对外宣传时使用原告的注册商标及特定广告语。虽然该种二次开发符合微信软件的开放性策略，开发行为本身并无不当之处，但因被告与原告并无任何直接代理销售或其他合作关系，但在经营的网站上以"企业微信"及相关商标图案和文字直接命名服务商品，使用微信特定的广告语进行宣传，注册使用"www. qyweixin. net"为企业网站域名，并虚假宣传称其系"微信支付接口战略合作伙伴""世界级电子付款及移动付款解决方案与技术提供货商"，上述行为容易造成相关公众误解，该种未经授权使用商标虚假宣传行为违反诚实信用原则，应认定构成侵害商标权及不正当竞争。

【案号】

一审：广东省广州市天河区人民法院（2016）粤 0106 民初 10097 号

【案情与裁判】

原告：腾讯科技（深圳）有限公司（简称腾讯公司）

被告：广州市三元信息技术有限公司（简称三元公司）

起诉与答辩

腾讯公司诉称，微信（wechat）是腾讯公司于 2011 年初推出的一款可以发送图文、语音、视频信息，支持多人语音对讲等功能的移动社交软件，在社会上具有很高的知名度。"再小的个体，也有自己的品牌""微信，是一种生活方式"是微信公众平台的品牌宣传语。腾讯公司已就"微信"在多个商品和服务类别申请并获得了商标注册证，腾讯公司系第 9085979 号、10710451 号注册商标的持有人。三元公司未经腾讯公司授权，在其公司网站（www. qyweixin. net）名称中使用"企业微信"字样，并使用"企业微信及图"作为网站标识，使用"qyweixin. net"作为域名，使用"再小的个体，也要自己品牌"作为网站宣传语。以上行为容易使相关用户产生混淆，已构成对腾讯公司商标权的侵害。且腾讯公司与三元公司之间具有竞争关系，三元公司利用腾讯公司微信产品和品牌的知名度，设立"企业微信"网站推广业务，剽窃腾讯公司微信公众平台的宣传语，易使相关消费者造成混淆，已对腾讯公司构成不正当竞争。侵权持续时间达一年以上。严重侵害了腾讯公司的合法权益。现腾讯公司诉至法院要求判令：1. 三元公司立即停止侵害腾讯公司商标权及对腾讯公司的不正当竞争行为，包括停止将"企业微信"作为网站名称使用、停止将"企业微信及图"作为网站标识使用、停止使用域名"qyweixin. net"、停止使用"再小的个体，也要自己品牌"宣传语；2. 三元公司赔偿腾讯公司损失（含腾讯公司为制止三元公司侵权及不正当竞争行为所支付的合理开支）200 万元。

三元公司辩称，微信公众平台的开发者模式，是腾讯公司对外公开的二次开发模式，允许和鼓励有能力的企业对微信进行二次开发，并通过企业对微信的二次开发，达到微信用户的快速增长并收集企业需求的目的。三元公司严格按照腾讯公司开放的权限为"企业"提供"微信"开发服务，使用腾讯公司的图片和宣传语只是用于说明三元公司提供的服务,没有作为单独图片存在并冒充腾讯公司开展业务的意图。不应承担赔偿责任。

一审审理查明

腾讯公司系知名企业,经核准注册了第 9085979 号、第 10710451 号"微信"文字及图案商标(见附图一、二)。"微信"软件的名称、图标、广告语均享有较高知名度及较大的影响力。登录 www. weixin. qq. com 网站,网站首页上方显示"微信,是一种生活方式"文字,登录 www. mp. weixin. qq. com 网站,网站首页上方显示"再小的个体,也有自己的品牌"文字。上述两个网站系腾讯公司主办运营,分别为微信及微信·公众平台官网。

三元公司注册并运营 www. qyweixin. net 网站,网页左上角标识名称为"企业微信"(见附图三),多处使用绿白色对话框图标(见附图四),在部分网页使用"微信,是一种生活方式""再小的个体,也要自己品牌"等广告语,并宣称"微信支付接口战略合作伙伴""世界级电子付款及移动付款解决方案与技术提供货商"等。上述网页内容在 2015 年 8 月 19 日及 2016 年 4 月 14 日均可显示,并经公证。

一审判理和结果

一审法院审理认为,腾讯公司是第 9085979 号、第 10710451 号"微信"文字及图案商标的注册人,依法享有注册商标专用权。"企业微信"不是为了说明产品或服务特性所必须使用的文字,以"企业微信"作为产品和网站名称,"企业"为产品领域的描述,不具有识别功能,"微信"是该域名及名称中的核心词汇,该文字与第 9085979 号商标中的文字部分相同,根据我国消费者对中文文字的认知习惯,两者可以认定为近似。三元公司的这种使用行为足以导致用户混淆产品的来源,侵害了腾讯公司的商标权。

三元公司在其网站上使用的"微信,是一种生活方式"及"再小的个体,也要自己品牌"与腾讯公司的宣传用语内容和含义基本一致,网站域名为 qyweixin. net,其中"qy"为企业的拼音首字母,并不具备识别性,域名的主体部分"weixin"即"微信"的拼音表达。上述广告语及域名的使用混同消费者认知的主观故意明显，已经构成了对腾讯公司的不正当竞争。此外，三元公司在网站的相关页面上宣传称"微信支付接口战略合作伙伴""世界级电子付款及移动付款解决方案与技术提供货商"，但其并未与腾讯公司达成任何微信支付接口战略合作，亦未能举证证明其系"世界级电子付款及移动付款解决方案与技术提供货商"的事实，故该宣传用语确系虚假宣传，属于《不正当竞争法》所规定的不正当竞争行为。

由于三元公司对用户微信号的二次开发并非腾讯公司所指控的行为，其在网站上使用被诉侵权内容或进行虚假宣传也不是其进行二次开发所必须实施的行为或必然出现的后果，三元公司的侵权行为与其依照腾讯公司的开放权限进行二次开发无关。无论三元公司的开发行为是否超出腾讯公司的权限，对三元公司侵权行为的成立并无影响。故对于三元公司辩称其在腾讯公司公开开放的权限内对用户的微信号进行二次开发，该行为并没有超出腾讯公司的授权的意见，亦不予采纳。

依照《商标法》第五十七条第（二）项，《商标法实施条例》第七十六条，《最高人民法院关于审理商标民事纠纷案件适用法律若干问题的解释》第一条第（三）项、第十六条，《反不正当竞争法》第二条、第五条第（二）项、第九条，《民事诉讼法》第六十四条第一款之规定，判决：一、三元公司于判决发生法律效力之日立即停止侵犯第 9085979 号、第 10710451 号商标专用权的行为及不正当竞争行为，立即停止将"企业微信"作为网站名称使用、停止将"企业微信及图"作为网站标识使用、停止使用域名"qyweixin. net"、停止使用"微信，是一种生活方式""再小的个体，也要自己品牌"宣传语；二、三元公司于判决发生法律效力之日起十日内赔偿腾讯公司经济损失及为制止侵权行为所支付的合理开支共计 20 万元；三、驳回腾讯公司的其他诉讼请求。

本案各方当事人均未上诉。

【法官评述】

本案系侵权行为人根据原告授权合理开发原告的软件后，就该软件进行宣传和推广时使用原告的商标和广告语，导致侵害原告的商标权并对原告构成不正当竞争的案件。原告作为微信软件的开发者，对于微信软件持公开开发的态度，被告在原告允许的情况下为微信用户提供开发微信号、优化微信号功能的服务，这种开发行为本身并无不当。但该种服务及开发成果与原告并无关联，被告使用原告的商标对此进行命名和宣传都足以导致公众混淆此种服务和开发成果的来源，因此被告行为构成商标侵权，应当向原告承担侵权损害赔偿责任。此外，被告在与原告没有任何直接合作关系的情况下，违反诚实信用原则，在网站上使用原告的广告语，并宣称"微信支付接口战略合作伙伴""世界级电子付款及移动付款解决方案与技术提供货商"的行为已构成虚假宣传，应承担相应的侵权损害民事责任。

原告及涉案商标均享有较高的知名度和广泛的用户基础，在微信软件开放开发权限的情况下，本案对于微信的二次开发商使用微信商标命名自己的服务并擅自使用微信的广告语、虚假宣传是否构成侵害商标权及不正当竞争的裁判，准确界定了对知名软件进行二次开发行为的性质，认定二次开发成果以原软件命名构成商标侵权，在网站经营中存在引人误解的虚假宣传，构成不正当竞争，具有一定的社会影响。

编写人：广州市天河区人民法院　万　方

附图一：第 9085979 号注册商标

附图二：第 10710451 号注册商标

附图三：被诉侵权网页图标（1）

附图四：被诉侵权网页图标（2）

21

佛山市顺德区奈特丽婚纱有限公司诉
林秀萍等侵害商标权纠纷案

阅读提示：检察机关作出的不起诉决定能否作为在后民事诉讼中认定被诉侵权行为不构成民事侵权的依据？

【裁判要旨】

检察机关作出的《不起诉决定书》是从刑事犯罪角度及认定标准对本案被诉侵权行为是否构成犯罪，是否已达到提起公诉的条件进行的认定。该认定与本案被诉侵权行为是否构成民事侵权，应否承担民事赔偿责任所适用的法律及认定的角度和标准均不相同，不能仅以《不起诉决定书》作为依据来认定被诉侵权行为不构成民事侵权。

【案号】

一审：广东省广州市海珠区人民法院（2016）粤0105民初2760号
二审：广州知识产权法院（2017）粤73民终214号

【案情与裁判】

原告（上诉人）：佛山市顺德区奈特丽婚纱有限公司（简称奈特丽公司）

被告（被上诉人）：林秀萍

被告（被上诉人）：林学锋

起诉与答辩

奈特丽公司于2016年4月8日向广州市海珠区人民法院起诉称，奈特丽公司是第 1940224 号、第 7797817 号、第 8307723 号、第 9305590 号及第 11118489 号商标权人，林秀萍、林学锋未经同意，销售假冒奈特丽公司注册商标的婚纱，侵犯了奈特丽公司注册商标专用权。请求法院判令：1. 林秀萍、林学锋立即停止销售侵犯奈特丽公司第 1940224 号、第 7797817 号、第 8307723 号、第 9305590 号、第 1118489 号商标专用权的婚纱；2. 林秀萍、林学锋赔偿奈特丽公司经济损失 45 万元；3. 林秀萍、林学锋承担本案诉讼费用。

林秀萍、林学锋共同辩称，其销售的涉案婚纱具有合法来源，是从河南省新野婚纱厂合法取得，无需承担赔偿责任。奈特丽公司提出的赔偿主张没有事实及法律依据，其作为商标专用权人未使用该注册商标，且无法证明其受到其他损失，林秀萍、林学锋不需承担赔偿责任。本案证据显示销售被诉侵权商品的主体是广州市海珠区江南贝娜缇诺婚纱店，奈特丽公司以林秀萍、林学锋作为诉讼主体不适格。

一审审理查明

奈特丽公司的商标及商标号				
1	2	3	4	5
澳利莎 AOLISHA	AOLISHA 澳利莎	DEVEN 缔玫	DEVEN FOR WEDDING	蘇妃·凯而
第 1940224 号	第 9305590 号	第 8307723 号	第 11118489 号	第 7797817 号

奈特丽公司的上述 5 个注册商标被核准使用在婚纱、针织服装等第 25 类商品。

林学锋与林秀萍是夫妻关系。广州市海珠区江南贝娜缇诺婚纱店于 2013 年 12 月 4 日经工商部门核准成立，经营类型为个体工商户，经营者为林学锋，经营场所为广州市海珠区江南大道中 73 号好百年（国际）婚庆摄影器材交易中心商铺 A125 – 128、A131 – 133，经营范围为服装零售。

2015 年 2 月 11 日，案外人曹昌娥在广州市海珠区江南大道中 73 号好百年婚纱广场林秀萍经营的 1FB33 档店铺内购买 16 件婚纱。2015 年 3 月 16 日，案外人吴碧群于广州市海珠区江南大道中 73 号好百年婚纱广场林秀萍经营的 1FB33 档、125－128 档、131－133 档的店铺下单购买 32 件婚纱。当日林秀萍向吴碧群交货时，广州市海珠区工商行政管理局执法人员以上述货物涉嫌侵犯他人注册商标为由予以扣押。奈特丽公司指控林秀萍销售给曹昌娥的上述婚纱中有 9 件婚纱侵犯"澳利莎"商标专用权，1 件侵犯"缔玟"商标专用权。奈特丽公司另指控林秀萍销售给吴碧群的上述婚纱中有 13 件婚纱侵犯第 1940224 号和第 9305590 号"澳利莎"商标专用权，2 件侵犯第 8307723 号和第 11118489 号"缔玟"商标专用权，10 件侵犯第 7797817 号"苏妃"商标专用权。

广州市海珠区人民检察院于 2016 年 1 月 12 日作出的穗海检诉刑不诉〔2016〕9 号《不起诉决定书》载明"本院经审查并退回补充侦查，仍然认为现有证据无法证实被不起诉人林秀萍销售的系属假冒佛山市顺德区奈特丽婚纱有限公司注册商标'缔玟''澳利莎'和佛山市顺德区圣罗兰金钻婚纱摄影有限公司注册商标'青曼国际'的婚纱，决定对林秀萍不起诉。"

一审判理和结果

一审法院审理认为，奈特丽公司是第 7797817 号、第 8307723 号、第 9305590 号、第 11118489 号商标的商标权人，上述商标专用权仍处于合法有效状态，依法应当受法律保护。奈特丽公司指控林秀萍在其经营的婚纱店内销售给曹昌娥及吴碧群的两批次婚纱中共有 25 件婚纱侵犯其涉案权利商标，然而就该被诉侵权行为在本案民事诉讼前业已经公安机关以涉嫌销售假冒注册商标的商品罪进行了侦查，公安机关侦查完毕后移送至广州市海珠区人民检察院，该检察院作出《不起诉决定书》，认定现有证据无法证实林秀萍销售的系属假冒奈特丽公司注册商标"缔玟""澳利莎"的婚纱。广州市海珠区人民检察院对本案被诉侵权行为认定为不构成侵犯奈特丽公司商标专用权，并非认定为不构成销售假冒注册商标的商品罪，因此就奈特丽公司指控林秀萍被诉侵权行为已经过司法机关认定为不构成侵犯奈特丽公司商标专用权，奈特丽公司仍以相同的事实及证据主张林学锋和林秀萍侵犯其商标专用权，证据及依据均不足，故对奈特丽公司的诉讼请求不予支持。综上，根据《民事诉讼法》第六十四条第一款之规定，判决：驳回奈特丽公司的全部诉讼请求。

上诉与答辩

一审判决后，奈特丽公司不服，向广州知识产权法院提起上诉称：1. 一审判决事实认定错误。2. 一审判决适用法律错误。广州市海珠区人民检察院的《不起诉决定书》是检察机关认为现有证据不能证实林秀萍构成销售假冒注册商标商品罪和需要追究刑事责任，并没有对林秀萍是否侵犯奈特丽公司商标权作出结论性意见。一审法院仅以检察机关认为现有证据不能证明是假冒婚纱，即作出不构成商标侵权的判决结果，适用法律错误。3. 林秀萍的侵权行为已造成奈特丽公司重大损失。请求二审法院判令：1. 林秀萍、林学锋立即停止侵权行为，赔偿奈特丽公司45万元；2. 本案全部诉讼费用由林秀萍、林学锋承担。

林秀萍、林学锋答辩称：1. 关于涉案第1940224号注册商标的续展问题，由于奈特丽公司在一审阶段并未提供相应的续展证明，一审法院根据现有证据作出的判决不属于认定事实错误。2. 奈特丽公司所称的案外人孟广森是否有权处置婚纱的问题与本案没有关联性，但奈特丽公司与孟广森之间存在合作纠纷及拖欠货款的事实，能够与本案的证据相互印证，而且林秀萍、林学锋向孟广森购买相应的婚纱并支付合理的对价，结合《不起诉决定书》所认定的事实，涉案婚纱均具有合法来源。3. 林秀萍、林学锋不存在侵权行为，也未给奈特丽公司造成任何损失。综上，请求二审法院驳回奈特丽公司的上诉请求。

二审审理查明

广州市公安局海珠区分局对孟广森制作的询问笔录后附有9张被扣押的涉案婚纱的照片，其中4张照片载有的婚纱挂有第9305590号"澳利莎"商标标识，1张照片载有的婚纱挂有第11118489号"缔玫"商标标识。孟广森确认上述婚纱是新野婚纱厂发货给林秀萍。广州市工商行政管理局海珠分局滨江工商所对林秀萍制作的证据复制（提取）单记载该局于 2015 年 3 月 16 日对林学锋位于广州市海珠区江南大道中 73 号 B33 档以及负 1FA125-128、A131-133 档的经营场所进行现场检查并拍摄了照片，照片显示有第 9305590 号"澳利莎"商标及第 11118489 号"缔玫"商标的婚纱。

广州市海珠区滨江茱莉雅婚纱礼服店是个体工商户，经营者是林学锋，经营地址位于广州市海珠区江南大道中 73 号 B33，经营范围为批发、零售：服装。

二审判理和结果

二审法院审理认为：一、奈特丽公司主张林秀萍、林学锋向曹昌娥销售的涉案婚纱侵害其第 1940224 号、第 9305590 号、第 8307723 号、第 11118489 号商标专用权，应承担侵权责任。但奈特丽公司提交的《订货单》、收款收据上并没有表明销售商品的商标，而涉案婚纱照片是奈特丽公司自行拍摄，林秀萍、林学锋对此不予确认，奈特丽公司亦未提交相关证据证明上述照片对应的是林秀萍销售给曹昌娥的涉案婚纱。奈特丽公司的上述主张，依据不充分，不予采纳。

二、奈特丽公司主张林秀萍、林学锋向吴碧群销售了标有"澳利莎""缔玫""苏妃·凯而"商标的婚纱，构成侵权。首先，林秀萍、林学锋向吴碧群销售的 17 件婚纱于当天下午被广州市工商行政管理局海珠分局予以扣押。随后广州市公安局海珠区分局对上述被扣押婚纱进行了拍摄，照片显示上述婚纱中部分带有第 9305590 号"澳利莎"商标及第 11118489 号"缔玫"商标。故林秀萍销售给吴碧群的婚纱侵害了奈特丽公司涉案第 9305590 号、第 11118489 号商标专用权。其次，关于林秀萍、林学锋是否侵害奈特丽公司第 1940224 号"澳利莎"、第 8307723 号"缔玫"及第 7797817 号"苏妃·凯而"商标专用权的问题。第一，广州市公安局海珠区分局所拍摄的被扣押婚纱的照片中，可分辨商标标识的照片中未见有第 1940224 号"澳利莎"、第 8307723 号"缔玫"商标标识。第二，广州市工商行政管理局海珠分局扣押的婚纱中并无"苏妃·凯而"商标的婚纱，虽然奈特丽公司提交的订货单记载了"苏 P480011"等信息，仅凭上述订货单，不足以证明林秀萍向吴碧群销售了侵害奈特丽公司第 7797817 号"苏妃·凯而"商标专用权的婚纱，且林秀萍、林学锋亦不予确认。因此，综合考量双方的举证，现有证据不足以证明林秀萍、林学锋向吴碧群销售的婚纱侵害奈特丽公司第 1940224 号、第 8307723 号、第 7797817 号商标专用权，奈特丽公司的该项主张，依据不足，不予采纳。

另外，广州市海珠区人民检察院作出的穗海检诉刑不诉〔2016〕9 号《不起诉决定书》是从刑事犯罪角度及标准对本案被诉侵权行为是否构成犯罪行为，是否已达到提起公诉的条件进行的认定。该认定与本案被诉侵权行为是否构成民事侵权行为，应否承担民事赔偿责任所适用的法律及认定的角度和标准均不相同。一审法院仅以上述《不起诉决定书》作为依据来认定被诉侵权行为不构成民事侵权不妥，应予以纠正。

综上，二审法院认定林秀萍向吴碧群销售"澳利莎"及"缔玟"商标婚纱的行为侵害了奈特丽公司享有对涉案第 9305590 号及第 11118489 号注册商标的专用权，应承担相应的侵权赔偿责任。而林学锋和林秀萍分别是销售涉案侵权商品的广州市海珠区江南大道中 73 号好百年婚纱广场 B33 档、A125－128 档和 A131－133 档店铺的工商登记个体户经营者和实际经营者，因此林学锋应与林秀萍共同承担停止侵权和赔偿损失等民事责任。故根据《商标法》第五十七条第（一）项、第六十三条第一款、第三款，《最高人民法院关于审理商标民事纠纷案件适用法律若干问题的解释》第十六条第一款、第二款，《民事诉讼法》第一百七十条第一款第（二）项的规定，判决：一、撤销广州市海珠区人民法院（2016）粤 0105 民初 2760 号民事判决；二、林秀萍、林学锋应自判决发生法律效力之日起停止销售侵害奈特丽公司享有的第 9305590 号及第 11118489 号注册商标专用权的商品的行为；三、林秀萍、林学锋应自判决发生法律效力之日起十日内一次性赔偿奈特丽公司 10 万元；四、驳回奈特丽公司的其他诉讼请求。

【法官评述】

本案为侵害商标专用权纠纷，争议焦点在于对同一侵犯知识产权行为，检察机关作出的不起诉决定是否能作为在后民事诉讼中认定该被诉侵权行为不构成民事侵权的依据?

一、知识产权刑事犯罪与民事侵权在构成要件上存在差异

根据我国刑法的规定，知识产权侵权行为需要达到情节严重或者犯罪数额较大的才构成侵犯知识产权犯罪。以销售假冒注册商标的商品罪为例，《刑法》第二百一十四条规定，销售明知是假冒注册商标的商品，销售金额数额较大的，处三年以下有期徒刑或者拘役，并处或者单处罚金；销售金额数额巨大的，处三年以上七年以下有期徒刑，并处罚金。

而在民事诉讼程序中，各知识产权部门法对民事侵权的认定一般只列举各种具体的侵权行为方式，而侵权行为情节是否严重并不是侵权的构成要件。

可见，知识产权民事侵权是刑事犯罪的前提和基础。侵犯知识产权行为，有可能只构成民事侵权，在情节严重时则可能同时构成民事侵权和刑事犯罪。换言之，不构成知识产权刑事犯罪的某个行为，可能不构成知识产权民事侵权，也可能构成知识产权民事侵权，但情节并不严重或者数额较小而不被刑事追究。

二、知识产权刑事犯罪与民事侵权的证明标准不同

刑法理论认为刑事犯罪的证明标准是排除合理怀疑，我国《刑事诉讼法》规定认定被告人有罪证据应当达到犯罪事实清楚，证据确实充分。《刑事诉讼法》第五十三条规定，证据确实、充分，应当符合以下条件：（1）定罪量刑的事实都有证据证明；（2）据以定案的证据均经法定程序查证属实；（3）综合全案证据，对所认定事实已排除合理怀疑。

而民事诉讼中是采用优势证据或者"高度盖然性"的证明标准。《最高人民法院关于民事诉讼证据的若干规定》第七十三条第一款规定，双方当事人对同一事实分别举出相反的证据，但都没有足够的依据否定对方证据的，人民法院应当结合案件情况，判断一方提供证据的证明力是否明显大于另一方提供证据的证明力，并对证明力较大的证据予以确认。在该条文中，最高院是采用了优势证据标准，但最高院在民事诉讼法司法解释中的措辞又似乎

将标准转换成"高度盖然性"。该司法解释第一百零八条规定，对负有举证证明责任的当事人提供的证据，人民法院经审查并结合相关事实，确信待证事实的存在具有高度可能性的，应当认定该事实存在。

虽然学界对刑事诉讼中"排除合理怀疑"证明标准与民事诉讼中"优势证据"或"高度盖然性"证明标准的具体证明程度还有争议，但刑事诉讼的证明标准要比民事诉讼的证明标准高是显而易见的。而这种证明标准的差异对知识产权侵权行为性质的认定与处理结果，有重要意义。比如说在涉案证据的收集、采信，事实的认定方面，处于"优势证据"或"高度盖然性"与"排除合理怀疑"之间时，由于该证据或事实认定并未达到"排除合理怀疑"的程度，在刑事诉讼中不能采用，但达到了"优势证据"或者说"高度盖然性"的标准，可以在民事诉讼中采用。

小结：无论从构成要件还是证明标准来判断，知识产权刑事犯罪与民事侵权均有较大差异，两个程序中的证据采纳、事实认定是既彼此联系又相互独立的，不能仅以知识产权刑事犯罪检察机关作出的不起诉决定作为在后民事诉讼中认定该被诉侵权行为不构成民事侵权的依据。

编写人：广州知识产权法院　江闽松

22

北京网元圣唐娱乐科技有限公司诉
广州菲音信息科技有限公司等侵害商标权纠纷案

阅读提示： 如何判定游戏名称是否商标性使用？
如何判定游戏名称与他人注册商标是否混淆？

【裁判要旨】

根据《商标法实施条例》第七十六条认定商标近似，不应单纯对比二者文字是否相同或者相似，而应将涉案核准注册的商标与作为商标性使用的游戏文字名称的音形义等要素进行全面比对。判断混淆必须基于市场的真实情况，结合商标的显著性和知名度进行认定。

【案号】

一审：广东省广州市天河区人民法院（2013）穗天法知民初字第1970号

二审：广州知识产权法院（2015）粤知法商民终字第28号

【案情与裁判】

原告（上诉人）：北京网元圣唐娱乐科技有限公司（简称网元圣唐公司）

被告（被上诉人）：广州菲音信息科技有限公司（简称菲音公司）

被告（被上诉人）：北京奇虎科技有限公司（简称奇虎公司）

起诉与答辩

网元圣唐公司诉称，上海烛龙信息科技有限公司（简称烛龙公司）依法取得《烛龙古剑奇谭游戏软件 V1.0（简称：古剑)》著作权登记，并且将"古剑""古剑奇谭"商标予以注册，网元圣唐公司依法取得上述两注册商标在全球范围内的普通使用许可权利和以其名义独立进行维权的权利，菲音公司是《古剑奇侠网页游戏系统》，简称《古剑奇侠》的著作权人，奇虎公司是《古剑奇侠》游戏产品的运营商，网元圣唐公司指控上述游戏名称《古剑奇侠》侵犯了涉案"古剑""古剑奇谭"商标权。请求判令：1. 菲音公司在其开发的游戏产品上停止使用"古剑奇侠"名称；2. 菲音公司和奇虎公司停止侵权，删除其网站上含有"古剑奇侠"名称及标识的全部游戏产品和服务；3. 菲音公司和奇虎公司在其经营的网站（http：//www.feiyin.com、http：//www.360.cn）首页显著位置公开道歉，道歉内容发布时间不少于 30天；4. 菲音公司和奇虎公司共同向网元圣唐公司支付侵权赔偿金 50 万元整；5. 菲音公司和奇虎公司共同承担网元圣唐公司的制止侵权所支付的公证费、律师费合计 17495 元。

菲音公司答辩称，菲音公司没有将"古剑奇侠"四个字作为商标使用，而是作为游戏的名称使用。菲音公司作品名称与网元圣唐公司商标标识二者文字、含义区别明显，菲音公司的作品名称无论从字体、图形搭配、颜色搭配、整体外观等很多方面与网元圣唐公司的商标标识不相同也不相近似，不会构成相关公众混淆。

奇虎公司未进行答辩。

一审审理查明

烛龙公司分别注册了"古剑奇谭"（指定颜色）文字商标和"古剑"（指定颜色）文字商标，核定使用商品包括第 9 类的计算机软件（已录制）、电视游戏卡、光盘（音像）等，以及第 41 类的（在计算机网络上）提供在线游戏、电视文娱节目、提供在线电子出版物（非下载的）等。网元圣唐公司依据《商标许可使用协议》和《授权书》取得上述两注册商标在全球范围内的普通使用许可权利和以其名义独立进行维权的权利。菲音公司系"古剑奇侠网页游戏系统（简称：古剑奇侠）V1.0"的著作权人，网元圣唐公司网页公证显示，标题为"古剑奇侠，360 古剑奇侠官方网站－古剑奇侠选区 |

古剑奇侠攻略｜古剑奇侠开服表－360游戏中心"的网页上部有游戏角色图及"古剑奇侠"的字样。就古剑奇侠游戏是否对古剑奇谭游戏及涉案注册商标造成了公众混淆的问题,网元圣唐公司、菲音公司各提供了以下证据:一、网元圣唐公司提供了北京市方圆公证处作出的(2013)京方圆内经证字第43678号公证书,欲证明分别登录名为"上帝的啤酒肚""方杖"的微博账号,查看部分微博内容,显示有游戏玩家通过微博平台投诉反映以下情况,一是通过百度搜索"古剑奇谭",搜索的结果出现"古剑奇侠",二是古剑奇侠游戏的命名及宣传使玩家误以为是古剑奇谭系列产品——古剑(二),即古剑奇侠游戏造成了公众混淆。菲音公司对该证据形式上的真实性与合法性无异议,但以微博内容及粉丝留言的客观性无法保证为由对该证据的关联性有异议。二、菲音公司提供了广州市广州公证处作出的(2013)粤广广州第231200号公证书,欲证明古剑奇侠游戏在整个运营过程中并没有使用网元圣唐公司所享有商标权标识的做法,菲音公司的作品中"古剑奇侠"四个字文字布局、颜色匹配都与"古剑奇谭""古剑"的商标标识有显著差异,另外,通过百度网站搜索关键词"古剑奇侠 古剑奇谭 对比",搜索结果不存在将二者进行对比的文字记载,即没有造成公众混淆。网元圣唐公司对该证据的真实性与合法性无异议,但以该证据不能证明菲音公司没有使用网元圣唐公司所享有商标专用权的商标以及没有造成混淆误认为由对其关联性有异议。

一审判理和结果

一审法院审理认为,被诉侵权游戏的名称"古剑奇侠"与"古剑奇谭""古剑"商标在客观上不构成相同或近似,也不足以造成"古剑奇谭"与"古剑奇侠"的游戏服务对象对两者的混淆。被诉侵权游戏使用"古剑奇侠"作为名称并未侵害网元圣唐公司享有的第6909397号、第6909401号"古剑奇谭"商标,第6909399号、第6909400号"古剑"商标的注册商标专用权,网元圣唐公司据此主张菲音公司和奇虎公司停止侵权、赔偿损失等诉讼请求缺乏法律依据,故不予支持。依照《民事诉讼法》第六十四条第一款、第一百四十四条之规定,判决:驳回网元圣唐公司的诉讼请求。

上诉与答辩

一审判决后，网元圣唐公司不服，向广州知识产权法院提起上诉称，"古剑奇侠"落入权利人指定的"计算机软件""提供在线游戏"商品及服务类别，"古剑奇侠"完整地包含了具有相当知名度的"古剑"商标，足以导致相关公众对游戏来源的误认，"古剑奇侠"与"古剑奇谭"在玩法上不同，但因为其名称高度相似性，很容易使相关公众误将"古剑奇侠"与"古剑奇谭"联系起来，误以为两者同是"古剑"系列游戏产品，进而误认为两者"师出同门"，误认为两个游戏同属于同一开发运营主体，对两个游戏来源产生混淆。基于菲音公司对被诉侵权游戏的命名行为和其游戏在线运营中的宣传行为，相当一部分玩家已经误认为《古剑奇侠》是《古剑奇谭》的系列产品。通过搜索引擎搜索此类商品时，更重要的是商品的文字信息和听觉信息，仅知道其名称或者名称的一部分就可以完成搜索，无需考虑该商品的图形等视觉效果。故请求判令：1. 撤销一审判决，改判支持网元圣唐公司一审全部诉讼请求；2. 本案诉讼费用由菲音公司和奇虎公司承担。

菲音公司二审答辩称：一、"古剑奇侠"不是作为商标使用，而是用于作品名称并且具有特定含义。二、涉案商标与被诉侵权游戏名称不构成相同或者近似。被诉侵权游戏的名称与涉案商标在整体结构、立体组合、颜色组合方面，差异明显。"古剑奇侠"四字有特定的含义，系指修仙人持剑斩妖之意。三、网元圣唐公司提出造成误认和混淆的相关情况并没有得到证据上的支持与验证。四、对于是否造成公众混淆，一审判决作出的相关公众的主体为游戏玩家的认定是正确的。故请求驳回网元圣唐公司的上诉请求，维持原判。

奇虎公司二审答辩称，同意菲音公司的二审答辩意见，另外补充：1. 奇虎公司并非本案适格主体，奇虎公司从未命名过涉案作品，奇虎公司对涉案网站出现被诉侵权游戏根本不知情，也不对被诉侵权游戏侵权承担责任。2. 奇虎公司作为游戏平台的公司，不对涉案游戏侵权承担责任。3. 即使认定是奇虎公司经营的网站，奇虎公司也只是提供了网络链接服务。

二审审理查明

在二审庭审期间，网元圣唐公司提交了国家工商行政管理总局商标评审委员会作出的无效宣告请求裁定书三份，其中，商评字〔2014〕0000107155号和商评字〔2014〕0000107156号裁定中，烛龙公司以菲音公司注册的"古剑仙云"侵犯其在先权利"古剑"商标申请宣告争议商标无效，国家商标评审委员会认定争议商标"古剑仙云"与引证商标"古剑"同为纯汉字商标，"古剑仙云"完整包含"古剑"，且未形成新的特定含义，故争议商标与引证商标构成近似商标，裁定争议商标"古剑仙云"予以无效宣告。商评字〔2015〕0000010581号裁定中，烛龙公司以案外人重庆恒诺赛鑫投资有限公司注册的"古剑山"侵犯其在先权利"古剑"商标申请宣告争议商标无效，国家商标评审委员会认定争议商标"古剑山"与引证商标"古剑"均为纯文字商标，争议商标"古剑山"完整包含引证商标"古剑"，文字构成、外观、呼叫近似，裁定争议商标在流动图书馆、动物园两项服务上予以维持，在其他服务上予以无效宣告。菲音公司对上述证据质证认为，涉案"古剑"商标并没有独立进行实际使用，上述裁定尚未生效，效力待确定，但两公司没有提交证据证明上述三个无效宣告请求裁定已经进入行政诉讼审理程序。另查明，网元圣唐公司的注册商标图案为：

古剑　古剑奇谭

被诉侵权游戏名称实际使用的图案为：

二审判理和结果

二审法院审理认为，本案二审争议的焦点是涉案被诉侵权游戏名称"古剑奇侠"是否侵犯了网元圣唐公司的"古剑"及"古剑奇谭"注册商标专用权。被诉侵权游戏名称所指向的"古剑奇侠网页游戏系统"为计算机软件，与涉案注册商标"古剑""古剑奇谭"核定使用在第9类商品上的"计算机软件（已录制）"在功能、用途、生产部门、销售渠道、消费对象等方面相同，属于同一类商品，同时，该游戏属于网络游戏，与涉案注册商标核定使用在第41类服务上的"（在计算机网络上）提供在线游戏"相比，两者在服务的目的、内容、方式、对象等方面相同，属同一种服务。关于被诉侵权游戏名称与涉案商标是否相同或者相似。从直观比较，被诉侵权游戏名称"古剑奇侠"与涉案注册商标"古剑""古剑奇谭"均不构成相同。关于是否构成近似。认定商标近似，不应单纯对比二者文字是否相同或者相似，而应将涉案核准注册的商标与作为商标性使用的游戏文字名称的音形义等要素进行全面对比。"古剑"作为古代传统兵器，属于古侠类文学作品或者游戏中的常用元素，其显著性并不明显。被诉侵权游戏作为古侠类游戏，在名称和游戏内容中采用"古剑"这一元素较为多见，注册商标"古剑"保护的范围应以其核定的范围为限，不得禁止或者限制对"古剑"二字的正常使用。将游戏名称"古剑奇侠"与注册商标"古剑"相比较，从"古剑奇侠"的使用状态看，与注册商标"古剑"在文字字形、排列、图形外观以及颜色组合上均有明显区别，故二者不相似。将注册商标"古剑奇谭"与被诉侵权游戏名称"古剑奇侠"进行比对，从游戏名称"古剑奇侠"的实际使用状态看，虽然二者在"古、剑、奇"三字文字、读音、含义相同，但两者的艺术字体、文字排列、字体颜色和底色搭配上均不相同；"谭"和"侠"在文字、读音、含义等方面更存在差异，故从整体上看，二者在文字、读音、字体、含义、颜色以及组合和整体编排布局等均有明显区别，不构成相近似。关于"古剑奇侠"与"古剑"及"古剑奇谭"是否造成相关公众混淆的问题。"古剑奇侠"的使用状态与涉案两商标均存在较大的区别，尤其是在艺术字体、指定颜色、文字排列方式以及所依托的渲染背景等组合而成的整体视觉上的差异较为明显，相关公众基于一般的消费习惯和认知能力不致于产生二者出自同一系列来源的联想。"古剑奇侠"名称虽然包含了"古剑"二字，但因"古剑奇侠"有特定的含义，且"古剑"商标并没有在相应核定的商品上实际使用，故不会导致相关公众产生混淆。综上，依照《民事诉讼法》第一百七十条第一款第（一）项的规定，判决：驳回上诉，维持原判。

【法官评述】

商标是使用在商品或者服务上，用以区分商品或服务的来源，具有显著特征的标志，而商品名称是指为了区别于其他商品而使用的商品的称呼，并通过对商品质量、功能、用途等特点进行概括，以使该种类的商品与另一种类的商品相互区分的标识。商品名称与注册商标都是由文字等元素构成，并使用在商品上的商业标识，但两者的识别功能具有明显的区别，商标标识的是产品的不同来源，而商品名称识别的是不同种类的产品。一般而言，商品名称与商标不会产生冲突，因为商品名称一般标识的是商品的质量、特点、功能、用途等属性，这些属性由于缺乏显著性，一般不能作为商标被核准注册，但是，构成商品名称的文字除了标识商品属性的文字外，还包括臆造词，或者是专有名称，此外，标识商品属性的文字经过使用可能产生"第二含义"而获得商标注册，在此情况下，商品名称与商标会产生权利冲突。《商标法实施条例》第七十六条规定，将与注册商标相同或近似的标志作为商品名称使用并误导公众的行为，属于商标侵权行为。该规定是解决商品名称与商标权利冲突的依据，在认定商品名称构成商标侵权时，需要准确界定商品名称与商标的权利边界，区分的关键就在于确定商品名称的使用是否属于商标性使用，即商品名称起到标识来源的作用。由于商标与商品名称的不同识别功能，两者的断判规则存在差异。具体于本案而言，一般来讲，游戏名称中的文字字体、排列组合、颜色等视觉因素的变化不影响其区别不同游戏的功能，但对于文字商标而言，对文字的字体、排列组合、颜色等视觉因素作出了独特的安排，表明该文字商标的保护范围会有所限制，这也是商标权人为避免由于商品名称缺乏显著性而不能获得商标核准注册所作出的选择，在该类文字商标侵权判定中，如果不考虑文字商标标识在视觉效果的区别，会造成商标权利人不正当垄断相应的文字，破坏商标权利人与社会公众的利益平衡。本案中，被诉侵权游戏名称"古剑奇侠"与涉案商标"古剑""古剑奇谭"即存在视觉效果的明显区别，这种区别属于商标侵权判定规则必须考虑的因素。

构成商标侵权的另一个要件是：实际已造成或者可能造成消费者混淆。在考虑混淆可能性时，商标的知名度和显著性是重要的考虑因素。一般而言，知名度高、显著性强的商标，被混淆的可能性就大；知名度低、显著性弱的商标，被混淆的可能性就小。商标的显著性与商品或者服务本身的联系有关，商标与商品或者服务本身的联系越密切，显著性就越弱，相反，显著性就越强。在商品名称与商标重叠的场合，由于商品名称标识了商品的属性，因此商标与商品的联系较密切，此时商标的显著性较低。商标的知名度与相关公众对该商标的了解以及权利人对商标的宣传、投入等因素有关。对于网络游戏而言，游戏的核心玩法、系统、场景、魔法特技等因素构成网络游戏的核心要素，是吸引游戏玩家的主要因素，也是网络游戏获得市场知名度的决定因素。网络游戏核心要素的品质高低，取决于网络游戏创作者的创作水平，在这个过程中，游戏玩家关注的是网络游戏本身，而非游戏上的商标标识。

编写人：广州知识产权法院　庄　毅

23
蔡志军诉张冠隆侵害商标权纠纷案

> **阅读提示**：被诉侵权人抗辩称其使用的标识为商品的通用型号，不构成商标侵权，应当如何认定以及如何确定举证责任？

【裁判要旨】

注册商标中含有本商品通用元素的描述性信息，他人使用该通用元素属于正当使用，不构成商标侵权。被诉侵权人抗辩称其使用的标识为本商品通用型号，应当承担举证责任。如果没有举证或举证不能，人民法院不采纳其正当使用的抗辩意见，在认定被告对诉争标识的使用为商标性使用的基础上，再认定其使用行为是否侵犯他人注册商标专用权。

【案号】

一审：广东省广州市花都区人民法院（2016）粤 0114 民初第 4800 号

二审：广州知识产权法院（2017）粤 73 民终 520 号

【案情与裁判】

原告（上诉人）：蔡志军

被告（被上诉人）：张冠隆

起诉与答辩

蔡志军起诉称，从 2007 年其就在广州市白云区摩配城从事摩托车配件批发，一直使用"LIFO"服务标识。张冠隆当时是其员工。2012 年 5 月 2 日其向国家商标局申请注册"LIFO"商标，2013 年 11 月 7 日获得"LIFO"商标注册证。2013 年其在同一档口与他人共同经营松洲速特佳摩配商行，并授权他人合法使用"LIFO"商标。自 2013 年起张冠隆销售仿冒其"LIFO"商标的摩配商品，主观恶意性极大，给其造成了重大损失，故起诉请求：1. 张冠隆立即停止侵犯其"LIFO"商标的侵权行为；2. 张冠隆赔偿其经济损失 1290385 元；3. 张冠隆承担本案诉讼费用。

张冠隆辩称，英文字母"LIFO"有多种含义，字母组合"LIFO"是摩托车及其配件的一种型号，其使用"LIFO"仅是对商品型号和样式的一种说明，不是作为商标使用，不存在侵害商标权的行为。请求驳回蔡志军全部诉讼请求。

一审审理查明

第 10852229 号"**LIFO**"商标的注册人为蔡志军，核定使用商品包括：内燃机火花塞、化油器等；注册有效期自 2013 年 11 月 7 日至 2023 年 11 月 6 日。2016 年 1 月 1 日，蔡志军将上述注册商标授权广州市白云区松洲速特佳摩配商行生产及销售商品使用。蔡志军销售的商品包装上标识有"**LIFO**"商标和"MODEL：LIFO""ORIGINAL LIFO PARTS"字样。张冠隆销售的化油器等商品包装上标识有"Model：LIFO""MODEL LIFO 100STD""ORIGINAL LIFO PARTS"字样。张冠隆表示其标识"LIFO"是作为商品的型号、样式，是对商品的解释说明，没有作为商标使用，其使用的商标为"图形 + AUTO SR"。

一审判理和结果

一审法院审理认为，第 10852229 号"**LIFO**"商标经依法注册，仍处于有效期内，蔡志军在商标注册后三年内将"**LIFO**"注册商标授权他人使用，其注册商标专用权应受法律保护。

关于张冠隆是否侵犯蔡志军的注册商标专用权的问题：

一、被诉侵权的"LIFO"使用在化油器等商品上，蔡志军请求保护的第 10852229 号注册商标"**LIFO**"核定使用的商品包括化油器，二者使用商品为同一种商品。

二、被诉侵权商品上的"LIFO"与注册商标"**LIFO**"进行比对。首先，将涉案注册商标"**LIFO**"标识与被诉侵权商品包装上的"LIFO"进行对比，二者在字母组合上完全一致，字形不同，从视觉上看构成近似。其次，从被诉侵权商品包装上的"LIFO"所起的作用和整体效果看，被诉侵权商品上是将"LIFO"与"Model"组合用于商品包装上，"LIFO"与"Model"为一个完整整体，处于同一背景和同一画面上，"LIFO"未单独突出使用。根据生活常识，商品上使用文字"Model"是表示该商品的型号或样式，被诉侵权商品使用"Model：LIFO"，其含义应当为描述商品型号或样式的功能，而并非作为商品的商标使用。况且蔡志军的商品包装上亦使用了"Model：LIFO"。以相关公众的注意看，不会将"Model：LIFO"割裂仅对其中的某一词作出单独的理解，更不会将该标识误认为是商品的商标。故张冠隆辩称"LIFO"作为商品型号、样式描述的抗辩理由成立，其使用"LIFO"文字并非作商标标识使用，并非商标法意义上使用该文字。

张冠隆并未将与涉案注册商标相同或近似的标识作为商标使用在同一种或类似商品上，蔡志军主张张冠隆侵犯其注册商标专用权并诉请停止侵权、赔偿经济损失，缺乏事实和法律依据，不予支持。据此，一审法院依照《商标法》第四十八条、第五十九条第一款，《民事诉讼法》第六十四条的规定，判决驳回蔡志军的全部诉讼请求。

上诉与答辩

一审判决后，蔡志军不服，向广州知识产权法院提起上诉：1. 撤销一审判决；2. 改判张冠隆立即停止侵犯其"LIFO"商标的侵权行为，赔偿其全部经济损失；3. 改判张冠隆承担本案全部诉讼费用。事实和理由：一、一审错误将"LIFO"认定为商品型号、样式的描述。"LIFO"不是一个固定的英语单词；从英语翻译角度"LIFO"可以理解为"Last In First Out"的简称，含义为"后进先出"，但"LIFO"没有注册商标核定使用商品中的含义。二、一审适用法律错误。注册商标"**LIFO**"并非英语单词，也不含有任何地名意义，一审适用《商标法》第五十九条属于适用法律错误。三、张冠隆的侵权行为主观恶意极大，应承担侵权责任。张冠隆曾为蔡志军的员工，在工作期间广泛接触了蔡志军的商品、商标及客户，离职后在与蔡志军相同的摩配市场开设摩托配件经营部。张冠隆在其商品包装居中位置上突出使用涉案商标标识"LIFO"。双方从事的行业、地域、消费群体均具有较大的相同性和关联性，张冠隆突出使用涉案商标标识，其行为已给客户造成混淆，属于《商标法》第五十七条规定的商标侵权行为。

张冠隆答辩称，其在商品包装上使用的"LIFO"标识不是商标性使用，"LIFO"是样式、型号的意思，其商品包装上有其申请注册的"AUTO SR"商标，一审判决应予以维持。

二审审理查明

涉案第 10852229 号"**LIFO**"商标为蔡志军于 2012 年 5 月 2 日申请注册。第 15643322 号"图形 + AUTO SR"注册商标为张冠隆于 2016 年 2 月 28 日申请注册。

在一审时，张冠隆为证明其主张提交了第 7076895 号"左上、右上图形 + LIFO"注册商标的中国商标网网上查询打印件。该打印件显示该商标为案外人于 2008 年 11 月 25 日申请，2010 年 7 月 28 日注册公告。

张冠隆的商品外包装正面的标识由上中下排列的三个部分构成：最上部分的标识为其商标"图形 + AUTO SR"；中间部分的标识为"Model：LIFO"，其中"Model"与"LIFO"分为上下设置，"LIFO"的字体远大于"Model"的字体；最下部分的标识为"QTY：1 SET ORIGINAL LIFO PARTS"字样，"QTY：1 SET"与"ORIGINAL LIFO PARTS"分上下两层设置，字体远小于"LIFO"的字体。

二审判理和结果

二审法院审理认为，二审争议焦点为张冠隆在其商品包装上使用"LIFO"标识是否侵犯蔡志军的"LIFO"的注册商标专用权。

一、张冠隆在商品外包装上使用的"LIFO"标识是否为表示本商品的通用型号第一，"LIFO"并不是一个固有的英语词汇。在英语中没有"LIFO"这样一个单词，张冠隆也没有举证证明有"LIFO"英文单词的存在。双方均确认从英语翻译角度"LIFO"可以理解为英文短句"Last In First Out"的简称，含义为"后进先出"。但从字义上看，"Last In First Out"与涉案的摩托车配件没有任何关系。

第二，"LIFO"并不是摩托车配件的一个通用商品型号或样式。张冠隆主张"LIFO"标识为摩托车配件的一个通用型号或样式，依法应当承担举证责任，并不是其在商品外包装上标识了"Model：LIFO"，该标识就自然成了摩托车配件的通用商品型号或样式。但张冠隆没有提供足够证据证明"LIFO"是摩托车配件的通用型号或样式。事实上，张冠隆提交的第7076895号注册商标，也只能证明"LIFO"是他人注册商标中的一个组成部分，而不能证明"LIFO"是摩托车配件的一个通用型号或样式。

第三，张冠隆在其商品包装上使用"LIFO"标识构成商标使用。首先，从使用的商品类别上看，张冠隆将"LIFO"标识使用在化油器等商品上，而蔡志军请求保护的第10852229号注册商标"**LIFO**"核定使用的商品包括化油器等，二者使用商品为同一类商品。其次，从使用标识的显著性来看，张冠隆将"LIFO"标识使用在化油器等商品的外包装上；商品外包装的正面标识分为上中下三个部分，尽管最上部分显示张冠隆的"图形＋AUTO SR"注册商标，但"LIFO"居于外包装正面的中间位置，且"LIFO"的字体既远大于"Model"的字体，也远大于"QTY：1 SET ORIGINAL LIFO PARTS"的字体。张冠隆对"LIFO"的使用行为属于对"LIFO"商标标识的突出使用，因此，其行为构成商标性使用。

二、张冠隆使用"LIFO"标识是否侵害蔡志军的涉案商标专用权

《商标法》第五十七条规定：未经商标注册人的许可，在同一种商品上使用与其注册商标相同的商标的；在同一种商品上使用与其注册商标近似的商标，或者在类似商品上使用与其注册商标相同或者近似的商标，容易导致混淆的等行为，属于侵犯注册商标专用权的行为。在本案中，将被诉侵权商品包装上的"LIFO"标识与涉案注册商标"**LIFO**"进行比对。二者在字母

组合上完全一致，仅字形略有不同，从视觉上看构成近似。且张冠隆将"LIFO"标识置于商品外包装正面的正中位置。通过张冠隆的使用方式和使用行为，能够让相关公众误认为被诉侵权商标所标示的化油器等摩托车配件来源于"**LIFO**"商标权人蔡志军，或者被诉侵权商品与"**LIFO**"商标权人蔡志军存在特定的联系，因此，张冠隆在其商品外包装上对"LIFO"标识的使用会让相关公众对商品的来源产生混淆，侵犯了蔡志军的商标专用权。

蔡志军主张张冠隆侵犯其涉案注册商标专用权并诉请停止侵权、赔偿经济损失，依法有据。结合张冠隆侵权行为性质、侵权期间、侵权情节、实施侵权行为的主观心理状态及合理支出等因素，酌情判决张冠隆赔偿蔡志军20万元。

据此，二审法院依照《商标法》第五十七条第（二）项、第六十三条第一款、第三款，《最高人民法院关于审理商标民事纠纷案件适用法律若干问题的解释》第十六条第二款，《民事诉讼法》第一百七十条第一款第（二）项的规定，判决：一、撤销一审判决。二、在判决生效之日起张冠隆立即停止侵犯蔡志军"LIFO"注册商标的侵权行为。三、在判决生效之日起十日内，张冠隆赔偿蔡志军经济损失（含合理支出）20万元。四、驳回蔡志军的一审其他诉讼请求。

【法官评述】

本案判断被告使用的"LIFO"标识是否侵犯原告"**LIFO**"注册商标专用权，关键在于确定被告使用的"LIFO"标识是否为本商品的通用型号。

一、他人对商标标识的正当使用不构成商标侵权

商标作为一种识别性标志，其基本功能在于识别商品或者服务的来源，让相关公众区分不同商标所代表的商品或服务的提供者。商标专用权也就是一种识别商品或者服务来源的权利，但商标专用权并不是绝对的。商标专用权的保护范围仅限于禁止他人将商标用于标识商品或服务来源的作用上，也即被诉侵权商品上标识的使用必须是商标性使用，而不能禁止他人进行非商标性使用。如果注册商标中含有本商品的通用元素，这些通用元素属于社会

成员自由使用的公共资源，商标权人无权禁止他人对该商品通用元素进行正当使用。所谓商标的正当使用是指竞争者以其本来意义使用某些已经成为他人商标权的保护对象的标志以描述自己的商品而不构成侵权商标权的行为。①商标要素的正当使用本质上并非对他人注册商标的使用，而是对他人商标中所包含的公共领域中的描述性信息的使用。②《商标法》第五十九条规定：注册商标中含有的本商品的通用名称、图形、型号，或者直接表示商品的质量、主要原料、功能、用途、重量、数量及其他特点，或者含有的地名，注册商标专用权人无权禁止他人正当使用。正当使用"虽然使用了商标中的文字或图形，但并非用其指示商品或服务的特定来源，而是对商品或服务本身进行描述"③。如果他人基于诚实信用和善意，在相同或类似商品或服务上，使用的标识是对商品或服务中含有的本商品通用名称、型号等通用元素的描述，属于对商标标识的正当使用。商标标识的正当使用既不会让消费者误认或混淆，也不会对商标构成淡化，不构成侵犯他人商标专用权。因此，在本案中，判断被告使用"LIFO"标识的行为是否侵犯原告的注册商标专用权，应当审查"LIFO"标识是否是对本商品通用型号的描述。

二、"LIFO"标识不是本商品的通用型号

何为本商品的通用型号，什么情形法院可以认定某个标识构成通用型号，这是司法实践中常遇到的一个疑难问题。《最高人民法院关于审理商标授权确权行政案件若干问题的意见》第七条④明确商品的通用名称包括法定的和约定俗成的通用名称两种。我国《商标法》第五十九条规定注册商标中含有

---

① 王太平著：《商标法原理与案例》，北京大学出版社 2015 年版，第 375 页。

② 朗胜主编：《中华人民共和国商标法释义》，法律出版社 2013 年版，第 113 页。

③ 王迁著：《知识产权法教程》（第五版），中国人民大学出版社 2016 年版，第 479 页。

④ 该意见第七条规定：人民法院在判断诉争商标是否为通用名称时，应当审查其是否属于法定的或者约定俗成的商品名称。依据法律规定或者国家标准、行业标准属于商品通用名称的，应当认定为通用名称。相关公众普遍认为某一名称能够指代一类商品的，应当认定该名称为约定俗成的通用名称。被专业工具书、辞典列为商品名称的，可以作为认定约定俗成的通用名称的参考。约定俗成的通用名称一般以全国范围内相关公众的通常认识为判断标准。对于由于历史传统、风土人情、地理环境等原因形成的相关市场较为固定的商品，在该相关市场内通用的称谓，可以认定为通用名称。申请人明知或者应知其申请注册的商标为部分区域内约定俗成的商品名称的，应视其申请注册的商标为通用名称。

本商品的通用名称和型号等通用元素均属于正当使用，因此，本商品的通用型号也可以参照通用名称的认定方法来认定，即商品通用型号包括法定的通用型号和约定俗成的通用型号。法律法规或者国家有关机关或行业协会制定的国家标准、行业标准中对商品的型号进行了明确规定的，应当认定该标识为本商品法定的通用型号。相关公众或者相关行业普遍认为某一型号能够指代某一类商品的，应当认定该型号为约定俗成的通用型号。

按照我国民事诉讼法规定的举证规则，权利人主张他人使用标识的行为侵害其注册商标专用权，被诉侵权人抗辩其使用的标识为本商品的通用型号，其使用行为属于正当使用，应当对该抗辩主张承担举证责任。如果主张该标识是法定的通用型号，当事人应当提供相关的法律法规或国家标准、行业标准来证明。如果主张该标识是约定俗成的商品通用型号，也应当对此进行相应举证，且证明标准必须达到一定的程度。在司法实践中，如果当事人提供了相关专业工具书、词典等，证明该标识属于约定俗成的商品通用型号。参照《最高人民法院关于审理商标授权确权行政案件若干问题的意见》第七条的意见，当事人提供的专业工具书、辞典仅能作为认定该标识是否属于约定俗成的商品通用型号的参考，而不能简单作为认定事实的依据，还需要结合其他证据综合作出认定。

在本案中，被告主张其在商品包装上使用的"LIFO"标识是摩托车配件商品的一个通用型号，应当承担举证责任。但被告仅主张其商品外包装上使用了"Model：LIFO"（Model 中文翻译成"型号"或"样式"），该标识就是摩托车配件的通用商品型号，而没有对该"LIFO"标识属于本商品的通用型号进行充分举证，依法应当承担举证不能的后果，"LIFO"标识为本商品通用型号的抗辩主张不成立。事实上，英语中没有"LIFO"这样一个单词。尽管从英语翻译角度"LIFO"可以理解为英文短句"Last In First Out"的简称，含义为"后进先出"，但该字义"后进先出"与涉案摩托车配件商品没有任何关系。被告为证明其抗辩主张而提交的第 7076895 号注册商标，恰好证明"LIFO"是他人注册商标中的一个组成部分，而不是摩托车配件商品的一个通用型号。

三、被告使用"LIFO"标识构成商标侵权

根据《商标法》第五十七条的规定，未经商标注册人的许可，在同一种商品或者类似商品上使用与其注册商标相同或者近似的商标，容易导致混淆的行为，属于侵犯注册商标专用权的行为。因此，在商业活动中，使用商标或标识构成侵犯他人注册商标专用权的基本行为是在商标意义上使用相同或者近似商标的行为。根据《商标法》第四十八条的规定，商标的使用，是将商标用于商品、商品包装或者容器以及商品交易文书上，或者将商标用于广告宣传、展览以及其他商业活动中，用于识别商品来源的行为。在本案中，判断被告对"LIFO"标识的使用是否侵害原告的注册商标专用权，应当依据法律规定与诚实信用原则，既要考察被告使用标识的目的和主观意图，还要考察其对标识的使用方式以及使用后果，具体可以从以下几方面进行判定：

（一）客观上，被告突出使用了"LIFO"标识

判断一个标识是否被突出使用，遵循整体观察为主，局部比较为辅的比对原则，参考标识的使用位置、使用方式、标识大小以及有无其他参照物等因素，如标识是否标置于明显位置，标识的字体是否加大或加重，是否将自己的商标设置在不显眼的位置等。本案被告商品外包装的正面标识分为上中下三个部分，尽管最上部分显示自有"图形+AUTO SR"注册商标，但"LIFO"居于外包装正面的中间位置，且"LIFO"的字体远大于"Model"和"QTY：1 SET ORIGINAL LIFO PARTS"的字体。很显然，相对于自有商标及其他标识，被告在商品包装上突出使用了"LIFO"标识，相关公众会将"LIFO"标识作为区别商品来源的标识，因此，被告的使用行为构成商标性使用。

（二）主观上，被告使用"LIFO"标识不能认定为善意

商标法上的善意或恶意是从竞争的角度进行判断的。市场公平竞争要求经营者在主观上存在善意。善意是认定使用人对商标标识是否正当使用的要件。善意是行为人的一种主观心理状况，认定标识使用人是否善意，一般只能根据使用情况等来进行判断：一是从使用目的进行分析，如果只是使用商标标识中的通用元素或其他社会公共资源，那使用目的正当，就应认定为主

观善意。如果使用目的是企图引起相关公众对他人商标的混淆或者借用商标权人的商业商誉,那就应认定为主观恶意。二是从使用方式进行分析,如果没有突出使用该标识,应认定为主观善意。在判断使用人是否善意时,还可以参考使用者自身商标的显著性、知名度等因素。

在本案中,被告在与注册商标核定使用商品同类商品上,突出使用"LIFO"标识。被告与原告在同一市场从事同一行业的经营,两者商业竞争关系非常明显。而原告涉案商标"**LIFO**"是一个外文标志,并不是一个固有的英语词汇。将"LIFO"理解为英文短句"Last In First Out"的简称,该含义(后进先出)与涉案的摩托车配件也没有任何关系。该注册商标已被使用多年,应当具有一定的显著性。而被告的"图形 + AUTO SR"商标于2016年2月才注册,使用时间不长,显著性较弱。因此,不能认定被告善意使用该标识。

(三)结果上,被告使用"LIFO"标识容易造成相关公众混淆

认定商标标识是否属于正当使用,要看相关公众对商品或服务来源是否造成误认或混淆,这取决于标识使用方式、商标显著性和知名度、相关公众的注意程度等因素。本案被告在同一商品同一市场面向相同的消费群体,突出使用"LIFO"标识,该标识与原告注册商标字母完全一致,而被告自有的注册商标识别功能显著性低,被告使用"LIFO"标识无疑会导致相关公众对商品来源发生误认或混淆。

综上,被告在商品包装上使用的"LIFO"标识并不是本商品的通用型号,构成商标性使用;一审认定被诉侵权商品使用"Model:LIFO"为描述商品的通用型号,并非作为商标性使用,认定有误;二审法院认定被告在商品包装上使用"LIFO"标识侵犯原告的注册商标专用权,合法合理。

编写人:广州知识产权法院 刘小鹏

24

样样好餐饮管理（深圳）有限公司诉
广州市海珠区港口贡茶店侵害商标权纠纷案

> 阅读提示：如何判断商品或服务的名称为通用名称？服务商标是否适用合法来源抗辩？

【裁判要旨】

"贡茶"一词，原本泛指历史上曾用作贡品的茶叶，而不具体指代某一种类的茶叶，也与奶茶类饮品无关，故其并非茶叶或者某一类茶叶的通用名称，也非奶茶类饮品的通用名称，更非某一服务的通用名称。

虽然《商标法》第四条第二款规定"本法有关商品商标的规定，适用于服务商标"。但销售的客体只能是商品，而不可能是服务，故《商标法》第六十四条第二款规定的合法来源抗辩，仅适用于商品的销售者，而不适用于服务的提供者。

【案号】

一审：广东省广州市海珠区人民法院（2015）穗海法知民初字第 404 号
二审：广州知识产权法院（2016）粤 73 民终 748 号

【案情与裁判】

原告（被上诉人）：样样好餐饮管理（深圳）有限公司（简称样样好公司）

被告（上诉人）：广州市海珠区港口贡茶店（简称港口贡茶店）

起诉与答辩

样样好公司于 2015 年 9 月 28 日向广州市海珠区人民法院起诉称，其是第 8529453 号"🀄"注册商标的权利人，港口贡茶店经营的"贡茶"名称的商铺销售假冒上述商标的奶茶饮品，构成侵权。请求法院判令：1. 港口贡茶店停止侵犯第 8529453 号注册商标专用权，即停止在经营场所中及在生产及销售的商品上使用与样样好公司商标类似的商标标识；2. 港口贡茶店赔偿样样好公司经济损失 3 万元，及为制止、消除侵权行为的必要合理支出共计 5550 元；3. 港口贡茶店承担本案所有诉讼费用。

港口贡茶店辩称：1. 港口贡茶店经营的贡茶饮品系经广州宾凯商贸有限公司（简称宾凯公司）授权加盟，是合法取得；2. 样样好公司的商标是对"🀄"的图案整体才享有商标专用权，对于"GONG CHA"图案并不享有注册商标专用权；3. "贡茶"是一类商品的名称，具有通用性，不为任何人享有专用权；4. "贡茶"作为奶茶及茶馆的标志，在样样好公司使用之前就被广为使用；5. "GONG CHA"图案已经成为一类奶茶饮品店的标识，不为任何人专有；6. 宾凯公司的"禧御"品牌经商标局核准注册，具有显著性，不会与样样好公司的商标构成混淆。

一审审理查明

贡茶商行有限公司取得国家商标局核发取得第 8529453 号"🀄"商标之注册商标专用权，商标注册有效期限自 2013 年 7 月 21 日至 2023 年 7 月 20 日，商标核定服务项目（第 43 类）：备办宴席；餐馆；饭店；咖啡馆；快餐馆；流动饮食供应；……。2013 年 12 月 13 日，贡茶商行有限公司将上述商标转让给样样好公司。

广州市公证处出具的《公证书》证实，港口贡茶店在店内使用了"禧御""GONG CHA"及"🀄"图案组合而成的"🀄"。

七星科技发展有限公司取得国家商标局核发取得第 10630359 号"禧御"商标之注册商标专用权，商标注册有效期限自 2013 年 5 月 14 日至 2023 年 5

月 13 日,商标核定服务项目(第 43 类)。2015 年 8 月 28 日,国家商标局核准七星科技发展有限公司将上述商标转让给张克梅。

港口贡茶店提交的证据证实,港口贡茶店经宾凯公司授权使用"禧御"商标,成立"禧御"贡茶门店等。

一审判理和结果

一审法院审理认为,港口贡茶店使用的被诉侵权标识与样样好公司的权利商标图案""构成近似,且足以使准备投资加盟经营奶茶店的投资者及消费者对被加盟主体、奶茶商品来源产生混淆。港口贡茶店主观上具有明显攀附及"搭便车"的故意,其在经营场所内使用相关图形的行为及生产销售的奶茶商品行为侵犯样样好公司权利商标的商标专用权。故依照《商标法》第五十六条、第五十七条第(二)项、第(三)项、第六十三条,《最高人民法院关于审理商标民事纠纷案件适用法律若干问题的解释》第九条第一款、第十六条第二款、第二十一条第一款,判决:港口贡茶店停止侵权,并赔偿样样好公司 25000 元。

上诉与答辩

一审判决后,港口贡茶店不服,向广州知识产权法院提起上诉称:1. 港口贡茶店系宾凯公司的加盟店,根据《商标法》第六十四条第二款的规定,无论本案认定商标侵权是否成立,港口贡茶店都不应承担赔偿责任。2. ""图案并非样样好公司创作设计或最先使用,该图案已成为一类奶茶饮品店的通用标识。3. ""图案仅为涉案注册商标的很小一部分,港口贡茶店还结合"禧御"注册商标使用,根据整体比对的原则,港口贡茶店的商品不会与样样好公司的商品产生混淆。

样样好公司答辩称:1. 港口贡茶店使用被诉侵权标识属于明知侵权,更未证明自己合法取得并说明提供者,应当承担侵权责任。2. 港口贡茶店所称""图案并非样样好公司创作设计或最先使用,该图案已成为一类奶茶饮品店的通用标识"没有事实依据。3. 港口贡茶店使用的被诉侵权标识与涉案注册商标不仅主要部分相同,而且整体近似,足以造成相关公众混淆。

二审审理查明

根据（2015）粤广广州第 130198 号《公证书》附图显示，港口贡茶店的点餐牌装潢、陈设设备及外包装上使用的图案为""，一审法院对该事实的认定存在瑕疵，但其对案件基本事实没有影响。

二审判理和结果

二审法院审理认为：一、港口贡茶店使用被诉侵权标识""侵犯了样样好公司的第 8529453 号注册商标专用权。首先，"贡茶"一词，原本泛指历史上曾用作贡品的茶叶，而不具体指代某一种类的茶叶，也与奶茶类饮品无关，故其并非茶叶或者某一类茶叶的通用名称，也非奶茶类饮品的通用名称，更非某一服务的通用名称。现没有证据表明样样好公司使用第 8529453 号注册商标之前，""图案已经广泛用于指代某一类商品或服务。因此，港口贡茶店主张""图案为一类奶茶饮品店的通用标识，没有事实依据，不予支持。其次，涉案第 8529453 号注册商标""由左侧""、右上侧""及右下侧""三部分文字图案组合而成。港口贡茶店在其门店的招牌及店内的装潢、陈设物品等上面使用了""及""的组合图形""；在店内点餐牌、饮品点餐单等上面使用了""""及""的组合图形""。其中，上述被诉侵权标识突出使用""图案，而""图案所占比例小。经对比，被诉侵权标识与涉案注册商标中的""图案相同，""与""、""与""构成近似，且上述被诉侵权标识各部分的构图方式、排列位置与涉案注册商标相似，仅对各部分所占比例或相对位置进行了一定的调整，在隔离的状态下，将上述被诉侵权标识与涉案注册商标进行整体比对，难以认为二者之间存在明显的区别，容易造成混淆。第三，样样好公司提供的证据可以证实，其在珠三角城市分布门店较多，具有一定知名度。港口贡茶店虽然称其使用的是第 10630359 号注册商标""，但其并未在该商标核定使用的类别即第 43 类服务项目上规范使用该商标,而是有意模仿涉案第8529453号注册商标进行使用。可见,港口贡茶店攀附涉案注册商标的意图较为明显。综上,港口贡茶店在同一种服务上使用与涉案第8529453号注册商标"🍵"相近似的被诉商标标识"🍵",容易造成混淆,故一审法院认定被诉侵权标识侵犯了样样好公司的第8529453号注册商标专用权并无不当,予以维持。

二、港口贡茶店应当承担赔偿责任。《商标法》第六十四条第二款规定,销售不知道是侵犯注册商标专用权的商品,能证明该商品是自己合法取得并说明提供者的,不承担赔偿责任。本案中,港口贡茶店据此认为其作为凯宾公司的加盟店,无需对样样好公司承担赔偿责任。对此,二审法院认为,虽然该法第四条第二款规定"本法有关商品商标的规定,适用于服务商标",但是,作为销售的客体只能是商品而不可能是服务,因此该法第六十四条第二款之规定只能适用于侵犯商品商标专用权而不适用于侵犯服务商标专用权的情形。换言之,可以合法来源为由不承担赔偿责任的是销售侵犯他人商品注册商标专用权的商品销售者,而侵犯他人注册服务商标专用权的服务提供者则不能据此提出不承担责任的合法来源抗辩。而本案中,港口贡茶店作为餐饮业的经营者,系服务的提供者,其主张有权使用的第10630359号注册商标"禧御"核准使用的亦属服务项目的第43类,故其根据《商标法》第六十四条第二款的规定主张不承担赔偿责任的理由不成立,一审法院对该抗辩不予支持并无不当,予以维持。综上,依照《民事诉讼法》第一百七十条第一款第(一)项规定,判决:驳回上诉,维持原判。

【法官评述】

本案为侵害商标专用权纠纷,其争议点在于:(1)被诉侵权标识是否与样样好公司的涉案注册商标相近似,容易导致混淆?而要对这一点做出正确判断,涉案注册商标中的"🍵",是否属于通用名称,则是需要首先解决的问题;(2)港口贡茶店提出的合法来源抗辩是否成立?由于本案所涉注册商标和被诉侵权标识均用于服务上,故该争议焦点的核心在于,服务商标能否适用合法来源抗辩？

一、"贡茶""![GONG CHA]"在本案中是否属于通用名称、标识的判断

通用名称是相对于特有名称而言，指某类商品或者服务的一般名称，包括行业标准内的规范名称和商业实践中约定俗成的别称、简称等。从本质上来讲，通用名称具有公共资源的性质，正是因为如此，我国《商标法》第十一条第一款第（一）项明确规定，标志中仅有商品通用名称的，不得作为商标注册，以此避免对公共资源的垄断。关于通用名称的判断标准，《最高人民法院关于审理商标授权确权行政案件若干问题的规定》（法释〔2017〕2号）第十条作出了具体的规定。而在此之前，《最高人民法院关于审理商标授权确权行政案件若干问题的意见》（法发〔2010〕12号）第七条、第八条对此作了基本相同的规定。上述规定虽然针对的是商标授权确权纠纷行政诉讼案件，但法院在审理侵犯商标权纠纷民事案件时，亦可参照适用。

本案中，港口贡茶店认为被诉侵权标识不构成侵权的一个主要理由在于，"贡茶"属于通用名称，"![GONG CHA]"已经属于一类奶茶饮品店的通用标识。笔者认为，港口贡茶店的这一主张是不成立的。

首先，"贡茶"一词，原本泛指历史上曾用作贡品的茶叶，而不具体指代某一种类的茶叶，也与奶茶类饮品无关，故其并非茶叶或者某一类茶叶的通用名称，更非奶茶类饮品的通用名称。

其次，涉案注册商标核定服务项目（第43类），也就是说，其属于一个服务商标而非商品商标。从"贡茶"的本意而言，即便其可以作为一个通用名称，也只能作为茶叶类商品的通用名称，而不能作为奶茶类服务的通用名称。

第三，"![GONG CHA]"并非"贡茶"一词及其拼音的简单组合，换言之，"![GONG CHA]"作为一个商品或者服务的标识，其与"贡茶"和"GONG CHA"组合而成构成的标识是不同的，因此，即便"贡茶"一词可以作为某种商品或者服务的通用名称，恐怕也不能想当然地认为"![GONG CHA]"也属于该种商品或者服务的通用标识。

二、服务商标能否适用合法来源抗辩

《商标法》第六十四条第二款规定:"销售不知道是侵犯注册商标专用权的商品,能证明该商品是自己合法取得并说明提供者的,不承担赔偿责任。"这是商标法关于合法来源抗辩的规定,根据该规定,在商品商标侵权诉讼中适用合法来源抗辩是毋庸置疑的,而事实上在商品销售者侵犯注册商标专用权纠纷中,合法来源抗辩成为了最常见的抗辩事由。司法实践中,存在争议的问题是,服务商标侵权诉讼能否适用该条款。有一种观点认为,根据《商标法》第四条第二款"本法有关商品商标的规定,适用于服务商标"的规定,在服务商标侵权纠纷中,服务提供者也可以援引合法来源抗辩作为免除赔偿责任的抗辩。笔者认为,这种观点是不正确的。

首先,《商标法》第六十四条第二款使用的是"销售""商品"等表述,而并没有使用"服务"的概念,而且"销售"的客体只能是商品,不可能是服务,因此,从文义解释的角度而言,《商标法》第六十四条第二款只能适用于商品和商品商标,并不适用于服务和服务商标。

其次,商品和服务不同,商品存在流通的问题,商品的提供者存在制造者和销售者之分,因此,对于商品的销售者,由于被诉侵权商品上的被诉侵权标识并非其贴附的,因此,其可以主张合法来源抗辩。而服务并不存在流通的问题,服务的提供者并不存在"制造者"和"销售者"之区分,因此,对于服务提供者,由于服务原本就是由其提供的,相应的被诉侵权服务标识也是其使用的,因此,其当然不能以有合法来源为由进行抗辩。

第三,《商标法》第四条第二款规定的为"本法有关商品商标的规定,适用于服务商标"而非"本法有关商品的规定,适用于服务"。因此,不能依据《商标法》第四条第二款的规定,将《商标法》第六十四条第二款中的"商品"解释为包括"服务"在内。换言之,认为《商标法》第六十四条第二款不适用于服务提供者和服务商标,并不会与《商标法》第四条第二款之规定相违背。

综上,服务提供者不能依据《商标法》第六十四条第二款的规定,主张免于承担赔偿责任。本案中,港口贡茶店作为餐饮业的经营者,系服务的提供者，其主张有权使用的第10630359号注册商标"**禧御**"核准使用的亦属服务项目的第43类，故其根据《商标法》第六十四条第二款的规定主张不承担赔偿责任的理由不成立。

值得说明的是，对于被诉侵犯他人注册服务商标专用权的服务提供者而言，其常常会以被诉侵权标识已取得第三方授权为由进行免责抗辩，这种抗辩实际上并非《商标法》第六十四条第二款规定的合法来源抗辩，而应为合法授权抗辩。合法授权抗辩实际上也适用于商品和商品商标上，即商品的制造者、销售者主张，被诉侵权标识是经过第三方合法授权使用的，故其使用被诉侵权标识并不侵权。显然，对于商品商标而言，合法来源抗辩和合法授权抗辩是不同的，前者针对的是商品，主张商品有合法的来源；而后者针对的是商标（标识），主张商标（标识）有合法授权。认为《商标法》第六十四条第二款亦适用于服务提供者的观点，实际上是混淆了合法来源抗辩与合法授权抗辩。

编写人：广州知识产权法院　赵盛和　杨　博

25

香奈儿股份有限公司诉文大香等
侵害商标权案

> **阅读提示**：酒店大堂商铺租户售假，如何认定酒店构成帮助侵权？

【裁判要旨】

酒店是否构成帮助侵权，关键在于能否认定其主观故意。故意是指行为人明知或应知自己的行为可能给他人的合法权利带来损害，在主观上对这种损害持希望或放任的态度。要判断酒店是否明知或者应知，应当考虑酒店是否具有较高的注意义务以及租户的商标侵权行为是否足够明显等因素。

【案号】

一审：广东省广州市越秀区人民法院（2014）穗越法知民初字第 119 号
二审：广州知识产权法院（2015）粤知法商民终字第 9 号

【案情与裁判】

原告（上诉人）：香奈儿股份有限公司（简称香奈儿公司）

被告（被上诉人）：文大香

被告（被上诉人）：广州凯旋大酒店有限公司（简称凯旋酒店公司）

被告（被上诉人）：广州凯旋大酒店有限公司凯旋华美达大酒店（简称华美达酒店）

起诉与答辩

香奈儿公司起诉称，其是香奈儿系列注册商标权利人，文大香销售侵犯该商标权的商品，构成侵权。华美达酒店故意为文大香侵权提供便利，构成帮助侵权。华美达酒店是凯旋酒店公司分支机构，后者应负连带责任。故请求法院判令：1. 文大香、华美达酒店、凯旋酒店立即停止侵权；2. 文大香、华美达酒店、凯旋酒店连带赔偿香奈儿公司经济损失及合理支出共计30万元；3. 文大香和华美达酒店张贴告示，消除不良影响。

文大香辩称，香奈儿公司索赔数额过高。

华美达酒店、凯旋酒店公司共同答辩称，其对文大香侵权事实不知情，不构成帮助侵权。

一审审理查明

香奈儿公司是""""图形商标及"CHANEL"文字商标的权利人。北京、上海、广州等地工商行政管理局均发布通告，禁止在该市的服装市场和小商品市场经销未经商标权利人授权的带上述注册商标的商品。

2013年9月26日，香奈儿公司在华美达酒店大堂的"百馨轩"商铺购买了鞋两双、钱包两个。这些商品使用的标识与香奈儿上述注册商标相同。该商铺由文大香向华美达酒店承租并经营。华美达酒店是凯旋酒店公司的分支机构。2013年10月29日，广州市工商局越秀分局以文大香涉嫌侵犯他人注册商标专用权，扣押了标有"CHANEL"字母及""图形标识的钱包3个、手袋1个等物品，并对其作出行政处罚。

另查明，2012年8月2日，路易威登马利蒂向一审法院起诉文大香及华美达酒店、凯旋酒店公司共同侵犯其LV商标权。2012年12月5日，一审法院认定文大香构成侵权，各被告承担相应赔偿责任。2013年9月25日，二审判决维持原判。

再查明，华美达酒店与"百馨轩"商铺签订的《商铺租赁合约》约定，文大香保证不在商铺内经销假冒伪劣商品等。华美达酒店亦出具了要求商铺租户不得经销假冒伪劣商品的通知。

华美达酒店大堂经理交班本、值班日记载明：2014年2月26日，大堂经理密切关注"百馨轩"销售情况，要查该铺有无销售假名牌商品，有即让其下架，落本；2014年3月3日，当值巡查"百馨轩"仍有国际名牌商品出售，当值已立即要求其将商品下架，租户表示配合。

一审判理和结果

一审法院审理认为，文大香销售被诉商品的行为侵犯了香奈儿公司涉案商标权。尽管涉案商标具有较高知名度，工商部门亦发布了涉案商标的商品只能在广州地区定点经营的通告，但不能据此推断华美达酒店对文大香侵权是明知的。华美达酒店系涉案商铺的出租方，并非市场监管职能部门的执法主体，其无权干涉文大香的独立经营权，亦无权强行制止其侵权。而香奈儿公司购买被诉商品后，亦没有通过函件、通知等形式告知华美达酒店。故华美达酒店不构成帮助侵权。该院依照《商标法》第三条、第五十七条第（三）项、第六十三条第三款以及《最高人民法院关于审理商标民事纠纷案件适用法律若干问题的解释》第十六条第一款、第二款、第十七条之规定，判决：一、文大香立即停止销售涉案侵犯香奈儿公司注册商标专用权的商品；二、文大香赔偿香奈儿公司经济损失及合理费用5万元；三、驳回香奈儿公司的其他诉讼请求。

上诉与答辩

一审判决后，香奈儿公司不服，向广州知识产权法院提起上诉称，其一审提交的证据足以证明华美达酒店对文大香的侵权行为是明知或应知的。华美达酒店对包括文大香在内多个商户长期持续实施售假行为，具有明显主观过错。请求二审法院改判文大香、华美达酒店、凯旋酒店连带赔偿香奈儿公司经济损失及合理支出共计5万元。

文大香未答辩。

华美达酒店、凯旋酒店共同答辩称，其不存在帮助文大香实施侵权行为的故意，履行了应尽的义务。请求二审法院驳回上诉，维持原判。

二审审理查明

2013年10月29日，广州市工商局越秀分局在对文大香"百馨轩"商铺进行检查时，除查获本案侵犯香奈儿商标的商品外，还同时查获侵犯 BURBERRY 和 PRADA 商标的商品若干。2014 年 1 月 26 日，该局作出行政处罚决定，认定文大香侵犯了香奈儿、BURBERRY 和 PRADA 商标权。

华美达酒店一审提交的大堂经理交班本、值班本还记载：2014 年 3 月 4 日，当值巡查"百馨轩"发现该商户仍有国际名牌商品出售，当值已立即要求其将商品下架，租户表示配合，但事后未见行动。

二审判理和结果

二审法院审理认为，华美达酒店是否构成帮助侵权，关键在于能否认定其主观故意。故意是指行为人明知或应知自己的行为可能给他人的合法权利带来损害，在主观上对这种损害持希望或放任的态度。要判断华美达酒店是否明知或者应知，应当考虑华美达酒店是否具有较高的注意义务以及文大香的商标侵权行为是否足够明显等因素。

关于华美达酒店对涉案商铺售假是否具有较高注意义务的问题。首先，涉案香奈儿商标是国际知名品牌，华美达酒店理应对该品牌商品的市场销售渠道及零售价格等信息较普通经营者有着更高的注意义务和判断能力。其次，华美达酒店是高档星级酒店，涉案商铺位于酒店大堂内。一般来说，向酒店商铺购买商品的顾客主要也是酒店的顾客，酒店商铺提供的商品购买服务无疑构成酒店对顾客提供的整体酒店服务的重要组成部分。故酒店商铺的售假行为必然有损酒店之声誉。酒店为维护自己的市场声誉，理应对酒店商铺的售假行为施以较高的注意义务。再次，正是因为上述酒店与酒店商铺的特殊关系，酒店对酒店商铺必然拥有较大的管理权力。根据权利义务对等的原则，华美达酒店理应负有更高的监管义务。最后，文大香涉案侵权行为发生在 LV 案一审判决后。虽然此时该案尚未终审，但华美达酒店对于一审法院认定文大香侵犯 LV 商标权没有异议。本案香奈儿商标与 LV 商标同为国际知名服装或箱包品牌。华美达酒店如果是一个勤勉、合理的酒店经营者，应当对 LV 案一审判决后文大香是否还有国际名牌商品的售假行为施以更高的注意义务。

关于文大香涉案售假行为是否足够明显的问题。早在 2011 年，文大香就已经实施了侵犯 LV 商标权的行为。2013 年 9 月 25 日，LV 案终审判决认定文大香侵权。2013 年 9 月 26 日，文大香又实施本案侵犯香奈儿商标的行为。紧接着 2013 年 10 月 29 日，工商部门对文大香涉案商铺进行检查，又发现有侵犯香奈儿、BURBERRY、PRADA 等品牌的商品。2014 年 1 月 26 日，工商部门对文大香作出行政处罚，认定其构成商标侵权。同年 3 月 3 日、3 月 4 日，华美达酒店在巡查过程中，又发现文大香涉案商铺的售假行为。上述事实足以证明，文大香销售侵犯国际名牌商品的行为，具有长期性、连续性，而且在多次行政处罚或司法判决的情况下仍然我行我素，简直是肆无忌惮、毫无悔意。另一方面，也充分说明文大香的售假行为足够明显，华美达酒店只要稍加注意就能发现。

综上，华美达酒店对文大香销售侵犯香奈儿商标商品的行为构成应知。华美达酒店虽然为预防和制止文大香售假采取了一定措施，但从后来发生的事实来看，华美达酒店的措施是不够的，给了文大香持续售假的便利条件。故华美达酒店构成帮助侵权，应与文大香承担连带赔偿责任。华美达酒店是凯旋酒店公司的分支机构，华美达酒店的民事责任由凯旋酒店公司承担。二审法院根据 2001 年修正的《商标法》第五十二条第（二）项、第（五）项、第五十六条第一款、第二款，《侵权责任法》第九条第一款，《公司法》第十四条第一款，2002 年修订的《商标法实施条例》第五十条第（二）项，《最高人民法院关于审理商标民事纠纷案件适用法律若干问题的解释》第十六条第一款、第二款、第十七条，《民事诉讼法》第一百七十条第一款第（二）项的规定，判决：一、维持一审判决主文第一项以及案件受理费的分担决定；二、撤销一审判决主文第二项、第三项；三、文大香、华美达酒店、凯旋酒店公司连带赔偿香奈儿公司经济损失及合理费用 5 万元；四、驳回香奈儿公司其他诉讼请求。

【法官评述】

现实生活中，酒店与酒店大堂商铺经营者往往不是同一主体，酒店与商铺之间是租赁关系。酒店大堂商铺销售国际名牌商品的情况屡见不鲜。权利人一般同时起诉酒店和酒店商铺共同侵权。此时，如何认定酒店的责任，并不容易，特别是权利人在起诉前并未向酒店发函告知的情况下，酒店应当承担什么责任，司法实践中存在不少争议。如一、二审对此看法完全相反。

判断商铺出租方在具体案情中是否存在主观故意是认定其是否构成帮助侵权的核心，应当综合考虑案件具体情况来认定酒店的主观心理状态。本案二审综合考虑涉案商标知名度、华美达酒店的高档星级酒店身份、合同显示的酒店与商铺的特殊关系以及文大香长期反复侵权等因素，认为华美达酒店对涉案售假商铺应具有较高注意义务，且文大香的售假行为明显，华美达酒店只要稍加注意就能发现。华美达酒店对文大香侵犯涉案商标专用权的行为视而不见，放任侵权行为发生，构成帮助侵权，应与文大香承担连带赔偿责任。本案判决对处理同类案件具有一定参考意义。

编写人：广州知识产权法院 龚麒天

26

杭州市西湖区龙井茶产业协会诉
广州市种茶人贸易有限公司侵害商标权纠纷案

> 阅读提示：商品集散市场上销售者未经商标注册人许可，自行使用带有地理标志证明商标标识的包装物进行商品包装并销售的侵害商标权行为应如何追责？

【裁判要旨】

即使商品的来源地及其品质特征符合地理标志证明商标所规定的特定条件，使用者亦无权未经商标注册人许可擅自使用与证明商标相同或相似的证明商标，其仍需向证明商标注册人提出申请并履行该证明商标使用和管理规则中所规定的手续，否则就构成侵害注册商标专用权行为。商品集散市场上销售者未经商标注册人许可，自行使用带有地理标志证明商标标识的包装物进行商品包装并销售，其行为的性质应认定为"叠加式"侵权，即制造侵权商品以及销售侵权商品双重侵权行为的叠加，不适用销售者免除赔偿责任的抗辩。

【案号】

一审：广东省广州市越秀区人民法院（2014）穗越法知民初字第 457 号
二审：广州知识产权法院（2015）粤知法商民终字第 2 号

【案情与裁判】

原告（被上诉人）：杭州市西湖区龙井茶产业协会（简称龙井茶协会）

被告（上诉人）：广州市种茶人贸易有限公司（简称种茶人公司）

起诉与答辩

龙井茶协会于 2014 年 7 月 21 日向广州市越秀区人民法院起诉称，龙井茶协会是第 9129815 号"西湖龙井"地理标志证明商标在第 30 类商品上的权利人，其不断投入大量人力物力对"西湖龙井"商标进行宣传维护，并对使用情况进行监督。经调查，种茶人公司未经许可，存在销售侵犯"西湖龙井"商标权的商品的行为。种茶人公司的侵权行为不仅损害了"西湖龙井"品牌在消费者心目中的地位，也严重侵害了消费者包括身体健康权在内的合法权益，为维护龙井茶协会的合法权益，请求法院判令：1. 种茶人公司立即停止销售侵犯龙井茶协会享有的第 9129815 号"西湖龙井"注册商标专用权的商品；2. 种茶人公司赔偿龙井茶协会经济损失及为制止侵权支出的合理费用 10 万元；3. 种茶人公司承担本案诉讼费用。

种茶人公司辩称：1. 种茶人公司不构成侵权，龙井茶协会主张的"西湖龙井"是一个地理标志，龙井茶协会对茶叶的生产种植没有专有性，即并非只有龙井茶协会成员单位才能销售西湖龙井茶，龙井茶协会并不能禁止茶农自行销售。龙井茶协会成员单位销售的茶叶来源于茶农，种茶人公司销售的茶叶也是来源于茶农，龙井茶协会主张种茶人公司侵权应举证证实种茶人公司销售的龙井茶不是来自西湖产区；2. 龙井茶协会是一个协会，应当由政府授权才能注册涉案商标，而西湖龙井茶本身就是一个品牌，其知名度与美誉度并非来自龙井茶协会。龙井茶协会所举证据并不能证实种茶人公司销售的不是西湖龙井茶叶，龙井茶协会主张只有协会成员单位才能使用西湖龙井标识，混淆了证明商标和集体商标的概念，实际上是保护协会成员单位，企图垄断化；3. 种茶人公司所销售的涉案茶叶直接来源于西湖龙井茶产区的茶农，虽然没有相应的进货凭证，但举证责任不在种茶人公司；4. 种茶人公司是正当经营，涉案西湖龙井茶销售量少。

一审审理查明

国家工商行政管理总局商标局出具的第 9129815 号商标注册证（地理标

志证明商标）载明：西湖龙井；核定使用商品（第30类）茶叶（截止）；注册人杭州市西湖区龙井茶产业协会；有效期限自2011年6月28日至2021年6月27日止。龙井茶协会制定的"西湖龙井"地理标志证明商标使用管理规则载明："西湖龙井"地理标志证明商标用以证明具备"西湖龙井"该商品的原产地和特定品质；同时符合使用条件的商品经营者可申请使用该商标；申请使用该商标的申请人应向杭州市西湖区龙井茶产业协会递交《西湖龙井地理标识证明商标使用申请书》等。

广州市海珠公证处于2013年12月5日出具的（2013）粤广海珠第31320号《公证书》载明：申请人杭州市西湖区龙井茶产业协会的委托代理人朱庆勇于2013年11月18日来到海珠公证处申请办理购买商品行为的保全证据公证。2013年11月19日下午，在海珠公证处公证员的监督下，朱庆勇来到广州市越秀区明月二路二巷的"种茶人"商铺，购买了商品，取得发票及名片各一张。公证人员对上述商铺外观及所购商品、发票、名片进行拍照。当庭开启公证封存物进行查验比对，封存物为一盒茶叶，盒内有两小盒独立包装茶叶，在茶叶的大、小外包装盒正面均标有"西湖龍井"字样标识，封存物内另有一个纸袋，纸袋两面亦标有"西湖龍井"字样标识。龙井茶协会认为上述标识与涉案证明商标相同。一审庭审中，种茶人公司承认该公证封存茶叶是其销售，是从西湖龙井茶产区内进货。

涉案第9129815号"西湖龙井"证明商标图样为：

西湖龙井

被诉侵权商品的外包装照片为：

一审法院还查明：1. 种茶人公司系 2001 年成立的有限责任公司，注册资本为 100 万元，经营范围为批发和零售贸易；零售预包装食品。2. 种茶人公司向法院提交的证据龙井茶协会官方新闻"2012 年茶农用产地防伪标识已发"中载明："自 2001 年起，西湖龙井茶实行产地防伪标识管理制度，每年发放，茶农用产地防伪标识是证明茶农生产的茶叶是否是西湖龙井茶的身份证"。3. 在诉讼过程中，种茶人公司向一审法院提交调查取证申请书，申请龙井茶协会提供涉案被诉侵权茶叶并非产自西湖产区的鉴定结论。

一审判理和结果

一审法院审理认为，鉴于种茶人公司未能举证证实被诉侵权商品来源于第 9129815 号商标使用管理规则中指定的地域范围，其抗辩被诉侵权商品上使用"西湖龙井"地理标志不侵害龙井茶协会商标权的意见不能成立，被诉侵权商品是侵害龙井茶协会商标专用权的商品。种茶人公司销售涉案商品侵害了龙井茶协会的商标专用权，且种茶人公司亦未举证证实该茶叶具有合法来源，故应承担停止侵权及赔偿损失的法律责任。据此，依照《商标法》第五十七条第（一）项、第（三）项、第六十三条第三款以及《最高人民法院关于审理商标民事纠纷案件适用法律若干问题的解释》第十七条之规定，判决：一、种茶人公司立即停止销售涉案侵犯龙井茶协会享有的第 9129815 号"西湖龙井"注册商标权的茶叶。二、种茶人公司应于判决发生法律效力之日起十日内，赔偿龙井茶协会经济损失（含为制止侵权行为所付出的合理费用）共计 4 万元。三、驳回龙井茶协会的其他诉讼请求。

上诉与答辩

一审判决后，种茶人公司不服，向广州知识产权法院提起上诉称：1. 一审法院将"被诉侵权商品是否来源于第 9129815 号商标使用管理规则中制定的地域范围内"的举证责任分配给种茶人公司错误。2. "西湖龙井"是公共品牌，龙井茶协会将其注册为商标，只允许龙井茶协会的会员使用，并向会员收取管理费，会员之外的成员使用则构成侵权，这是明显的违法行为。3. 一审判赔数额过高。4. 一审法院认定部分事实错误。遂请求二审法院判令撤销一审判决，驳回龙井茶协会的所有诉讼请求。

龙井茶协会答辩称，1. 一审法院查明事实客观真实。2. 种茶人公司应对其主张的本案被诉侵权商品来源于西湖龙井茶产区承担举证责任。3. "西湖龙井"系地理标志证明商标而非质量检验标准，品质鉴定不应成为判断被诉侵权商品是否来源于西湖龙井产区的标准。本案被诉侵权商品既没有产地防伪标识，也没有其他证据表明其来自西湖龙井茶产区内，因此，种茶人公司的行为构成侵权。4. 一审判赔数额并无不当。综上，请求法院驳回种茶人公司的上诉请求，维持原判。

二审审理查明

2011 年 7 月 13 日，杭州市人民政府批复同意由龙井茶协会作为主体，负责"西湖龙井"地理标志证明商标的注册和后续监管等工作。龙井茶协会制定的《"西湖龙井"地理标志证明商标使用管理规则》第四条规定：申请使用"西湖龙井"地理标志证明商标，须按本规则规定的条件、程序提出申请，由龙井茶协会审核批准。第十一条规定：符合"西湖龙井"地理标志证明商标使用条件的，应办理如下事项：1. 双方签订《西湖龙井地理标志证明商标许可使用合同》；2. 申请领取《西湖龙井地理标志证明商标准用证书》；3. 申请领取地理标志证明商标标识；4. 申请人交纳管理费。第十三条规定："西湖龙井"地理标志证明商标使用许可合同有效期为一年，到期继续使用者，须在合同有效期届满前 30 天内向龙井茶协会提出续签合同的申请，逾期不申请者，合同有效期届满后不得使用该商标。

龙井茶协会一审提供的情况说明指出，为将西湖龙井茶产区内的龙井茶与产区外的龙井茶区别开来，龙井茶协会在西湖龙井茶产区实施了龙井茶统一产地标识管理，实行茶农用和销售用两种产地防伪标识。

在广州知识产权法院二审时，种茶人公司当庭承认被诉侵权商品系其销售，当庭承认其自行使用"西湖龍井"标识对散装茶叶进行包装并销售没有经过龙井茶协会的许可。但是，种茶人公司同时认为："西湖龙井"是公共品牌，其使用该标识是作为宣传茶文化而使用，并非商标意义上的使用，而且被诉侵权商品中的茶叶来源于西湖龙井茶的产区，其使用"西湖龍井"字样标识属于正当使用。

二审判理和结果

二审法院审理认为，种茶人公司在被诉侵权商品内外包装盒的正面显著位置上均使用了"西湖龍井"的标识，这种使用状况属于商标法上的商标使用。种茶人公司未经龙井茶协会的许可，自行使用"西湖龍井"的标识进行散茶包装，这一行为的性质，在商标法上属于制造侵权商品的行为。也就是说，在本案中，种茶人公司侵害商标权的行为状态表现为制造侵权商品与销售侵权商品双重侵权行为的叠加，即在其制造并销售的被诉侵权商品的包装上使用了与龙井茶协会享有商标权的"西湖龙井"地理标志证明商标相近似的商标，侵犯了龙井茶协会对该商标所享有的注册商标专用权。对于种茶人公司所称其销售的被诉侵权商品中的茶叶来自西湖龙井茶产区的辩解，即使种茶人公司所称的茶叶的来源地属实，其亦无权未经权利人许可擅自使用与"西湖龙井"相同或相似的证明商标，其仍需向龙井茶协会提出申请并履行该证明商标使用和管理规则中所规定的手续，否则就构成侵害注册商标专用权。故依照《民事诉讼法》第一百七十条第一款第（一）项的规定，判决：驳回上诉，维持原判。

【法官评述】

本案为侵害地理标志证明商标专用权纠纷，争议焦点在于：（1）被诉侵权商品中散茶茶叶的产地来源问题，对于本案侵权认定是否有影响？此问题事关案件的审理方向及事实审查的范围；（2）销售者把散茶茶叶包装起来进行销售，是什么性质的行为？此问题事关法律适用及责任确定。二审法院厘清了上述问题，从法理上正确定性，从责任上妥当裁判，从而赋予本案的裁判在侵害地理标志证明商标法理分析上的范式意义。

一、地理标志证明商标法律制度的特点及侵权纠纷审理思路

根据我国商标法的规定，地理标志是指标示某商品来源于某地区，该商品的特定质量、信誉或者其他特征主要由该地区的自然因素或者人文因素所决定的标志；证明商标是指由对某种商品或者服务具有监督能力的组织所控制，而由该组织以外的单位或者个人使用于其商品或者服务，用以证明该商品或者服务的原产地、原料、制造方法、质量或者其他特定品质的标志。

首先，一般的商标法律规则也适用于地理标志证明商标，如地理标志证明商标也需要遵循商标法的规定，需要具有一定的识别性并不得侵犯在先权利；未经注册人许可，他人不得在同一种或类似商品上使用与该地理标志证明商标相同或近似的商标。其次，地理标志证明商标在权利的形成、商标的使用等环节具有不同于普通的注册商标的特殊性，也因此在案件审理中呈现出不同于普通注册商标的特点及思路，具体表现在：第一，在注册商标权利的形成上，地理标志证明商标除了与普通的注册商标一样，需要符合法律规定的形式才能获得注册，同时，该地理标志所标示的商品的特定质量、信誉或者其他特征还应当与该地理标志所标示的地区的自然因素和人文因素存在一定的关联性。第二，在注册商标权利的行使上有特殊规则，一是证明商标的注册人在自己提供的商品上不得使用该证明商标，而是负责管理和监督该商标的使用；二是注册人在许可他人使用的自主权上也受到限制，对于符合条件的申请使用人，注册人具有许可其使用的义务，对于不符合条件的申请使用人，注册人则没有许可其使用的自由；三是在许可的类别上，地理标志证明商标的许可使用不可能存在排他性、独占性许可。此外，对于地理标志证明商标的使用者而言，必须申明其符合证明商标使用和管理规则规定的特定条件，并向证明商标的注册人提出申请，履行证明商标管理制度规定的手续。

本案是因使用地理标志证明商标产生的纠纷，如何正确对涉案行为定性是妥当裁判本案的关键，一、二审法院对于该争议焦点的认定虽然结论相同，但审理思路迥异。一审法院认为判断本案中涉案行为是否构成侵权的关键在于涉案茶叶是否来源于涉案地理标志所指向的特定的地域范围，并以种茶人公司未能举证证实涉案茶叶来源于"西湖龙井"商标使用管理规则中指定的地域范围为由，认定种茶人公司的行为构成侵权。二审法院在论述地理标志证明商标法律制度的特点后指出，即使种茶人公司所称的茶叶的来源地属实,其亦无权未经商标注册人许可擅自使用与"西湖龙井"相同或相似的证明商标,其仍需向龙井茶协会提出申请并履行该证明商标使用和管理规则中所规定的手续,否则就构成侵害注册商标专用权。至于涉案茶叶是否产自"西湖龙井"商标使用管理规则中指定的地域范围,只是一个事实问题,不论该"事实"是真是假,均不影响本案侵害商标权的认定,原因在于种茶人公司使用商标未经商标注册人许可。因此,茶叶的产地来源问题在本案中是伪问题,一审法院对此展开查证和引导举证,是审理思路上明显的偏差。

二、本案销售者的"叠加式"侵害商标权的法理分析

在侵害知识产权的纠纷中,随着产品的制造及加工技术的进步,出现一种新趋势就是多种类型的"叠加式"侵权行为。比如,在他人制造的侵犯外观设计专利权的产品上添加形状、图案、色彩形成新的外观设计,如果该新的外观设计与外观设计专利仍然构成相同或相似的,则该添加人的行为属于外观设计专利"叠加式"侵权[1],其表现为不同的主体侵权行为的叠加,这是由于知识产权的无形性而遭受不同主体侵权所致;本案情形则属于侵害商标权的销售行为与制造行为的"叠加式"侵权,表现为同一主体多种侵权行为的叠加,这是由于知识产权权项的复合性(典型者如专利权人所享有的禁止他人未经其许可制造、使用、许诺销售、销售、进口其专利产品等权项),而遭受侵权人的多重侵权所致。之所以将其表述为"叠加式"侵权,原因在于原有一些相关的名词术语,如共同侵权、重复侵权,均不能涵盖此类侵权形态。

在本案中,二审法院对种茶人公司未经龙井茶协会的许可,自行使用"西湖龍井"的标识进行散茶包装并销售的行为性质进行深入阐析,解构该行为包含了制造侵权商品与销售侵权商品两种形态,属于销售者"叠加式"侵害商标权,应"择重而处"——适用制造者侵权的责任规范。

---

①林广海、邓燕辉:"外观设计专利叠加式侵权分析",载《人民司法(案例)》2008年总第18期。

销售者根据消费者的要求，使用含有名牌商标的包装物对散装茶叶进行包装并销售，这种情况在茶叶市场大量存在。当然，散装茶叶与名牌商标包装物都属于物理语境下的物品，这两种物品在分离的情形下并不构成本案中的被诉侵权商品。但是，销售者出于主观上的故意将二者组合起来则是制造了法律意义上的被诉侵权商品——包裹上了名牌商标外衣的茶叶商品，正是行为人的"包装"行为才使得被诉侵权商品产生并呈现在市场上。无论是出于故意或者过失，行为人未经商标注册人的许可实施的上述行为足以使普通消费者造成混淆的可能，使消费者发生误认甚至误购，从而损害到商标注册人的合法权益和消费者的正当利益，构成侵犯注册商标专用权。结合到本案中，种茶人公司侵害商标权的行为模式表现为制造侵权商品与销售侵权商品双重侵权行为的叠加。即种茶人公司未经许可在其制造并销售的被诉侵权商品的包装上使用了与龙井茶协会享有商标权的"西湖龙井"地理标志证明商标相近似的商标，属于"叠加式"侵害商标权，侵犯了龙井茶协会对该商标所享有的注册商标专用权。

现实情况是，不论是在经营活动中的经营者，还是在司法实践中的审理者，往往容易忽略本案涉案行为中存在的"制造"行为形态。而对该问题的分析，有利于法院在具体个案中对免除赔偿责任规则的正确适用，有利于法院对法庭调查重点的准确把握以及对当事人举证的正确引导。根据《商标法》（2013年修改）第六十四第二款的规定，销售不知道是侵害注册商标专用权的商品，能证明该商品是自己合法取得并说明提供者的，不承担赔偿责任。根据上述规定，在侵害商标权纠纷案件的审理中，人民法院对侵权行为人适用免除赔偿责任规则，首先需要判断涉案行为只是单一的销售行为。

具体到本案中，二审法院通过分析进行了澄清：行为人的涉案行为表现为制造侵权商品以及销售侵权商品的叠加，属于"叠加式"侵权，即不论其所用的散装茶叶是否具有合法来源，是否产自相应的特定地区，由于其未经商标注册人许可而使用涉案商标对散茶进行包装，实际上就是制造了侵权商品，因此，不存在免除赔偿责任的可能性。反观一审法院审理思路，其首先认为本案中被诉侵权商品是否为侵权商品主要取决于该茶叶是否来源于涉案商标使用管理规则中指定的地域范围内，即行为人是否构成侵权取决于其销售的商品是否符合涉案商标所规定的特定条件，然后通过举证责任的分配，认定种茶人公司销售侵权商品侵害了龙井茶协会的商标专用权，最后以侵权行为人亦未举证证实该茶叶具有合法来源，判定应承担停止侵权及赔偿损失的法律责任。显而易见，一审法院漠视了涉案行为制造了被诉侵权商品的"制造"行为，误认为是单一的销售行为，导致在审理思路上产生偏差，未能正确地归纳法庭调查的重点并释明和指导当事人的举证。

此外，还有一种疑虑应当澄清：在原告没有主张行为人"制造"侵权的情况下，二审法院径行认定行为人具有"制造"行为是否有违民事诉讼中的"不告不理"原则？"不告不理"原则是民事诉讼法的基本原则，体现了对民事主体意思自治的尊重及对法官自由裁量权的限制。知识产权的本质是私权，知识产权纠纷也多为民事纠纷，法院在审理知识产权民事案件的过程中应当坚持"不告不理"的基本原则，如审判程序的启动以原告的起诉为条件、判赔数额的确定不得超过原告请求的范围等。与此同时，还应当认识到，知识产权作为一种无形财产权利，与传统民事财产权利有着显著区别，在侵权行为的方式与后果上也与一般财产侵权行为不尽相同。例如，知识产权因其客体的无形性，可能发生不同主体在不同空间对同一权利同时实施不同方式的侵权行为；一般财产侵权行为无论情节如何，通常只是对权利人造成损害，而大多数侵害知识产权的行为，不仅损害了知识产权权利人的利益，还会给社会公共利益造成损害，如损害消费者利益、扰乱市场秩序、阻碍科技创新等。在司法实践中，知识产权权利人对知识产权的特点以及知识产权法律知识缺乏正确认识，知识产权审判中如果片面适用"不告不理"原则，而放任这类侵权行为的蔓延，最终损害的是社会的公共利益，也有悖于知识产权司法保护主导作用的价值追求。因此，在本案中，虽然商标注册人作为原告没有明确主张侵权人制造侵权商品，二审法院依法认定行为人具有"制造"的侵权行为而不能适用商标法上的免除赔偿责任规则，体现了对"不告不理"

原则法律精神的辩证理解，做到了保护知识产权与维护公共利益平衡，正确发挥知识产权司法保护的主导作用。

三、发挥司法保护主导作用，积极营造良好的商标市场环境

人民法院在依法公正裁判知识产权纠纷的同时，必须发挥司法保护主导作用，在个案审理中要善于发现源头性、普遍性问题并通过司法建议反映给相关行政部门，以期形成司法与行政保护的合力，从源头上遏制群体性、重复性侵权的滋生与蔓延，积极营造良好的商标市场环境。

本案是近两年广州地区各级法院审理的一批"西湖龙井"地理标志证明商标侵权纠纷民事系列案件之一，案情相似，都是本地区一些茶叶销售商擅自使用非法印制的、印有"西湖龙井"地理商标标识的包装盒或者包装袋对散装茶叶进行包装和销售。二审法院在审理过程中发现，非法印制和销售他人注册商标标识的包装盒、包装袋是上述案件侵权纠纷的源头，成为侵犯注册商标专用权的群体侵权、重复侵权滋生的土壤。散装茶叶与印制有注册商标的包装物都在市场中流通，其中的散装茶叶一般不受商标法律的规制，但我国《商标法》《商标印制管理办法》等对商标的印制作出了明确的管理规定。伪造、擅自制造他人注册的商标标识或者销售伪造、擅自制造的注册商标标识的，同样属于侵犯注册商标专用权的行为。实践中，对于未经权利人的许可，非法制造或者销售带有注册商标的散装茶叶包装盒、包装袋等包装物，也认定为非法制造或者销售非法制造的注册商标标识，应予查处。然而，人民法院在侵权纠纷案件审理中不可能一并解决这些问题。

鉴于这些情况，二审法院在本案审结的同时，向广州市工商行政管理局发出司法建议，建议其加强对商标印制业务的监管，加强对非法制造、销售印有注册商标标识、地理证明商标标识的茶叶包装盒、包装袋等行为的查处，规范散装茶叶包装销售环节，维护正常市场秩序。广州市工商行政管理局结合该司法建议，根据《商标法》《集体商标、证明商标注册和管理办法》的规定，向全市工商行政管理部门发出了《关于进一步加强茶叶地理标志保护工作的通知》，要求：（1）加强行政指导，引导经营者正当使用地理标志；（2）加强抽查监管，严厉查处侵犯地理标志专用权行

为；（3）加强商标印制监管，打击非法制售侵权标识行为；（4）加强信息沟通和材料报送。该通知并附上《全国有效的茶叶地理标志注册商标名单》与《加强地理标志保护行政指导工作指南》两份文件。至此，由一宗个案引发的地理标志证明商标源头性侵权隐患，得到司法保护与行政保护的联合遏制，市场得以净化。

编写人：广州知识产权法院　林广海

27

克洛克斯有限公司诉广州市集轮贸易有限公司、胡卓勇等侵害商标权纠纷案

> **阅读提示：** 在商品申报出口环节，委托人与报关企业应各自对其行为承担相应的注意义务，如果没有或者怠于履行该注意义务，应当如何承担法律责任？

【裁判要旨】

申报出口货物的，应依法如实履行申报义务，对申报内容的真实性、准确性、完整性和规范性承担法律责任。未履行前述法定义务，应认定主观上有过错。被告主张接受委托办理报关，但未提交相应证据的，应视为侵权商品的实际销售者。

【案号】

一审：广东自由贸易区南沙片区人民法院（2017）粤0191民初58号

【案情与裁判】

原告：克洛克斯有限公司（CROCS，INC.）（简称克洛克斯公司）

被告：广州市集轮贸易有限公司（简称集轮公司）

被告：胡卓勇

被告：赵本洋

起诉与答辩

克洛克斯公司起诉称，其是 G873725 号 "CROCS" 及第 8587990 号

"🔵"注册商标的注册人，该两商标均核定使用在第 25 类包括"鞋"在内的商品上，且均在有效期内。作为以舒适、活泼和创意著称的休闲鞋品牌，克洛克斯公司专为男士、女士及儿童设计生产销售创新休闲鞋履商品。多年来，克洛克斯公司将上述商标在世界范围内广泛使用并大量宣传，使该商标在全世界广为人知，并在中国建立了极高的知名度。集轮公司在 2016 年 7 月 12 日向广州海关驻萝岗办事处申报出口一批货物，货物经文锦渡口岸实际出口。海关查验发现其中有假冒克洛克斯公司上述注册商标的鞋子 908 双。文锦渡海关于 2016 年 8 月 25 日对其作出行政处罚决定，认定集轮公司侵权行为成立。集轮公司出口销售假冒克洛克斯公司商标商品的行为，违反《商标法》第五十七条的相关规定，该等行为不但给克洛克斯公司带来了严重的经济以及商品形象上之损失，并对克洛克斯公司的企业经营带来了恶劣之影响。集轮公司于 2014 年 9 月 5 日成立，目前由胡卓勇一人独资，实际为一人有限责任公司，根据《公司法》第六十三条规定，胡卓勇应对集轮公司的侵权行为承担连带赔偿责任。赵本洋系侵权发生时的法定代表人，应对集轮公司的行为负责。2003 年，克洛克斯公司的 CROCS 商品（特别是"洞洞鞋"）成为全球时尚，在中国的知名度极高。集轮公司作为同行，自然知道克洛克斯公司及其商标，可见集轮公司是故意假冒克洛克斯公司商标，主观过错严重。根据《最高人民法院关于全面加强知识产权审判工作为建设创新型国家提供司法保障的意见》第十三条之规定，应当加大赔偿金额。故诉至法院，请求判令：1. 集轮公司、胡卓勇、赵本洋赔偿克洛克斯公司经济损失人民币 7 万元（其中包括克洛克斯公司为追究侵权责任而支付的律师费、公证费，立案及一审开庭差旅费等的合理费用）；2. 集轮公司、胡卓勇、赵本洋在《广州日报》刊登赔礼道歉声明，以消除因其侵权给克洛克斯公司造成的不良影响；3. 集轮公司、胡卓勇、赵本洋负担本案全部诉讼费用。

集轮公司、胡卓勇、赵本洋共同辩称，不同意克洛克斯公司的诉讼请求。理由如下：1. 集轮公司仅仅是代理商不是涉案货主，不知道出口的是侵权商品，根据商标法规定，由于集轮公司不存在侵权故意，不应承担侵权责任。2. 胡卓勇不是集轮公司的股东，不应承担责任；3. 赵本洋虽然是集轮公司的股东，但是财产独立于公司，不应承担责任。其已向会计事务所进行审计，庭后会提交审计报告；4. 克洛克斯公司请求的金额过高，涉案商品没有流入市场，没有造成实际损失。查获的鞋子市场价值很低，证明主张经济赔偿过高。

一审审理查明

一、关于当事人主体情况

克洛克斯公司系根据美国特拉华州法律而成立的公司，住所地美国特拉华州纽卡斯尔县威尔明顿市奥兰奇街 1209 号。

集轮公司系自然人独资的有限责任公司，成立于 2014 年 9 月 5 日，注册资本人民币 500 万元，经营范围：商品批发贸易、商品零售贸易、贸易代理、其他仓储业、国际货运代理、货物进出口等。赵本洋系集轮公司的股东及原法定代表人，2016 年 11 月 30 日经核准，集轮公司的法定代表人由赵本洋变更为胡卓勇。

二、关于涉案注册商标权属情况

克洛克斯公司是 G873725 号"CROCS"及第 8587990 号"🔲"注册商标的注册人，核定使用商品均为第 25 类包括"鞋"在内的商品，注册有效期限分别自 2005 年 11 月 23 日至 2025 年 11 月 23 日及自 2013 年 5 月 7 日至 2023 年 5 月 6 日。

三、关于被诉侵权行为的情况

一审法院依克洛克斯公司的申请，向文锦渡海关调取以下证据：

1. 文锦渡海关于 2016 年 8 月 25 日作出的《行政处罚决定书》（深关知罚字〔2016〕第 4011 号），载明：2016 年 7 月 12 日，集轮公司以旅游购物商品贸易方式向广州海关驻萝岗办事处申报出口一批货物，报关单证号：513020160306045665，货物经文锦渡口岸实际出口。海关查验发现该批出口货物中有：（1）标有"CROCS"商标的休闲鞋 908 双；（2）标有"飞人乔丹图形"商标的运动鞋 918 双；（3）标有"adidas"商标的运动鞋 590 双；（4）标有"adidas 及三斜杠图形"商标的运动服 1970 件。海关经调查认为，未经商标权人许可，在上述货物上擅自使用他人注册商标，当事人出口上述货物已构成出口侵犯商标权货物的行为，决定对当事人作出没收上述侵权货物并处罚款人民币 11000 元的行政处罚。

2.《代收罚款收据》，显示 2016 年 8 月 26 日，集轮公司已向文锦渡海关缴纳上述罚款。

3.《陈述书》，载明集轮公司的陈述："以上涉嫌侵权的商品不属于我公司的货物，是一个朋友的客人因暂时没有取得授权书的情况下，又没有仓库存放，通过朋友的介绍暂寄存在我公司仓库，由于我公司发货员的疏忽，及对工作不够认真，在发货时，没有认真核实查看每一箱所发货物的情况是否与申报的货物情况相符，导致误把摆放在该批货物旁边的 adidas 运动鞋 590 双、adidas 运动服 1970 件、CROCS 洞洞鞋 908 双、JORDAN 运动鞋 918 双误装车发货，导致申报不符的错误发生。注：我公司无法提供此批货物的成交价格。"

4. 文锦渡海关出具的被扣留被诉侵权鞋子照片。

经比对，从文锦渡海关调取的被诉侵权商品的照片，该商品上标注有"crocs"及"鳄鱼图形"标识，其中"crocs"与克洛克斯公司 G873725 号"CROCS"注册商标区别为英文大小写之分；"鳄鱼图形"标识与克洛克斯公司第 8587990 号"🐊"注册商标整体高度近似，区别仅在于鳄鱼的眼珠，被诉侵权标识的鳄鱼眼珠为一实心圆点，克洛克斯公司的注册商标中的鳄鱼眼珠呈"u"形状。

集轮公司称其并非涉案被诉侵权商品的货主，而是接受第三方委托出口的代理商。集轮公司提交的《委托货物进出口代理协议》打印件显示，委托代理的集装箱号为 CKKU4884486 1×40，委托方处加盖有"深圳市航海物流有限公司"字样的印章，被委托方处手写有集轮公司名称及"委托日期 2016 年 7 月 10 日"字样。提交的《出口货物报关单》显示，海关编号为 513020160306045663，收发货人及生产销售单位为集轮公司，申报单位为广州市万伦报关有限公司，出口口岸为文锦渡海关，申报日期 2016 年 7 月 12 日，运抵地区为香港。出口商品包括：（1）灯具等一批（无品牌），总价

34300 美元；（2）家具配件等一批（无品牌），总价 8160 美元；（3）塑料制品等一批（无品牌），总价 483 美元。提交的《承诺书》打印件显示，深圳市航海物流有限公司向集轮公司作出承诺，确认涉案出口业务是该公司委托集轮公司代理出口，以及确认在进行委托出口业务时，并未告知集轮公司该笔业务可能涉及知识产权侵权问题，承诺负责一切经济和法律责任。该承诺书签订日期空白。

四、其他相关事实

克洛克斯公司称其商品自 2003 年在中国市场开始销售，克洛克斯公司生产销售的类似商品官网售价 399 元一双。

就涉案两个注册商标的市场知名度问题，克洛克斯公司仅提交一份网络打印件《CROCS 在中国的一场时髦之"履"》。

克洛克斯公司在本案主张的合理支出包括律师费 1 万元、公证费 1520 元、翻译费 820 元及差旅费 1000 元，其中差旅费没有提交证据证明。

一审判理和结果

一审法院审理认为，本案争议焦点为：一、被诉侵权商品上标注的"crocs"及"鳄鱼图形"标识是否侵害了克洛克斯公司 G873725 号"CROCS"及第 8587990 号"🐊"注册商标专用权；二、集轮公司是否应当承担赔偿责任，赔偿金额如何确定；三、胡卓勇及赵本洋是否应承担连带赔偿责任；四、是否应在《广州日报》上公开向克洛克斯公司赔礼道歉。

关于争议焦点一，克洛克斯公司是 G873725 号"CROCS"及第 8587990 号"🐊"注册商标的权利人，该注册商标处于有效保护期内，在核定使用范围内依法享有注册商标专用权，应受法律保护。首先，被诉侵权的鞋子与克洛克斯公司两个注册商标核定使用类别中的"鞋"商品为相同商品；其次，由于被诉侵权商品已被海关销毁，无法进行实物比对。经对一审法院从文锦渡海关调取的被诉侵权商品照片上显示的被诉侵权标识"crocs"，与克洛克斯公司 G873725 号"CROCS"注册商标进行比对，两者属于相同英文字母的大小写、排列、顺序及发音均相同，整体构成近似；被诉侵权标识"鳄鱼图形"，与克洛克斯公司第 8587990 号 "🐊" 注册商标相比对，整体观察高度近似，区别仅在于鳄鱼眼珠的细微差别上，不影响两者整体构成近似的认定。被诉侵权商品上的显著位置突出标注了 "crocs" 及 "鳄鱼图形" 标识，客观上具有识别商品的功能，已经构成商标性使用。故一审法院认定被诉侵权商品属于在相同商品上使用与克洛克斯公司 G873725 号 "CROCS" 及第 8587990 号 "🐊" 注册商标相近似的商标标识，容易导致混淆，使一般消费者产生误认误购的结果，已构成对克洛克斯公司两个注册商标专用权的侵犯。

关于争议焦点二，根据《海关法》第十条第三款规定，委托人委托报关企业办理报关手续的，应当向报关企业提供所委托报关事项的真实情况；报关企业接受委托人的委托办理报关手续的，应当对委托人所提供情况的真实性进行合理审查。集轮公司作为涉案侵权商品的发货人，应当依法如实向海关申报，对申报内容的真实性、准确性、完整性和规范性承担相应的法律责任。但集轮公司没有履行上述法定义务，主观上有过错。且集轮公司没有证据证明该侵权商品系第三方所有，应视为该批侵权商品的实际销售者。集轮公司没有证据证明其出口的鞋属于不知道是侵犯注册商标专用权的商品，亦未提交证据证明该商品是其合法取得并说明提供者，依法应向克洛克斯公司承担赔偿责任。

由于权利人因被侵权所受到的实际损失、侵权人因侵权所获得的利益及注册商标许可使用费均难以确定，一审法院根据克洛克斯公司的申请，综合考虑克洛克斯公司注册商标的知名度，集轮公司经营的规模、时间、过错程度，侵权商品类型、数量、金额及克洛克斯公司为制止侵权行为所支出的合理费用等因素，酌情确定集轮公司应赔偿克洛克斯公司经济损失及合理开支共计人民币 35000 元。

关于争议焦点三，由于胡卓勇系集轮公司法定代表人，依法不应对该公司的债务承担连带责任，一审法院对克洛克斯公司该项请求不予支持。由于集轮公司系一人有限责任公司，赵本洋系集轮公司的自然人股东，根据《公司法》第六十三条规定，一人有限责任公司的股东不能证明公司财产独立于股东自己的财产的，应当对公司债务承担连带责任。本案赵本洋并未在举证期限内提交证据证明集轮公司财产独立于其自己的财产，故一审法院认定，赵本洋应对集轮公司的债务承担连带责任。

关于争议焦点四，由于涉案注册商标专用权属于财产权范畴，克洛克斯公司并未举证证明其商誉因侵权行为而受到损害，故对于克洛克斯公司主张应在《广州日报》刊登赔礼道歉声明的诉讼请求不予支持。

据此，依照《商标法》第五十七条第（一）、（三）项、第六十三条第一款、第三款，《公司法》第五十七条第二款、第六十三条，《海关法》第十条第三款，《最高人民法院关于审理商标民事纠纷案件适用法律若干问题的解释》第九条第一款、第十条、第十六条第一款、第二款、第十七条之规定，判决：一、集轮公司于判决发生法律效力之日起十日内赔偿克洛克斯公司经济损失及合理开支人民币35000元整。二、赵本洋对集轮公司的上述债务承担连带清偿责任。三、驳回克洛克斯公司的其他诉讼请求。

本案各方当事人均未上诉。

【法官评述】

本案的争议核心在于如何认定集轮公司的法律责任。首先，本案集轮公司虽然辩称其系接受他人委托代为报关，但并未提交证据证明其主张，应视为举证不能，故一审法院认定集轮公司没有提交证据证明涉案被诉侵权商品系第三方所有，应视为实际销售者的意见并无不妥。集轮公司没有证据证明其出口的鞋属于不知道是侵犯注册商标专用权的商品，亦未提交证据证明该商品是其合法取得并说明提供者，同时亦未举证证明侵权商品并未在中国国内市场销售的事实，应由其向克洛克斯公司承担侵权赔偿责任。其次，假设集轮公司能够提交证据证明其确系接受他人委托代为报关，则根据《海关法》第十条第三款规定，委托人委托报关企业办理报关手续的，应当向报关企业提供所委托报关事项的真实情况；报关企业接受委托人的委托办理报关手续的，应当对委托人所提供情况的真实性进行合理审查。《海关进出口货物申报管理规定》第十二条第二款规定，报关企业履行审查义务时，应当审查的内容包括：（1）证明进出口货物的实际情况的资料，包括进出口货物的品名、规格、用途、产地、贸易方式等；（2）有关进出口货物的合同、发票、运输单据、装箱单等商业单据；（3）进出口所需的许可证件及随附单证；（4）海关要求的加工贸易手册（纸质或电子数据的）及其他进出口单证。根据上述规定，报关企业的审查义务主要是形式上的审查，即根据合同、发票、运输单据、装箱单等证明货物实际情况的资料进行审查。据此，我们认为，报关企业履行的是形式审查义务。但同时我们也要注意，作为从事报关工作的企业，应当对出口报关涉嫌侵犯知识产权保持较高的注意义务，其在审查委托人提交相关单证资料时，应对该单证所记载显示的发货情况真实性、完整性进行合理怀疑排除，否则，不能认为该报关企业已经尽到合理审查义务，依法不能免除责任。本案中，集轮公司主观上有过错，没有履行《海关法》第十条第三款之规定，未依法如实向海关申报，对申报内容的真实性、准确性、完整性和规范性应承担相应的法律责任。综上，法院依法认定集轮公司应向克洛克斯公司承担赔偿责任。这也正是本案的典型意义所在。

编写人：广东自由贸易区南沙片区人民法院　张志荣　佘丽萍

28

王建平、广州市美馨化妆品有限公司诉欧莱雅（中国）有限公司等侵害商标权纠纷案

阅读提示：仅举证从关联公司合法取得侵权产品是否足以证明合法来源抗辩成立？

【裁判要旨】

销售者主张合法来源抗辩，不能仅证明侵权商品是从关联公司合法取得，还必须证明后者也是合法取得并说明提供者。否则任何一个恶意销售者都可能通过关联公司的内部交易，制造合法取得的事实，从而逃避赔偿责任。而且，如果确属善意销售者，要求其进一步提供关联公司合法取得的证据，也不会超出其举证能力。

【案号】

一审：广东省广州市越秀区人民法院（2014）穗越法知民初字第446号
二审：广州知识产权法院（2015）粤知法商民终字第357号

【案情与裁判】

原告（上诉人）：王建平

原告（上诉人）：广州市美馨化妆品有限公司（简称美馨公司）

被告（被上诉人）：欧莱雅（中国）有限公司（简称欧莱雅公司）

被告：广州友谊集团股份有限公司（简称友谊集团）

第三人：北京创锐文化传媒有限公司（简称创锐公司）

起诉与答辩

王建平、美馨公司共同起诉称，王建平是第 3323826 号"生命之树 + TREE OF LIFE"商标注册人，其将该商标独占许可给美馨公司使用。欧莱雅公司未经许可生产"生命之树"化妆品，友谊集团销售该化妆品，共同侵犯了王建平、美馨公司的商标权。故诉请欧莱雅公司、友谊集团立即停止侵权、销毁侵权商品及侵权标识，并共同赔偿经济损失 300 万元及合理费用 5 万元。

欧莱雅公司辩称，被诉商品使用了被称为"生命之树"的印度辣木作为原料，故标注"生命之树"字样是合理使用，不构成侵权。其只是被诉商品经销商，该商品是从日本进口，来源于 PRESTIGE & COLLECTIONS INTERNATIONAL，有合法来源。故请求驳回王建平、美馨公司的诉请。

友谊集团辩称，其销售的被诉商品是从欧莱雅公司取得，有合法来源。故请求驳回王建平、美馨公司的诉请。

一审审理查明

王建平是第 3323826 号"生命之树 + TREE OF LIFE"商标的注册人。该商标核定使用在第 3 类化妆品等商品上，有效期限自 2004 年 6 月 7 日经续展至 2024 年 6 月 6 日。注册后，王建平将该商标独占许可给其为法定代表人及股东的美馨公司使用。

2013 年 5 月 31 日，王建平来到友谊集团经营的广州友谊商店 HR 赫莲娜专柜，购得被诉侵权的"赫莲娜生命之树蜜润滋养柔肤露"和"赫莲娜生命之树草本舒缓沁肤露"各一盒。被诉商品显著位置印有"生命之树"字样和"TREE OF LIFE"标识，同时标注产地日本，经销商为欧莱雅公司。同日，王建平登陆欧莱雅公司主办的 HR 赫莲娜官方购物网站和奢妍美网站，发现亦有被诉商品在销售。

2013 年 6 月 17 日，王建平、美馨公司向欧莱雅公司寄送《律师函》，告知其生命之树系列商品使用第 3323826 号注册商标，已经构成商标侵权，要求其立即停止销售并下架该商品。

2013 年 7 月 24 日，欧莱雅公司出具《关于 HR 赫莲娜品牌旗下的"TREE OF LIFE 生命之树"护肤系列名称的说明》，称该商品自 1960 年在国外面世就一直使用"TREE OF LIFE"字样，2011 年获准在中国上市销售，其是善意合理使用；其收到上述《律师函》后，为避免不必要纷争，已将中国所有柜台、店面和上述网站的该系列商品全面停售并下架。

2014 年 10 月 20 日，王建平委托代理人登陆创锐公司主办的聚美优品网站，发现仍有被诉商品在销售，后进行了购买。王建平、美馨公司据此主张欧莱雅公司并未停止销售被诉商品。欧莱雅公司则辩称其未授权聚美优品网站销售被诉商品。

欧莱雅公司提交了提单、装箱单、报关单、入境货物检验检疫证明、进口关税缴款书等证据证明其销售的被诉商品是从日本进口，来源于 PRESTIGE & COLLECTIONS INTERNATIONAL。欧莱雅公司据此主张合法来源抗辩。欧莱雅公司确认，友谊集团销售的被诉商品是其提供。

王建平、美馨公司为本案支付的律师费、公证费及购买商品费用共 49940 元。

一审判理和结果

一审法院审理认为，印度辣木树与"生命之树"之间不存在单一对应关系，被诉商品使用"生命之树"标识不属于合理使用。欧莱雅公司、友谊集团销售被诉商品，侵犯了王建平、美馨公司涉案商标权。王建平、美馨公司主张欧莱雅公司还生产了被诉商品，但未提交确凿证据证明，该院不予采纳。欧莱雅公司、友谊集团已经停止销售侵权商品，故王建平、美馨公司诉请停止侵权、销毁侵权商品及标识，该院不再支持。欧莱雅公司提交的证据足以证明其销售的侵权商品是从 PRESTIGE & COLLECTIONS INTERNATIONAL 合法取得，友谊集团销售的侵权商品是从欧莱雅公司合法取得，故其合法来源抗辩成立，依法不承担赔偿责任，但应承担制止侵权的合理费用。

依照 2001 年 12 月 1 日施行的《商标法》第五十二条第二款、第五十六条以及《最高人民法院关于审理商标民事纠纷案件适用法律若干问题的解释》第三条第一款、第十六条第一款、第二款、第十七条的规定，判决：一、欧莱雅公司、友谊集团赔偿王建平、美馨公司制止侵权的合理费用 49940 元；二、驳回王建平、美馨公司其他诉讼请求。

上诉与答辩

一审判决后，王建平、美馨公司不服，向广州知识产权法院提起上诉称，欧莱雅公司与 PRESTIGE & COLLECTIONS INTERNATIONAL 是关联公司，同属欧莱雅集团控制的公司，故其合法来源抗辩不能成立。请求二审法院改判欧莱雅公司赔偿经济损失 150 万元。

欧莱雅公司答辩称，其是善意销售者，且提供了合法来源，不应承担赔偿责任。请求二审法院驳回上诉，维持原判。

二审审理查明

欧莱雅公司及 PRESTIGE & COLLECTIONS INTERNATIONAL 同为欧莱雅集团的子公司。

二审判理和结果

二审法院审理认为，合法来源抗辩中善意销售者的判断有两个要件。一是主观上不知道销售的是侵权商品，二是能证明合法取得并说明提供者。这两个要件相互作用，要件二对要件一起到支撑和证明的作用，如果销售者不能证明合法取得并说明提供者，其主张主观上对侵权不知情就没有任何说服力。要件一对要件二起到限制的作用，虽然销售者能证明合法取得并说明提供者，但如果有证据显示其知道或应当知道销售的是侵权商品，其也不是善意销售者。虽然欧莱雅公司举证证明销售的侵权商品来源于 PRESTIGE & COLLECTIONS INTERNATIONAL。但该公司与欧莱雅公司同为欧莱雅集团的子公司。对于商标权利人而言，两者实为一体，具有相同的主观心理状态。故欧莱雅公司主张是善意销售者，不能仅证明侵权商品是从 PRESTIGE & COLLECTIONS INTERNATIONAL 合法取得，还必须证明后者也是合法取得并说明提供者。否则任何一个恶意的销售者都可能通过关联公司的内部交易，制造合法取得的事实，从而逃避赔偿责任。而且，如果欧莱雅公司确属善意销售者，要求其进一步提供关联公司合法取得侵权商品的证据，也不会超出欧莱雅公司的举证能力。由于欧莱雅公司不能证明其关联公司合法取得侵权商品并说明提供者，故其合法来源抗辩不能成立，应当承担赔偿责任。

根据 2001 年修正的《商标法》第五十六条第一款、第二款，《最高人民法院关于审理商标民事纠纷案件适用法律若干问题的解释》第十六条第一款、第二款，《民事诉讼法》第一百七十条第一款第（二）项的规定，判决：一、维持一审判决第一项；二、撤销一审判决第二项；三、欧莱雅公司赔偿王建平、美馨公司经济损失 100 万元；四、驳回王建平、美馨公司其他诉讼请求。

【法官评述】

2001 年修正的《商标法》第五十六条规定了善意销售者免赔的合法来源抗辩。该抗辩成立有两个要件，一是不知道销售的是侵权商品，二是能证明合法取得并说明提供者。要件一涉及人的主观心理状态，且属于消极待证事实，往往难以进行举证，故销售者一般只需对要件二进行证明即完成该抗辩的举证义务。本案的争议在于，举证侵权商品从关联公司合法取得，是否足以证明合法来源抗辩。讨论时存在两种意见，一种意见认为，第五十六条的字面含义仅要求证明侵权商品从提供者处合法取得，关联公司之间也是各自独立的企业法人，故欧莱雅公司合法来源抗辩成立。另一种意见认为，第五十六条应作限缩解释，仅举证侵权商品从关联公司合法取得，不足以证明该抗辩成立。理由如下：首先，对于商标权利人而言，侵权人欧莱雅公司及其关联公司实为一体，具有相同的主观心理状态。如果欧莱雅公司的关联公司知道所售商品是侵权商品，则可推定欧莱雅公司也知道。但第五十六条中的销售者与提供者之间显然不存在这种推定关系。哪怕提供者知道所售商品是侵权商品，也不能就此推定销售者是恶意销售者。其次，以字面含义解释第五十六条容易被恶意销售者规避。正如二审法院所担心的，任何一个恶意的销售者都可能通过关联公司的内部交易，制造合法取得的事实，从而逃避赔偿责任。再者，如果欧莱雅公司确属善意销售者，要求其进一步提供关联公司合法取得侵权商品的证据，也不会超出欧莱雅公司的举证能力。

编写人：广州知识产权法院　龚麒天

29

石狮市富朗尼奥服饰有限公司诉
广州市拉古纳贸易有限公司侵害商标权纠纷案

> **阅读提示：** 商标权利人不能证明此前三年内实际使用过注册商标的，被诉侵权人不承担侵权赔偿责任。但侵害商标权的行为多属于持续性侵权行为，在持续性侵权行为中关于《商标法》第六十四条规定的"此前三年"的起算时间应如何确定？

【裁判要旨】

《商标法》第六十四条规定注册商标专用权人不能证明此前三年内实际使用过该注册商标，也不能证明因侵权行为受到其他损失的，被诉侵权人不承担赔偿责任。对于一次性商标侵权行为，《商标法》第六十四条规定的"此前三年"的含义应当是被诉侵权行为发生之日前三年。但是，由于侵害商标权的行为多属于持续性侵权行为，持续性侵权行为中"此前三年"的起算时间如何确定，应当借鉴《最高人民法院关于审理商标民事纠纷案件适用法律若干问题的解释》第十八条关于诉讼时效规定的立法原则与精神，若被诉侵权人证明持续性侵权行为在起诉前已停止，则"此前三年"应当是持续性侵权行为停止之日前三年；若被诉侵权人的持续性侵权行为在起诉时尚未停止的，则"此前三年"应当是起诉之日前三年而非庭审之日、判决之日或裁判生效之日前三年，即将"此前三年"的起算时间确定为起诉之日。

【案号】

一审：广东省广州市越秀区人民法院（2015）穗越法知民初字第 681 号

二审：广州知识产权法院（2016）粤 73 民终 539 号

【案情与裁判】

原告（被上诉人）：石狮市富朗尼奥服饰有限公司（简称富朗尼奥公司）

被告（上诉人）：广州市拉古纳贸易有限公司（简称拉古纳公司）

起诉与答辩

2015 年 9 月 22 日，富朗尼奥公司以拉古纳公司未经许可在同种、类似商品上使用与其注册商标"UN"标识相同、相近似的商标，构成商标侵权为由向一审法院提起诉讼，请求判令：1. 拉古纳公司立即停止生产、销售、许诺销售侵犯富朗尼奥公司第 1513307 号、第 7607162 号注册商标专用权的商品；2. 拉古纳公司销毁侵犯富朗尼奥公司商标专用权的侵权商品、半成品、商标标识；3. 拉古纳公司清除所有侵犯富朗尼奥公司商标专用权的网络宣传内容；4. 拉古纳公司赔偿富朗尼奥公司因商标专用权遭受侵犯所致经济损失 3335004 元（该款含维权支出费用）；5. 本案全部诉讼费用由拉古纳公司负担。

拉古纳公司答辩称，第一，拉古纳公司使用的商标与涉案注册商标不构成近似，也不易混淆，且已获得案外人合法授权；第二，富朗尼奥公司无提交证据证实其有实际使用涉案商标，拉古纳公司无需赔偿经济损失；第三，富朗尼奥公司请求赔偿的金额明显过高，拉古纳公司在销售涉案被诉侵权商品时已尽合理的审查义务，可免除赔偿责任。综上，请求驳回富朗尼奥公司的诉讼请求。

一审审理查明

第 1513307 号"un"商标核定使用商品为第 25 类的服装、帽子（头戴）、领带、T恤衫、工作服、衬衣、茄克、袜、皮带（服饰用）、鞋（脚上的穿着物），注册有效期限自 2001 年 1 月 28 日至 2011 年 1 月 27 日。2004 年 4 月 7 日，国家商标局核准第 1513307 号"∪∏"商标转让给富朗尼奥公司。2010 年 10 月 25 日，国家商标局核准上述商标续展注册，续展注册有效期自 2011 年 1 月 28 日至 2021 年 1 月 27 日。第 7607162 号"∪∏"商标的注册人为富朗尼奥公司，核定使用商品为第 25 类的防水服、服装、领带、帽、袜、舞衣、鞋、腰带、婴儿全套衣、游泳衣（截止），注册有效期限自 2013 年 11 月 7 日至 2023 年 11 月 6 日。

2011 年 2 月 1 日，富朗尼奥公司与浪漫公子公司签订关于第 1513307 号"∪∏"商标的许可使用协议，许可期限为 2011 年 2 月 1 日至 2021 年 1 月 27 日。浪漫公子公司与中誉公司两次签订关于第 1513307 号"∪∏"品牌商品的总经销协议，第一份经销协议的许可期限为 2011 年 10 月 31 日至 2015 年 10 月 31 日，第二份的许可期限为 2015 年 11 月 1 日至 2018 年 10 月 31 日。2015 年 6 月 1 日，富朗尼奥公司与浪漫公子公司签订关于第 7607162 号"∪∏"商标的使用许可合同，许可期限为 2015 年 6 月 1 日至 2023 年 11 月 6 日。富朗尼奥公司在一审中提交的证据包括附有"∪∏"商标的牛仔裤商品、商标标签等。

根据（2014）闽泉通证民字第 5299 号《公证书》，富朗尼奥公司的委托代理人于 2014 年 8 月 28 日于拉古纳公司在淘宝天猫商城开设的"un united nude 旗舰店"，购买了涉案被诉侵权的鞋类商品。上述网店网页上标注有"∪∏ UNITED NUDE TM 英国建筑艺术时尚品牌"的文字信息，网店上有各种不同款式的女装鞋类商品，在各款鞋类商品上均标注有"∪∏"标识；拉古纳公司所销售的被诉侵权女装高跟鞋在外包装、鞋垫、鞋底位置均使用了"∪∏ UNITED NUDE TM"整体字母排列组合标识，其中"∪∏"标识属于加大加粗的突出使用，与后缀字母排列组合亦明显不符，该标识属于视觉强化设计的使用。此外，该被诉侵权女装高跟鞋的鞋带位置、购买须知和退换须知的抬头位置单独使用了"∪∏"标识。至 2016 年 3 月 30 日一审庭审时，富朗尼奥公司当庭通过手机登陆的方式证明拉古纳公司的上述行为仍在持续。

2014 年 6 月 11 日，富朗尼奥公司向广东省广州市白云公证处申请办理保全证据公证，公证书内容显示拉古纳公司在广州市越秀区中山三路中华广场设立的"**ᄂᄀ** UNITED NUDE TM"实体商铺的招牌上使用了"**ᄂᄀ** UNITED NUDE TM"标识，该标识同样突出使用"**ᄂᄀ**"标识，拉古纳公司在该商铺内销售了被诉侵权男装休闲鞋，其包装、鞋底、鞋垫位置也使用了"**ᄂᄀ** UNITED NUDE TM"整体字母排列组合标识，其中"**ᄂᄀ**"标识属于加大加粗的突出使用，与后缀字母排列组合亦明显不符，该标识属于视觉强化设计的使用。此外，该被诉侵权男装休闲鞋的鞋跟位置、交易文书的抬头位置单独使用了"**ᄂᄀ**"标识。双方当事人确认上述实体店铺已于 2015 年 9 月本案起诉前关闭。

一审判理和结果

一审法院审理认为，富朗尼奥公司享有的注册商标专用权依法受法律保护，拉古纳公司销售了涉案被诉侵权的两款鞋类商品。拉古纳公司在天猫所销售的被诉侵权女装高跟鞋在外包装、鞋垫、鞋底位置均使用了"**ᄂᄀ** UNITED NUDE TM"整体字母排列组合标识，其中"**ᄂᄀ**"标识属于加大加粗的突出使用，与后缀字母排列组合明显不符，故该标识属于视觉强化的设计使用。此外，该被诉侵权女装高跟鞋的鞋带位置、购买须知和退换须知的抬头位置单独使用了"**ᄂᄀ**"标识。反观拉古纳公司抗辩认为取得授权使用的"UN UNITED NUDE"商标，被诉侵权女装高跟鞋所使用的标识与其主张获得授权使用的商标在前置"UN"明显不符，而与富朗尼奥公司注册的第 7607162 号"**ᄂᄀ**"商标构成相同，与富朗尼奥公司注册的第 1513307 号"**ᄋᄀ**"商标构成近似。再从拉古纳公司网店的宣传网页来看，拉古纳公司在鞋类商品图片上使用"**ᄂᄀ**"标识，极易使相关消费公众产生混淆与误认。同理，拉古纳公司在广州市越秀区中山三路中华广场设立的"**ᄂᄀ** UNITED NUDE TM"实体商铺的招牌上使用了"**ᄂᄀ** UNITED NUDE TM"标识，在该商铺内销售的被诉侵权男装休闲鞋的包装、鞋底、鞋垫位置使用了"**Lㄇ** UNITED NUDE TM"整体字母排列组合标识,该被诉侵权男装休闲鞋的鞋跟位置、交易文书的抬头位置单独使用了"**Lㄇ**"标识。已侵犯富朗尼奥公司享有的对涉案注册商标的专用权,依法应承担停止侵权的民事法律责任,并删除"un united nude 旗舰店"网页上的侵权标识。

至于拉古纳公司抗辩认为涉案侵权鞋类商品存在合法来源问题。首先,拉古纳公司认为其获得英国优人国际有限公司的授权使用涉案商标,一审法院经审查对富朗尼奥公司出示的《商标使用授权书》不予采信。另,拉古纳公司抗辩认为涉案侵权鞋类商品是来源于东莞佑昶鞋业有限公司,但由于拉古纳公司主张的生产厂家信息无法与侵权鞋类商品的生产信息相对应一致。因此一审法院对拉古纳公司抗辩认为被诉侵权的两款鞋类商品存在合法来源的意见不予采纳。

至于富朗尼奥公司主张拉古纳公司销毁侵权商品的成品、半成品、商品标识的请求问题。鉴于富朗尼奥公司没有举证证实拉古纳公司尚有库存的侵权鞋类商品或标识以及具体侵权商品的存在地点和数量,故一审法院对富朗尼奥公司的该项诉讼请求亦不予支持。

至于赔偿金额的确定问题。一审法院综合考虑酌情确定拉古纳公司承担的赔偿金额为 55 万元,该款含富朗尼奥公司为制止侵权行为所产生的合理维权费用。

综上,依照《商标法》第五十七条第(二)项、第(三)项、第六十三条以及《最高人民法院关于审理商标民事纠纷案件适用法律若干问题的解释》第十六条第二款、第十七条第三款之规定,判决:一、拉古纳公司立即停止销售涉案侵犯富朗尼奥公司享有的对第 1513307 号"**Lㄇ**"商标以及第 7607162 号"**Lㄇ**"注册商标专用权的鞋类商品。二、拉古纳公司立即删除在淘宝网(Taobao. com)天猫商城开设的"un united nude 旗舰店"上涉案侵犯富朗尼奥公司享有的对第 1513307 号"**Lㄇ**"商标以及第 7607162 号"**Lㄇ**"注册商标专用权的网络宣传标识。三、拉古纳公司应于判决发生法律效力之日起十日内赔偿经济损失 55 万元(该款含富朗尼奥公司为制止侵权所产生的合理开支费用)给富朗尼奥公司。四、驳回富朗尼奥公司的其他诉讼请求。

上诉与答辩

一审判决后，拉古纳公司不服，向广州知识产权法院提起上诉，请求二审法院撤销一审判决第一、二、三项；一、二审诉讼费由富朗尼奥公司承担。主要理由是拉古纳公司使用的 UN 标识已获案外人授权、被诉侵权商品具有合法来源以及富朗尼奥公司未提供证据证明此前三年使用涉案注册商标的事实，一审判赔数额过高。

富朗尼奥公司答辩称，拉古纳公司所称获得授权的第 5032080 号"UN UNITED NUDE"商标，与其实际使用的商标明显不同；拉古纳公司的合法来源抗辩不能成立；富朗尼奥公司在二审中也补充了证据，结合一审证据足以证明涉案商标此前三年内已实际使用。

二审审理查明

英国优人公司是第 5032080 号"UN UNITED NUDE"商标权人。其于 2014 年 1 月 1 日向拉古纳公司出具许可使用上述商标的《商标使用授权书》一份。

2011 年 2 月 1 日，富朗尼奥公司与浪漫公子公司签订关于第 1513307 号"**un**"商标的许可使用协议，许可期限为 2011 年 2 月 1 日至 2021 年 1 月 27 日。浪漫公子公司与中誉公司两次签订关于第 1513307 号"**un**"品牌商品的总经销协议，第一份经销协议的许可期限为 2011 年 10 月 31 日至 2015 年 10 月 31 日，第二份的许可期限为 2015 年 11 月 1 日至 2018 年 10 月 31 日。2015 年 6 月 1 日，富朗尼奥公司与浪漫公子公司签订关于第 7607162 号"**UП**"商标的使用许可合同，许可期限为 2015 年 6 月 1 日至 2023 年 11 月 6 日。富朗尼奥公司在一审中提交的证据 18 – 20 包括附有"**UП**"商标的牛仔裤商品、商标标签等实物，一审法院已在一审中组织双方当事人对该部分证据进行质证。富朗尼奥公司于二审提交的商品皮带扣及皮带标签实物，附有"**UП**"商标、"富朗尼奥公司监制、浪漫公子公司生产"的内容。

国家工商行政管理局商标局于 2014 年 12 月 2 日作出关于第 1513307 号

"**ᑌᑎ**"注册商标连续三年不使用撤销申请的决定,认定富朗尼奥公司提交的其在 2011 年 3 月 7 日至 2014 年 3 月 6 日期间使用商标的证据有效。

二审判理和结果

二审法院审理认为,本案为侵害商标权纠纷。结合拉古纳公司的上诉请求、事实及理由以及富朗尼奥公司的答辩意见,二审归纳争议焦点如下:1. 拉古纳公司以其使用的商标已获得授权为由主张不侵权抗辩是否成立。2. 拉古纳公司提出的合法来源抗辩是否成立。3. 拉古纳公司以富朗尼奥公司未使用涉案商标为由主张免除赔偿责任的抗辩是否成立。4. 一审判赔数额是否合法恰当。

关于拉古纳公司以其使用的商标已获得授权为由主张不侵权抗辩是否成立的问题。经查,拉古纳公司构成以改变显著特征的方式变造使用第5032080 号注册商标的行为,这种行为属于滥用注册商标而非正当行使专用权的行为,不能阻却拉古纳公司侵权行为的构成。此外,拉古纳公司还在经营中单独使用与富朗尼奥公司第 7607162 "**ᑌᑎ**"商标相同、第 1513307 号"**ᑌᑎ**"商标相近似的"**ᑌᑎ**"标识。因此,拉古纳公司以其使用的商标已获得授权为由主张不侵权抗辩不能成立。

关于拉古纳公司提出的合法来源抗辩是否成立的问题,一审法院认定准确,拉古纳公司主张的生产厂家信息与侵权商品的生产信息不一致,拉古纳公司没有充分证据证明被诉侵权商品具有合法来源,对于拉古纳公司的该项上诉主张,不予采纳。

关于拉古纳公司以富朗尼奥公司未使用涉案商标为由主张免除赔偿责任的抗辩是否成立的问题,本案中,拉古纳公司在实体店铺使用侵犯商标权的招牌以及销售侵权男鞋商品的时间始于 2014 年 6 月,双方当事人在一审时确认上述实体店铺已于本案 2015 年 9 月起诉前关闭,即拉古纳公司的该部分侵权行为自 2014 年 6 月持续至本案起诉前。而拉古纳公司在网店使用侵犯商标权的标识以及销售侵权女鞋商品的时间始于 2014 年 8 月,至2016 年 3 月 30 日一审法院庭审时,富朗尼奥公司当庭通过手机登陆的方式证明拉古纳公司的侵权行为仍在持续，即本案有证据证明拉古纳公司的该部分侵权行为自 2014 年 8 月持续至 2016 年 3 月，且无证据证明拉古纳公司已经停止侵权。关于富朗尼奥公司使用涉案商标的事实，第一，根据国家工商行政管理局商标局 2014 年 12 月 2 日的决定，证明在拉古纳公司侵权发生前，富朗尼奥公司从 2011 年 3 月至 2014 年 3 月期间使用过第 1513307 号"**un**"注册商标；以上决定结合富朗尼奥公司与浪漫公子公司签订关于第 1513307 号"**un**"商标的许可使用协议、浪漫公子公司与中誉公司签订的关于第 1513307 号"**un**"品牌商品的总经销协议，足以证明富朗尼奥公司在 2011 年至今实际使用过第 1513307 号"**un**"注册商标。第二，富朗尼奥公司的第 7607162 号"**un**"商标于 2013 年 11 月 7 日获得核准注册，根据 2015 年 6 月 1 日富朗尼奥公司与浪漫公子公司签订关于第 7607162 号"**un**"商标的使用许可合同，许可期限为 2015 年 6 月 1 日至 2023 年 11 月 6 日；结合富朗尼奥公司在一审中提交的附有"**un**"商标的牛仔裤商品、商标标签，以及在二审中提交的附有"**un**"商标及"富朗尼奥公司监制、浪漫公子公司生产"内容的皮带扣及皮带标签等实物，足以证明富朗尼奥公司自 2015 年 6 月起至今实际使用过第 7607162 号"**un**"商标。综上，富朗尼奥公司已证明了此前三年内实际使用过第 1513307 号"**un**"、第 7607162 号"**un**"注册商标，故对于拉古纳公司的该项上诉主张，二审法院不予支持。

关于一审判赔数额是否合法恰当的问题。一审法院综合考虑多项因素，酌定本案赔偿金额为 55 万元，合法恰当，并无畸高情形，应予以维持。

综上所述，拉古纳公司的上诉理由不能成立，一审判决认定事实清楚，适用法律正确，依法应予以维持。依照《民事诉讼法》第一百七十条第一款第（一）项的规定，判决：驳回上诉，维持原判。

【法官评述】

本案的二审主要争议问题是：拉古纳公司以富朗尼奥公司此前三年未使

用涉案商标为由主张免除赔偿责任的抗辩是否成立。

《商标法》第六十四条第一款规定，注册商标专用权人请求赔偿、被诉侵权人以注册商标专用权人未使用注册商标提出抗辩的，人民法院可以要求注册商标专用权人提供此前三年内实际使用该注册商标的证据。注册商标专用权人不能证明此前三年内实际使用过该注册商标，也不能证明因侵权行为受到其他损失的，被诉侵权人不承担赔偿责任。该规定在于鼓励商标使用，防止怠于使用商标造成资源浪费的行为。据此，若被诉侵权行为属于一次性侵权行为，即原告主张被告仅构成一次性侵权或者被告有证据证明其仅实施了一次被诉侵权行为时，"此前三年"的含义应当是被诉侵权行为发生之日前三年，但若被诉侵权行为属于持续性侵犯商标权行为的，即原告主张被告自某个时间点（通常为原告通过保全获得被告实施了被诉侵权行为证据的时间节点）一直实施侵权行为、且被告无法证明其仅实施了一次被诉侵权行为时，假如被诉侵权人起诉时侵权行为已停止的，则"此前三年"的含义应当是持续性侵权行为停止之日前三年；假如被诉侵权人起诉时侵权行为尚未停止，则"此前三年"的含义应当是起诉之日前三年。本案中，拉古纳公司在实体店铺使用侵犯商标权的招牌以及销售侵权男鞋商品的侵权行为自2014年6月持续至本案起诉前。而拉古纳公司在网店使用侵犯商标权的标识以及销售侵权女鞋商品的侵权行为自2014年8月持续至2016年3月30日一审法院庭审时，且无证据证明拉古纳公司已经停止侵权。同时，有证据证明富朗尼奥公司在2011年至今实际使用过第1513307号"ᒍᑎ"注册商标，2015年6月起至今实际使用过第7607162号"ᑌᑎ"商标。因此，富朗尼奥公司已证明了此前三年内实际使用过第1513307号"ᒍᑎ"、第7607162号"ᑌᑎ"注册商标，拉古纳公司的该项上诉主张不能成立。

通过本案，日后在审理类似案件时应当注意：首先，商标权人并非注册商标后就可高枕无忧，而应当在商业活动中实际使用该商标，使商标因使用而实现识别功能、更具显著性，否则可能面临侵权成立却无法获得赔偿的问题。如广东省高级人民法院审理的（2015）粤高法民三终字第145号上诉人广东美的制冷设备有限公司与被上诉人珠海格力电器股份有限公司、原审被告珠海市泰锋电业有限公司侵害商标权纠纷一案①，法院二审认定美的公司的持续性侵权行为在格力公司起诉前已停止，格力公司并未提交证据证明其在美的公司实施被诉侵权行为之前已经实际使用其注册商标"五谷丰登"，格力公司侵权损害赔偿请求权未得到法院支持。

其次，如果商标权人确实使用了注册商标的，则在商标注册后的实际经营使用中应当按年度保留使用商标的证据，例如带有生产日期的商品、商标标签及包装、相关商标许可或特许经营等含有约定该商标使用的交易文书、将商标用于宣传及展览等证据，便于在维权时用于证明其在商业活动中实际使用商标的事实，才不致于出现侵权人构成侵权却免于承担赔偿责任的结果。并且，商标权人无正当理由连续三年怠于实际使用其注册商标，任何单位或者个人包括被诉侵权人可以向商标局申请撤销该注册商标，此时商标权人不仅可能面临无法获得赔偿的问题，也有可能出现丧失商标权利的风险，商标权人对此绝不可轻忽，才能更好地保护自己的知识产权。

第三，若商标注册人确实存在未实际使用商标情形，仅仅为了保持商标不被撤销或者在侵权诉讼中获得赔偿，而制造出仅具有象征意义的"实际使用"的证据，在审判实践中不会获得支持。在北京知识产权法院审理的（2015）京知行初字第5982号原告何榆因商标权撤销复审行政纠纷一案中②，何榆以诉争商标连续三年停止使用为由向商标局提出撤销申请，法院认为应当审查的关键问题之一就是在案证据是否能够证明诉争商标的使用行为是"真实、善意的商标使用行为"，而非"象征意义的使用行为"。法院经审查认定第三人提交的在案证据均为复制件，对其中的发票进行检索，未检索到发票的有效性信息；其中的广告合同所体现的商标与诉争商标有所不同，且无合同具体履行的证据；另有数份复印件不清晰的宣传材料，无法确定发行时间。以上证据不足以证明诉争商标在指定期间内进行了真实、善意的商业

①广东省高级人民法院审理的（2015）粤高法民三终字第145号民事判决书。
②北京知识产权法院（2015）京知行初字第5982号行政判决书。

使用。

法院在甄别商标实际使用的证据时，应当审查商标是否在其注册核准的使用权边界内真实、善意地使用。其一，商标使用指的是在商标核定使用的商品或服务的类别中、而非超出核定商品或服务范围的使用；其二，商标使用指的是与原注册商标相同的使用而非将商标变造、拆分或与其他标识组合等方式使用；其三，证明使用的证据应当能达到证明商标存在真实使用的高度盖然性。法院应根据以上标准对商标使用的证据的真实性与关联性逐一进行审查核实，从而排除伪造商标实际使用的证据。

编写人：广州知识产权法院　朱文彬

30

北京木棉花酒店管理有限公司诉
广州木棉花酒店有限公司侵害商标权纠纷案

> 阅读提示：实际使用的商标与核准注册的商标虽有差别，但未改变注册商标显著特征的，是否可以视为对商标的使用？商标许可使用合同作为确定侵害商标权损害赔偿依据的判断标准是什么？

【裁判要旨】

实际使用的商标与核准注册的商标虽有差别，但未改变注册商标显著特征的，可以视为对商标的使用。被诉侵权人主张以权利人请求保护的注册商标的许可使用费作为判赔依据时，应当根据合同主体之间的关联性、许可使用费的数额并结合涉案注册商标的实际使用等情况综合判断前述合同约定的许可使用费是否能体现权利人请求保护的商标的市场价值。若许可使用合同当事人为注册商标权利人及其关联公司，许可使用方式为无偿许可或低价许可，则不宜据此作为确定侵权赔偿的参考因素，而是应当根据涉案商标的使用情况、侵权行为的范围、侵权人的主观恶意程度、侵权情节等因素酌情确定赔偿数额。

【案号】

一审：广东省广州市天河区人民法院（2015）穗天法知民初字第1039号

二审：广州知识产权法院（2017）粤73民终212号

【案情与裁判】

原告（被上诉人）：北京木棉花酒店管理有限公司（简称北京木棉花酒店）

被告（上诉人）：广州木棉花酒店有限公司（简称广州木棉花酒店）

起诉与答辩

北京木棉花酒店以广州木棉花酒店自成立起至今一直擅自使用"木棉花酒店"图文商标构成侵权并给其造成经济损失为由诉至一审法院，请求判令：1. 广州木棉花酒店立即停止在企业名称中使用"木棉花酒店"文字及图形，并且销毁带有"木棉花酒店"文字及图形的所有商品宣传资料、店面招牌和商品外包装；2. 广州木棉花酒店立即删除并终止所涉及到的网站上不实宣传；3. 广州木棉花酒店向北京木棉花酒店公开赔礼道歉并在网站上登载致歉声明、消除不良影响；4. 广州木棉花酒店赔偿北京木棉花酒店合理费支出及经济损失额共计 30 万元。

广州木棉花酒店辩称，酒店字号系依法注册，木棉花系广州市花，广州市民及企业普遍将木棉花名称及标志在各行各业中使用，故其使用行为系善意使用企业字号的行为，依法不构成侵权。涉案注册商标在市场中也不具有知名度，二者发生混淆认识的可能性极小，即便构成侵权，亦不应承担赔偿责任。据此，广州木棉花酒店请求驳回北京木棉花酒店的全部诉讼请求。

一审审理查明

深圳木棉花酒店经国家工商行政管理总局商标局核准，注册了第 3473080 号"HOTEL KAPOK 木棉花酒店"商标、第 3473085 号图形商标，核定服务项目均包括第 43 类的住所（旅馆、供膳食宿处）、旅馆预订等，注册有效期限自 2005 年 1 月 7 日至 2015 年 1 月 6 日止。2013 年 8 月 13 日，上述商标经国家商标局核准转让，受让人为北京木棉花酒店，并续展注册有效期至 2025 年 1 月 6 日。北京木棉花酒店为证明其实际使用前述商标，提交了北京木棉花酒店等酒店的相关照片、宣传册以及上述酒店在携程、去哪儿等网络平台酒店分类中的预订网页打印件。

广州木棉花酒店于 2012 年 12 月 21 日核准成立，注册资本 120 万元，经营范围为酒店住宿服务（旅业）、会议及展览服务。2014 年 7 月 24 日，北京木棉花酒店委托代理人陈律师入住广州木棉花酒店经营的酒店一晚，该酒店招牌、宣传折页、名片、携程网酒店列表中使用"木棉花酒店"中文字样、"Kapok Hotel"英文字样等标识。

一审判理和结果

一审法院审理认为，本案焦点问题在于北京木棉花酒店是否实际使用涉案商标、广州木棉花酒店使用被诉标识的行为是否构成商标使用及突出使用企业字号的行为。

关于涉案注册商标是否实际使用的问题。北京木棉花酒店提供的证据可以证明其自 2002 年以来在北京木棉花酒店等实际使用了"HOTEL KAPOK 木棉花酒店"及图案标识。"HOTEL KAPOK 木棉花酒店"标识与第 3473080 号注册商标虽有字形等差异，但两者所包含的文字、读音、含义一致，据此认定北京木棉花酒店已实际使用了第 3473080 号注册商标。广州木棉花酒店在其经营场所使用花朵图案装饰，在对外提供酒店住宿服务中附随提供的宣传折页、房卡纸套、名片上使用"木棉花酒店 Kapok Hotel"文字、"kapok"及花朵图案标识，上述文字或图案均系用来标示服务的来源，应认定为商标的使用。上述标识中的"木棉花酒店"中文字样系广州木棉花酒店企业名称中的字号"木棉花"和行业"酒店"的简单组合，广州木棉花酒店在提供酒店住宿服务中并未规范使用企业名称全称，上述行为亦属于突出使用其企业字号的行为。广州木棉花酒店的行为侵害了涉案注册商标专用权，依法应承担赔偿损失等民事责任。

综上所述，依据《商标法》第四条第二款、第四十八条、第五十七条第（二）项和第（七）项、第六十三条第一款和第三款、第六十四条，《最高人民法院关于审理商标民事纠纷案件适用法律若干问题的解释》第一条第（一）项，《最高人民法院关于审理注册商标、企业名称与在先权利冲突的民事纠纷案件若干问题的规定》第四条，《民事诉讼法》第六十四条第一款之规定，判决：一、广州木棉花酒店赔偿北京木棉花酒店经济损失 13 万元；

二、广州木棉花酒店赔偿北京木棉花酒店为制止侵权行为所支付的合理开支25000元；三、驳回北京木棉花酒店的其他诉讼请求。

上诉与答辩

一审判决后，广州木棉花酒店不服，向广州知识产权法院提起上诉称，1.广州木棉花酒店使用"木棉花酒店 Kapok Hotel"标识是对企业字号的使用，而非商标性使用，广州木棉花酒店对本案被诉标识的使用均系善意使用。2.被诉标识与涉案注册商标不近似。以相关公众的一般注意力为标准，被诉标识与涉案注册商标存在显著区别，被诉标识的使用不会导致混淆和误认。3.北京木棉花酒店并未实际使用涉案注册商标。北京木棉花酒店提交的证据所载标识与涉案注册商标存在较大区别，不应认定其使用了涉案注册商标；且一审法院认定上述使用属于不规范使用，权利人不应从其不当使用行为中获利。4.一审判赔数额过高，即便广州木棉花酒店的行为认定为侵权，亦不应承担巨额赔偿。据此，广州木棉花酒店请求撤销一审判决第一项、第二项，依法改判其无需承担赔偿责任。

北京木棉花酒店辩称，一审法院认定事实清楚，适用法律正确，请求维持原判。

二审审理查明

二审中，广州木棉花酒店提交了网页截图、商标档案等证据，其中网页截图显示广州市市花为木棉花，商标许可合同商标档案显示第3473080号注册商标于2006年6月至2015年1月被无偿许可给北京华京大厦有限公司使用，商标转让合同显示第3473080号注册商标于2012年11月由深圳木棉花酒店（深圳）有限公司转让给北京木棉花酒店，转让费为1元。

二审判理和结果

二审法院审理认为，本案二审焦点在于北京木棉花酒店是否实际使用了第3473080号"HOTEL KAPOK 木棉花酒店"注册商标以及一审判赔数额是否适当。

关于涉案注册商标是否实际使用的问题。商标的使用是指将商标用于商品、商品包装或者容器以及商品交易文书上，或者将商标用于广告宣传、展览以及其他商业活动中，用于识别商品来源的行为。本案中，北京木棉花酒店提交的北京木棉花酒店等不同酒店的照片、宣传册以及上述酒店在携程、去哪儿等网络平台酒店分类中的预订网页打印件等证据显示，前述酒店外墙招牌以及所使用的宣传册、服务车辆、雨具、纸巾、拖鞋、信纸、笔、杯、房卡纸套、行李吊牌、名片等印有"HOTEL KAPOK 木棉花酒店"字样及图案标识，前述标识的使用属于商标法意义上的使用。虽然前述图文标识与第3473080 号注册商标存在一定差异，但并未改变第 3473080 号注册商标标志的显著特征，相关公众仍能将该实际使用标志与北京木棉花酒店建立关联，该图文标志发挥了第 3473080 号注册商标的标志功能。因此，"HOTEL KAPOK 木棉花酒店"标志的使用可以视为第 3473080 号注册商标的使用。其次，本案被诉侵权行为发生在 2014 年 7 月，虽然北京木棉花酒店提交的宣传册、酒店照片、服务车辆、拖鞋、杯、房卡纸套、行李吊牌、名片等均无法显示形成时间，但结合酒店的工程建设周期、携程网对于酒店开业时间的介绍及无锡木棉花酒店有限公司等多家公司的营业执照显示的成立时间，同时考虑涉案注册商标许可使用合同的许可期间等综合分析，现有证据足以证实北京木棉花酒店在 2014 年 7 月前实际使用了"HOTEL KAPOK 木棉花酒店"字样的标识。

关于北京木棉花酒店因被侵权所遭受的损失，其并未提供证据予以证明，故本案难以将其因被侵权所遭受的经济损失作为确定赔偿数额的依据；关于广州木棉花酒店因侵权所获得利益，因北京木棉花酒店未提交任何证据证实，亦未提出计算损害赔偿数额的具体方式及依据，故，本案亦难以按照侵权人因侵权所获得的利益作为确定赔偿数额的依据。至于涉案注册商标的许可使用费，虽然广州木棉花酒店提交了涉案注册商标的许可合同、转让合同等证据，但北京木棉花酒店提出前述合同双方为关联公司，从许可合同为无偿许可、转让合同转让费用低至 1 元及合同主体等分析，故本案亦不宜参照该商标许可使用费确定本案赔偿数额。一审法院综合考虑涉案商标的使用情况、侵权行为的范围、侵权人的主观恶意程度、侵权情节等因素酌情确定的赔偿数额尚属合理，应予维持。考虑到本案中北京木棉花酒店确有委托律师取证并送达律师函，亦有委托律师参加本案诉讼，一审法院酌情确定合理开支为25000元，亦无不当。

综上所述，广州木棉花酒店的上诉请求不能成立，应予驳回；一审判决认定事实清楚，适用法律正确，应予维持。依照《民事诉讼法》第一百七十条第一款第一项规定，判决：驳回上诉，维持原判。

【法官评述】

商标的生命力在于使用，商标法保护的是可以起到识别商品或服务来源能够承载商誉的标识。在确定侵权赔偿责任及酌定赔偿数额时应当考虑注册商标的实际使用情况。本案涉及两个问题，一是注册商标专用权人不规范使用注册商标，是否可视为对注册商标的实际使用？二是涉案注册商标的许可使用费能否体现该商标的市场价值，能否作为确定赔偿数额的依据？

一、注册商标专用权人不规范使用注册商标的行为是否可视为对注册商标的实际使用

《商标法》第六十四条第一款规定："注册商标专用权人请求赔偿，被控侵权人以注册商标专用权人未使用注册商标提出抗辩的，人民法院可以要求注册商标专用权人提供此前三年内实际使用该注册商标的证据。注册商标专用权人不能证明此前三年内实际使用过该注册商标，也不能证明因侵权行为受到其他损失的，被控侵权人不承担赔偿责任。"前述规定的目的是为了督促商标权人积极使用商标、发挥注册商标的标识功能。因此，商标权人自行使用、许可他人使用以及其他不违背商标权人意志的使用，均可认定属于实际使用的行为。

商标法第六十四条第一款规定的"此前三年"的含义应当是被诉侵权行为发生前三年。现有证据足以认定本案被诉侵权行为发生前北京木棉花酒店已经实际使用带有"HOTEL KAPOK 木棉花酒店"文字的标识，并作为商标使用。前述不规范的商标使用行为能否认定为对注册商标的使用？对此，我们认为应结合其具体使用行为进行分析，如实际使用的商标与核定注册商标

存在显著差异，该商标无法与商标权人及其注册商标建立联系，无法起到识别商品或服务来源的作用，则不宜认定该不规范使用行为是对注册商标的实际使用；如实际使用的商标与核准注册的商标虽有差别，但未改变商标显著特征的，可以视为对商标的使用。北京木棉花酒店提交的证据显示其实际使用的商标包括附图一所示商标，将前述实际使用的商标（图样见附图一）与第 3473080 号注册商标（商标图样见附图二）进行比对，两者均由中、英文的"木棉花""Kapok""酒店""Hotel"四个文字组成且均按照英文在上、中文在下的方式排列，虽然两者的字形、字体大小、排列顺序等略有差异，由于酒店是用于标示所属的服务行业，故，涉案注册商标"HOTEL KAPOK 木棉花酒店"中起显著性作用的文字应为"KAPOK、木棉花"，北京木棉花酒店实际使用的商标标识中包含了上述显著部分。故，北京木棉花酒店实际使用的商标虽然是对涉案注册商标的不规范使用，但其并未改变商标显著特征，能够发挥注册商标的标识功能，即能够发挥识别服务来源的作用，应视为注册商标的使用。

二、注册商标的许可使用费是否可作为判赔依据应当综合判断

根据《商标法》第六十三条的规定，在权利人的实际损失或侵权人因侵权所获利益无法确定时，可以采用商标许可使用费的合理倍数来确定损害赔偿数额。商标许可使用费是商标许可合同中被许可人向许可人支付的使用其商标的代价。商标许可合同中的使用费能否作为确定损害赔偿数额的依据应当结合该合同签订的主体、注册商标的实际使用情况、许可使用费是否合理等综合判断，不能体现注册商标实际市场价值的许可使用费不宜作为判赔依据。

本案中，商标许可合同显示第 3473080 号注册商标于 2006 年 6 月至 2015 年 1 月被无偿许可给北京华京大厦有限公司使用，商标转让合同显示第 3473080 号注册商标于 2012 年 11 月由深圳木棉花酒店（深圳）有限公司以 1 元的价格转让给北京木棉花酒店。对此，北京木棉花酒店解释为前述合同主体为关联公司，故为免费许可或象征性地收取转让费。结合北京木棉花酒店提交的商标实际使用的证据来分析，其在无锡、北京、白洋淀等地经营

的酒店中均有使用涉案注册商标作为识别其提供的酒店服务来源标识，可以认定涉案注册商标的市场价值明显与前述许可合同、转让合同中显示的许可使用费用、转让费用不符。从保护商标的正当性的道德基础出发，商标经过经营者长期使用和持续投入，成为该经营者商誉的载体，对这种劳动成果依法应予保护。仅凭与该注册商标市场价值明显不符的商标许可合同、转让合同作为确定商标侵权判赔依据，明显与注册商标权利人付出的劳动不符，亦与涉案注册商标的商业价值不符。故，对广州木棉花酒店主张参考商标许可和转让合同的价值确定本案赔偿数额的上诉请求，法院未予支持。本案最后根据涉案商标的使用情况、侵权行为的范围、侵权人的主观恶意程度、侵权情节等因素酌情确定赔偿数额，保护了商标权人的合法权益。

编写人：广州知识产权法院　彭　盅

附图一：

HOTELKAPOK
木棉花酒店

附图二：

HOTEL KAPOK
木棉花酒店

31

安德烈·斯蒂尔股份两合公司诉黄祝荣、广州锐松机械设备有限公司侵害商标权及不正当竞争纠纷案

> **阅读提示：** 公司主要负责人犯假冒注册商标罪，而公司未被追究单位犯罪责任时，公司是否应当承担民事赔偿责任？

【裁判要旨】

公司主要负责人被追究假冒注册商标罪后，注册商标专用权人仅依据刑事判决书对公司主要负责人进行民事索赔时，因涉案公司亦是民事侵权的责任主体，法院应追加涉案公司为案件当事人，全面审查证据后依据民事裁判规则来判断侵权主体的侵权责任，以厘清知识产权保护"民刑交叉"情况下的相关责任。

【案号】

一审：广东省广州市白云区人民法院（2016）粤 0111 民初 671 号
二审：广州知识产权法院（2016）粤 73 民终 958 号

【案情与裁判】

原告（被上诉人）：安德烈·斯蒂尔股份两合公司（简称斯蒂尔公司）

被告（上诉人）：黄祝荣

被告（被上诉人）：广州锐松机械设备有限公司（简称锐松公司）

起诉与答辩

斯蒂尔公司是第 159191 号、第 1445026 号、第 G573715 号注册商标专用权人。斯蒂尔公司称黄祝荣未经许可，擅自生产、销售假冒"STIHL"注册商标的油锯商品，不仅侵犯其注册商标专用权，而且也侵犯其知名商品"STIHL"链锯商品特有的橙灰装潢。因锐松公司为黄祝荣一人独资，二者财产混同，构成共同侵权，应承担连带责任。故提起诉讼，请求判令：1. 黄祝荣、锐松公司立即停止侵犯"STIHL"商标专用权行为；2. 黄祝荣、锐松公司立即停止擅自使用斯蒂尔公司知名商品特有装潢的行为；3. 黄祝荣、锐松公司连带赔偿斯蒂尔公司经济损失 50 万元，其中包括斯蒂尔公司为制止侵权行为所支付的合理开支；4. 诉讼费用由黄祝荣、锐松公司承担。

黄祝荣答辩称：1. 黄祝荣并非侵犯商标权的主体，生产销售被诉侵权商品的是锐松公司，黄祝荣只是该公司的股东和法定代表人，锐松公司是一人有限责任公司而非一人独资公司，现没有证据证实锐松公司的收入全部归于黄祝荣，侵权责任应该由锐松公司承担；2. 斯蒂尔公司无证据证实被诉侵权商品使用了其所谓的装潢；3. 有关刑事判决认定了黄祝荣销售假冒"STIHL"注册商标的非法经营数额，斯蒂尔公司主张的赔偿金额过高。

锐松公司未答辩。

一审审理查明

斯蒂尔公司是第 159191 号、第 1445026 号、第 G573715 号注册商标专用权人。斯蒂尔公司提交的证据证明斯蒂尔公司的链锯商品已被生效判决认定为知名商品。

2014 年 3 月 17 日，黄祝荣因涉嫌生产销售假冒"STIHL"注册商标的油锯被公安机关抓获。经法院审理后查明，黄祝荣至被抓获时止，已销售了假冒"STIHL"注册商标的商品价值 18 万元；现场缴获的假冒"STIHL"注册商标的油锯价格总额为 101736 元，以上合计 281736 元。另，斯蒂尔公司认为，上述刑事案件在审理中还查明，黄祝荣有生产销售"NOKER"等其他品牌的链锯，使用了上橙下灰的颜色装潢，构成不正当竞争，故对于不正当竞争行为所涉价值的认定应以 1277463 元为准。黄祝荣的刑事卷宗内查扣样品彩色照片显示，现场查扣的假冒"STIHL"注册商标的油锯外观均为上部橙色、下部灰白色组合，与斯蒂尔公司庭审中出示的正品外观装潢基本一致。

斯蒂尔公司还提交公证书证实黄祝荣在锐松公司的网页宣传的链锯上使用了橙灰颜色组合以及被诉侵权商品仍在展示。

另查，黄祝荣为锐松公司法定代表人，该公司为自然人独资的有限责任公司，查获假冒"STIHL"注册商标油锯地址为锐松公司的实际经营地址。斯蒂尔公司还提交了银行交易流水记录，证实黄祝荣与锐松公司财产混同。

一审判理和结果

一审法院审理认为，根据生效刑事判决书查明的事实，黄祝荣的生产、销售被诉侵权商品的行为构成了对斯蒂尔公司涉案注册商标专用权的侵犯。同时，在上述刑事判决生效后，黄祝荣、锐松公司仍在其经营的网站上展示被诉侵权商品，故黄祝荣、锐松公司构成侵权。由于涉案被诉侵权商品已被公安机关没收，斯蒂尔公司无证据证实黄祝荣、锐松公司有继续生产、销售假冒"STIHL"注册商标的商品，故斯蒂尔公司主张黄祝荣、锐松公司停止对其涉案注册商标专用权的侵犯已无必要。根据斯蒂尔公司所递交的证据，足以认定其所生产销售的"上橙下灰"色链锯商品为知名商品。锐松公司生产、销售的被诉侵权商品亦使用了基本一致或近似的"上橙下灰"颜色组合装潢，该使用行为极易导致购买者将锐松公司的商品与斯蒂尔公司的商品相混淆，故锐松公司的行为构成了不正当竞争。鉴于该网站内至今含有"上橙下灰"或类似颜色组合的油锯商品介绍，故斯蒂尔公司要求判令锐松公司停止涉案不正当竞争行为合理合法。锐松公司是一人有限责任公司，斯蒂尔公司已经举证了黄祝荣个人账户涉及多笔油锯货款往来记录，而黄祝荣却未举证证实锐松公司的财产与其个人财产相独立，黄祝荣应对锐松公司的债务承担连带清偿责任，共同赔偿斯蒂尔公司的损失。据此，依照《商标法》第三条第一款、第五十七条第（一）（二）（三）项、第六十三条，《最高人民法院关于审理商标民事纠纷案件适用法律若干问题的解释》第十六条、第十七条，《反不正当竞争法》第五条第（二）项，《公司法》第六十三条，《民事诉讼法》第六十四条、第一百四十四条，《最高人民法院关于民事诉讼证据的若干规定》第二条之规定，判决：一、于判决生效之日起，锐松公司立即停止在其生产、销售的油锯商品上使用斯蒂尔公司特有的"上橙下灰"颜色组合装潢的不正当竞争行为；二、于判决生效之日起十五日内，黄祝荣、锐松公司共同赔偿斯蒂尔公司经济损失 30 万元（含维权合理开支）；三、驳回斯蒂尔公司的其他诉讼请求。

上诉与答辩

一审判决后，黄祝荣不服，向广州知识产权法院提起上诉称，刑事判决书只认定锐松公司存在假冒斯蒂尔公司注册商标的事实，而没有认定锐松公司存在使用斯蒂尔公司装潢的事实。现有证据并不能证明涉案网站是锐松公司或黄祝荣本人在运营，且网站上的油锯颜色明显是"上黄下白"，而非"上橙下灰"。因此一审法院认定锐松公司存在侵犯斯蒂尔公司"上橙下灰"的颜色装潢的不正当竞争，证据不足。一审法院判决酌情赔偿 30 万元的经济损失赔偿，适用法律错误，而且明显过高。综上，一审判决在事实认定和适用法律方面均存在错误，请求二审法院判令撤销一审判决，驳回斯蒂尔公司的全部诉讼请求。

斯蒂尔公司答辩称，1. 黄祝荣与锐松公司侵犯了斯蒂尔公司的注册商标专用权；2. 黄祝荣与锐松公司的行为构成不正当竞争行为；3. 黄祝荣与锐松公司应承担连带责任；4. 鉴于已销售商品的数额最少认定数额为 1577463 元，一审法院酌定赔偿 30 万元金额并不高。

锐松公司在二审期间未提出答辩意见。

二审审理查明

二审查明事实与一审查明事实一致。

二审判理和结果

二审法院审理认为，从斯蒂尔公司提交的证据，以及一审法院查明的事实可以看出锐松公司生产、销售的被诉侵权商品使用了与斯蒂尔公司生产销售的"上橙下灰"色链锯商品基本一致或近似的"上橙下灰"颜色组合装潢，而该使用行为极易导致相关公众的混淆，锐松公司存在涉案不正当竞争行为。一审法院认定黄祝荣应对锐松公司的债务承担连带清偿责任，共同赔偿斯蒂尔公司的损失，符合法律规定。一审法院酌情确定黄祝荣、锐松公司共同赔偿斯蒂尔公司经济损失（含维权合理开支）共计30万元并无不当。依照《民事诉讼法》第一百七十条第一款第（一）项的规定，判决：驳回上诉，维持原判。

【法官评述】

当事人实施侵犯注册商标专用权行为有时会构成犯罪，承担刑事责任。根据"先刑后民"的原则，权利人可在刑事判决生效后，就该侵权事实另行提起民事诉讼，要求侵权人承担民事责任。但依据法律规定，侵犯注册商标专用权的刑事和民事责任承担主体有时并不完全一致。本案作为"民刑交叉"责任主体有所区别的案件，对知识产权"三审合一"工作的开展具有典型意义。

一、侵犯注册商标专用权时刑事责任与民事责任主体的差异

《商标法》第六十七条第一款规定，未经商标注册人许可，在同一种商品上使用与其注册商标相同的商标，构成犯罪的，除赔偿被侵权人的损失外，依法追究刑事责任。从该条上看，侵犯注册商标专用权时刑事责任与民事责任主体似乎并无冲突，但在公司主要负责人侵权时，问题出现了。依据《刑法》第二百二十条规定，单位犯本节第二百一十三条至第二百一十九条规定之罪的，对单位判处罚金，并对其直接负责的主管人员和其他直接责任人员，依照本节各该条的规定处罚。可见，追究侵犯注册商标专用权行为的刑事责任时，法律采用的是"双罚制"，即单位和相关的侵权自然人均应承担刑事责任。而《民法通则》第四十三条规定，企业法人对它的法定代表人和其他工作人员的经营活动，承担民事责任。《民法总则》第六十一条第二款规定，法定代表人以法人名义从事的民事活动，其法律后果由法人承受。可见，在追究侵犯注册商标专用权行为的民事责任时，依据的是责任主体的意志和受益。在实践中，这种割裂更加明显。在追究商标犯罪责任时，公诉机关常仅对相关的侵权自然人提起公诉，并没有提及单位犯罪。而在侵犯注册商标专用

权的民事诉讼中,如果权利人同时起诉公司和公司的法定代表人,则针对公司法定代表人的诉讼请求通常会被驳回。在本案中,刑事判决只是追究锐松公司法定代表人黄祝荣的刑事责任,尚未对锐松公司的刑事责任进行认定;但是从民事角度来看,黄祝荣的相关行为却是在从事锐松公司的经营活动。这种割裂和差异,使得在知识产权侵权的"民刑交叉"案件中,需要法官更加审慎。

二、公司主要负责人构成知识产权犯罪时,在民事诉讼中,仅起诉公司主要负责人的,应追加公司作为案件当事人

从上文分析可知,在涉及侵犯注册商标专用权的"民刑交叉"时,虽然刑事判决中未追究锐松公司的刑事责任,但并不意味着锐松公司可以免除民事责任;而刑事判决追究了黄祝荣的刑事责任,也并不意味着黄祝荣需要承担民事责任。锐松公司、黄祝荣是否应承担民事责任应当在民事诉讼中根据相关证据按照民事裁判规则进行分析,才能判断。因此,锐松公司、黄祝荣均应作为民事诉讼案件的当事人,以便查清案情,厘清责任。本案中,斯蒂尔公司依据刑事判决书在起诉时仅要求黄祝荣承担民事责任,无疑是遗漏了当事人。法官在发现该情况后,向斯蒂尔公司进行释明,并依斯蒂尔公司的申请追加锐松公司为共同被告,很好地确定了锐松公司、黄祝荣的民事责任。

三、在刑事程序中认定的事实与民事程序中认定的事实不能简单替代,而应依照相应的证据规则进行审查

在刑事程序中,作出有罪判决的要求是"案件事实清楚,证据确实、充分",无疑大大高于民事程序的"优势证据"和"高度盖然性"的事实证明要求。因此,在认定侵犯注册商标专用权行为时,民事案件认定的一般事实不能与刑事判决认定的事实相冲突。但很明显,严格的刑事事实证明要求可能导致刑事判决认定的侵权责任主体、侵权获利金额等被缩小了,如果机械地按照刑事判决认定的事实,将可能导致在民事诉讼中权利人无法全面得到保护。在本案中,法官并没有简单地按照刑事判决认定的金额进行确定赔偿金额,而是按照民事证据规则,认定了赔偿金额,有力保护了权利人的利益。

编写人:广州知识产权法院　谭海华　吴学知

32

恒利国际服装（香港）有限公司诉
艾克玛特集团有限公司等侵害商标权及
不正当竞争纠纷案

> 阅读提示：如何适用裁量性判赔方法确定赔偿金额？

【裁判要旨】

本案属于侵害商标权及不正当竞争纠纷案件，涉及以下两个问题：1. 商标侵权判断标准——"近似性＋混淆可能性"标准；2. 商标侵权损害赔偿金额认定。

【案号】

一审：广东省广州市天河区人民法院（2014）穗天法知民初字第993号

二审：广州知识产权法院（2016）粤73民终第61号

【案情与裁判】

原告（被上诉人）：恒利国际服装（香港）有限公司［HENLI INTERNATIONAL GARMENTS（HK）LIMITED］（简称恒利公司）

被告（上诉人）：杰薄斯贸易（上海）有限公司（简称杰薄斯公司）

被告（上诉人）：艾克玛特集团有限公司（ACCOMMATE HOLDINGS LIMITED）（简称艾克玛特公司）

被告：广州韩兜贸易有限公司（简称韩兜公司）

被告：徐慧

起诉与答辩

恒利公司以韩兜公司、徐慧、杰薄斯公司、艾克玛特公司生产销售假冒 orangeflower 商标商品并为相关代理商提供服务，通过销售假冒商品及服务来获取巨额利益，造成了恒利公司巨大的损失为由向一审法院提起诉讼，请求判令：1. 杰薄斯公司、艾克玛特公司、韩兜公司、徐慧立即停止侵害恒利公司享有的第 7567526 号及第 9395844 号注册商标专用权的生产、销售、加盟的行为，以及销毁所有侵权库存商品；2. 杰薄斯公司、艾克玛特公司、韩兜公司、徐慧共同赔偿恒利公司经济损失 1000 万元；3. 杰薄斯公司、艾克玛特公司、韩兜公司、徐慧共同赔偿恒利公司为制止侵权行为所支出的合理费用 82329 元；4. 杰薄斯公司、艾克玛特公司、韩兜公司、徐慧在凤凰网和中国新闻网首页上刊登声明 7 天，以消除因其长期及大规模侵权造成的不良影响。

韩兜公司、徐慧共同答辩称，韩兜公司所获利润很少，恒利公司诉请的赔偿金额明显过高，未对恒利公司造成不良影响，韩兜公司不应承担消除影响的责任。

杰薄斯公司、艾克玛特公司共同答辩称，杰薄斯公司、艾克玛特公司未生产、销售涉案商品，恒利公司诉请没有事实和法律依据且诉请的金额过高。

一审审理查明

2011 年 2 月 14 日，经国家工商行政管理总局商标核准，恒利公司注册了第 7567526 号 "orange flower 及图" 商标（见附图 1），核定使用商品类别为第 25 类的服装、裤子、马裤（穿着）、针织服装、风衣、裙子、外套等。

杰薄斯公司系台港澳法人独资的有限责任公司，艾克玛特公司（ACCOM-MATE COMPANY LIMITED）系杰薄斯公司的股东。经公证，恒利公司在杰薄斯公司、艾克玛特公司共同经营的 www. thejamy. com 购买被诉侵权商品，该网站上有 "orange – flower" 品牌商品且有正品验证跳转链接可供点击（见附图 2），该品牌商品服装吊牌上显示有 "ORANGE FLOWERS" 标识（见附图 3）。

一审法院依恒利公司申请支付宝（中国）网络技术有限公司（简称支付

宝公司）调取艾克玛特公司名下支付宝账号自 2011 年 2 月至 2014 年 12 月的交易记录及支付宝账号相关信息。支付宝公司提交文件列明艾克玛特公司自 2013 年 1 月 28 日至 2015 年 1 月 26 日止的交易记录，在"交易成功"的情况下可筛选出交易共 431329 条，上述订单共计金额 207890447 元。

一审判理和结果

杰薄斯公司、艾克玛特公司的行为是否构成对恒利公司第 7567526 号商标权的侵害，一审法院认为，首先，杰薄斯公司、艾克玛特公司使用侵权标识的商品，与恒利公司第 7567526 号商标核定使用商品所包含的服装属于同一种商品。其次，将被诉侵权标识与本案商标相比较，虽然字型、整体结构有所差别，但两者所包含的英文词组即文字、读音以及含义完全相同，以相关公众的一般注意力来看，两者应认定构成近似；再者，杰薄斯公司、艾克玛特公司的上述使用，容易使相关公众对商品的来源产生误认和混淆。杰薄斯公司、艾克玛特公司在被诉侵权服装上使用"ORANGE/FLOWER"标识，在其经营的 thejamy.com 网站及相关代理网站上销售使用近似商标的服装，容易使相关公众造成误认。

综上，杰薄斯公司、艾克玛特公司的行为已构成对恒利公司第 7567526 号商标权的侵害，依法应承担停止侵权、赔偿经济损失的民事责任。恒利公司诉请杰薄斯公司、艾克玛特公司停止生产、销售侵害其第 7567526 号商标专用权行为有理，一审法院予以支持。

恒利公司主张的经济损失包括合理开支数额是否应予支持。一审法院认为，综合考虑杰薄斯公司、艾克玛特公司实施商标侵权和不正当竞争行为的以下因素：1. 就商标侵权的性质和情节而言，杰薄斯公司、艾克玛特公司的行为属生产销售这一源头性侵权行为、实施侵权持续时间长且主观恶意明显；2. 杰薄斯公司、艾克玛特公司销售被诉侵权服装的平均价格较高、数量多；3. 恒利公司提交的公证书可以证明涉案侵权行为对同一网络销售的影响巨大；4. 在恒利公司尽力举证的情况下，一审法院依恒利公司申请调取的艾克玛特公司支付宝账户两年交易记录中"交易成功"的情况下筛选可得金额 207890447 元。杰薄斯公司、艾克玛特公司作为网站经营者，掌握了前述支付宝交易记录中所涉 thejamy 网站被诉侵权的"orange – flower"相关品牌销售明细但拒不提供。一审法院认为，参考恒利公司的主张和提供的证据，足以认定恒利公司的经济损失已超过了其主张的数额，一审法院酌情确认杰薄斯公司、艾克玛特公司的赔偿数额为 998 万元。

依照《民法通则》第一百三十四条第一款第（一）项、第（七）项、第（九）项、第二款，《商标法（2013 年修正）》第四十八条、第五十七条第（二）项、第（三）项、第六十三条，《反不正当竞争法》第二条、第九条、第二十条，《个人独资企业法》第三十一条，《民事诉讼法》第六十四条第一款之规定，判决：一、杰薄斯公司、艾克玛特公司于判决发生法律效力之日立即停止侵害恒利公司第 7567526 号注册商标专用权的行为，销毁库存侵权商品，并停止虚假宣传的不正当竞争行为；二、韩兜公司于判决发生法律效力之日立即停止侵害恒利公司第 7567526 号注册商标专用权的行为，并停止虚假宣传的不正当竞争行为；三、杰薄斯公司、艾克玛特公司于判决发生法律效力之日起三十日内在其经营的 thejamy. com 首页及凤凰网首页刊登声明消除影响（内容须经一审法院审定，刊登字体不得小于网页首页正文字体）；四、杰薄斯公司、艾克玛特公司于判决发生法律效力之日起十日内赔偿恒利公司经济损失 998 万元以及为制止侵权行为所支付的合理开支 81829 元；五、韩兜公司于判决发生法律效力之日起十日内赔偿恒利公司经济损失 2 万元以及为制止侵权行为所支付的合理开支 500 元，在韩兜公司的财产不足以承担前述赔偿损失的民事责任时，徐慧应当以其个人的其他财产予以清偿；六、驳回恒利公司的其他诉讼请求。

上诉与答辩

一审判决后，杰薄斯公司、艾克玛特公司不服，向广州知识产权法院提起上诉称，艾克玛特公司、杰薄斯公司两者不实际生产、销售被诉侵权的orangeflower 商品，不构成商标侵权及不正当竞争且一审法院判赔金额过高。

恒利公司答辩称，本案的源头网站 www. thejamy. com 的实际经营者和拥有者为杰薄斯公司和艾克玛特公司，由其共同经营。被诉侵权商品是杰薄斯公司和艾克玛特公司共同生产和销售的，严重侵犯了恒利公司注册商标专用权，应该承担相应的法律责任。

二审审理查明

二审查明事实与一审查明事实一致。

二审判理和结果

对于杰薄斯公司、艾克玛特公司是否存在侵害本案注册商标专用权的行为，二审法院作以下认定：

首先，杰薄斯公司、艾克玛特公司所使用的标识与恒利公司所核定使用的商品相同。杰薄斯公司、艾克玛特公司在其经营的 thejamy.com 网站上所销售的被诉侵权商品和商标名称均标有"orangeflower"或"orangeflowers""ORANGEFLOWER"等标识，表明其所销售的商品的来源，属于商标性使用行为，商标的作用在于区分商品和服务的来源。杰薄斯公司、艾克玛特公司所销售的被诉侵权商品与恒利公司所有的第7567526号商标核定使用商品完全相同。

其次，被诉侵权标识与恒利公司的第7567526号商标近似。虽然被诉侵权标识由"orange""–""flower"或者"orange""–""flowers"组成，而恒利公司的本案商标是"orangeflower"以及图形组成，在比对对象隔离的状态下，通过对商标的整体比对，同时进行对商标主要部分的比对，虽然英文单词相同，整体字形不同，整体结构存在一定的差异，但两者所包含的英文单词构成、读音和含义完全相同，被诉侵权标识存在突出使用的情形，故应认定两者在整体外观上构成近似。

再次，被诉侵权标识是否与恒利公司的本案商标产生容易混淆和误认。恒利公司将其注册商标服装商品在网络上进行销售，而杰薄斯公司、艾克玛特公司在相同类型的商品上使用被诉侵权标识，在网站上进行大肆销售使用近似恒利公司的商品，容易使相关消费者产生混淆和误认。被诉侵权标识与恒利公司的商标具有近似性，消费者不能识别商品的来源，容易产生市场混淆。

杰薄斯公司、艾克玛特公司的销售行为已经构成对恒利公司商标权的侵害，故杰薄斯公司、艾克玛特公司应当承担停止侵权、消除影响和赔偿经济损失的民事责任。

一审法院酌情确定的赔偿数额是否恰当。二审法院认为，鉴于杰薄斯公司、艾克玛特公司在侵权期间因侵权所获利益及恒利公司所受到的损失均难以确定，一审法院鉴于杰薄斯公司、艾克玛特公司实施了侵害商标权以及不正当竞争行为，考虑到杰薄斯公司、艾克玛特公司的行为存在源头性销售侵权、虚假宣传、故意侵权，可得非法销售利润较高，对恒利公司的商誉损害大，且在诉讼过程中拒绝证据披露以及继续持续侵权的实际情况，认定恒利公司的经济损失已超过其诉讼请求的结论正确，一审法院酌定杰薄斯公司、艾克玛特公司赔偿恒利公司 998 万元，并无不当，二审法院依法予以维持。

二审法院依照《民事诉讼法》第一百七十条第一款第（一）项的规定，判决：驳回上诉，维持原判。

【法官评述】

一、商标侵权判断标准——"近似性 + 混淆可能性"标准

结合商标侵权判断标准的基本法理和我国商标法引入混淆可能性的动因，《商标法》第五十七条所确定的商标侵权判断标准可以作如下解释：以商标近似、商品相同或类似即相似性作为商标侵权判断标准的基础和前提，而以混淆可能性作为商标侵权构成的限定条件。依据上述标准进行侵权判定时，第一步应判断商品相同或类似与商标近似，第二步判断是否存在混淆可能性。如前所述，将近似性作为侵权判断标准的前提，商标近似与商品相同初步判定是否构成商标侵权，如果两个因素指向商标侵权，则可扩大考虑前提因素确定是否存在混淆可能性，若存在混淆可能性便可判定构成商标侵权。传统商标法实践中，混淆可能性内化于相似性概念中，需将混淆可能性作为单独的因素从相似性概念中剥离。混淆可能性的判断需考虑商标近似程度、商品的相同或相似程度、商标显著性的强度、被告主观恶意、实际混淆证据等因素。

本案是依据上述思路判断是否构成商标侵权：首先，杰薄斯公司、艾克

玛特公司销售的被诉侵权商品与恒利公司所有商标核定使用商品种类完全相同；其次，将被诉侵权标识与权利人本案图文商标比对，虽然字形、整体结构有所区别，但两者英文单词构成、读音和含义相同，应认定两者构成近似；最后，杰薄斯公司、艾克玛特公司商标性使用行为，致使消费者不能识别商品的来源，易使相关消费者产生混淆和误认，容易产生市场混淆的可能性。

二、商标侵权损害赔偿金额认定

商标权的无形性导致权利及损失的价值难以确定，司法实践中权利人难以证明其实际损失，侵权人抗拒举证侵权所得情形普遍存在，故法院多适用法定赔偿，且判赔金额普遍偏低。

运用商标侵权损害赔偿证据制度可在一定程度上解决损害举证难、赔偿不足问题：其一，运用证据披露与证明妨害制度。《商标法》第六十三条已引入上述制度，司法实践中需法官根据法律相关规定、行业惯例及需披露证据形式、形成时间等因素，综合判断侵权人是否具备提供证据的能力并持有证据。该规则的适用能减轻权利人的举证责任，在权利人提供证明侵权行为成立及损害赔偿形成的初步证据前提下，申请对侵权人的账簿等进行证据披露，若侵权人拒不披露或予以妨碍，可视为侵权人持有不利于自己的证据，即构成证明妨害，法院可结合具体个案情况推定权利人的主张成立；其二，运用优势证据规则。近年来，我国司法实践中积极适用裁量性判赔方法，如果有证据证明权利人的损失或被告的侵权获利远高于法定赔偿，法院可超出法定赔偿数额上限来确定赔偿数额。法官在证据高度盖然性基础上充分运用自由裁量权，根据具体案情，结合实际查明的数额和酌定的数额认定损害赔偿数额，酌定赔偿兼备计算方式的基准性与法定赔偿方式的裁量性，此做法适用裁量性判赔方法，不是适用法定赔偿，但沿用了侵权获利或实际损失计算赔偿额度的逻辑，也就不受法定赔偿最高额的限制。

本案中，恒利公司已初步提供艾克玛特公司支付宝账户交易金额，艾克玛特公司、杰薄斯公司拒不提供上述交易记录中被诉侵权的"orange - flower"相关品牌销售明细，而依行业惯例及交易习惯可推定，其作为被诉侵权商品的销售者，持有上述证据并具备向法院提交的能力而拒绝证据披露，构成证明妨害。同时，恒利公司举证证明由于侵权行为的持续导致其网络销售成交额下降幅度很大，综合考虑侵权人存在源头性销售侵权、主观恶意等因素，足以使法官产生内心确信，侵权人侵权获利金额远远高于商标法规定的法定赔偿最高限额，可运用优势证据规则，适用裁量性判赔方法，支持恒利公司的诉讼请求。

编写人：广州知识产权法院　蒋华胜　杨　岚

附图1：

Orangeflower

附图2：

Orange-flower

附图3：

ORANGE FLOWER

33

泽格微控制器公司诉
彭震、广州佳维计算机科技有限公司
侵害商标权、计算机软件著作权纠纷案

阅读提示：如何认定淘宝交易数据中被诉侵权产品的实际交易量？如何认定被诉侵权产品的单位利润？

【裁判要旨】

被诉侵权软件固化在被诉侵权产品上，被诉侵权产品同时又侵害权利人的商标权，如何适用赔偿标准？原告持法院调查令提取的被告在淘宝网的被诉侵权产品的交易数据金额，该数据包括了被诉侵权产品，亦包含了其他与本案无关的产品。如何认定淘宝交易数据中被诉侵权产品的实际交易量、单价及如何认定被诉侵权产品的单位利润，从而推定被告的获利情况，本案的审判可以提供一种思路。

【案号】

一审：广州知识产权法院（2015）粤知法专民初字第 54 号

【案情与裁判】

原告：泽格微控制器公司（简称泽格公司）

被告：彭震

被告：广州佳维计算机科技有限公司（简称佳维公司）

起诉与答辩

泽格公司起诉称，泽格公司研发了一款国际著名的软件产品 J－Link 仿真器，在中国注册了"J－LINK"及"SEGGER"商标。泽格公司发现彭震所有的淘宝店铺生产销售假冒"J－LINK""SEGGER"商标系列的仿真器，给泽格公司造成严重损失，请求法院判令：1. 彭震立即停止侵犯泽格公司驰名商标"J－LINK""SEGGER"的商标专用权的行为，立即停止冒充泽格公司商品、进行虚假宣传的不正当竞争行为；2. 彭震立即停止未经泽格公司许可复制发行其计算机软件的侵犯其计算机软件著作权的行为；3. 彭震销毁侵权产品；4. 彭震赔偿泽格公司经济损失 300 万元，如果查明彭震实际销售数量，按泽格公司被侵权所受到的实际损失确定；5. 彭震赔偿泽格公司为制止侵权支出的合理费用共计 31500.1 元；6. 佳维公司对彭震的侵权行为承担连带责任；7. 彭震、佳维公司承担本案所有诉讼费用。诉讼中泽格公司增加诉讼请求，要求彭震、佳维公司赔偿经济损失 1000 万元，但未依规定缴纳增加诉讼请求部分的受理费。

彭震、佳维公司均未到庭应诉答辩。

一审审理查明

第 6826457 号"J－LINK"商标由泽格公司注册，核定使用商品为第 9 类，注册有效期限自 2011 年 4 月 14 日至 2021 年 4 月 13 日止。第 6826456 号"SEGGER"商标由泽格公司注册，核定使用商品为第 9 类，注册有效期限自 2012 年 4 月 28 日至 2022 年 4 月 27 日。第 6826455 号"SEGGER"商标由泽格公司注册，核定服务项目为第 42 类，注册有效期限自 2010 年 9 月 21 日至 2020 年 9 月 20 日止。

泽格公司于 2008 年完成名为"Firmware J－Link V8"软件开发，并于当年 10 月 1 日在德国首次公开发表。其后泽格公司向美国版权局申请著作权登记，并于 2013 年 6 月 18 日获得美国版权局出具的登记号为 TX7－766－276 的著作权登记注册证明书。

泽格公司授权广州市风标电子技术有限公司（简称风标电子公司）作为其在中华人民共和国境内唯一合法的代理商，并授权风标电子公司有权对带有涉及泽格公司商标的商品提供真假鉴定服务，授权有效期限自 2014 年 11 月 1 日至 2018 年 12 月 31 日。

广东省广州市海珠公证处出具了（2015）粤广海珠第 29633 号公证书。根据前述公证书的翻译件显示：1. Flash Download、Flash Breakpoints、J – Link GDB Server、J – Flash、J – Link RDI 五款软件的权利人是泽格公司；2. "J – Link PLUS"商品的价格为 498 欧元。"J – Link PLUS"版比"J – Link Base"版多了 J – Flash、J – Link ARM RDI、J – Link FlsashBP 软件；对于无须另行获得许可密匙即可使用的所有该软件的功能均可免费使用，至少可免费用于评估等。

广东省广州市海珠公证处于 2014 年 7 月 23 日出具了（2014）粤广海珠第 16602 号公证书。当庭拆封公证封存物，内有一张 J – LINK V8 光盘、一个 J – LINK 仿真调试器及 J – LINK 仿真调试器外壳一个。仿真器产品及仿真器外壳外观正面标注了" J - link ""SEGGER"标识，光盘上有"J – Link V8"字样。

广东省广州市海珠公证处于 2014 年 7 月 23 日出具了（2014）粤广海珠第 16568 号公证书，根据公证书附截图，J – LINK 仿真器价格 48 元，外壳 2.10 元；卖家掌柜为"pengzhen173"等。

经当庭对泽格公司公证购买的仿真器及光碟进行演示，前述光盘中包括了 J – LINK 驱动程序、用户手册、固件烧录指南等文件；仿真器固件显示 J – LINK ARM V8，可使用软件为：RDI、FlashDL、FlsashBP、JFLash、GDBFULL，并注明了 S/N 码。

2015 年 7 月 2 日，风标电子公司出具《假冒产品鉴定声明书》，声明店铺名为"STM32Z 神州系列厂商淘宝店铺"的淘宝店铺销售的案涉"J – LINK"和"SEGGER"注册商标所标示的调试仿真器是侵犯泽格公司注册商标权和计算机软件著作权的侵权产品。

根据一审法院委托泽格公司向支付宝（中国）网络技术有限公司调取的资料显示，掌柜为"pengzhen173"的淘宝店铺相关资料，该"pengzhen173"为彭震，2013 年至 2015 年期间的销售记录显示，该店铺销售的商品名称中含有"J－LINK　仿真器"字样的商品的销售交易成功记录为 2437 条，其中包含转接板交易记录 511 条，外壳交易记录 136 条；仿真器交易金额从 32.8 元至 5000 元不等，合计销售 J－LINK 仿真器金额为 909986.87 元，J－LINK 仿真器外壳交易金额为 30508.69 元。

泽格公司提供公证书、说明书、销售合同等证据拟证明正版"J－LINK PLUS"的国际市场销售价格为 498 欧元，单位利润是 320.47 欧元。

一审判理和结果

一审法院审理认为，被诉侵权仿真器上及光盘上分别使用的"[J-link]""J－Link"标识与第 6826457 号"J－LINK"注册商标相比，"J－Link"仅改变注册商标的字母字体及部分字母的大小写，两者构成实质相同，"[J-link]"两者构成近似，足以造成一般消费者的混淆，且被诉侵权仿真器属于该注册商标核定使用的商品，彭震侵犯了泽格公司依法享有的注册商标专用权。根据庭审中对于案涉仿真器及所附光盘的运行及截图，案涉仿真器中安装有"Firmware J－Link ARM V8"软件，并且已经有了 S/N 码，并授权可使用软件为：RDI、FlashDL、FlsashBP、JFLash、GDBFULL，通过案涉仿真器连接泽格公司官网，可以正常下载使用前述软件，案涉光盘中的软件中有 J－Link 仿真器驱动程序软件，在运行前述软件中均有 J－Link、SEGGER 字样及相关版权声明，彭震没有提出相关证据证实其已经获得泽格公司的许可使用案涉软件，故彭震侵犯了泽格公司的计算机软件著作权。彭震未经泽格公司许可销售案涉产品，显然会导致泽格公司的案涉产品的发行和销售量的减少。泽格公司在本案中主张按照因被侵权受到的实际损失计算赔偿数额，符合上述规定。现有证据不足以认定佳维公司为彭震就销售案涉产品开具了发票，泽格公司要求佳维公司共同承担侵权责任，证据不足，法院不予支持。综上，依照《商标法》第四十八条、第五十七条第（三）项、第六十三条第一款，《最高人民法院关于审理商标民事纠纷案件适用法律若干问题的解释》第九条第一款、第十五条的规定，《著作权法》第二条第二款、第十条第一款第（六）项及第二款、第四十八条、第四十九条、第五十三条和《计算机软件保护条例》第八条第一款第（五）项、第二款、第二十四条、第二十八条,《最高人民法院关于审理著作权民事纠纷案件适用法律若干问题的解释》第七条第二款、第二十四条,《民事诉讼法》第六十四条第一款、第一百四十二条之规定,判决:一、彭震立即停止销售侵犯泽格公司第 6826457 号"J-LINK"、第 6826456 号"SEGGER"注册商标专用权的产品;二、彭震立即停止销售侵犯泽格公司计算机软件著作权的产品;三、彭震于判决发生法律效力之日起十日内赔偿泽格公司经济损失 300 万元及合理费用 15000 元;四、驳回泽格公司的其他诉讼请求。

本案各方当事人均未上诉。

【法官评述】

知识产权侵权案件中,停止侵权和赔偿损失是权利人最主要的诉求。如何确定损害赔偿的数额,是知识产权案件审理中的重点之一。本案中原告指控被告的行为同时侵害了计算机软件著作权及商标权,是基于被诉侵权软件被固化在被诉侵权产品上,被诉侵权产品上有原告的商标,这种特点导致被告侵权成立,在计算赔偿标准时,无法单独估量计算机软件著作权或商标权的侵权损失。本案中关于赔偿损失认定的前提就是必须确定被诉侵权行为上述特点,在考虑赔偿金额时应当全面考虑。

关于侵犯知识产权赔偿金额的确定,一般有三类常见的计算方法:第一类是根据"权利人因侵权行为所受损失"或者"侵权因侵权行为非法获利"确定侵权赔偿数额;第二类是适用"合理许可使用费的倍数"计算侵权损害赔偿数额;第三类是由法院酌定赔偿数额的所谓"法定赔偿"①。原告在本案中主张按照因被侵权受到的实际损失计算赔偿数额,被告未经原告许可销售案涉产品,侵占了原告的案涉产品的市场,导致原告案涉产品发行和销售量的减少。对于销售数量,原告主张按照法院向支付宝(中国)网络技术有限公司调取的相关销售数据计算,对于利润率,原告主张以原告官网和其中国代理商销售 J-Link PLUS 的价格为依据并以原告提交的价格评估的利润计

---

①沈志先主编:《知识产权审批精要》,法律出版社 2010 年 12 月第 1 版。

算。故要确定原告的损失或者说被告的获利情况，需将被告销售的侵权产品的数量乘以权利人被侵权产品的合理单位利润所得之积。

对于侵权产品销售数量的问题。根据《最高人民法院关于适用〈中华人民共和国民事诉讼法〉的解释》第九十条的规定，当事人对自己提出的诉讼请求所依据的事实，应当提供证据加以证明；在作出判决前，当事人未能提供证据或者证据不足以证明其事实主张的，由负有举证证明责任的当事人承担不利的后果。本案中，原告已经申请法院调取了被告在支付宝的交易记录，但交易记录中并没有注明每笔交易中的侵权产品的实际数量，原告所公证购买的案涉产品的 J－LINK 仿真器价格 48 元，外壳 2.10 元，但交易记录中仿真器交易金额从 32.8 元至 5000 元不等，显然部分单条交易记录中是包含了多个仿真器的交易数量，故不能以交易记录的条数计算被告销售的侵权产品的数量。在原告已经提供了初步证据的情况下，被告没有提供任何其销售数量及型号方面的相关证据材料。《最高人民法院关于民事诉讼证据的若干规定》第七十五条规定，有证据证明一方当事人持有证据无正当理由拒不提供，如果对方当事人主张该证据的内容不利于证据持有人的，可以推定该主张成立。据此，可以以法院向支付宝公司调取的交易数据计算被告销售案涉侵权产品的数量。在被告没有提供其所掌握的相关销售记录的证据的情况下，考虑到价格波动、批发与零售价格、版本等的差异及计算误差等因素，以高于被告交易记录中最低售价，统一以每个仿真器售价 40 元计算，被告销售的仿真器已经超过了 27000 个，故可以以现有证据显示的保守计算的销售数量为被告销售侵权产品数量。同时彭震还销售仿真器外壳，销售金额 30508.69元，按照 2.5 元/个计算，至少有 12000 个。

对于原告案涉产品单位利润的问题。从原告公证购买的情况来看，彭震销售侵权产品的方法是销售仿真器及软件光盘，而根据原告所提交的对原告官网中相关产品的网页公证来看，原告销售的仿真器产品有不同的档次，各档次产品的价格有所不同，但均是仿真器与软件一起销售，所以，在计算损失数额时应当将硬件的利润与软件利润合并考虑。另一方面，通过庭审中的技术比对，案涉被诉侵权产品上已经包含了 "J－LINK PLUS" 的全部软件权限，随被诉侵权产品一起销售的光盘中也包含了"J-LINK PLUS"版的所有付费软件。故应当按照原告"J-LINK PLUS"的版本售价来考虑利润率。虽然原告提交了其官网售价的公证书及价格评估报告，但根据现有证据，原告所提交官网网页公证书及相关销售仅证实了其正品售价，而价格鉴定书中的鉴定材料均为原告提供，确实难以充分反映案涉产品正品的利润，不能直接作为确定原告案涉产品单位利润的依据，但原告提交的前述材料可以作为确定原告案涉产品单位利润的参考因素。故根据本案现有证据酌定在本案中原告的单位利润，在酌定利润率时，特别考虑到以下因素：（1）原告案涉产品中，硬件部分是集成电路板加外壳及数据线，其硬件成本在整个产品成本中占比并不算高，而软件的成本基本主要在研发阶段，在软件产品研发完成后，其复制成本是极低的。（2）软件的性质。J-LINK仿真器是原告出品的支持仿真ARM内核芯片的JTAG仿真器，配合相关集成开发环境支持相关ARM开发的工具，其主要面向专业使用者，同时该软件在相关领域具有较高的知名度。（3）合理使用费，虽然原告所提交的其与案外人所签的合同以及原告提供的官网售价及价格评估报告无法直接作为确定单位利润的依据，但可以作为确定其合理利润的参考。从上述材料中反映出案涉软件的正常市场价格较高。（4）被告的主观状态。原告的案涉产品为专业开发工具，从支付宝公司的数据可以反映，被告的交易数据主要是涉及"J-LINK"仿真器及相关产品，由此可见其为经营案涉产品的专营商户，其对于原告案涉产品的权属情况应当非常清楚，其所销售案涉仿真器及软件数量多且属于三无产品并且销量巨大，侵权持续时间长，足以证实被告主观恶意较大，属于恶意侵权。综合本案的各种情况，故本案中酌定按照500元/件的单位利润计算赔偿额。

根据以上分析酌定的正品单位利润率及销售数量，彭震销售案涉侵权产品给原告造成的实际损失为1350万元。由于根据前述计算办法计算的赔偿金额已经超过了原告诉讼请求所主张的300万元赔偿额，故最终判令彭震向原告支付300万元的赔偿金。

编写人：广州知识产权法院　刘　宏

著作权案件

34

暴雪娱乐有限公司等诉
成都七游科技有限公司等著作权侵权及
不正当竞争纠纷诉中禁令案

阅读提示：在网络游戏侵权纠纷诉中禁令案件中，如何认定权利人受到难以弥补的损害？诉中禁令如何体现对游戏玩家利益的保护？

【裁判要旨】

禁令应当审查原告胜诉可能性及原告是否受到难以弥补损害。被诉游戏的上线势必挤占原告新推游戏的市场份额。而且网络游戏具有生命周期短，传播速度快、范围广的特点，给原告造成的损害难以计算和量化。被诉游戏采用低俗营销方式也会给原告商誉带来损害。禁令期间不影响为被诉游戏玩家提供余额查询及退费等服务。

【案号】

广州知识产权法院（2015）粤知法著民初字第 2 号及（2015）粤知法商民初字第 2 号

【案情与裁判】

原告：暴雪娱乐有限公司（简称暴雪娱乐）

原告：上海网之易网络科技发展有限公司（简称网之易公司）

被告：成都七游科技有限公司（简称七游公司）

被告：北京分播时代网络科技有限公司（简称分播时代）

被告：广州市动景计算机科技有限公司（简称动景公司）

申请理由与答辩

暴雪娱乐、网之易公司于 2014 年 12 月 30 日提出禁令申请称，暴雪娱乐是享有全球第一网络游戏称号的《魔兽世界》系列游戏的著作权人。网之易公司是该游戏在中国大陆地区的独家运营商。被诉游戏《全民魔兽：决战德拉诺》（原名《酋长萨尔：魔兽远征》）由七游公司开发、分播时代独家运营，并由动景公司提供下载。该游戏抄袭了暴雪娱乐、网之易公司游戏中的英雄和怪兽形象，使用了与暴雪娱乐、网之易公司游戏相似的名称、装潢。另外，分播时代在宣传中反复声称被诉游戏是魔兽手游。七游公司、分播时代、动景公司的行为共同侵害了暴雪娱乐、网之易公司的著作权并构成不正当竞争。如果侵权行为持续，将会给暴雪娱乐、网之易公司造成难以弥补的损失，故请求法院立即禁止：1. 七游公司面向公众测试、发布、出版或以任何其他方式向公众提供被诉游戏；2. 分播时代独家代理、运营被诉游戏；3. 动景公司通过其网站传播被诉游戏；4. 七游公司、分播时代、动景公司授权任何第三方网站或者与第三方网站合作开展被诉游戏的传播、运营活动。

七游公司、分播时代、动景公司辩称，被诉游戏软件登记在案外人名下，本案处理会影响案外人权益。暴雪娱乐、网之易公司证据不足以证明其是涉案英雄和怪兽形象美术作品的著作权人，也不能证明魔兽、萨尔等名称由其专有。被诉游戏与《魔兽世界》中的涉案英雄、怪兽形象及装潢完全不同。且七游公司、分播时代、动景公司也不构成虚假宣传。暴雪娱乐、网之易公司证据不足以证明其受到难以弥补的损失。如果法院采取禁令，后来经过审理暴雪娱乐、网之易公司又败诉，将会给七游公司、分播时代、动景公司造成难以挽回的巨大损失，且会损害被诉游戏玩家的利益。美术作品只是被诉游戏的一个部分，暴雪娱乐、网之易公司要求整个游戏下线，明显超过其保护范围。

法院审理查明

暴雪娱乐是《魔兽世界》（2004 年 11 月 23 日美国首次发行）、《魔兽世界：燃烧的远征》（2007 年 1 月 16 日美国首次发行）、《魔兽世界：巫妖王之怒》（2008 年 11 月 13 日美国首次发表）、《魔兽世界：熊猫人之谜》（2012 年 9 月 25 日美国首次发表）等计算机软件作品的著作权人。

《魔兽世界》系列游戏在国内获得诸多重要游戏奖项，如被中国游戏产业年会评为 2006 年度、2007 年度十大最受欢迎的网络游戏；在 2011 年首届中国游戏金浣熊奖评选中，被评为十大人气网络游戏；在 2012 年度中国游戏英雄榜颁奖典礼上，被评为年度最佳网络游戏。

2014 年 6 月起，暴雪娱乐通过中文官网为《魔兽世界：德拉诺之王》游戏造势。11 月 20 日该游戏在中国正式上线运营，由网之易公司独家运营。

《魔兽世界》系列游戏中的英雄有维纶、伊利丹·怒风、加尔鲁什·地狱咆哮、萨尔等。怪兽有阿库麦尔、变异蹒跚者等。这些英雄和怪兽形象在暴雪娱乐中文官网、英文出版物《魔兽世界终极视觉宝典》、中文出版物《暴雪的艺术》及《魔兽世界·萨尔：巨龙的黄昏》中都可看到。上述网站及出版物均标明暴雪娱乐是著作权人。本案中，暴雪娱乐、网之易公司主张其中 18 个英雄和 7 个怪兽形象美术作品的著作权。暴雪娱乐、网之易公司还主张"魔兽""德拉诺"构成知名商品的特有名称，"萨尔"构成知名角色名称，4 个游戏场景（包括标题界面、登陆界面和创建角色界面）构成知名商品的特有装潢。

被诉游戏原名《酋长萨尔：魔兽远征》，由七游公司开发。分播时代是七游公司股东，也是被诉游戏独家运营商。2014 年 8 月 25 日，分播时代在官网（www.rekoo.com）发布被诉游戏苹果版本公测，9 月 19 日发布安卓版本公测，12 月 19 日将该游戏更名为《全民魔兽：决战德拉诺》。动景公司经分播时代授权，在官网（www.9game.cn）向公众提供被诉游戏安卓版本下载。

将被诉游戏相关英雄和怪兽形象与暴雪娱乐、网之易公司主张的英雄和怪兽形象进行比较，两者构成实质相似。

关于被诉游戏的宣传和介绍，分播时代官网有以下表述：为了更完美地还原魔兽世界，《酋长萨尔》……无论是玩家操控的英雄还是副本中的小怪，不论是地图设计还是技能特效，都几乎100%还原了魔兽中的形象。

人未至胸先至，美女登门陪玩酋长萨尔。……在9月19日，魔兽高玩林熊猫将在家中接受"美女上门服务"这一终极挑战，他能否成功做到"坐怀不乱"呢？

《全民魔兽》是一款以魔兽世界为背景的PRG卡牌游戏，……作为借顺风车的一款作品，完美呈现了《魔兽世界》的很多内容，其中剧情、英雄、场景都可以瞬间点燃粉丝们的激情。

该官方微博有这样的表述：瓜妹都给你送到床上帮你装机了，看你玩的不亦乐乎呀。有玩家评论：最爱魔兽世界这么有挑战的游戏哦。还有玩家评论：美女我们一起玩魔兽世界吧。

另外，暴雪娱乐、网之易公司根据法院要求，就两案禁令申请共提交了1000万元的现金担保。

法院判理和结果

法院决定是否颁发禁令，应当审查原告胜诉可能性，以及被诉侵权行为是否使原告受到难以弥补损害。

关于原告胜诉可能性。暴雪娱乐是《魔兽世界》系列游戏计算机软件作品的著作权人。据此，并结合暴雪娱乐官网及涉案合法出版物对《魔兽世界》英雄和怪兽介绍时的版权标记，足以证明其对所主张的18个英雄和7个怪兽形象美术作品享有著作权。七游公司、分播时代、动景公司未经暴雪娱乐、网之易公司许可，在被诉游戏中使用这些英雄和怪兽形象，侵犯了暴雪娱乐、网之易公司美术作品的复制、发行及信息网络传播等权利。同时，《魔兽世界》系列游戏在中国具有很高的市场知名度。故《魔兽世界：德拉诺之王》游戏构成知名游戏。又由于"魔兽"被相关公众视为《魔兽世界》的简称，"德拉诺"是《魔兽世界》虚构的地名，具有了区别商品来源的显著特征，故《魔兽世界：德拉诺之王》构成知名游戏特有名称。七游公司、分播时代、动景公司在《魔兽世界：德拉诺之王》游戏上线前后推出相似名称的游戏《全民魔兽：决战德拉诺》（原名《酋长萨尔：魔兽远征》），主观上具有搭暴雪娱乐、网之易公司游戏知名度便车的故意，客观上容易导致相关公众的混淆，构成擅自使用他人知名商品特有名称的不正当竞争行为。另外，分播时代在宣传被诉游戏时多次提及魔兽世界，容易使相关公众误认该游戏是暴雪娱乐、网之易公司开发或与暴雪娱乐、网之易公司有授权许可等关系的手机游戏，构成虚假宣传。七游公司是被诉游戏的开发商，分播时代是独家运营商且是七游公司的股东，动景公司经分播时代授权向公众提供被诉游戏的下载服务，故暴雪娱乐、网之易公司主张七游公司、分播时代、动景公司构成共同侵权，具有充分依据。在暴雪娱乐、网之易公司胜诉可能性高的情况下，七游公司、分播时代、动景公司关于如果暴雪娱乐、网之易公司败诉将会给其及玩家带来巨大损害的抗辩，明显缺乏说服力。另外，七游公司、分播时代、动景公司共同实施了侵权行为，故被诉游戏软件是否登记在案外人名下，并不影响本案禁令是否颁发。

关于原告是否受到难以弥补的损害。被诉游戏是在《魔兽世界：德拉诺之王》游戏上线前后推出。虽然两者分属手机端和 PC 端的游戏，但两者都是网络游戏，且游戏名称相似，游戏中相关英雄、怪兽形象和名称相似，相关游戏界面相似，都采用玩家扮演英雄与怪兽作战的玩法。故两者是具有较强竞争关系的产品。被诉游戏的上线势必挤占原告新推游戏的市场份额。而且网络游戏具有生命周期短，传播速度快、范围广的特点，给暴雪娱乐、网之易公司造成的损害难以计算和量化。另外，分播时代在宣传被诉游戏时采用了美女上门陪玩等低俗营销方式，在相关公众将被诉游戏与暴雪娱乐、网之易公司游戏混淆的情况下，会使相关公众对暴雪娱乐、网之易公司产生负面评价，从而给暴雪娱乐、网之易公司商誉带来损害。

七游公司、分播时代、动景公司虽提出相关英雄和怪物形象可以修改，但听证后提交的修改方案仍然与暴雪娱乐、网之易公司主张的内容构成实质相似。另根据被诉游戏的名称、相关英雄和怪兽形象等重要组成部分均构成侵权，以及被诉游戏宣传 100% 还原魔兽形象等事实，该游戏其余英雄或怪兽形象也存在较大的侵权可能性。据此,暴雪娱乐、网之易公司要求被诉游戏整体下线,依据充分,应予支持。

综上,暴雪娱乐、网之易公司前三项禁令申请,符合法律规定,具有必要性及合理性,应予支持。没有证据显示七游公司、分播时代、动景公司已经或即将授权第三方或与第三方合作传播、运营被诉游戏,故暴雪娱乐、网之易公司第四项禁令申请依据不足,不予支持。根据《著作权法》第五十条,《民事诉讼法》第一百条第一款、第二款、第一百零八条及第一百五十四条第一款第(四)项的规定,裁定:一、禁止七游公司复制、发行及通过信息网络传播《全民魔兽:决战德拉诺》(原名《酋长萨尔:魔兽远征》)游戏,效力维持至两案判决生效日止;二、禁止分播时代复制、发行、通过信息网络传播《全民魔兽:决战德拉诺》(原名《酋长萨尔:魔兽远征》)游戏和实施涉案不正当竞争行为,效力维持至两案判决生效日止,禁令期间不影响为该游戏玩家提供余额查询及退费等服务;三、禁止动景公司通过其官网(www.9game.cn)传播《全民魔兽:决战德拉诺》(原名《酋长萨尔:魔兽远征》)游戏,效力维持至两案判决生效日止,禁令期间不影响为该游戏玩家提供余额查询及退费等服务;四、驳回暴雪娱乐、网之易公司其他禁令申请。

【法官评述】

一、禁令的审查要件

禁令又称禁止令(Injunction),广义包括禁止命令(Prohibitory Injunction or Restraining Order)和执行命令(Affirmative or Mandatory Injunction)。从颁发时间的先后来看,禁令可分为诉讼前颁发的临时禁令(Temporary Restraining Order)、在诉讼后和判决前颁发的中间或初步或暂时禁令(Interlocutory or Preliminary or Temporary Injunction)以及判决时颁发的最终或永久禁令(Final or Permanent Injunction)。从被告在颁发前是否知晓,又可以

分为单方禁令（ex parte injunction）和双方禁令（inter partes injunction）。①

本案禁令是在起诉后颁发，且颁发前经过双方听证程序，内容是责令被告在诉讼期间停止被诉行为，故属于诉中临时禁令，也属于双方禁令。我国的临时禁令制度源于《与贸易有关的知识产权协定》（TRIPs）规定的临时措施。TRIPs协定第五十条规定，司法机关有权责令采取迅速和有效的临时措施以便防止侵犯任何知识产权；在适当时，特别是在任何迟延可能对权利持有人造成不可补救的损害时，司法机关有权采取不作预先通知的临时措施。为落实TRIPs协定要求，我国于2000年、2001年对三部知识产权专门法进行了修改，增加了关于诉前停止侵权行为的规定。如2000年修正的《专利法》第六十一条规定，专利权人或者利害关系人有证据证明他人正在实施或者即将实施侵犯其专利权的行为，如不及时制止将使其合法权益受到难以弥补的损害的，可以在起诉前向人民法院申请采取责令停止有关行为。2001年修正的《商标法》第五十七条和2001年修正的《著作权法》第四十九条也作了类似规定。上述规定为现行三部知识产权专门法保留。为便于人民法院执行，最高人民法院分别于2001年和2002年出台了《最高人民法院关于对诉前停止侵犯专利权行为适用法律问题的若干规定》和《最高人民法院关于诉前停止侵犯注册商标专用权行为和保全证据适用法律问题的解释》，对临时禁令审查的程序要件和实体要件进行了细化。如《最高人民法院关于对诉前停止侵犯专利权行为适用法律问题的若干规定》第十一条规定，人民法院对当事人提出的复议申请应当从以下几个方面进行审查："（一）被申请人正在实施或即将实施的行为是否构成侵犯专利权；（二）不采取有关措施，是否会给申请人合法权益造成难以弥补的损害；（三）申请人提供担保的情况；（四）责令被申请人停止有关行为是否损害社会公共利益。"《最高人民法院关于诉前停止侵犯注册商标专用权行为和保全证据适用法律问题的解释》第十一条也规定了类似的四个审查要件。另外，该两个司法解释明确，诉中临时禁令参照诉前临时禁令规定办理。2012年修正的《民事诉讼法》增加了行为保全制

①黄晖：《商标法》，法律出版社2004年版，第230页。

度,规定人民法院诉前或诉中可以责令一方当事人作出或禁止作出一定行为。该制度实际上也为知识产权民事案件的临时禁令审查提出了具体和细化的要求。经过对我国上述知识产权临时禁令相关法律、司法解释的梳理发现,临时禁令的审查要件应当包括:(一)侵权的可能性;(二)不颁发禁令是否给申请人造成难以弥补的损害;(三)颁发禁令是否损害社会公共利益。至于申请人应否提供担保的问题,民事诉讼法对诉前和诉中行为保全的要求并不一致。诉前行为保全的申请人应当提供担保,不提供担保的,裁定驳回申请;诉中行为保全的,人民法院可以责令申请人提供担保。故此处不将担保问题作为诉前临时禁令和诉中临时禁令共同的审查要件。

美国法院传统上通常使用所谓的四要素检测法。根据这一方法,法官依法裁量行为保全申请是否适格时,通常需要考量如下因素:(一)不采取行为保全措施,是否可能使将来的判决不能执行或难以执行,或者将会使申请人的合法权益受到难以弥补的损害;(二)申请人在与被申请人的诉讼中胜诉的可能性;(三)申请人与被申请人之间的利益衡平,即采取行为保全措施对被申请人造成的损害是否会明显超过不采取行为保全措施给申请人带来的损害;(四)采取行为保全措施是否会损害社会公共利益。[1] 由此可见,美国法院考虑的"胜诉可能性",实际就是我国法院考虑的"侵权可能性",这只是一个硬币的两面。美国法院考虑的"不采取行为保全措施是否使申请人受到难以弥补的损害"及"采取行为保全措施是否损害社会公共利益",与我国法院考虑的对应要件并无不同。美国法院似乎比我国法院的考虑多了一个要件,即申请人与被申请人之间的利益衡平。但事实上,最高人民法院在发布的指导性司法文件中也已经暗含了这一要件。如《最高人民法院关于当前经济形势下知识产权服务大局若干问题的意见》第十四条指出:"要妥善处理有效制止侵权与维护企业正常经营的关系。……诉前停止侵权涉及当事人的重大经济利益和市场前景,要注意防止和规制当事人滥用有关权利。应

---

[1]最高人民法院民事诉讼法修改研究小组编著:《中华人民共和国民事诉讼法》修改条文理解与适用,人民法院出版社2012年版,第225页。

考虑被诉企业的生存状态，防止采取措施不当使被诉企业生产经营陷入困境。"所以，我国法院对临时禁令的审查与美国法院的四要素检测法并无实质区别。

司法实践中，具体如何考虑上述审查要件并不容易。最高人民法院通过发布一系列的司法文件为此提供了指导意见。

关于侵权可能性要件的审查。《最高人民法院关于贯彻实施国家知识产权战略若干问题的意见》第十八条指出："适度从严掌握认定侵权可能性的标准，原则上应当达到基本确信的程度，在专利案件尤其是发明和实用新型专利案件中，要审慎决定采取诉前责令停止侵权措施。"《最高人民法院关于充分发挥知识产权审判职能作用推动社会主义文化大发展大繁荣和促进经济自主协调发展若干问题的意见》第十六条指出："坚持把事实比较清楚、侵权易于判断作为采取诉前停止侵权措施的前提条件。对于需要进行比较复杂的技术对比才能作出侵权可能性判断的行为，不宜裁定采取责令诉前停止侵权措施。在条件允许的情况下，尽可能通过听取申请人与被申请人意见的方式对侵权可能性作出准确判断。"这说明，法院在判断这一要件时，应尽可能听取双方意见，侵权可能性要达到基本确信的程度。

关于难以弥补损害要件的审查。《最高人民法院关于当前经济形势下知识产权服务大局若干问题的意见》第十四条指出："应当重点考虑有关损害是否可以通过金钱赔偿予以弥补以及是否有可执行的合理预期。"这说明，对于金钱请求或者在社会观念上可以容易地转化为金钱请求的案件，通常不认为该损害不可弥补。

关于社会公共利益要件的审查。《最高人民法院关于当前经济形势下知识产权服务大局若干问题的意见》第十四条指出："严格审查被申请人的社会公共利益抗辩，一般只有在涉及公众健康、环保以及其他重大社会利益的情况下才予考虑。"这说明，该要件一般涉及重大的社会公共利益才有必要考虑。

关于禁令实施的范围和程度。《最高人民法院关于贯彻实施国家知识产权战略若干问题的意见》第十八条提出要"有效制止侵权"。《最高人民法院关于当前经济形势下知识产权服务大局若干问题的意见》第十四条提出要采取诉前停止侵权措施"既要合理又要有效"。这说明，禁令实施的范围和程度要合理、有效。

二、网络游戏侵权案件的禁令审查

近年来，随着移动互联网技术的发展，涉及网络游戏特别是手机游戏的知识产权侵权案件日益增多。在这类案件中，法院应当如何审查禁令申请，如何考虑难以弥补的损害要件，禁令实施的范围和程度有多大，禁令应否考虑游戏玩家的利益，均值得认真思考。本案对上述问题的回答具有一定典型意义。法院在收到禁令申请后，立即启动听证程序，明确告知双方当事人将就禁令问题进行听证。听证由合议庭全体法官主持，要求当事人围绕以下禁令审查要件进行充分举证和发表意见：(1) 原告胜诉的可能性；(2) 被诉侵权行为持续是否给原告造成难以弥补的损害；(3) 颁发禁令给被告造成的损害是否远远大于不颁发禁令给原告造成的损害；(4) 颁发禁令是否损害社会公众利益。对于难以弥补损害要件的判断，法院重点考虑被诉游戏紧随原告新推游戏上线，网络游戏具有生命周期短，传播速度快、范围广的特点，以及被诉游戏低俗营销给原告商誉带来负面影响等因素，认定该要件成立。

本案禁令的实施体现了合理、有效的司法政策。原告在本案并未主张整个游戏软件作品侵权，而是主张游戏人物形象、游戏名称、游戏界面等元素侵权。在游戏元素侵权的情况下，是否有必要责令游戏整体下线，是本案争议的焦点。被告在禁令前的听证及禁令后的复议程序都表示可以更改涉嫌侵权的游戏元素，主张被诉游戏不应整体下线。对此法院认为，根据被诉游戏的名称、相关英雄和怪兽形象等重要组成部分均构成侵权，以及被诉游戏宣传100%还原魔兽形象等事实，该游戏其余英雄或怪兽形象也存在较大的侵权可能性。法院在复议时还认为，英雄打怪闯关是常见的游戏规则，被许多网络游戏采纳。在采用相同或基本相同游戏规则的游戏中，打怪的英雄和守关的怪兽形象设计就成为每一款网络游戏吸引游戏玩家的重要手段，故英雄和怪兽形象构成这些游戏的重要内容。游戏的名称则起到区别不同游戏的重要作用。被诉游戏也是一款英雄打怪闯关的游戏。被诉游戏使用与《魔兽世界》系列游戏相同或近似的名称、英雄和怪兽形象等，就是为了利用《魔兽世界》的知名度，吸引游戏玩家。如果将被诉游戏的名称、英雄和怪兽形象进行彻底改变，对于玩家而言就是两款不同的游戏。在此情况下，结合考虑被告对被诉游戏的虚假宣传和损害原告商誉等事实，原告要求被诉游戏整体下线，符合法律规定。但游戏停止运营后，运营商继续为玩家提供一定的服务在技术上是可行的。故裁定特别要求被告在禁令期间应继续为游戏玩家提供余额查询及退费等服务，体现了对玩家利益的考虑，也体现了合理、有效的司法政策。

编写人：广州知识产权法院　龚麒天

35

广州市例外实业有限公司诉
广州市文化市场综合行政执法总队行政处罚案

阅读提示：商标标识可否被认定为美术作品？

【裁判要旨】

作为作品构成要件中最为重要的独创性要件，是审判实践中经常遇到且较难把握的问题。根据思想和表达的二分法，独创性是指表达的独创性。EXCEPTION 的字符本身架构导致的设计空间限制，其表现形式与思想内容是高度重合的，其独创性部分甚微，故不属于著作权法上的作品。而且，涉案标识本来在于表明或区别商品或服务来源，该认定有利于厘清商标法与著作权法各自调整之法律关系的边界。

【案号】

一审：广东省广州市天河区人民法院（2015）穗天法行初字第318号
二审：广州知识产权法院（2016）粤73行终2号

【案情与裁判】

原告（上诉人）：广州市例外实业有限公司（简称例外公司）

被告（被上诉人）：广州市文化市场综合行政执法总队（简称文化市场执法总队）

第三人：毛继鸿

起诉与答辩

例外公司向一审法院起诉请求，撤销文化市场执法总队作出的穗文总罚字〔2015〕第1038号行政处罚决定。具体理由如下：一、文化市场执法总队在调查取证至作出处罚决定之前，均未向其出示或让其查阅与作出处罚决定相关的案卷材料，属于程序违法。二、文化市场执法总队委托广州市版权协会对涉案标识是否构成著作权侵权进行鉴定，并将鉴定结果作为定案依据，属于程序不合法，认定事实有误。三、涉案标识中蕴含的智力创造过于微不足道，达不到《著作权法》关于作品独创性的要求，不构成美术作品。四、著作权登记对登记作品只做形式审查，并不对作品是否具有独创性做实质审查，《作品著作权登记证》不能当然作为认定涉案标识是美术作品的证据。

文化市场执法总队辩称，例外公司的起诉理由不能成立，请法院驳回其诉讼请求。一、在案件办理过程中，其并未收到例外公司要求查阅案卷材料的相关申请文件；在作出处罚决定前，其已按规定，向例外公司送达行政处罚事先告知书，告知作出行政处罚的事实、理由及依据，并告知当事人依法享有陈述和申辩权。二、根据《著作权行政处罚实施办法》规定，对查处案件中的专业性问题，著作权行政管理部门可以委托专门机构或聘请专业人员进行鉴定。该类鉴定只是为执法机关提供专业性意见供办案参考，并非办案的必经程序，也有别于通常意义上的司法鉴定。不因广州市版权协会未列入司法机关的鉴定机构名录而不能采纳其专业鉴定意见。其认定例外公司侵权，是基于各项证据的综合判定。本案中即使没有广州市版权协会的鉴定书，现有证据足以认定例外公司的侵权事实。三、从讼争作品进行登记时提交的作品说明书看，反写"EXCEPTION"意思是"反的，不跟风的"，"MIXMIND"是作者原创的一个复合词，意为"融合众人之心"，"EXCEPTION de MIXMIND"的意思是"例外凝聚融合了众人的心"。反写EXCEPTION、原创MIXMIND以及相关词汇的排列组合，均体现了作者创意，符合《著作权法》关于作品独创性及独创高度的保护要求。四、《作品著作权登记证》只是证明作品著作权归属的一个初步证据。基于对著作权主管部门在作品判定问题上专业性、权威性的尊重，对于已获得著作权主管部门登记的作品，如无相反证据予以推翻，执法机关不宜再作出相反判定，在本案行政处罚过程中，例外公司对广东省版权局出具的《作品著作权登记证》提出质疑，但未提供相关证据予以证实其质疑，其对该申辩意见未予采纳，对《作品著作权登记证》的证明效力则予以采信。

一审审理查明

2015年2月11日，毛继鸿对《例外》Logo EXCEPTION 图案取得广东省版权局颁发的登记号为粤作登字－2015－F－00001034 的《作品著作权登记证》。2015年3月，毛继鸿向文化市场执法总队投诉称，例外公司在产品上使用"EXCEPTION de MIXMIND"标识侵犯毛继鸿《例外》Logo 作品的著作权。2015年3月16日，文化市场执法总队对例外公司在"天猫商城"上开设的网店首页及销售页面进行截图，截图上有 EXCEPTION 图案。2015年3月17日，文化市场执法总队对例外公司经营场所进行现场检查，发现现场存放标有 EXCEPTION 图案的钱包盒和女手袋，文化市场执法总队对上述产品进行拍照和登记保存。文化市场执法总队对例外公司总经理助理王天军以及代理人吴文浩进行询问，查明上述产品是例外公司所有并销售，例外公司在"天猫商城"上开设的网店首页及销售页面上有 EXCEPTION 图案。文化市场执法总队将查获的钱包盒、女装手袋和网页截图送广州市版权协会，就该例外公司在其产品及网店上使用 EXCEPTION 图案是否侵犯毛继鸿《例外》Logo 著作权进行鉴定。广州市版权协会作出《鉴定书》，认为例外公司的上述行为构成以复制方式对《例外》Logo 作品的侵权。经过调查取证后，文化市场执法总队于2015年5月14日向例外公司发出了《行政处罚事先告知书》，告知例外公司拟作出的处罚内容及陈述申辩的权利、期限。在收到告知书后，例外公司提出"EXCEPTION（反写）De MIXMIND"不符合《著作权法》关于作品独创性的要求，不是《著作权法》意义上的作品；不能确定广州市版权协会的鉴定资质，文化市场执法总队依据该协会出具的《鉴定函》认定侵权于法无据等申辩意见。在收到例外公司申辩意见后，文化市场执法总队认为，例外公司的申辩理由不成立，并于2015年6月25日作出穗文总罚字〔2015〕第1038号行政处罚决定，以例外公司侵权为由，对例外公司处没收手袋1个，侵权包装盒231个，罚款3万元的处罚，并告知其对此不服提起行政复议和诉讼的权利和期限。例外公司不服，向一审法院提起行政诉讼。

一审判理和结果

毛继鸿对《例外》Logo EXCEPTION 图案取得广东省版权局颁发的登记号为粤作登字 – 2015 – F – 00001034 的《作品著作权登记证》。例外公司经营场所内存放标有 EXCEPTION 图案的钱包盒和女手袋。上述产品是例外公司所有并销售，例外公司在"天猫商城"上开设的网店首页及销售页面上有 EXCEPTION 图案。广州市版权协会作出《鉴定书》，认为例外公司的上述行为构成以复制方式对《例外》Logo 作品的侵权。

例外公司未经登记著作权人毛继鸿许可，复制 EXCEPTION 图案，并用于产品销售，对此事实各方均无争议，一审法院予以确认。本案争议焦点在于 EXCEPTION 是否属于受著作权法保护的作品，是否属于不得随意复制的图案。毛继鸿对《例外》Logo EXCEPTION 图案取得广东省版权局颁发的登记号为粤作登字 – 2015 – F – 00001034 的《作品著作权登记证》。广州市版权协会作出《鉴定书》，认为例外公司的上述行为构成以复制方式对《例外》Logo 作品的侵权。英文字母是具有规范格式、形状的字符，是可以组成英语单词，表达一定意思的符号。"ΕХСΕΡΤΙΟΝ"是英文单词"EXCEPTION"的反写，但"ΕХСΕΡΤΙΟΝ"不符合英文字母和英语单词的书写规范，不属于英语单词。其外在价值除了在于可以引起人们对"EXCEPTION"单词的联想，更多体现在其特别的形状所引起的视觉感觉上。因此，"ΕХСΕΡΤΙΟΝ"是图案，而不是英语单词，该图案具有一定的艺术创造性，且 EXCEPTION 是"ΕХСΕΡΤΙΟΝ"图案和"de MIXMIND"的组合，EXCEPTION 不是英语单词，是具有一定艺术价值的图案，可以成为受保护的图案著作，属于受著作权法保护的作品，未经权利人许可，不得随意复制。例外公司未经许可，几乎一成不变地将 EXCEPTION 图案用于自己产品标识，并经营牟利，具有违法性。

文化市场执法总队经过调查取证后，于 2015 年 5 月 14 日向例外公司发出了《行政处罚事先告知书》，告知例外公司拟作出的处罚内容及陈述申辩的权利、期限。在收到告知书后，例外公司已经提出申辩意见。在收到例外公司申辩意见后，文化市场执法总队已经审查了例外公司的申辩理由，于2015 年 6 月 25 日作出穗文总罚字〔2015〕第 1038 号行政处罚决定，其行政处罚依据事实清楚，程序合法。例外公司的诉讼请求缺乏事实和法律依据，一审法院不予支持。综上所述，依照《行政诉讼法》第六十九条的规定，判决：驳回例外公司的诉讼请求。一审案件受理费 50 元由例外公司负担。

上诉与答辩

一审判决后，例外公司不服，向广州知识产权法院提起上诉，请求：撤销广州市天河区人民法院作出的（2015）穗天法行初字第 318 号行政判决；撤销文化市场执法总队作出的穗文总罚字〔2015〕第 1038 号行政处罚决定。理由如下：一、涉案标识的创造性过低，远达不到《著作权法》所要求的作品的独创高度。二、毛继鸿向文化市场执法总队提交的著作权权属证明文件存在明显瑕疵和冲突，不能据此认定毛继鸿对涉案标识享有著作权，一审法院对此未加评述，属于事实认定错误。且著作权登记证书不能作为唯一依据。三、文化市场执法总队没有履行法定告知义务，委托不具有鉴定资质的广州市版权协会对涉案法律事实进行鉴定，该结果不应当作为定案证据。一审法院在该点上认定事实错误。

文化市场执法总队辩称，独创性不等于新颖性，只要有不同就不存在抄袭，涉案标识可以认定为作品。《作品著作权登记证》由版权局作出，如遇问题可申请撤销，例外公司也并未对此提出撤销。该证书登记的著作权人是毛继鸿，对于权利瑕疵问题应由权利人去陈述。根据《著作权行政处罚实施办法》规定，对专业问题，执法部门可以自行选定、委托有关专家进行鉴定。其根据毛继鸿提交的《作品著作权登记证》及公证书进行立案，对例外公司仓库及车间进行调查，根据相关规定进行鉴定。涉案产品与涉案著作权完全相同，可直接判定为复制行为，例外公司也完全有可能接触到毛继鸿的产品。其作为行政机关无法提供更多证据，但例外公司应提出证据证实其观点。

毛继鸿述称，例外公司注册的"例外"商标注释中解释字母并无任何含义，而涉案标识存在反写及后缀。例外公司一再强调其享有"例外"商标，却不用自己的商标，而使用涉案标识，涉案产品无论从材质到标识均完全复制其产品。例外公司强调涉案标识存在另一权利人，其认可案外设计人员王序是涉案标识的创作人之一，涉案标识是案外设计人员王序在毛继鸿的"例外"文本理念上细化、优化形成的。但是，该设计成果由毛继鸿作为权利人并无瑕疵，法律并未规定权利不能转让。其向文化市场执法总队提交的《作品著作权登记证》是依法获得，在没有被撤销情况下不存在事实认定错误。

二审审理查明

二审查明事实与一审查明事实一致。

二审判理和结果

经审查，涉案标识 EXPECTION de MIXMIND 经由毛继鸿在广东省版权局进行作品登记。著作权自作品创作之日起自动产生，非因登记而取得著作权，但在著作权利归属存在争议时，作品登记证书具有初步证明著作权利的公示效力和证明力。本案中，毛继鸿已承认涉案标识的设计完成过程有案外人王序的参与，但参与设计并非必然享有著作权利，设计成果的权利归属可因合同约定或者其他关系排除了某参与者，或者形成共同享有关系。因此，在例外公司无充分的相反证据否定毛继鸿享有涉案标识著作权利的情况下，上述作品登记证书可以作为文化市场执法总队接受毛继鸿举报而行政执法的证据。至于文化市场执法总队在作出行政决定过程中委托广州市版权协会出具鉴定意见并作为参考依据，有国家版权局《著作权行政处罚实施办法》为依据，并无不当。例外公司关于此两节的上诉理由不成立，予以驳回。但应当指出，即使有资格接受委托，广州市版权协会仅可以对事实问题出具意见，其鉴定意见中关于构成侵权的内容是无效的。

涉案标识 EXPECTION de MIXMIND 是否属于著作权法上的美术作品，作为行政执法机关的文化市场执法总队也应予以审查。作品登记为未经实质审查的自愿登记，其本身并不证明所登记之对象必然属于作品。在判断作品独创性高度以确定是否受著作权法保护时有一个考量因素是作品类别，作品类别之不同将影响独创性判断。涉案标识既然主张为美术作品，其应具备较高的艺术审美感，否则不应将之认定为作品。涉案标识由外文字符"EXCEPTION 每个字符镜像反写 + De MIXMIND"构成,反写的"EXCEPTION"意思是"反的、不跟风的","MIXMIND"是设计者原创的复合词,意为"融合众人之心","EXCEPTION De MIXMIND"的意思是例外凝聚融合了众人的心,由此可见,该标识凝聚了设计人员的创造性智慧。然而,著作权法保护的是表达,或曰表现形式,只有表现形式的创造性智慧,才受著作权法保护。以上的词汇传递的是"凝聚融合众人的心"的意蕴,就其表达方式而言,仅是将"EXCEPTION"反写,并与"De MIXMIND"分行组合,虽将字符的表现形式稍作艺术处理,但由于字符本身架构导致的设计空间限制,其表现形式与思想内容高度重合,表现形式的独创性部分甚微,缺乏美术作品应具备的较高艺术审美感。而且,涉案标识本来在于表明或区别商品或服务来源,现当事人将关于商品或服务标识的纷争引入著作权领域寻求解决,在进行作品认定时应考虑商标法与著作权法的分野;如果将这类独创性不高的标识认定为美术作品,实为模糊了商标法与著作权法的边界,不利于相关商标法律制度的配套落实。因此,二审法院支持例外公司关于此节的上诉意见,认定涉案标识不属于美术作品,故而例外公司在其商品上使用与该标识相同或者实质相似的图案不构成侵害著作权。

综上所述,涉案标识不属于著作权法上的作品,文化市场执法总队接受毛继鸿举报后,将之认定为作品并对例外公司在商品上使用相仿该标识的行为进行处罚不当,一审法院将之认定为"受保护的图案著作"并驳回例外公司的诉讼请求也不当,均应予以撤销。至于当事人因该标识的使用可能引致的商标法方面的纠纷,可另寻求途径解决。例外公司的上诉请求成立,予以支持。

二审法院依照《行政诉讼法》第七十条第(二)项的规定判决:一、撤销广州市天河区人民法院(2015)穗天法行初字第 318 号行政判决;二、撤销文化市场执法总队于 2015 年 6 月 25 日作出的穗文总罚字〔2015〕第 1038 号行政处罚决定。

【法官评述】

本案涉及的问题是著作权审判实践中如何把握作品的认定标准。由于我国的作品登记是一种未经实质审查的自愿登记，著作权登记证书不能作为作品认定的唯一依据，在审判实践中要对其是否属于著作权法上的作品进行审查。构成作品，应当同时具备四个条件：（1）文学、艺术和科学领域；（2）是一种表达；（3）具有独创性；（4）可复制性。而作为构成要件中最为重要的独创性要件，是审判实践中经常遇到且较难把握的问题。创作作品是为了表达思想，但著作权法只保护思想的表达，不保护被表达的思想，因此独创性是指表达的独创性，它体现出作者的个性以及对表达形式的取舍、安排。就涉案标识 EXCEPTION de MIXMIND 而言，反写的"EXCEPTION"意思是"反的、不跟风的"，"MIXMIND"是设计者原创的复合词，"EXCEPTION De MIXMIND"表达的意思是例外凝聚融合了众人的心，其思想确实体现出了设计人员的创造性。但由于字符本身架构导致的设计空间限制，其表现形式与思想内容是高度重合的。在此情况下，为促进思想的传播，表达形式应当让位于思想。尤其涉案标识缺乏作为美术作品应具备的较高艺术审美感，法院认定其表现形式的独创性部分甚微，故不属于著作权法上的作品。而且，涉案标识本来在于表明或区别商品或服务来源，该认定有利于厘清商标法与著作权法各自调整之法律关系的边界。

编写人：广州知识产权法院　郑志柱

36

汉华易美（天津）图像技术有限公司诉广州快塑电子商务有限公司等著作权权属、侵权纠纷案

> 阅读提示：对美术作品进行拍摄形成的照片能否认定为摄影作品？

【裁判要旨】

美术作品拍摄而成的照片，如果只是将美术作品以照片的方式呈现，这种呈现是对该美术作品的精确再现，受众通过该照片所感知的是原美术作品的内容的存在，尽管也需要相应的拍摄技术和拍摄者的独立判断，但拍摄过程并未产生新的独创性表达，未给公众带来新的作品，属于对美术作品的复制。该照片属于美术作品的复制品，不属于摄影作品，不受我国著作权法保护。

【案号】

一审：广东省广州市黄埔区人民法院（2017）粤 0112 民初 1815 号

【案情与裁判】

原告：汉华易美（天津）图像技术有限公司（简称汉华易美公司）
被告：广州快塑电子商务有限公司（简称快塑公司）
被告：深圳市腾讯计算机系统有限公司（简称腾讯公司）

起诉与答辩

汉华易美公司起诉称，视觉中国创立于 2000 年 6 月，是中国领先的视觉

影像内容和整合营销传播服务提供商。汉华易美公司经美国 Getty Gimages 公司授权，享有在中华人民共和国境内展示、销售和许可他人使用相关图像的权利，并有权以自己的名义，就任何未经授权使用相关摄影作品的侵权行为进行索赔。快塑公司未经授权在其微信公众号"快塑观点"上使用汉华易美公司享有著作财产权的 Photodisc 品牌的 1 张摄影作品，侵害汉华易美公司作品信息网络传播权，应当承担侵权损害赔偿责任。案涉摄影作品展现摄影者之原创性，并非单纯仅为实体人、物之机械式再现。由 Getty Gimages 在全球各地的专业摄影师运用其摄影技术，决定观景、景深、光量、摄影角度、快门或焦距等事项后拍摄而成。快塑公司所使用的摄影作品非自行创作，而系自网络撷取使用，应当预见使用该摄影作品可能涉及著作权侵权问题。腾讯公司对快塑公司有无取得合法使用权等情形，没有尽到善良管理人之注意义务，具有过错。为维护合法权益，请求法院：1. 判令快塑公司、腾讯公司删除并停止使用侵权作品；2. 判令快塑公司赔偿汉华易美公司经济损失与合理开支 1 万元；3. 判令快塑公司、腾讯公司承担本案诉讼费用。

快塑公司答辩称：1. 不能确认汉华易美公司的主体是否适格；2. 汉华易美公司请求金额过高；3. 其在微信上使用涉案图片不是以营利为目的，汉华易美公司也没有证据证明快塑公司使用涉案图片给其带来利益。

腾讯公司答辩称：1. 其作为信息网络服务提供商，并未实施任何侵权行为；2. 其尽到了应尽的义务，无任何主观过错，不应承担任何责任。

一审审理查明

美国 Getty Gimages 公司指定汉华易美公司自 2016 年 8 月 13 日起担任 Getty Gimages 在中华人民共和国境内的唯一授权代表。授权汉华易美公司在中华人民共和国境内展示、销售和许可他人使用附件 A 中所列出之品牌相关的所有图像。图像展示在其互联网站 www. cvg. cn、www. vcg. com 等网站上。在中华人民共和国境内，唯有汉华易美公司有权以其自己的名义，就任何第三方未经授权使用或涉嫌未经授权使用所有图像行为采取任何形式的法律行为，包括民事诉讼、收取任何索赔款等。该授权涵盖 2016 年 8 月 13 日之前及之后可能已经在中华人民共和国境内出现的对于 Getty Gimages 的知识产权的侵犯。附件 A 中包括涉案的图片品牌 Photodisc。该《授权确认书》经美国华盛顿州公证员 Constance G. Chapman 证明由 Yoko Miyashita 亲自签署并确认其行为代表了该公司自由、自愿之行为。

2017 年 3 月 6 日，申请人对汉华易美公司的权利图片申请时间戳证明并录像，联合信任时间戳服务中心出具了可信时间戳认证证书，该证书显示在 2017 年 3 月 6 日 11 时 32 分 53 秒，"视觉中国"网站上存在着 ID 为 glz055 的图片内容为一幅绘画的照片，绘画内容为一个巨大的手拉着一个小人的手将小人提起。图片上有"视觉中国"的文字与符号、ID：glz055 以及 gettyGimages 的水印。图片右方关于图片的基本信息载明品牌为 Photodisc，版权所有为 1995 – 2017©视觉中国。网页下方有版权申明：本网站所有图片及影视、音乐素材均由本公司或版权所有人授权发布。

2016 年 9 月 18 日，汉华易美公司申请对微信公众号"快塑观点"进行时间戳证据保全，联合信任时间戳服务中心出具了可信时间戳认证证书。该证书表示在 2016 年 9 月 18 日 16 时 03 分 41 秒，"快塑观点"推送页面上所附的图片内容为一个巨大的手拉着一个小人的手将小人提起。（见下图）

经比对，"快塑观点"微信公众号上的图片与"视觉中国"网站上的编号为 glz055 的图片内容主要部分高度一致。

另查明，微信公众号"快塑观点"（微信号为 kuaisutongs）的运营主体为快塑公司。

一审判理和结果

一审法院审理认为，汉华易美公司主张涉案图片是摄影作品，快塑公司在微信公众号上推送的内容中使用了该涉案图片，侵犯了其作品的信息网络传播权。汉华易美公司请求成立的前提是需要判断涉案图片是否属于我国著作权法所规定作品类型中的摄影作品。《著作权法实施条例》对"作品"的定义：文学、艺术和科学领域内具有独创性并能以某种有形形式复制的智力成果。对摄影作品的定义：借助器械在感光材料或者其他介质上记录客观物体形象的艺术作品。可见，并非所有的照片都当然属于摄影作品，一张照片要成为摄影作品，除了其特殊的制作形成方式外，还必须符合独创性的要求。摄影作品的独创性体现在拍摄者在拍摄过程中根据拍摄对象的不同特性，选取了不同的场景、角度、光线和拍摄手法，体现了拍摄者的创造性劳动，而不应仅仅是简单的重现，或者是精确再现已有作品。本案中，涉案照片系对一幅美术作品拍摄而成，将美术作品中所包含的一只巨大的手提着一只小小的手的画面以照片的方式呈现，这种呈现是对该美术作品的精确再现，受众通过该照片所感知的是原美术作品的内容的存在，尽管也需要相应的拍摄技术和拍摄者的独立判断，但拍摄过程并未产生新的创造性表达，未给公众带来新的作品，属于对美术作品的复制，不属于摄影作品，不受我国著作权法保护，汉华易美公司请求的权利基础不构成，其诉讼请求一审法院不予支持。

综上，根据《著作权法》第三条，《著作权法实施条例》第二条的规定，判决驳回汉华易美公司全部诉讼请求。

本案各方当事人均未上诉。

【法官评述】

本案为著作权权属、侵权纠纷，案情本身较为简单，但涉案图片为对原有美术作品所拍摄的照片，故审理的焦点是确定涉案图片是否属于我国著作权法所界定的作品。

一、法院应当对原告所主张的权利照片的独创性进行审查

当今的时代是信息网络时代，具有拍照功能的手机几乎人手一部，而且

智能化程度越来越高，导致照片的形成越来越简单和方便，那么，是否所有的照片只要形成就当然地成为摄影作品受到我国著作权法保护呢？近几年来，法院受理了大量涉及摄影作品的著作权纠纷案件，比如"汉华易美""华盖创意""全景视觉"等专业图片经营公司的系列维权案。司法实践中，此类案件绝大部分原告均胜诉或者部分胜诉，法院基本都认定案件涉及的照片属于摄影作品，而被告在答辩时主要集中在照片的来源、照片正常使用的市场价格、照片的流传范围、使用照片的非营利性目的等方面，很少被告就照片本身是否具有独创性，是否能够成为摄影作品发表抗辩意见。本案基于涉案照片的相对特殊性对其是否属于摄影作品进行了阐述，最终认定涉案照片不符合摄影作品的独创性要求，不属于摄影作品，驳回了原告的诉讼请求。此案提醒我们在审理此类案件时对涉案照片能否成为摄影作品进行审查，回归著作权法对于作品定义的立法本意，在司法实践中界定摄影作品独创性的最低要求。

二、如何审查照片独创性的几点意见

我国著作权法对作品的定义是：文学、艺术和科学领域内具有独创性并能以某种有形形式复制的智力成果。该定义对所有的作品均有独创性的要求，摄影作品当然也不例外，所以，只有符合独创性要求的照片才能称之为摄影作品，但是，如何认定照片是否具有独创性呢？独创性中的"独"是指创作者"独立创作，源于本人的表达"，相对比较容易认定；"创"则要求具备"智力创造性"，即能够体现作者独特的智力判断与选择，展示作者的个性和独特的艺术思想。而且，这种"智力创造性"必须达到一定的高度，即具备"最低的智力创造性"才能称之为摄影作品。司法实践的难点就在于对于照片是否具备"最低的智力创造性"中的"最低"标准的界定。英美法系的"额头流汗"原则在美国已被实际推翻，大陆法系的"硬币理论"也需要界定"硬币"的"高低"。笔者以本案为契机，总结归纳几点判断照片是否构成摄影作品的意见。

摄影作品作者的创造性劳动体现在作者在拍摄过程中根据所拍摄对象的不同特性，选取不同的场景、角度、光线和拍摄手法。所以摄影作品不应当是机械地记录拍摄对象，而是作者运用其个性化的技能对拍摄对象进行创造性选择的结果。但现实中，几乎所有的照片都或多或少地体现了上述特征，因此可以说所有的照片都多少体现了拍摄者的创造性劳动，但是拍摄者的创造性劳动是否达到摄影作品所要求的"最低的智力创造性"，则需要我们去判断。首先，在判断一张照片是否具有创造性之前需要明确一个前提，即作品必须是一种可以被感知的外在表达，著作权法保护的也是这种表达，抽象的思想不受著作权法保护，具体的客观事物本身也不被著作权法保护。就摄影作品而言，拍摄一幅摄影作品的主题、作者想要彰显的意境、作者拍摄前的构思等均属于思想的范畴，作者将上述思想范畴的内容通过其拍摄手法，并选取特定的场景和角度，利用特定的光线最终拍摄而成的照片，则形成了一种具体的表达，该表达才是著作权保护的对象。

其次，需要注意，我国著作权法的立法模式是区分著作权和邻接权，用著作权保护具有独创性的智力成果，用邻接权保护劳动投入和资金付出。摄影作品是属于著作权保护的对象，《著作权法实施条例》将摄影作品定义为艺术作品，可见，立法本意对摄影作品有一定的独创性高度要求，只有具备一定艺术性的照片才能被称为摄影作品。但是，对照片艺术性的判断却有着很强的主观因素。就审判案件而言，不同的法官基于不同的阅历、不同的文化修养，不同的审美情趣而对所谓的"艺术性"极有可能得出截然不同的结论，所以我们还需归纳出相对易于判断的具体标准。可从摄影作品的具体分类来判断照片是否能够达到"最低的智力创造性"。一是创作型照片，此类照片被拍摄的场景（例如拍摄物品的选择、物品摆放的位置、拍摄人物的造型以及站立方位等）是由摄影师设计而成的，这些场景中具体的事物或者人物虽然都是客观存在的，但是摄影师通过其个性化的选择使得拍摄对象所呈现的画面有一个从无到有的过程，然后摄影师通过选取不同的角度、光线、手法拍摄成为照片，较为常见的有婚纱照等。此类照片呈现出的画面当然是摄影师具有独创性的表达，所以，除了极其极端的情况（例如摄影师在一面白墙上点了一个黑点再拍摄照片）外，均应属于摄影作品。二是再现型照片和抓拍型照片，所谓再现型照片是指对客观场景通过拍摄照片的形式精准再现；而抓拍型照片是指在特定的时间点拍摄的照片。这两类照片均是对客观存在的各种场景的再现，抓拍型照片的特点是拍摄时间的特定性以及拍摄对象的流动性或者说变化性，过了这个时间点，哪怕同样的角度、同样的光线条件、同样的拍摄器材、同样的摄影师也不可能拍出相同的照片，例如某年某月某日黄山的日出。这两类照片所拍摄的场景是已经客观存在的，摄影者也并未对这些场景进行创造和改变，所以其独创性表达体现在拍摄的场景结合光线、角度、滤镜等各方面的因素所展现的照片的特殊效果。所以，判断这两类照片的创造性高低，必须结合被拍摄的场景的构成要素以及这些要素与光、影结合所呈现的效果，如果被拍摄场景过于简单，且其与光、影结合也并未展示出特别的效果，则不应将其认定为摄影作品，例如庭审结束后律师对开庭笔录所拍摄的照片。

三、达不到摄影作品独创性要求的几类常见照片

（1）常见场景和画面过于简单的照片，例如我们随手拿起手机对着电脑键盘拍的一张照片；（2）纯粹的功能性照片，例如网上购物后因所购物品有缺陷要求退货时卖家要求买家拍摄上传的物品缺陷的照片；（3）精准再现已有作品的照片，也就是本案所审理的涉案照片，此种情形形成的照片应认定为对已有作品的复制，不构成摄影作品。上述类型的照片虽然原则上不构成摄影作品，但是在符合特定条件，照片展示出来的特殊效果能够让受众感受到摄影者创造性的个性化选择时，也可以被认定为摄影作品。因为拍摄的场景和画面虽然很简单或者带有极强的功能性，但摄影者对光线、角度、拍摄手法等因素进行了极其特殊的选择，最终形成的照片能够给人特别的艺术感受，例如苹果发布会上展示的苹果手机的照片。至于再现已有作品的照片，如果照片的效果不仅仅是精准再现原有作品，而是因为加入了拍摄者个人创造性因素从而使得照片明显有别于原有作品，则该照片可以成为摄影作品，例如，利用打光将一幅清幽的大型山水画拍摄成一张霞光下的山水画照片。当然，该摄影作品是原作品的改编作品。

编写人：广州市黄埔区人民法院　郭志雄

37

广州冠以美贸易有限公司诉
广州新族化妆品有限公司著作权侵权纠纷案

阅读提示：如何认定实用艺术作品的独创性？

【裁判要旨】

实用艺术作品应达到美术作品的创作高度。实用艺术品往往也可以申请外观设计专利保护。美术作品与外观设计专利在权利取得、保护范围、有效期限等方面都存在重要区别。如果在实用艺术作品独创性要件判断上过于宽松，将导致无人愿意申请外观设计专利，进而导致专利法相关制度形同虚设。故有必要严格审查实用艺术作品的独创性。

【案号】

一审：广东省广州市白云区人民法院（2016）粤 0111 民初 6904 号
二审：广州知识产权法院（2017）粤 73 民终第 537 号

【案情与裁判】

原告（被上诉人）：广州冠以美贸易有限公司（简称冠以美公司）

被告（上诉人）：广州新族化妆品有限公司（简称新族公司）

起诉和答辩

冠以美公司诉称，其"卡姿兰"美妆一体柜是美术作品。新族公司"诱惑"美妆一体柜抄袭了其设计，侵犯了其著作权。故请求新族公司停止侵权行为，赔偿冠以美公司 20 万元。

新族公司辩称，冠以美公司主张的美妆一体柜不具独创性，不构成美术作品。请求驳回冠以美公司诉请。

一审审理查明

2016年6月8日，国家版权局出具国作登字－2016－F－00281990的作品登记证书，记载作品名称为彩妆一体背柜的美术作品的著作权人为冠以美公司，创作完成时间为2015年1月4日，首次发表时间为2015年1月22日，作品登记证书附件显示有九款彩妆一体柜的图片。冠以美公司明确其在本案中主张规格为2米×2米的美妆一体柜设计图及实物的著作权中的复制权，并提交了规格为2米的美妆一体柜的实物图、剖面图和立面图的打印件。冠以美公司表示，涉案美妆一体柜的独创性体现在：美妆一体柜的顶端稍偏右侧为用于标识品牌的眉头，设计是黑底白字，采用雕空奶白透光，效果柔和，使消费者看到眉头就联想到品牌的主题；美妆一体柜上方为形象灯片展示区，宽度约152厘米，展示区分为两面；美妆一体柜的左侧为顾客化妆区，宽度约40厘米，放置有一个小台面，台面上方有镜子；美妆一体柜的中间部分为产品展示区，每一横列长度为25.2厘米，间隔为5厘米，分别对脸部、唇部、眼部等产品做了区域划分，以便于消费者选购产品；美妆一体柜下方为储物区，设计有四个木色抽屉，抽屉上方有一个放置东西的平台，平台左侧有用于放置小件物品的凹槽；美妆一体柜整体设计采用黑白木色，整体布局、颜色搭配及尺寸规格均体现艺术性及美感。

冠以美公司涉案美妆一体柜于2015年1月22日在"卡姿兰春季新品发布会暨2015时尚盛典活动"中首次发布。

2016年4月8日，冠以美公司的关联公司委托代理人鲁毕升向贵阳市立诚公证处申请保全证据公证，同年4月18日，该公证处公证人员来到贵阳市白云区长山路140号，对门牌标注为佳禾化妆品的店铺现状进行拍照，照片显示：涉案店铺内的一体柜顶端有黑底白字的眉头，显示"诱惑"品牌等字样；一体柜的上方有图片展示区，展示区分为两面，显示"诱惑"品牌及产品字样；一体柜的左侧有一个小台面，台面上方有镜子；一体柜的中间部分有产品展示区，分别对脸部、唇部、眼部等产品进行区域划分摆放；一体柜下方有四个木色抽屉，抽屉上方有一个放置东西的平台。

2016 年 4 月 26 日，冠以美公司的关联公司委托代理人张廷顺向佛山市南海公证处申请保全证据公证，同日，张廷顺与公证人员来到位于佛山市南海区丹灶镇樵金北路的东联商业中心首层一间商铺（铺面标示"萝莉塔化妆品连锁店 A026"），张廷顺使用其手机对该商铺及其周边环境进行拍照，照片显示：涉案店铺内的一体柜顶端有黑底白字的眉头，显示"charm""诱惑"品牌字样；一体柜的上方有图片展示区，展示区分为两面，显示"诱惑"品牌及产品字样；一体柜的左侧有一个小台面，台面上方有镜子；一体柜的中间部分有产品展示区，分别对脸部、唇部、眼部等产品进行区域划分摆放；一体柜下方有四个木色抽屉，抽屉上方有一个放置东西的平台。

一审判理和结果

一审法院审理认为，冠以美公司涉案美妆一体柜顶端采用黑色油漆饰面，配以白色字体的品牌名称；上方有灯箱展示区并分为两边，用于展示品牌、产品及宣传图片等；左侧有人造石台面，上方为镜子，供消费者试用产品及化妆；中间为产品展示区，分为等高三排的陈列区域，并按照产品类别进行分类摆放；下方有四个浅色木皮饰面抽屉，抽屉上方的平台左侧有凹槽。由此可见，涉案美妆一体柜的设计特征是根据化妆品销售行业的特性，按照所需功能划分为不同的区域，通过对各个区域之间的整体布局和排列组合，使之能够突出展示品牌特征和产品亮点，便于消费者选购及试用产品。同时，柜体本身灯带的设计和使用、各区域的尺寸和比例以及配色的运用，使之呈现出具有美感的效果，具备一定的实用性和艺术性。故可以认定涉案美妆一体柜具有独创性，属于作品。

冠以美公司为涉案美妆一体柜的著作权人。被控侵权一体柜系由新族公司提供或是其代理商根据新族公司的要求制作的。新族公司未经授权，抄袭涉案美妆一体柜的行为侵犯了冠以美公司的复制权，应承担相应民事责任。一审法院根据涉案美妆一体柜的创作难度、侵权人的主观恶意程度、损害后果以及权利人为维权所支付的合理开支等因素，酌情确定赔偿数额为 8 万元。

综上，一审法院依照《著作权法》第十条第一款第（五）项、第十一条、第四十七条、第四十八条、第四十九条,《著作权法实施条例》第二条、第三条,《最高人民法院关于审理著作权民事纠纷案件适用法律若干问题的解释》第七条、第二十五条、第二十六条,《民事诉讼法》第六十四条之规定判决:一、新族公司立即停止抄袭涉案美妆一体柜的侵权行为;二、新族公司赔偿冠以美公司经济损失 8 万元(含合理开支);三、驳回冠以美公司的其他诉讼请求。

上诉与答辩

一审判决后,新族公司不服,向广州知识产权法院提起上诉,请求撤销一审判决,改判驳回冠以美公司全部诉请。

冠以美公司辩称,其涉案美妆一体柜具有独创性,是实用艺术作品,应作为美术作品保护。请求二审法院维持原判。

二审审理查明

一审中新族公司为证明冠以美公司涉案美妆一体柜不具独创性,提交了2013 年《中国美妆》和 2014 年第 2、3、10 月的《化妆品观察》杂志,其中《化妆品观察》封面印有每月 20 日出版字样。上述杂志分别可见嬉色、卡婷、蓝瑟、高柏诗、玛丽黛佳、凯芙兰等品牌的彩妆背柜图片。这些彩妆背柜整体呈长方体,都采用了上方区域展示品牌和形象、中间区域分格展示产品、下方区域放置储物柜等设计,且眉头都是黑底白字、形象展示区都是颜色亮丽,其中卡婷和蓝瑟背柜图片还可见位于右侧的化妆区。这些彩妆背柜仅在整体颜色搭配、眉头文字、产品展示区格状具体设计等方面存在区别。冠以美公司对上述杂志真实性、合法性并未提出异议,但认为这些杂志不能证明新族公司主张,反而证明新族公司并未使用他人设计,而是使用了冠以美公司的设计,构成侵权。

二审判理和结果

二审法院审理认为,二审双方争议的首要问题是冠以美公司涉案美妆一体柜是否构成美术作品范畴的实用艺术作品。司法实践中,将实用艺术作品作为美术作品保护的判例屡见不鲜。本案中,冠以美公司正是主张涉案美妆一体柜构成美术作品范畴的实用艺术作品。

要求权利人明确所主张的作品类型具有重要意义。因为每一类作品除了要满足法律规定的作品一般要件外，还需要满足该类作品的特殊要件。对于某类作品而言，如果权利人仅证明其满足作品的一般要件，但未证明其满足特殊要件的，其作品主张不能成立，不能受到著作权法的保护。根据《著作权法实施条例》（简称实施条例）第二条，作品是指文学、艺术和科学领域内具有独创性并能以有形形式复制的智力成果。该条实质规定了作品的一般要件：文学、艺术和科学领域；独创性；可复制性；人类的智力成果。实施条例第四条通过给各类作品下定义，实质规定了各类作品的特殊要件。其中，美术作品的定义是指绘画、书法、雕塑等以线条、色彩或者其他方式构成的有审美意义的平面或立体的造型艺术作品。故美术作品的特殊要件是：以线条、色彩或其他方式构成；具有审美意义；平面或立体的造型艺术。

顾名思义，实用艺术作品是有实用功能的艺术品，兼具实用性和艺术性。但著作权法只保护思想的表达，不保护思想本身。实用功能属于思想的范畴。故在对实用艺术作品进行著作权法保护时，需要将其实用性和艺术性分离，只保护其艺术表达，不保护其实用功能。那些在物理或观念上无法分离实用性和艺术性的实用艺术品不能得到著作权法保护，否则无异于保护思想，有违著作权法立法目的。其次，作为美术作品保护的实用艺术作品除需要满足作品的一般要件外，还需要满足美术作品的特殊要件。具体而言，在独创性要件判断过程中，该实用艺术作品应达到美术作品的创作高度。另外，根据《专利法》第二条，外观设计是指对产品的形状、图案或者其结合以及色彩与形状、图案的结合所作出的富有美感并适用工业应用的新设计。实用艺术品兼具实用性和艺术性，往往也可以申请外观设计专利保护。作为美术作品保护与作为外观设计专利保护是不一样的，两者在权利取得、保护范围、有效期限等方面都存在重要区别：前者自动取得，后者须经国家审核授权才能取得；后者保护范围限于相同或类似产品上相同或近似外观设计，前者无此限制；前者有效期为作者生平加五十年，后者仅为十年。如果我们在实用艺术作品独创性要件判断上过于宽松，将导致无人愿意申请外观设计专利，进而导致专利法相关制度形同虚设。所以，也有必要严格审查作为美术作品保护的实用艺术作品独创性要件。

涉案美妆一体柜无疑是线条、色彩构成的立体造型，具有可复制性，属于文学、艺术和科学领域的人类智力成果。但冠以美公司主张欲成立，还必须证明该美妆一体柜实用性和艺术性可以分离，以及该美妆一体柜满足美术作品的独创高度。

关于涉案美妆一体柜实用性和艺术性是否分离的问题。根据冠以美公司一审陈述，涉案美妆一体柜的独创性体现在整体形状和颜色搭配、各功能区的划分和排列、眉头的文字设计和灯光效果。正如一审判决所言，涉案美妆一体柜是根据化妆品销售行业特性，按照所需功能划分为不同区域，通过对各个区域之间的布局和排列，使之能够突出展示品牌特征和产品亮点，便于消费者选购及试用产品。也就是说，涉案美妆一体柜各功能区的划分和排列，是为实现"突出展示品牌特征和产品亮点，便于消费者选购和试用化妆品"这一功能的。而为实现该功能，不同设计人的选择是有限的。如为突出品牌和便于选购，美妆一体柜上方区域展示品牌和形象、中间区域展示产品、下方区域放置储物柜，恐怕是最优选择。又如为方便试用，必然要有化妆区，而为不影响其他人继续选购，化妆区域最好在一体柜的侧边。由此可见，即便涉案美妆一体柜对于各功能区的划分和排列具有艺术性，其艺术性也与实用性混合，无法分离，不能受到著作权法的保护。至于涉案美妆一体柜整体形状和颜色搭配、眉头的文字设计和灯光效果，并不存在上述实用性和艺术性无法分离的情形，故有必要进一步分析这些设计的独创性问题。

关于涉案美妆一体柜是否满足美术作品独创高度的问题。新族公司为证明涉案美妆一体柜不具独创性，提交了2013年《中国美妆》和2014年2月、3月、10月《化妆品观察》等杂志。经审查，这些杂志均属合法出版物且在涉案美妆一体柜公开亮相之前发行，法院予以采纳。这些杂志所展示的彩妆背柜，整体呈长方体，都采用了上方区域展示品牌和形象、中间区域分格展示产品、下方区域放置储物柜等设计，且眉头都是黑底白字、形象展示区都是颜色亮丽。涉案美妆一体柜与它们的区别主要在于整体颜色搭配、眉头是否采用雕空奶白透光以及产品展示区格状的具体设计。按照美术作品的创作高度和严格审查的原则进行分析，涉案美妆一体柜上述区别设计不足以构成艺术上的独特表达，尚未达到美术作品的创作高度。

综上，二审法院依照《著作权法》第三条，《著作权法实施条例》第二条、第四条，《民事诉讼法》第一百七十条第一款第（二）项，《最高人民法院关于适用〈中华人民共和国民事诉讼法〉的解释》第九十条的规定，判决：一、撤销原判；二、驳回冠以美公司全部诉讼请求。

【法官评述】

根据实施条例第二条的规定，作品是指文学、艺术和科学领域内具有独创性并能以有形形式复制的智力成果。据此，作品应当具有独创性。但著作权法并没有对如何认定作品的独创性作出明确规定。司法实践中，作品独创性的判断一直是审理难点，法官主观性较强，容易导致审判的随意性和尺度的不统一。本案对如何认定实用艺术作品的独创性进行了详细分析，对类似案件的处理提供了可供参考的思路。本案首先指出，实用艺术作品一般作为美术作品保护，其应当满足美术作品的独创性高度。而根据实施条例第四条，美术作品是具有美感的造型艺术作品。故实用艺术作品的独创性应达到能够被人们普遍认为是一种造型艺术的程度。这显然要求实用艺术作品具有较高的独创性。其次，根据《专利法》第二条，外观设计是具有美感的产品新设计。这表明，具有美感的产品造型，可能满足独创性要求受到实用艺术作品保护，也可能满足专利性要求受到外观设计专利保护。但实用艺术作品和外观设计专利在权利的产生、范围和期限等方面存在重大差异，如前者自动产生，后者须经国家审查后授权产生；后者保护范围必须限定在相同或类似产品上，前者无此限制；前者有效期限是作者生平加五十年，后者只有十年。显然，相比后者，前者的取得程序更简便，而且一旦取得，其权利范围更广，有效期限更长。在此情况下，如果法院对实用艺术作品独创性要求过低，审查过于宽松，必然导致人们都去寻求实用艺术作品的保护而无人愿意申请外观设计专利，最终导致专利法相关制度形同虚设。故这也要求实用艺术作品具有较高的独创性。

编写人：广州知识产权法院　龚麒天

38

孙利娟诉绫致时装（天津）有限公司等 著作权侵权纠纷案

> 阅读提示：如何判定美术作品的独创性？

【裁判要旨】

在著作权侵权诉讼案件中，明确原告享有作品著作权后，判断被告作品是否侵犯了原告作品的著作权时，首先应明确原、被告作品中的表达是什么，而不是离开表达看其思想、情感等方面，然后确定原告作品表达中哪些是受著作权法保护的独创性表达，此处应将创意、素材或公有领域的信息、创作形式、必要场景、表达唯一或有限等方面剔除在外，最后将被告作品与原告作品中具有独创性的表达进行比较，看其是否构成实质相似，从而得出是否侵权的结论。

【案号】

一审：广东省广州市天河区人民法院（2015）穗天法知民初字第1515号

二审：广州知识产权法院（2017）粤73民终336号

【案情与裁判】

原告（被上诉人）：孙利娟

被告（上诉人）：绫致时装（天津）有限公司（简称绫致公司）

被告：广州摩登百货股份有限公司（简称摩登公司）

起诉与答辩

孙利娟诉称,其于 2010 年底独自创作完成美术作品《据说——长颈鹿是寂寞专家》,其是该美术作品的作者和著作权人。该美术作品于 2011 年 1 月 12 日在站酷网首次发布。2015 年 6 月,其在摩登公司 ONLY 专柜购买获得一款针织上衣,该款针织上衣的品牌为 ONLY,生产商为绫致公司。对比可见,该针织上衣上所用的长颈鹿图案与其享有著作权的涉案美术作品高度一致,其认为绫致公司、摩登公司未经许可在其制造、销售的针织上衣上复制使用与其享有著作权的美术作品高度一致的图案,侵害了孙利娟对其作品依法享有的署名权、修改权、复制权、发行权、保护作品完整权、信息网络传播权以及相应的获得报酬权。综上,请求法院判令:绫致公司、摩登公司立即停止实施侵害孙利娟著作权的行为,销毁在售及库存侵权产品。

绫致公司辩称,其在涉案被控产品上使用的图案是由其设计师独立完成,孙利娟的诉讼请求没有事实及法律依据,请求予以驳回。

摩登公司辩称:1. 其与绫致公司是合作联营关系,涉案产品是由绫致公司负责生产和销售,对于产品的信息是由绫致公司负责的。2. 其的其他答辩意见与绫致公司的答辩意见一致。

一审审理查明

孙利娟于 2011 年 1 月 12 日在站酷网发布涉案美术作品《据说—长颈鹿是寂寞专家》,内容为斜着的加入线条及花纹的长颈鹿的头部与颈部相连的头像,并提交了涉案美术作品的设计底稿。

2015 年 6 月 18 日,孙利娟在摩登公司的 ONLY 专柜购买了一件短袖白色 T 恤,该 T 恤的领口及吊牌上均印有"ONLY"商标标识,其中,白色吊牌显示"企业名称:绫致时装(天津)有限公司"等字样;T 恤的正面印有长颈鹿头部及相连颈部部分的图案。孙利娟提供的两份《公证书》载明:2015 年 6 月 26 日,天猫网站上的"ONLY 官方旗舰店"和淘宝网站上的"ONLY 聚划算专场"有在售"ONLY 含棉长颈鹿手绘印花短袖 T 恤上衣女"。经比对,该 T 恤与前述于摩登公司所购 T 恤同款。

绫致公司为证明被控侵权产品上的图案是由其设计师独立完成，推出过同风格、同创作手法的系列作品，有统一创意和目的，提交了设计稿件、作品创意说明、在职证明、20张服装照片作为证据。孙利娟对其真实性不予确认。

涉案小鹿形象是源自西班牙知名摄影师cano发表在先的小鹿摄影作品，该小鹿形象的摄影作品在国内大量转载，摄影师知名度高。绫致公司注册资本8180万美元，经营范围包括生产、销售服装等，系"only官方网站"的主办单位。摩登公司注册资本4600万元，主营项目类别为批发业。

一审判理和结果

一审法院审理认为，本案中，孙利娟能够提供涉案美术作品的设计底稿，并在站酷网上署名发布该美术作品，绫致公司及摩登公司均未能在举证期限内提供相反证据，据此认定孙利娟享有涉案美术作品《据说——长颈鹿是寂寞专家》的著作权。关于是否侵权的问题：首先，涉案美术作品的发布时间在先，而印有被控侵权图案的T恤生产、销售在后，在时间上晚于涉案美术作品，绫致公司具有接触涉案美术作品的可能性；其次，涉案美术作品不同于一般意义上对长颈鹿的简单描绘，而是独到地勾画出了一副斜着头的长颈鹿头部轮廓，并在内部加入复杂的线条及花纹构成整体长颈鹿头像，具有一定的智力成果和特有的表现手段，具有独创性；再次，虽然当事人双方的小鹿图案局部对比存在一定的差异，但是两者对长颈鹿图案的表现形式相同，外部轮廓一致，内部线条及纹路的局部对比有所差异，但是仍未超出涉案美术作品的表现形式，不能构成一幅新的作品。故认定涉案侵权产品属于侵犯孙利娟享有的美术作品《据说—长颈鹿是寂寞专家》的著作权的产品，绫致公司、摩登公司应承担停止侵权责任。

综上所述，依照《著作权法》第三条第（四）项、第十一条第一款及第二款、第四十八条第（一）项、第四十九条，《最高人民法院关于审理著作权民事纠纷案件适用法律若干问题的解释》第七条、第十九条、第二十五条第一款及第二款、第二十六条，《民事诉讼法》第六十四条第一款之规定，判决：绫致公司、摩登公司于判决生效之日起立即停止侵犯孙利娟享有著作权的美术作品的行为，并销毁库存及在售的侵权产品。

上诉与答辩

一审判决后，绫致公司不服，向广州知识产权法院提起上诉称：1. 一审判决对于孙利娟作品的来源及保护范围未予审查，绫致公司在一审中已提供被控侵权图案创意来源于西班牙知名摄影师 cano 的摄影作品，被控侵权图案与该摄影作品的外部轮廓相同，孙利娟的作品外部轮廓、小鹿的神态亦与该摄影作品相同，且孙利娟作品完成时间晚于该摄影作品，因而孙利娟作品的保护范围不应包括"外部轮廓"。2. 孙利娟作品中所采用的用线条勾勒的表现形式，是一种常见的创作手法，不属于著作权法保护范围。遂请求判决撤销广州市天河区人民法院作出的（2015）穗天法知民初字第 1515 号民事判决书，改判驳回孙利娟一审全部诉讼请求，判令孙利娟承担本案一、二审费用。

孙利娟答辩称：1. 一审判决对侵权认定是正确的。2. 其在创作涉案作品前确有参考西班牙摄影师 cano 的小鹿摄影作品，也只参考了外轮廓边缘线，但外轮廓并不是孙利娟主张被保护的对象。3. 其涉案作品的独创性主要表现在两个层次：其一，画面的构图形式。创作一张画的第一步便是构图，孙利娟使用线条对长颈鹿的头部、颈部进行了创造性的解构，使画面形成美感。其二，按照艺术语言，填充具有特定象征意义的图案。4. 其涉案作品的创作手法属于装饰画。通过精心设计的构图和分割，对图案进行艺术性的排列。5. 关于填充元素，其涉案作品中的填充元素包括了点、花纹以及其他图案，填充元素的具体选用以及组合状态等表达形式同样属于其独创性的创作内容之一。

摩登公司答辩称，同意一审判决。

二审审理查明

二审查明事实与一审查明事实一致。

二审判理和结果

二审法院认为本案争议焦点为：涉案侵权图案与涉案美术作品独创性的表达是否构成实质性相似，侵犯了孙利娟对涉案美术作品享有的著作权。

　　首先，要明确涉案侵权图案与涉案美术作品各自要表达什么。从两幅图案可以看出，两幅图案都是采用了鹿头的外轮廓，鹿的脸部轮廓基本与鹿的真实脸部轮廓相符，鹿头的比例和角度基本相同，而且都采用了描绘的方法，在鹿头轮廓中填充花纹、图形等元素。涉案侵权图案所填充的元素包括花朵、羽毛、腰果花、几何图形、非洲风格的图案等，并约有三分一的元素使用彩色描绘；而涉案美术作品所填充的元素包括花纹、桃心、花边等图案和三角形、圆形、方形等几何图形，所有元素均未使用彩色。比对两者可以看出，两者都是在不改变鹿头的基本外轮廓和鹿的脸部轮廓的情况下，通过在鹿头、鹿脸、鹿脖子等的不同部位填充不同的元素，以形成与真实鹿头风格有明显区别的新风格。

　　其次，要明确涉案美术作品受著作权法保护的独创性表达有哪些，即其独创性之处。著作权法只保护作品的表达，不保护作品所反映的思想和情感，表达可以指文字、色彩、线条等符号的最终形式。所以创作手法不在著作权法的保护范围之内，素材或公有领域的信息属于公有领域的财富，不能为某个人独占，也应该排除在著作权法保护的范围之外。本案中，两幅图案创作前都有参考 cano 的鹿头摄影作品，从现有证据看，在双方创作前，cano 的鹿头摄影作品的鹿头外形已经处于公有领域。孙利娟在答辩中明确，创作手法并非著作权保护的内容，也并非其在本案中所主张保护的内容，同时明确在创作涉案美术作品前有参考 cano 的鹿头摄影作品，借用了外轮廓边缘线，但其认为外轮廓并不是其主张保护的对象。由此，可以确定创作手法和鹿头外部轮廓并不是涉案美术作品的独创性。而涉案美术作品的独创性在于：通过依鹿头、鹿脸、鹿脖子等的形状分割为不同部分，并在各部分填充花纹、桃心、花边等图案和三角形、圆形、方形等几何图形，所有填充图案、图形等均未使用彩色，而形成的特有鹿头画面的构图。

　　再次，涉案侵权图案与涉案美术作品独创性的表达进行比较，是否构成实质相似。虽然涉案侵权图案的形成时间在涉案美术作品创作之后，涉案美术作品也具有一定的知名度，本案中不能完全否定涉案侵权图案的创作有参考涉案美术作品的可能性，但在参考之后进行创作形成具有独创性作品的可能性也是存在的，参考并不必然构成侵权。如前所述，涉案侵权图案所使用的填充元素与涉案美术作品的填充元素是有所区别的，而且涉案侵权图案约有三分之一的元素使用了彩色，具体到鹿的双角、双耳、额头、眼皮、鼻梁、鼻子、腮、脖子等各部位填充的元素和色彩不一样，从而形成整个鹿头画面的构造和明暗色彩不一样，两者存在较大差别，涉案侵权图案具有自己的独创性，故两者不构成实质相似。由此，认定涉案侵权图案并没有侵犯孙利娟享有的《据说—长颈鹿是寂寞专家》美术作品的著作权。

综上，绫致公司的上诉理由成立，二审法院予以改判。根据《民事诉讼法》第一百七十条第一款第（二）项的规定，判决：一、撤销广州市天河区人民法院（2015）穗天法知民初字第1515号民事判决；二、驳回孙利娟全部诉讼请求。

【法官评述】

本案是美术作品著作权侵权纠纷案件，争议焦点在于：涉案侵权图案与涉案美术作品独创性的表达是否构成实质性相似，侵犯了涉案美术作品享有的著作权。涉案侵权图案与涉案美术作品所要表达的是：在鹿头固有外形下通过采用描绘的手法填充各种元素或色彩，形成一个特有的鹿头画面。其中鹿头的外部轮廓都来源于同一张在先发表的鹿头照片，应属于公有领域的信息，都不应属于双方的独创性所在，应予以剔除，而双方填充元素所采用的描绘（或装饰）方法，应属于创作形式，不能为一方所独占，也应该在本案的独创性认定范围之外，那么涉案侵权图案与涉案美术作品剩下的独创性表达就在于采取的元素、色彩及其组合所构成的画面（或构图），比较双方画面，使用元素的种类有诸多不同、一方不使用彩色而另一方使用彩色、元素之间的组合不同、色彩之间的组合不同，由此，两者之间有各自的独创性表达，不构成实质性相似。

在本案中可以看到，独创性要件在作品的构成要件中是最为重要的，也是著作权保护中经常遇到且较难以把握的问题。在确定作品的保护范围方面，可以将以下几种形式排除在著作权保护范围之外：（1）创意，即创造出新意或新的意境，属于思想；（2）素材或公有领域的信息，即属于公有领域的财富，不能为某个人独占；（3）创作形式，即构成作品艺术形象的物质形态，也就是作品内容的存在方式，其不在著作权法保护的范围之内；（4）必要场景，即在作品中不可避免而必须采用某些事件、角色、布局、布景等，虽然事件、角色、布局、布景等的表达方法与他人雷同，但因为是处理特定主题不可或缺或至少是标准的处理方式，其表达方法不构成著作权上的侵害；（5）表达唯一或有限，是指如果一种思想只有唯一一种或有限的表达形式，就不应该给予保护，因为当一种"思想"实际上只有一种或有限的几种表达，那么这些表达也被视为"思想"。

作品是思想的表达，表达是为了将思想传达出来而利用文字、声音、色彩、线条等符号组成的符号形式。著作权法只保护思想的表达，不保护被表达的思想，即不保护作品所反映的思想和情感。因此，在判断是否具有独创性时，应从表达中寻找，看表达中是否有作者的取舍、选择、安排、设计，而不是离开表达看其创意、思想、情感等其他方面。只要具有一定程度的个性、创造性，作品中体现了作者某种程度的取舍、选择、安排、设计，就应认为具有了独创性。实践中，可以通过分析是否存在多种表达的可能性、比较几种表达的差异性、表达是否有艺术性等几个角度来判断是否具有独创性。

编写人：广州知识产权法院　莫伟坚

被参考的 cano 小鹿摄影作品：

涉案美术作品图案：　　　　　　　　　　被诉侵权产品中的图案：

39

叶佳修诉广州市南沙区南沙加洲红酒吧
著作权侵权纠纷案

> **阅读提示**：词曲作者起诉卡拉OK经营者侵权时，是否需要审查涉案音乐电视属于作品还是制品？

【裁判要旨】

若涉案音乐电视构成作品，其著作权归该音乐电视的制作者享有。但是，若音乐电视使用了涉案词曲作品，其制作者依法应取得该词曲作品著作权人的许可。因此，该音乐电视的制作者或经其授权的经营者主张该音乐电视构成作品以及其享有相应的著作权，应以其获得该词曲作品著作权人的合法授权为前提。也就是说，即便该音乐电视构成作品，该作品的制作者或者经其授权的经营者在其尚未获得词曲作品著作权人合法授权的情况下，亦不得以其所享有的著作权对抗词曲作品的著作权人，更遑论尚未获得音乐电视制作者授权的经营者。因此，本案在卡拉OK经营者未提供涉案音乐电视制作者的身份信息，亦无证据证明其已获得涉案音乐电视制作者授权的情况下，无需审查涉案音乐电视是否构成作品。

【案号】

一审：广东省广州市南沙区人民法院（2016）粤0115民初1098号
二审：广州知识产权法院（2017）粤73民终15号

【案情与裁判】

原告（被上诉人）：叶佳修

被告（上诉人）：广州市南沙区南沙加洲红酒吧（简称加洲红酒吧）

起诉与答辩

叶佳修诉称，2015 年 12 月，其发现加洲红酒吧未经著作权人许可，擅自以经营为目的，在未缴纳版权使用费的情况下，将其享有著作权的词曲音乐作品《流浪者的独白》等多首作品以卡拉 OK 点歌的形式向公众进行商业利用。请求判令：1. 加洲红酒吧立即停止侵犯其著作权行为；2. 加洲红酒吧赔偿经济损失 66000 元、制止侵权合理开支费用 2315 元整，共计 68315 元；3. 加洲红酒吧承担本案诉讼费用。

加洲红酒吧辩称：1. 其没有侵犯叶佳修的音乐作品权利。加洲红酒吧使用的作品是电影和类似摄制电影的方法创作的作品，不是叶佳修的音乐作品。2. 叶佳修不具有改编成电影和类似摄制电影方法创作的作品的权利，其不是电影作品的权利人。音乐作品被改编成电影和以类似摄制电影方法创作的作品后，就不再是原来的音乐作品，两者是不同的作品。3. 加洲红酒吧使用的是以类似摄制电影的方法创作的作品，叶佳修不是本案适格主体，无权起诉加洲红酒吧。请求法院驳回叶佳修的起诉。

一审审理查明

叶佳修为《流浪者的独白》等多首涉案歌曲的词、曲作者。2015 年 12 月 30 日，经公证，叶佳修代理人在加洲红酒吧的经营场所对上述涉案歌曲拍成的音乐电视进行了点播及保全。

一审判理和结果

一审法院审理认为，加洲红酒吧以营利为目的，在其营业场所，通过卡拉 OK 点播系统及放映设备，公开播放包含叶佳修享有词、曲著作权的音乐电视作品，该音乐电视作品绝大部分没有制片方、导演等署名，没有情节或情节十分简单，拍摄画面主要用于演唱歌曲，均不属于电影作品或以类似摄制电影的方法创作的作品，其词曲作品的著作权应当由词曲作者即叶佳修享有。由于加洲红酒吧并未提交证据证明其经营场所使用的涉案被诉侵权歌曲具有合法来源，亦不能证明该被诉侵权歌曲属于经过合法授权进行改编、翻译、注释、整理已有作品而产生的作品。故一审法院认为加洲红酒吧的行为侵害了叶佳修对涉案歌曲词曲作品享有的表演权，并依照《著作权法》第三条第（三）项、第十条第一款第（二）、（五）、（九）项、第二款、第十二条、第三十七条、第四十八条第一款第（一）项、第四十九条，《著作权法实施条例》第四条第（三）、（十一）项，《最高人民法院关于审理著作权民事纠纷案件适用法律若干问题的解释》第二十六条之规定，判决：一、加洲红酒吧自判决生效之日起立即停止侵犯叶佳修对《流浪者的独白》《七夕雨》等共四十三首作品享有的著作权，并从其曲库中删除上述侵权歌曲；二、加洲红酒吧自判决生效之日起十日内赔偿叶佳修经济损失及合理费用共计34400元；三、驳回叶佳修的其他诉讼请求。

上诉与答辩

一审判决后，加洲红酒吧不服，向广州知识产权法院提起上诉称：1. 叶佳修不是音像影视放映作品的权利人，其著作权主体不适格，一审判决的认定不当。2. 一审判决基本事实不清，没有叶佳修具有音像影视放映作品权利的基本事实依据。3. 一审判决适用法律不当，叶佳修享有的是词曲作品的权利，而加洲红酒吧使用的是音像影视放映作品，依法应属类似摄制电影的方法创作作品，叶佳修依法不能主张该权利。4. 一审判决漏列音像影视放映作品权利人主体，依法应当发回重审。遂请求判令撤销一审判决，发回重审或改判驳回叶佳修的全部诉讼请求。

叶佳修答辩称，一审法院认定事实清楚，适用法律正确，请求驳回上诉，维持原判。

二审审理查明

二审查明事实与一审查明事实一致。

二审判理和结果

二审法院审理认为，本案的争议焦点是加洲红酒吧在其经营场所播放涉案音乐电视是否侵犯了叶佳修的著作权。叶佳修为涉案音乐电视中的词曲作者（除《爱的等路》外），依法对该词曲作品享有著作权。加洲红酒吧未经叶佳修许可在其经营场所播放载有叶佳修词曲作品的音乐电视，侵犯了叶佳修对其作品所享有的表演权。加洲红酒吧上诉称，其所播放的音乐电视属于以类似摄制电影的方法创作的作品，该作品的权利人并非叶佳修，叶佳修无权向其主张词曲作品的著作权。对此，二审法院认为，依据《著作权法》第十五条第一款规定，若涉案音乐电视构成作品，其著作权归该音乐电视的制作者享有。但是，该音乐电视使用了涉案词曲作品，其制作者依法应取得该词曲作品著作权人的许可。因此，该音乐电视的制作者或经其授权的经营者主张该音乐电视构成作品以及其享有相应的著作权，应以其获得该词曲作品著作权人的合法授权为前提。也就是说，即便该音乐电视构成作品，该作品的制作者或者经其授权的经营者在其尚未获得词曲作品著作权人合法授权的情况下，亦不得以其所享有的著作权对抗词曲作品的著作权人，更遑论尚未获得音乐电视制作者授权的经营者。本案中，加洲红酒吧未能提供涉案音乐电视制作者的身份信息，亦无证据证明其已获得涉案音乐电视制作者的授权，那么无论该音乐电视是否构成以类似摄制电影的方法创作的作品，其在经营场所播放涉案音乐电视的行为均可认定为构成侵犯叶佳修的著作权。因此，本案无需审查涉案音乐电视是否构成作品，亦不影响该音乐电视制作者的相关权利，故加洲红酒吧认为一审漏列音乐电视制作者为当事人，缺乏依据，不予采纳。故依照《民事诉讼法》第一百七十条第一款第（一）项的规定，判决：驳回上诉，维持原判。

【法官评述】

司法实践中，卡拉 OK 经营者通常可能遭受两类著作权主体的起诉，一是音乐电视制作者（通常为代表其维权的中国音像著作权集体管理协会），二是音乐电视中的词曲作者。前者主张其音乐电视作品的放映权，后者主张其词曲作品的表演权。在两类案件的审理中，法官通常均将涉案音乐电视是否构成作品作为争议焦点，并在判决书中对此进行大篇幅的分析说理。在第一类案件中，卡拉OK经营者通常辩称涉案音乐电视不构成作品，而仅属于制品，音乐电视制作者无权主张放映权；在第二类案件中，卡拉OK经营者则反过来辩称涉案音乐电视已构成作品，权利属于音乐电视制作者，词曲作者无权主张表演权。有趣的是，在音乐电视制作水平基本相当的情况下，法官通常在第一类案件中将其认定为作品，而在第二类案件中将其认定为制品。这样做的结果是，虽然在这两类案件中均保障了原告的权利，但却给卡拉OK经营者带来了极大的困惑，在音乐电视属于作品还是制品的司法认定标准上摇摆不定，不能给公众以稳定的预期，损害了司法的权威。

上述问题的产生，源于《著作权法》第十五条的规定。该条款的表述为："电影作品和以类似摄制电影的方法创作的作品的著作权由制片者享有，但编剧、导演、摄影、作词、作曲等作者享有署名权，并有权按照与制片者签订的合同获得报酬。电影作品和以类似摄制电影的方法创作的作品中的剧本、音乐等可以单独使用的作品的作者有权单独行使其著作权。"《著作权法实施条例》第四条第十一项将"电影作品和以类似摄制电影的方法创作的作品"具体定义为，是指摄制在一定介质上，由一系列有伴音或者无伴音的画面组成，并且借助适当装置放映或者以其他方式传播的作品。根据上述规定，音乐电视这种"声画合一"的艺术体裁，只要达到一定的独创性标准，完全可能构成以类似摄制电影的方法创作的作品（简称类电作品）。而其一旦构成类电作品，其著作权依法应由制作者享有，词曲作者除享有署名权及依合同获得报酬的权利外不再享有其他著作权。由此引发了在词曲作者诉卡拉OK经营者侵权的案件（如本案）中，是否需要审查涉案音乐电视属于作品还是制品的争议。

第一种观点认为，若涉案音乐电视属于制品，词曲作者自可主张权利。但若该音乐电视属于作品，其著作权归制作者享有，词曲作者无权主张。故作为词曲作者主张权利的前提条件，应当首先审查涉案音乐电视是否构成作品。如本案一审即采此观点。但笔者认为，此做法看似符合法律规定，实则欠妥。理由有二：（1）如前所述，与音乐电视制作者诉卡拉OK经营者侵权案件在音乐电视作品认定标准上容易产生冲突，导致标准不一，令司法裁判者陷入尴尬境地。(2) 在词曲作者诉卡拉 OK 经营者侵权案件中,通常双方当事人均不能指明音乐电视制作者。也就是说,音乐电视制作者无法查明,本案即是如此。在这种情况下,通常卡拉 OK 经营者未经音乐电视制作者授权,音乐电视制作者亦可能未经词曲作者授权,若认定涉案音乐电视构成作品而否定词曲作者的权利,词曲作者将维权无门,而卡拉 OK 经营者则逍遥法外。

第二种观点认为,即便涉案音乐电视构成类电作品,也不应将其等同于一般的电影作品,因为音乐电视通常是根据音乐词曲编排画面,画面内容与音乐主题交融配合,演绎音乐作品的思想内涵,这与一般电影作品中的主题曲、插曲有着明显的不同。在卡拉 OK 消费时,也是以使用词曲为主,欣赏画面为辅。因此,在音乐电视作品中,词曲地位突出,应当给予其不同于一般电影的特殊保护,赋予词曲作者直接向卡拉 OK 经营者主张的权利。[①] 这种观点有一定的合理性,但在现有的法律框架内,受限于《著作权法》第十五条第一款的规定,却难以做出这种实质性的突破。《著作权法》第十五条第二款虽规定了音乐作品在单独使用的情况下,其作者有权单独行使著作权,但显然,卡拉 OK 经营者播放音乐电视的行为并不属于单独使用。

第三种观点认为,本案应首先审查卡拉 OK 经营者是否经过音乐电视制作者的合法授权,至于涉案音乐电视属于作品还是制品,这是其次的问题。若卡拉 OK 经营者没有经过合法授权,可直接认定其对词曲作者构成侵权,该音乐电视是否构成作品则在所不论。

笔者赞成第三种观点,对涉案音乐电视是否构成作品进行附条件的审查。理由如下:(1) 假如本案原告是音乐电视制作者,则法院应首先审查该音乐电视是否构成作品,因为这是其主张权利的前提和基础。但本案原告为词曲作者,该词曲构成作品毫无疑问,该音乐电视是否构成作品丝毫不影响其中

[①] 2007 年 1 月 18 日,时任最高人民法院副院长的曹建明在全国法院知识产权审判工作座谈会上,在谈及关于设计音乐电视和网络的著作权纠纷案件的审理问题时曾指出,音乐电视的消费特点是以使用音乐(词曲)为主、欣赏画面为辅,与一般电影作品不同,词曲地位较突出,而且制片人通常也不是一次性买断词曲作者的全部权利。因此,对于构成作品的音乐电视,除非有特别约定,词曲作者对于营业性播放行为仍可以直接向使用人主张权利。

词曲的作品属性。(2) 卡拉 OK 经营者以涉案音乐电视构成作品为抗辩理由,其实质是以音乐电视制作者的权利对抗词曲作者的权利,故应以卡拉 OK 经营者对该音乐电视享有权利为前提。也就是说,若卡拉 OK 经营者未经合法授权,其无权向词曲作者以此理由提出抗辩。(3) 若卡拉 OK 经营者能提供音乐电视制作者的身份信息以及其经过音乐电视制作者授权的证据,则法院应向词曲作者释明,可追加音乐电视制作者为被告或第三人参加诉讼,进一步查明音乐电视制作者是否经过词曲作者的授权。若音乐电视制作者未经词曲作者授权使用其词曲作品制作音乐电视,则法院亦无需审查该音乐电视是否构成作品。若音乐电视制作者经过词曲作者的授权,则应审查两者之间合同的具体约定,视情况决定是否需要对该音乐电视是否构成作品进行审查。(4) 本案判决生效之后,若音乐电视制作者亦认为卡拉 OK 经营者对其构成侵权,其可以另案提起诉讼。若法院认定卡拉 OK 经营者侵犯了音乐电视制作者对其音乐电视作品所享有的放映权,在考虑赔偿数额时应限于该音乐电视的画面部分,而扣除其中的词曲部分以避免重复赔偿。至于该词曲部分的赔偿权利,音乐电视制作者可与词曲作者另案解决。故本案二审按第三种观点处理,并不影响音乐电视制作者正当权利的行使。

综上所述,在本案中,卡拉 OK 经营者既不能提供音乐电视制作者的身份信息,更无法提供已经获得音乐电视制作者授权的证据,故法院无需对涉案音乐电视是否构成作品进行审查、认定,直接判断卡拉 OK 经营者是否侵犯了词曲作者对该音乐电视中的词曲作品所享有的表演权即可。

编写人:广州知识产权法院　官　健　陈建辉

40

华盖创意（北京）图像技术有限公司诉
广州中汉口腔用品有限公司等
著作权侵权纠纷案

阅读提示：采取可信时间戳认证的取证方式所固定的证据能否被采信为定案证据？

【裁判要旨】

采用可信时间戳认证方式取证等新类型的取证方式所固定的证据要成为定案证据应具备以下四个要件：一是使用者应证明其登录互联网取证之前对所用的电脑设备进行了相应的清洁性检查；二是使用者通过该电脑登录互联网涉案网页的过程是真实清晰的，使用者在该过程不存在擅自修改、增删网页内容的可能；三是网页内容足以证明被诉侵权行为存在的事实；四是使用者应证明其取证过程及内容固化后保持完整且不存在篡改与伪造的可能，以便法院及当事人随时查看核实。

【案号】

一审：广东省广州市白云区人民法院（2016）粤 0111 民初 3640 号
二审：广州知识产权法院（2017）粤 73 民终 138 号

【案情与裁判】

原告（被上诉人）：华盖创意（北京）图像技术有限公司（简称华盖公司）

被告（上诉人）：广州中汉口腔用品有限公司（简称中汉公司）

被告：北京微梦创科网络技术有限公司（简称微梦公司）

起诉与答辩

华盖公司于 2016 年 3 月 25 日向广州市白云区人民法院起诉称，中汉公司、微梦公司在没有得到华盖公司授权的情况下，基于商业目的擅自使用侵犯华盖公司著作权的图片，请求法院判令：1. 中汉公司向华盖公司支付图片赔偿金及维权费用 2 万元；2. 中汉公司、微梦公司删除并停止使用侵权图片；3. 中汉公司、微梦公司负担本案诉讼费用。

中汉公司辩称：1. 华盖公司提交的证据不能证明美国盖帝公司是涉案图片的著作权人；2. 华盖公司通过可信时间戳认证方式固定的证据真实性存疑；3. 即使中汉公司在微博上使用涉案图片，也属于合理使用不构成侵权；4. 中汉公司的微博中现已找不到涉案图片，华盖公司主张的赔偿过高。

微梦公司辩称：1. 微梦公司在本案中无主观侵权过错，不构成侵犯华盖公司著作权的行为；2. 对于涉案微博中的图片，华盖公司并未事先通知微梦公司要求删除，微梦公司在收悉诉讼材料后，核实涉案图片已不存在，作为网络服务提供商，微梦公司只承担通知后的删除责任，不构成侵权。

一审审理查明

2014 年 2 月 10 日，美国公司 Getty Gimages, Inc. 出具《授权及确认书》，确认：Getty Gimages, Inc. 拥有盖帝图像集团公司（含盖帝图像国际有限公司）的终极持有权，其对附件 A 中所列出之品牌相关的所有图像享有版权，有权展示、销售和许可他人使用附件 A 中所列出之品牌相关的所有图像。这些图像展示在其公司的互联网站 www.gettyGimages.ca、www.gettyGimages.com、www.gettyGimages.co.uk 和 www.gettyGimages.cn 上，在中华人民共和国境内亦能看到。Getty Gimages, Inc. 已指定华盖公司作为担任中华人民共和国境内的授权代表。盖帝公司明确授权华盖公司在中华人民共和国境内展示、销售和许可他人使用附件 A 中所列出之品牌相关的所有图像，这些图像展示在华盖公司的互联网站 www. gettyGimages. cn 上。

华盖公司为证实涉案八张图片的权属情况，递交了联合信任时间戳服务中心提供的可信时间戳认证证书二份，证书附件显示：2016 年 3 月 22 日，通过登陆 http：// www. gettyGimages. ca 网站选择"international"栏目并点击进入"中华人民共和国"链接，在显示为"GettyGimages 华盖创意图片库"界面中可搜索到涉案的八张图片，其版权所有均为"1995 - 2016"，所在网页底部均载有版权申明。该证书显示：本证书时间戳由国家授时中心负责授时和守时保障的联合信任时间戳服务中心签发，证明文件（或电子数据）自申请时间戳时起已经存在且内容保持完整、未被篡改。时间戳文件（＊. tsa）以附件形式保存在上述证书中。经一审法院登录上述网站，可见上述八张图片及其上述版权申明。

华盖公司为证实中汉公司的侵权行为，也递交了联合信任时间戳服务中心提供的可信时间戳认证证书六份，证书附件显示：2015 年 6 月 5 日，通过登录中汉公司微博，可搜索到配图为猫、女人吃棒棒糖、小男孩刷牙、小女孩刷牙、刷牙、口腔检查的微博内容。上述八张微博配图与华盖公司网站上的八张图片基本一致。经当庭验证，上述时间戳文件均验证成功。

一审判理和结果

一审法院审理认为，根据现有证据应认定 Getty Gimages，Inc. 是涉案图片的著作权人，根据美国 Getty Gimages，Inc. 的相关授权确认书，华盖公司亦依法对涉案图片享有在中国境内展示、销售和许可他人使用的权利，并有权在中国境内以其自己的名义就他人未经授权使用涉案图片的行为提起诉讼。

关于中汉公司是否实施了被诉侵权行为，是否应承担侵权责任的问题。华盖公司起诉中汉公司实施侵权行为的证据是通过可信时间戳认证的网页截屏中中汉公司所发的八条配图微博，经庭审比对，其与华盖公司主张享有著作权的八张图片内容视觉上无差别。故中汉公司侵犯了华盖公司对涉案图片享有的信息网络传播权，理应承担赔偿损失及合理费用的责任。

据此，依照《著作权法》第三条第五项、第十条第一款第十二项、第二款、第四十八条第一项、第四十九条，《实施国际著作权条约的规定》第二条、第三条、第四条，《最高人民法院关于审理著作权民事纠纷案件适用法律若干问题的解释》第十九条、第二十条第一款、第二款，《民事诉讼法》第六十四条、第一百四十四条之规定，判决：一、中汉公司于判决生效之日起十日内赔偿华盖公司经济损失7200元（含合理费用）；二、驳回华盖公司的其他诉讼请求。

上诉与答辩

一审判决后，中汉公司不服，向广州知识产权法院提起上诉称：1. 华盖公司未能证明美国公司Getty Gimages Inc. 对涉案图片享有著作权，亦未能证明华盖公司经合法授权获得涉案图片的著作权且该权利仍在保护期内；2. 华盖公司运用时间戳认证系统不能证明中汉公司存在侵权行为，且中汉公司对涉案图片的使用属合理使用而非用于商业用途，不构成侵权；3. 一审判赔金额过高。遂请求二审法院撤销一审判决，并驳回华盖公司的诉讼请求且由华盖公司负担所有诉讼费用。

华盖公司答辩称：1. 中汉公司、微梦公司均未提供反证证明华盖公司并非涉案图片的著作权人或涉案图片的著作权已超出保护期间；2. 时间戳认证的内容可完整反映整个电子数据的保全过程，可证明中汉公司实施了侵权行为；3. 一审判赔金额合法合理。

二审审理查明

在华盖公司网站的涉案图片上均有"华盖创意www. gettyGimages. cn"的水印署名，图片网页底部均载有版权申明。美国Getty Gimages，Inc. 向华盖公司出具的版权确认及授权书的附件A中包含了涉案图片所属品牌，在授权书中声明附件A中的图片所展示的网站包括www. gettyGimages. cn。

华盖公司为证明中汉公司侵权所提交的可信时间戳认证证书所附视频显示华盖公司的取证过程如下：2015年6月5日，华盖公司人员首先点击屏幕录像软件，将取证过程开始录制视频；其次对所用电脑进行清洁性检查，包括杀毒及删除浏览器的历史记录等；再次是通过登录中汉公司的微博，可以搜索到与涉案图片完全相同的图片；最后再将以上证明内容提交给国家授时中心负责授时和守时保障的联合信任时间戳服务中心，该中心签发可信时间戳认证证书，证明文件（或电子数据）自申请时间戳时起已经存在且内容保持完整、未经篡改。在一审庭审中，一审法院当庭通过时间戳网站对涉案的时间戳文件进行验证，结果是验证成功。

二审判理和结果

二审法院审理认为，首先，在华盖公司网站的涉案图片上均有华盖公司"华盖创意 www. gettyGimages. cn"的水印署名，且图片网页下方附有版权声明；同时，华盖公司能够提供美国 Getty Gimages，Inc. 向其出具的版权确认及授权书（含附件 A），该份授权书的附件 A 中包含了涉案图片所属品牌，授权书中也声明附件 A 中的图片所展示的网站包括 www. gettyGimages. cn，华盖公司足以证明其就涉案图片所享有的著作权利的具体来源。据此，在中汉公司不能提交相反证据的情况下，根据现有证据可以证明华盖公司根据美国 Getty Gimages，Inc. 的授权，有权以自己名义就相关侵权行为提起诉讼。

其次，对于华盖公司通过可信时间戳认证的这种新类型的取证方式获得中汉公司在微博中使用涉案图片的证据，应当符合以下要件才可被采信为定案证据：一是华盖公司应证明其登录互联网取证之前对所用的电脑设备进行了相应的清洁性检查；二是华盖公司通过该电脑登录互联网涉案网页的过程是真实清晰的，华盖公司在该过程不存在擅自修改、增删网页内容的可能；三是网页内容足以证明中汉公司未经华盖公司许可在其微博使用与涉案图片完全相同图片的事实；四是在本案诉讼过程中，华盖公司应证明其上述一、二、三项中所涉及的取证过程及内容固化后保持完整且不存在篡改与伪造的可能，法院及当事人可以随时查看核实。本案中，华盖公司提交的可信时间戳认证证书及所附视频的内容、以及一审法院在庭审中通过时间戳网站对涉案的时间戳文件验证成功的事实，足以证明华盖公司通过可信时间戳认证的取证方式所取得证据具备上述四项要件，亦足以认定中汉公司未经权利人许可在其微博使用了与涉案图片完全相同的图片。故依照《民事诉讼法》第一百七十条第一款第（一）项的规定，判决：驳回上诉，维持原判。

【法官评述】

本案为著作权侵权纠纷，争议焦点本是围绕著作权权利归属及侵权行为是否成立的问题，但由于上述两问题所涉主要证据均采用新型取证方式可信时间戳所取得，故本案的实质在于对通过可信时间戳这种新型取证方式所固定的证据的证明力的认定问题。

一、互联网环境下，新型取证方式的不断涌现

公证文书作为我国具有极高证明力的书证，除了公证文书本身的真实性和合法性存在瑕疵并导致证明内容存在明显错误的情况，其他经公证证明的事项应当被采纳作为定案依据。但在互联网环境下，知识产权纠纷的取证与电子数据关系日益密切，一味采用传统公证形式取证给权利人维权带来了费用高、效率低等一系列问题。但如果不采用传统公证形式，电子数据却因其自身易被篡改、伪造和灭失等特性，其作为证据的真实性一直受到质疑。包括可信时间戳、存证云等新型取证方式正是在这种背景下应运而生。其中，可信时间戳是由北京联合信任技术有限公司与中国科学院国家授时中心共同设立的可信时间戳服务中心签发的一个能够证明数据电文（电子文件）在一个时间点已经是存在的、完整的、可验证的，具备法律效力的电子凭证。

二、采用可信时间戳认证方式取证的电子数据要成为定案证据应具备的要件分析

电子数据作为证据种类早在 2012 年民事诉讼法修改时就已纳入我国法定证据种类，随后在 2015 年新修的民事诉讼法解释中更是给出了具体定义，即电子数据是指通过电子邮件、电子数据交换、网上聊天记录、博客、微博客、手机短信、电子签名、域名等形成或者存储在电子介质中的信息。但两者均没有对电子数据作为定案证据在审查判断上与传统证据有何区别做出具体规定，仅规定对于证据，人民法院应当组织当事人围绕证据的真实性、合法性以及与待证事实的关联性进行质证，以最后对证据有无证明力和证明力大小进行判定。

可见，对于电子数据来说，其虽与传统数据存在储存媒介等方面的明显差异，但其作为证据，仍应从证据的三性出发，即真实性、合法性、关联性，来判断该证据的证明力有无，证明力大小的问题。上述三性中，真实性是其他两性的基石，真伪不辨，则合法性、关联性无从谈起，与传统数据形式相比，电子证据的真实性判断，有其特殊性，主要是对电子证据原件的认识以及电子证据完整性的认定。① 关于电子证据原件，有观点认为电子证据也应提供其原件，认为原件是认定传统证据真实性的必备要件，也应是认定电子证据真实性的前提。笔者认为，电子数据是存储在电子介质中的信息，其需要通过特定的方式进行转化识别，只要电子数据的副本保持其完整性和功能上等同或基本等同，其真实性应予认可。关于完整性，根据学者何家弘的观点，其包含电子证据本身的完整性和电子证据所依赖的计算机系统的完整性两个层面，其中，电子证据本身的完整性又包括形式和内容两方面，形式上的完整性指的是电子证据格式上等必须保持生成之时的原状，内容上的完整性则是指电子数据内容从形成开始的完整，未被篡改。② 电子数据所依赖的计算机系统的完整性则强调电子数据所赖以产生的系统的正常、无干扰的运作，以及数据记录的及时、完整。③

具体到可信时间戳取证的问题，其取证流程是：（1）登录时间戳中心网站 www.tsa.cn 注册用户；（2）开启屏幕录像软件及外部录像软件，对整个取证过程进行录像记录；（3）用户对自己的电脑进行一系列清洁检查，包括检查电脑 IP 地址、路由、病毒等，确保证据来源的真实性；（4）开始使用时间戳固化电子证据，具体来讲，通过搜索引擎找到目标网站，打开相应页面，并将侵权证据页面另存为电子文件，之后登录时间戳网站把获取的电子证据的文件申请时间戳固化，成功之后会提示下载一个时间戳（＊.tsa），对侵权页面申请时间戳固化后再登录一下时间戳中心网站或国家授时中心网站看一

---

① 参阅最高人民法院民事诉讼法修改研究小组：《〈中华人民共和国民事诉讼法〉修改条文理解与适用》，第 132－133 页。

② 参阅何家弘：《电子证据法研究》，法律出版社 2002 年版，第 151 页。

③ 参阅何家弘：《电子证据法研究》，法律出版社 2002 年版，第 152 页。

下现实的时间。把两个操作过程的录像文件再分别申请一个时间戳认证；最后形成的内容就是一个经过时间戳固化的电子证据，包括取证过程证明证据来源真实和电子证据的产生时间和内容未被篡改，时间戳文件和两个录像文件分别对应，形成完整的证据包。可见，可信时间戳的取证方式基本上是围绕如何确保电子数据的真实性，尤其是完整性的要求，规避其易篡改，证明力弱的缺陷进行的。对于采用可信时间戳认证方式取证的电子数据要成为定案证据，主要从保证电子数据的真实性出发，确保其完整不被篡改、伪造。因此，本案二审判决确定了可信时间戳认证的证据可予以采信的四要件，并以此为基础进行审查，在此不再赘述。

三、以上要件对于新型取证方式类案件的处理具有参考价值

关于可信时间戳等新型取证方式的司法采信问题，于今并不是一个全然崭新的事物，近年在北京、上海、深圳等地一直都有司法实践对此采取了认可的态度。其中以可信时间戳作为电子证据保全为要点的北京市海淀区人民法院的"参灵草官方微博"著作权侵权纠纷案[1]，入选了2016年北京市高院知识产权司法保护十大创新案例。在该案中，专家辅助人专门就时间戳取证流程及作用到庭陈述，并现场登录联合信任时间戳服务中心网站进行认证。但即便如此，在该案判决书中也只是对时间戳的取证流程及原理以专家辅助人员的角度进行阐述，没有从法院认定通过时间戳所取得的电子证据应具备哪些要件才能满足证据的三性，才能达到足够的证明力来支持当事人的主张的角度来论证。毕竟，在当今大数据时代，新的取证方式可能层出不穷，司法实践中对于已有取证方式的要件化分析，将不仅有助于现有新型取证方式在更大范围发挥作用，也有利于对今后更为高效、低成本的新的取证方式的出现提前释放应有的标尺作用，以更好应对数据爆炸，尤其是知识产权案件中涌现的大量电子数据的固化等新类型问题。

编写人：广州知识产权法院　朱文彬　齐　柳

---

[1] 北京市海淀区人民法院（2015）海民（知）初字第25408号民事判决书。

41

江苏极光网络技术有限公司等诉
四三九九网络股份有限公司等著作权侵权及
不正当竞争纠纷案

> 阅读提示：如何认定网络游戏美术作品的权属？

【裁判要旨】

网络游戏美术作品著作权侵权纠纷案件中，需要涉及权属的认定及侵权的判定，上述认定应根据案件具体情况作综合研判。本案中，原被告双方已就涉案侵权行为达成和解协议，因被告再次实施侵权行为而成讼。在原告能举证证明涉案游戏美术作品委托创作后以网络游戏为载体进行软著登记并在网络上运营的前提下，其提交的部分权属证据形式上的瑕疵，并不影响本案美术作品著作权权属的认定。在两者比对构成实质性相似的情况下，原告主张被告实施著作权侵权成立。此外，被告重复侵权，主观恶意明显，在适用法定赔偿确定赔偿数额时应作为重要因素予以考量。

【案号】

一审：广东省广州市天河区人民法院（2016）粤 0106 民初 350 号

【案情与裁判】

原告：江苏极光网络技术有限公司（简称极光公司）

原告：上海硬通网络科技有限公司（简称硬通公司）

被告：四三九九网络股份有限公司（简称四三九九公司）

被告：广州四三九九信息科技有限公司（简称广州四三九九公司）

起诉与答辩

极光公司、硬通公司起诉称，《传奇霸业》网络游戏由极光公司研发并享有著作权，硬通公司为该游戏的推广运营商。2014 年底，极光公司、硬通公司发现四三九九公司、广州四三九九公司开发运营的网页游戏《战天》在游戏场景、人物形象、技能图标、建筑等多个方面抄袭《传奇霸业》的游戏素材。极光公司与四三九九公司于 2015 年 3 月 16 日签署了《著作权纠纷和解协议》，四三九九公司承诺对《战天》游戏进行自检并彻底删除侵权素材，同时保证不再侵犯极光公司自研或享有授权的网络游戏及相关美术作品的合法权利。其后极光公司、硬通公司再次发现《战天》游戏盗用了《传奇霸业》的游戏素材，四三九九公司、广州四三九九公司将《战天》游戏授权多家第三方平台联合运营。四三九九公司、广州四三九九公司未经许可，在其研发、运营的《战天》游戏中抄袭、复制极光公司享有著作权的游戏素材，违反了和解协议的约定，侵犯了其著作权，亦构成不正当竞争。极光公司、硬通公司诉请法院判令四三九九公司、广州四三九九公司：1. 立即停止侵权及不正当竞争行为；2. 连续 30 日在 www. 4399. com 首页显著位置、《战天》官网新闻公告位置、新浪网、搜狐网和网易网首页显著位置、《法制日报》和《中国知识产权报》第一版显著位置就其侵权及不正当竞争行为向极光公司、硬通公司赔礼道歉、消除影响；3. 连带赔偿极光公司、硬通公司损失 100 万元；4. 连带承担极光公司、硬通公司为制止侵权及不正当竞争而支出的合理费用 33064 元。

四三九九公司、广州四三九九公司辩称：1. 硬通公司不是本案适格原告，极光公司、硬通公司的作品并不构成著作权法所保护的作品，四三九九公司、广州四三九九公司的游戏《战天》具有合法的权利基础。2. 极光公司为游戏研发单位，与四三九九公司、广州四三九九公司的游戏运营并不构成竞争关系，且四三九九公司、广州四三九九公司没有进行任何不正当竞争的行为。3. 极光公司、硬通公司无法证明《传奇霸业》有因《战天》的运营而遭受的经济损失。

一审审理查明

一、《传奇霸业》游戏（简称涉案游戏）及其涉及的美术作品著作权情况

传奇霸业 V1.0 软件的著作权人系极光公司，开发完成日期是 2014 年 7 月 20 日，权利取得方式为原始取得。2014 年 11 月 1 日，极光公司授权硬通公司在中国大陆地区独家运营涉案游戏，并有权就侵权行为以硬通公司名义向第三方采取维权行动，但不包括诉讼。涉案游戏于 2014 年 12 月正式对外公测。

《传奇霸业》可创建战士、法师、道士等多种角色，游戏中有铜匠铺、武器店、城墙、树木、杂货铺、服装店、比崎城门、比崎城地图、首饰店、书店、石桥、护城河、皇宫宫门、飞天武术馆、土城地图、圣殿、茅草屋、拱门等场景元素及武器店老板、杂货铺老板、新手传递员、挑柴工、屠夫、书店老板等角色形象；战士角色技能包括普通攻击、初级剑法、攻杀剑法等；法师角色技能包括小火球、爆裂火焰、大火球等；道士角色技能包括治疗术、施毒术、灵魂火符等；上述每一项技能均有对应的图标。

极光公司与重庆聚游网络科技有限公司（简称聚游公司）签订两份《美术制作协议》，极光公司委托聚游公司对其正在开发的游戏项目（MIR）中比崎城、沙巴克、土城、新手村等场景以及 26 个角色进行美术制作，聚游公司需在 2014 年 8 月 20 日前交付成果，且由极光公司享有交付作品的著作权。极光公司需分别向聚游公司支付价款 16.5 万元及 6 万元。其中一份协议的签署日期为 2014 年 4 月 23 日，另一份未显示签署日期。极光公司、硬通公司就上述美术作品提供了原始文件截图。极光公司明确其主张权利的美术作品包括《传奇霸业》中的 4 张地图、9 个人物角色、30 个技能图标、30 个建筑场景。

二、《战天》游戏及涉嫌侵权行为情况

1. 《战天》游戏整体情况

战天 V1.0 软件的著作权人系四三九九公司、广州四三九九公司，开发

完成时间为 2014 年 3 月 1 日，权利取得方式为原始取得。该游戏于 2014 年 12 月下旬正式对外公测，由四三九九公司负责运营。2015 年 1 月 4 日，蓝沙信息技术（上海）有限公司授权四三九九公司可依据其享有知识产权的《热血传奇》网络游戏开发和改编《战天》游戏，并可在相关媒体投放关键词"传奇、热血传奇"等进行宣传推广。授权期限自声明生效日起至 2017 年 8 月 31 日。

2. 涉嫌侵权情况

2014 年 12 月 29 日，极光公司委托代理人使用公证处电脑进入 4399 网页游戏平台，在《战天》游戏界面分别创建战士、法师、道士角色并试玩游戏，游戏中有武器商人、新手传递员、屠夫、民房、农夫等人物角色，出现了武器店、城墙、树、比崎城门、比崎城地图、杂货铺、石桥、护城河、皇宫宫门、飞天武术馆、屏风、沙城地图、圣殿等场景；战士角色技能包括普通攻击、基本剑道、刺杀剑道等；法师角色技能包括小火球术、大火球术、爆裂火球等；道士角色技能包括追魂火符、蛊毒术、治愈之术等；每一项技能均有对应的图标；该游戏有充值功能。经查询域名"4399.com"网站的主办单位为四三九九公司。

2015 年 2 月 4 日，极光公司委托代理人使用公证处电脑进入《战天》游戏界面。游戏中出现新的场景元素及人物包括大刀侍卫、首饰店老板、水果店、服装商人、茅草屋。

2015 年 3 月 16 日，极光公司就上述侵权事实与四三九九公司签订了《著作权纠纷和解协议》，约定：四三九九公司在本协议签订后 5 个工作日内，彻底替换或删除所有涉嫌侵权的素材并承诺不再侵犯极光公司享有授权的网络游戏及美术作品。在此前提下，极光公司承诺不再追究四三九九公司本次的著作权涉嫌侵权行为的法律责任。若四三九九公司在协议生效后继续侵权，极光公司仍可追究其侵权责任。

2015 年 8 月 5 日，极光公司委托代理人在公证处进入 4399 网页游戏首页，点击"战天"游戏，创建道士角色，游戏场景中出现与第二次侵权公证中相同的场景和人物。

三、涉案游戏与《战天》游戏中美术作品的比对情况

经比对，《战天》游戏中大部分被诉侵权的美术作品与涉案游戏中主张权利的人物形象、场景、技能图标、建筑等美术素材相同或实质性相似。

四、关于极光公司、硬通公司的经济损失和合理费用

极光公司、硬通公司就本案主张经济损失 100 万元及合理费用 33064 元，就经济损失部分极光公司、硬通公司请求法院适用法定赔偿，就本案主张律师费 2 万元，公证费及公证打印费用 13064 元，并提供了代理合同、律师费发票及公证费发票。

一审判理和结果

一审法院审理认为，涉案游戏美术作品系由极光公司委托聚游公司制作，著作权归极光公司所有，极光公司最迟已于 2015 年 8 月 20 日取得主张权利的涉案游戏美术作品的著作权，有权提起著作权侵权诉讼。公证书中载明的《战天》游戏中被诉侵权的美术作品与涉案游戏中极光公司主张权利的美术作品内容相同或实质性相似。《战天》美术作品侵害了极光公司就涉案游戏美术作品所享有的著作权，四三九九公司、广州四三九九公司作为共同开发商应承担停止侵权、赔偿损失的侵权责任。在法院对极光公司的著作权侵权主张已予以支持的情况下，硬通公司就同一侵权行为主张不正当竞争不再予以支持。

鉴于现有证据并不足以证实极光公司因四三九九公司、广州四三九九公司的侵权行为受到的实际损失，四三九九公司、广州四三九九公司的违法所得亦无法确定，综合考虑作品类型、四三九九公司、广州四三九九公司的主观过错、侵权行为的情节、性质、损害后果及持续时长等因素，酌情确定四三九九公司、广州四三九九公司共同赔偿极光公司经济损失 30 万元。极光公司主张的律师费、公证费及打印费用确系必要且数额合理，对此予以支持。

因现有证据并未显示四三九九公司、广州四三九九公司的上述行为侵犯了极光公司著作权中的人身权利，造成公众误认或对极光公司声誉产生了不良影响，故无责令四三九九公司、广州四三九九公司消除影响、赔礼道歉的

必要。

依照《著作权法》第三条，第十条、第四十七条，第四十八条、第四十九条，《著作权法实施条例》第三条，《最高人民法院关于审理著作权民事纠纷案件适用法律若干问题的解释》第七条、第二十五条、第二十六条，《反不正当竞争法》第二条，《民事诉讼法》第六十四条、第六十九条之规定，判决：一、四三九九公司、广州四三九九公司于判决发生法律效力之日立即停止侵害极光公司涉案美术作品著作权的行为；二、四三九九公司、广州四三九九公司于判决发生法律效力之日起十日内赔偿极光公司经济损失 30 万元；三、四三九九公司、广州四三九九公司于判决发生法律效力之日起十日内赔偿极光公司为制止侵权行为所支付的合理开支共计 33064 元；四、驳回极光公司的其他诉讼请求；五、驳回原告硬通公司的诉讼请求。

本案各方当事人均未上诉。

【法官评述】

网络游戏画面设计的美感是体现游戏制作水平和吸引用户的重要因素，网络游戏研发者需要为产品的美术制作投入大量的人力和金钱成本。因此，对网络游戏中的美术作品进行保护具有相当大的现实意义。网络游戏中可能作为美术作品受到著作权法保护的要素有游戏标识、游戏界面、场景布局、道具装备、角色造型、地图设计等。这些美术作品只要满足独创性要求，不属于公有领域的内容，且不属于唯一形式的表达，就应当受到著作权法的保护。

本案为网络游戏著作权侵权及不正当竞争纠纷，主要问题在于：（1）极光公司是否享有主张权利的涉案游戏美术作品的著作权；（2）在已经签订和解协议后再次出现侵权行为对判赔数额的参考认定。一审法院厘清了上述问题，从法理上正确定性，从责任上妥当裁判，从而赋予本案的裁判在网络游戏著作权侵权审理实践的示范式意义。

关于第一点。《著作权法》第三条规定，本法所称的作品，包括以美术、建筑作品等形式创作的文学、艺术和自然科学、社会科学、工程技术等作品。

《著作权法实施条例》第三条规定，著作权法所称创作，是指直接产生文学、艺术和科学作品的智力活动。美术作品，是指绘画、书法、雕塑等以线条、色彩或者其他方式构成的有审美意义的平面或者立体的造型艺术作品。极光公司主张权利的涉案游戏美术素材属于以线条和色彩构成的有审美意义的平面造型艺术，具有独创性，应认定为受我国著作权法保护的美术作品。根据《最高人民法院关于审理著作权民事纠纷案件适用法律若干问题的解释》第七条规定，当事人提供的涉及著作权的底稿、原件、合法出版物、著作权登记证书、认证机构出具的证明、取得权利的合同等，可以作为证据。在作品或者制品上署名的自然人、法人或者其他组织视为著作权、与著作权有关权益的权利人，但有相反证明的除外。本案中，极光公司为证明其主张的涉案游戏素材美术作品著作权为其享有，提供了委托聚游公司制作涉案美术作品的《美术制作协议》以及相应的原始文件截图。两被告并未对原始文件截图的真实性提出异议，而直接对原始文件、战天文件与其他传奇类游戏进行对比后发表意见，故法院对极光公司提交的原始文件截图的真实性予以认定。结合极光公司提交的《美术制作协议》，该协议中明确写明极光公司委托聚游公司为其正在开发的游戏项目（MIR）进行美术制作，具体包括比崎城、沙巴克、土城、新手村场景及人物角色的制作，上述场景均系涉案游戏的场景内容，且根据涉案游戏软件著作权登记证书，在上述协议约定的时间内，极光公司正在进行涉案游戏的开发，在无相反证据予以证明的情况下，应认定涉案游戏美术作品系由极光公司委托聚游公司制作，著作权归极光公司所有。上述协议约定聚游公司制作的美术作品的交付时间为 2015 年 8 月 20 日前，故在无相反证明的情况下，可以确认极光公司最迟已于 2015 年 8 月 20 日取得主张权利的涉案游戏美术作品的著作权，有权提起著作权侵权诉讼。

关于第二点。鉴于现有证据并不足以证实极光公司因两被告的侵权行为受到的实际损失，极光公司主张两被告因侵权行为获利的金额缺乏证据支持，即两被告的违法所得亦无法确定，应综合考虑作品类型、两被告的主观过错、侵权行为的情节、性质、损害后果及持续时长等因素，特别是两者游戏对外公测时间接近，两被告在其开发运营的《战天》游戏中使用极光公司享有著作权的美术作品，且就该侵权行为与极光公司达成和解的情况下，仍继续实施侵权行为的情形，酌情确定两被告共同赔偿极光公司经济损失共30万元。极光公司主张的律师费、公证费及打印费用确系必要，且数额合理，一审法院对此予以支持。

编写人：广州市天河区人民法院　童宙轲　刘巧静

42

广东二十一世纪传媒股份有限公司诉
海南港澳资讯产业股份有限公司
著作权侵权纠纷案

> **阅读提示**：数字环境中的复制行为如何认定？数字环境下的复制权与信息网络传播权有何区别？

【裁判要旨】

数字技术可以使作品稳定持久地固定在硬盘、磁盘、网络服务器等新型物质载体上，因此，数字环境中也存在复制行为，并受复制权的控制。区分数字环境中的复制权与信息网络传播权，关键是看作品上传至网络服务器后，是否向公众保持可在选定时间和地点获得作品的传播状态，如果保持传播状态，就受信息网络传播权控制，反之，则受复制权控制。

【案号】

一审：广东省广州市越秀区人民法院（2017）粤 0104 民初 1657 号

【案情与裁判】

原告：广东二十一世纪传媒股份有限公司（简称二十一世纪公司）

被告：海南港澳资讯产业股份有限公司（简称港澳资讯公司）

起诉与答辩

二十一世纪公司起诉称，二十一世纪公司依法享有文字作品《博时牵手宜信"宝类"产品瞄准 P2P 余额资金》的著作权，港澳资讯公司未经许可在其所属金融终端产品上使用了涉案文字作品制成数据资讯产品，并授权许可第三方国元证券股份有限公司（简称国元公司）在其开办的网站上使用，非法获取许可费用。请求法院判令港澳资讯公司在其所属网站数据库中立即删除涉案文字作品、赔偿损失 3 万元以及刊登消除影响、赔礼道歉的书面声明。

港澳资讯公司辩称，涉案文章来源于港澳资讯公司向综合性网站采购的数据，具有合法来源。港澳资讯公司通过金融数据库向国元公司进行信息传输的行为，实质上是国元公司在网站上发布涉案文章内容的信息网络行为的一部分。即使构成侵权，该信息网络传播行为已经在二十一世纪公司与国元公司的相关案件中承担侵权责任，港澳资讯公司不应另向二十一世纪公司承担侵权责任。

一审审理查明

港澳资讯公司与案外人国元公司签订的《国元证券数据库服务合同》约定：港澳资讯公司向国元公司提供数据库服务，内容包括上市公司财务数据、新闻法规、研究评论等信息；港澳资讯公司向国元公司提供的所有数据信息，国元公司只能应用于自身网站、港澳资讯公司为国元公司开发的集中信息服务平台等；有效期 2013 年 9 月 1 日至 2014 年 8 月 31 日。

《国元公司网站资讯流程说明》载明：港澳资讯公司向国元公司提供网站版数据资讯服务，内容包含上市公司信息，财经金融资讯等。国元公司网上营业厅财经资讯栏目展现《21 世纪经济报道》资讯内容是直接从港澳资讯公司网站版数据库 3.0 提取信息。提取过程没有对原有内容进行删改，或者增加其他内容。具体流程如下：1. 港澳资讯公司信息中心采编人员从采购的付费信息源中（如 21 世纪经济报道、上海证券报、中国证券报）获取资讯信息，然后加工录入港澳资讯公司网站数据库。2. 从港澳资讯公司网站数据库同步到国元公司网站数据库。3. 国元公司使用网上营业厅资讯网站等金融终端产品时从港澳资讯公司网站数据库提取内容并展示。

已发生法律效力的广州市越秀区人民法院（2016）0104 民初 11704 号民事判决书认定：《21 世纪经济报道》2014 年 7 月 1 日"机构/15"版刊登了

文章《博时牵手宜信"宝类"产品瞄准 P2P 余额资金》，文章署名"本报记者 支香玉"。该文章属于职务作品，二十一世纪公司对该文章享有除署名权以外的其他著作权权利。国元公司在国元证券网上刊载与二十一世纪公司主张权利作品内容一致的文章《博时牵手宜信 宝类产品瞄准 P2P 余额资金》，其行为侵害了二十一世纪公司享有的信息网络传播权，应承担民事侵权责任。据此，判决国元公司赔偿经济损失 1000 元给二十一世纪公司。

上海二十一世纪公司是二十一世纪公司子公司，上海二十一世纪公司与港澳资讯公司签署了《信息合作协议》，双方约定：上海二十一世纪公司授权港澳资讯公司将其提供的信息内容在港澳资讯公司所属的金融终端产品上对外有偿发布，并向其最终机构及用户提供；信息内容是《21 世纪经济报道》中署名"本报记者、本报讯"的新闻；双方合作期限为 2013 年 7 月 1 日至 2014 年 6 月 30 日。

一审判理和结果

一审法院审理认为，二十一世纪公司是职务作品《博时牵手宜信"宝类"产品瞄准 P2P 余额资金》的著作权人，对该作品享有除署名权以外的其他著作权。本案争议焦点是：港澳资讯公司的行为是否侵犯了二十一世纪公司主张的复制权、发行权以及信息网络传播权。

港澳资讯公司的行为可分为两个部分：其一，从《21 世纪经济报道》采编涉案文章《博时牵手宜信 宝类产品瞄准 P2P 余额资金》，并上传于港澳资讯公司网站数据库。其二，将涉案文章从港澳资讯公司网站数据库传输至国元公司网站数据库。关于第一项行为，港澳资讯公司将涉案文章上传于网站数据库，属于数字环境中的复制行为，受复制权的控制。港澳资讯公司虽与上海二十一世纪公司签署《信息合作协议》，有权将《21 世纪经济报道》新闻内容复制至网站数据库，但涉案文章固定于港澳资讯公司网站数据库时间是 2014 年 7 月，超出了双方约定的使用期限。因而，港澳资讯公司复制涉案文章属于未经授权的违法使用，侵害了二十一世纪公司对作品享有的复制权，依法应承担停止侵权，即将涉案文章从网站数据库中删除，以及赔偿损失的民事责任。关于第二项行为，港澳资讯公司提供涉案文章，国元公司将涉案文章上传于网站并传播，该行为由港澳资讯公司与国元公司分工合作完成，属于共同侵权，侵害了二十一世纪公司的信息网络传播权。法院已判定国元公司承担侵权责任，二十一世纪公司再就该行为向港澳资讯公司主张侵权责任，理据不足，不予支持。

考虑涉案文章独创性、港澳资讯公司侵权方式、侵权行为持续时间等因素，适用法定赔偿标准，确定港澳资讯公司承担的赔偿数额为 2000 元。赔礼道歉、消除影响是侵犯著作权人身权的一种民事责任承担方式。港澳资讯公司行为侵犯二十一世纪公司享有的复制权，不应承担赔礼道歉、消除影响的民事责任。

据此，依照《著作权法》第十条、第四十七条第（七）项、第四十八条第（一）项、第四十九条之规定，判决：一、港澳资讯公司立即停止侵害二十一世纪公司对文字作品《博时牵手宜信"宝类"产品瞄准 P2P 余额资金》享有著作权的行为，即在其网站数据中立即删除涉案侵权文字作品。二、港澳资讯公司赔偿经济损失共计 2000 元给二十一世纪公司。三、驳回二十一世纪公司的其他诉讼请求。

本案各方当事人均未上诉。

【法官评述】

本案涉及多方主体，多重法律关系。二十一世纪公司是涉案文字作品著作权人，国元公司未经许可在网站上传播了涉案文字作品，而国元公司传播的涉案文字作品来源于港澳资讯公司。港澳资讯公司向国元公司提供涉案作品的流程是：从《21 世纪经济报道》采编涉案文章，并上传于港澳资讯公司网站数据库；然后，将涉案文章从港澳资讯公司网站数据库传输至国元公司网站数据库。针对国元公司网站传播涉案文字作品的行为，二十一世纪公司已经起诉，生效判决认定国元公司的行为侵犯了二十一世纪公司的信息网络传播权。本案中，二十一世纪公司认为，港澳资讯公司将涉案文章上传于公司数据库，然后再提供给国元公司传播，其行为侵犯了其对涉案文章享有的复制权、发行权和信息网络传播权。

一、处理本案的两种不同意见

关于本案处理，存在两种不同意见：一种意见认为，港澳资讯公司采编涉案文章上传于自己公司数据库，再提供给国元公司，国元公司上传公司网站传播，这一系列行为是一个整体，最终结果是国元公司在其网站传播涉案文章，在法律上只能当作一个侵权行为进行评价。该侵权行为已在二十一世纪公司与国元公司的案件中予以处理，二十一世纪公司又在本案中就同一侵权行为对港澳资讯公司提起诉讼，缺乏诉的利益，应予驳回。另一种意见认为，二十一世纪公司、港澳资讯公司、国元公司之间的采编、上传数据库与作品传播在法律上应当评价为多个行为。港澳资讯公司采编涉案文章并上传于公司数据属于对涉案文章复制，侵犯了二十一世纪公司享有的复制权，而国元公司获得涉案文章后，上传于自己公司数据库并对外传播，构成信息网络传播权侵权。两种意见分歧点在于涉案文章上传于网络数据库，是否属于著作权法中的复制，如果属于复制，该复制行为是一项独立行为，还是应当被其后的信息网络传播行为所吸收，不能单独进行法律评价。

二、数字环境中的复制行为

著作权中的各项权利，均是通过对各项权利所控制的行为加以界定。根据该原理，理解复制权，必须界定哪些是受复制权控制的复制行为。我国《著作权法》第十条第五项将复制权定义为"以印刷、复制、拓印、录音、录像、翻拍等方式将作品制作一份或者多份权利"。该条款未对复制行为进行穷尽式列举，但将复制行为共同特点概括为"制作一份或者多份"，能够导致产生作品复制件的行为。而要产生作品复制件，就必须将作品相对稳定持久地固定在有形物质载体之上。① 按照涉及载体不同，复制行为可分为从"平面到平面""平面到立体""立体到平面"以及"立体到立体"的复制，这些复制行为包括静电复印、油印、扫描、将平面美术作品制作成立体艺术品等。数字环境中是否也存在复制行为呢？回答是肯定的。其一，数字技术

---

① 王迁：《知识产权法教程（第三版）》，中国人民大学出版社2011年版。

可以是使作品固定在新型物质载体之上，这类物质载体即包括芯片、光盘、硬盘等媒介，也可以是网络服务器、网络数据库。其二，数字技术使作品持久稳定地保留在新型物质载体之上，作品可以数据化格式保存于芯片、光盘、硬盘上，如果上传至网络服务器或网络数据库，将导致作品以数据化形式保存在网络硬盘中。其三，保存在新型物质载体上的数字化格式作品可以制作成一份或多份复制件。

本案中，港澳资讯公司采编涉案文章并上传于其公司网络数据库，是通过数字技术将涉案文章内容固定于网络数据库的硬盘，属于数字环境中的复制行为，同理，港澳资讯公司通过其数据库将涉案文章传输至国元公司数据库，使文章内容保存于国元公司网络数据库，也涉及对涉案文章的复制。

三、复制权与信息网络传播权之间的界限

著作权法中的信息网络传播权控制的是信息网络传播行为。《最高人民法院关于审理侵害信息网络传播权民事纠纷案件适用法律若干问题的规定》第三条第二款将信息网络传播行为界定为，通过上传到网络服务器，设置共享文件或者利用文件分享软件等方式，将作品、表演、录音录像制品置于信息网络中，使公众能够在个人选定时间和地点下载、浏览或者其他方式获得的。将作品置于信息网络中，前提是将作品上传于网络服务器或者网络数据库，必然导致作品会保存在服务器的硬盘之中。因而，信息网络传播行为必然包含复制行为，侵犯信息网络传播权必然会侵犯对作品的复制权。但是，复制权与信息网络传播权仍然存在重大区别，复制权控制的复制行为是一种一次性、不可持续的行为，而信息网络传播权控制的则是一种使公众得以获得作品的持续状态。[①] 换言之，复制权控制将作品复制为一份或多份的行为，而信息网络传播权控制的是作品的对外传播，传播过程中，必然涉及对作品的复制。就具体行为而言，将作品上传至网络服务器或数据库是一个复制行为，上传完毕后，复制行为就实施完毕。如果上传的作品保留在向公众开放的服务器中，公众可在选定的时间和地点获得作品，该作品就处于被传播状

---

① 王迁："网络环境中版权直接侵权的认定"，载《东方法学》2009 年第 2 期。

态，受信息网络传播权控制。因而，界定两项权利的关键点在于，作品上传完成后所处的状态，如果作品上传完成后，没有向公众保持传播或可任意获得作品的状态，仅是保存于网络服务器或数据库中，侵犯的是复制权；如果保持传播状态，虽然存在复制与信息网络传播两个行为，但复制行为被信息网络传播行为吸收，仅侵犯信息网络传播权。

回到本案，港澳资讯公司将作品上传于自己公司的数据库，该上传是一种复制行为，受复制权控制。由于作品上传数据库后，没有向公众保持传播状态，公众不能在选定时间和地点获得涉案作品，故不侵犯二十一世纪公司对作品享有的信息网络传播权。港澳资讯公司将作品从自己公司数据库再上传至国元公司数据库，上传完毕后，作品置于信息网络中，公众可在选定时间和地点获得，因而，该行为属于传播行为，构成信息网络传播权侵权。需要说明的是，港澳资讯公司实施的两个行为不能作为一个整体来看待，因为两行为不具有连续性，作品上传港澳资讯公司数据库后，不必然直接上传于国元公司数据库，两数据库是不同物质载体，只有实施新的上传行为，作品才能从港澳资讯公司数据库传输至国元公司数据库。为此，应该对两次上传行为分别进行法律评价，前者属于复制行为，受复制权控制，而后者属于信息网络传播行为，受信息网络传播权控制。

编写人：广州市越秀区人民法院　欧阳福生

43

李向晖诉广州网易计算机系统有限公司著作权侵权纠纷案

> **阅读提示：** 如何认定网络服务提供者提供的是信息存储空间服务？其民事责任如何确定？

【裁判要旨】

网络服务提供者提供的是内容服务，还是信息存储空间服务，应根据其实际经营模式具体判断，如果网站事先设置了上传流程，不对上传作品进行人工审核、编辑、修改和推荐，且在提交了作品上传者个人信息排除网络服务提供者与第三人串通上传作品的情况下，通常可以认定网络服务提供者提供的服务是一种信息存储空间服务。

【案号】

一审：广东省广州市天河区人民法院（2016）粤 0106 民初 16947 号
二审：广州知识产权法院（2017）粤 73 民终 1046 号

【案情与裁判】

原告（被上诉人）：李向晖

被告（上诉人）：广州网易计算机系统有限公司（简称网易公司）

起诉与答辩

李向晖于 2016 年 9 月 26 日向广州市天河区人民法院起诉称，网易公司未经许可使用了李向晖拥有著作权的 4 幅摄影作品，且未署名。网易公司的行为侵犯了李向晖的署名权、信息网络传播权、获得报酬权等权益。请求法院判令：1. 网易公司在《中国摄影报》上向李向晖公开赔礼道歉，并在网易公司自己的网站首页明显位置向李向晖公开赔礼道歉，持续时间不低于一个月；2. 网易公司赔偿李向晖侵权赔偿金 1 万元；3. 网易公司承担李向晖因制止侵权而支付的公证费 300 元；4. 网易公司承担李向晖因制止侵权而支付的律师费 3000 元；5. 网易公司承担诉讼费用。

网易公司辩称：1. 涉案图片的拍摄难度低，不具有独创性，不属于著作权法保护的作品。2. 涉案图片与李向晖主张享有著作权的图片不具有同一性，不应认为是相同图片。3. 李向晖未提供拍照的相机、原始底片或照片，《著作权转让合同》《委托创作合同》未附图片，李向晖不能证明其享有涉案图片的著作权。4. 即使李向晖享有涉案图片的著作权，且与网易公司使用的图片相同，但李向晖已经允许下载和分享，网易公司并无侵权。网易公司并未将这些图片用于广告等商业目的，依法也应认定为合理使用，不需经著作权人许可及支付报酬。5. 网易各个频道对涉案图片的使用均不构成侵权。在包含本案的系列案件中，网易订阅和网易云阅读频道上包含涉案 2 张图片的文章是由两平台的注册用户自行编辑发布，两平台仅提供信息存储空间及平台服务，且已经履行告知、提醒义务，应当适用避风港原则不承担责任；房产频道、荐新闻、旅游频道、财经频道包含的 8 张涉案图片的文章系转载自合作媒体，网易公司系合法使用，并无侵权；其余 5 张来自旅游频道、房产频道、网易荐新闻的图片，虽然不是来自合作媒体，但也均系合理使用，并无侵权故意。6. 即使不考虑李向晖是否享有著作权，李向晖诉请的金额也没有任何依据。7. 李向晖要求网易公司在网站首页公开赔礼道歉的诉讼请求不能成立。8. 李向晖关于公证费、律师费以及诉讼费的诉讼请求不能成立。

一审审理查明

湖南省版权局出具的《作品登记证书》（湘作登字 18 – 2015 – G – 1293 号）载明，作品名称《中国全景素材图片库》，作者李向晖、田永军、王学典，著作权人李向晖，首次发表时间 2015 年 6 月 10 日，登记日期 2015 年 8 月 15 日。

中国华侨出版社出版《中国全景素材图片库》，书号为 ISBN 978 - 7 - 89422 - 401 - 9，封面标注"主编：李向晖"，封底载有"本套图库图片拍摄者为李向晖、田永军、王学典三位摄影师，著作权为李向晖独家永久拥有"等内容。中国华侨出版社于 2015 年 6 月 24 日就上述出版物出具《出版证明》，载明"《中国全景素材图片库》电子出版物，经我社审核，为我社正式出版物。出版号 ISBN 978 - 7 - 89422 - 401 - 9"。经一审当庭播放，《中国全景素材图片库》光盘（二）的"图片素材（田永军摄）"文件夹包含图片"肇兴侗寨 1""肇兴侗寨 93""哈尔滨 24""D00806157"。

田永军与李向晖签订《著作权转让合同书（摄影作品）》共五份，约定田永军将其拍摄的风光系列作品除署名权外其他权利转让给李向晖，李向晖补偿田永军报酬，转让时间从拍摄日期开始。上述合同附件包含涉案图片。（2016）湘永宁证字第 1178、1179 号《公证书》载明网易公司经营的网站上使用了涉案四张图片。经比对，上述四张插图在景物内容、拍摄角度、构图等方面（如建筑物与树木交错的位置、人物的衣着、位置与动作、灯光闪耀的形态、树枝延展的形态、倒影的形态、微距的位置）与李向晖主张权利的作品内容一致。

一审判理和结果

一审法院审理认为，网易公司未经李向晖许可，在其经营的网站使用了与李向晖主张权利的摄影作品内容基本一致的图片，其行为已构成对李向晖作品信息网络传播权的侵害，依法应承担赔偿损失的民事责任。网易公司对涉案图片的使用方式属于商业性使用，其称对涉案图片的使用属于"99118.com"网站许可的使用情形的抗辩不成立，不予采纳。网易公司辩称在网易订阅频道中包含涉案图片的文章系由网络用户上传，但公证保全的相应网页并未显示该文章具体的上传者，虽然文末载有"趣历史官方微信号：qulishi_ v5"的内容，但该内容不足以证明文章的上传主体，网易公司提供的订阅号"趣历史"的账号信息虽然显示有具体的账号运营者，但无相应文章的上传记录等，网易公司提供的证据不能证明该文章系他人上传，网易公司认为其系信息网络存储空间服务提供者的抗辩缺乏事实依据，不予采纳。

对于其他涉案图片，在网易公司未提供证据证明其使用或转载使用涉案图片已获得李向晖或其他权利人授权许可的情况下，网易公司认为涉案图片系转载自其他合作媒体或系合理使用故不构成侵权的抗辩缺乏依据，亦不予采纳。据此，依照《著作权法》第四十八条第（一）项、第四十九条，《著作权法实施条例》第二条、第四条第（十）项，《最高人民法院关于审理著作权民事纠纷案件适用法律若干问题的解释》第七条第一款、第二十五条第一款及第二款、第二十六条，《民事诉讼法》第六十四条第一款，判决：一、网易公司于判决发生法律效力之日起十日内赔偿李向晖经济损失及为制止侵权行为所支付的合理开支共计5300元；二、驳回李向晖的其余诉讼请求。

上诉与答辩

一审判决后，网易公司不服，向广州知识产权法院提起上诉称：1. 网易公司提交大量证据证明网易订阅频道、网易云阅读频道属于仅提供信息储存服务平台方，以及网易订阅频道所发表的涉案图片所在文章来源是趣历史网易号转载趣历史官网，一审法院对此未审查认定。2. 李向晖不能证明其享有涉案图片的著作权。3. 涉案"哈尔滨"图片是由网易号"趣历史"发布，网易订阅频道只是提供信息存储空间的服务商，无须承担赔偿责任。4. 一审判决金额过高，且无任何依据。综上请求二审法院：1. 撤销（2016）粤0106民初16947号民事判决；2. 判决本案一审、二审诉讼费用由李向晖承担。

李向晖未提供答辩意见。

二审审理查明

涉案带有"哈尔滨"图片的文章是网易订阅号名称为"趣历史"的账号发布，该账号类别为订阅号、分类属于历史，申请注册有账号图标"趣历史"，该图标与涉案图片上的水印图标"趣历史"一致，该账号详情显示类型为个人、姓名为徐亚君、所在城市为上海等。涉案网站首页设置了"联系方法""不良信息举报""意见反馈"等在线链接服务。

二审判理和结果

二审法院审理认为，根据《最高人民法院关于审理侵害信息网络传播权民事纠纷案件适用法律若干问题的规定》第六条规定，李向晖有初步证据证明网络服务提供者提供了相关作品、表演、录音录像制品，但网络服务提供者能够证明其仅提供网络服务，且无过错的，人民法院不应认定为构成侵权。首先，网易公司是否仅是为网络用户提供信息存储空间的网络服务，要结合其网站的经营模式具体判断。根据网易公司涉案网站的运营模式，在网易订阅媒体开放平台发布相关作品，网络用户需先在平台用居民身份证件实名注册属于自己的一个订阅账号，在成功注册账号并登录后，即可进入页面创建作品并免费上传、发布或发表作品。也就是说本案网络用户上传作品的过程是按照网易公司网站事先设置的流程进行，网站并不对上传作品进行人工审核、编辑、修改和推荐。对于涉案网站的服务性质，网易公司在与网络用户在线签订的《网易订阅媒体开放平台注册协议》中也已明示，网易公司为网易订阅媒体开放平台的开发、运营提供技术支持和信息存储的空间。上述涉案网站的实际经营模式与注册协议中对网络服务性质的说明，可以相互对应，据此可以认定，网易公司为用户提供的实际上仅是一种信息存储空间服务。其次，涉案"哈尔滨"图片属于摄影作品，李向晖也未能提供证据证明该作品已达到为公众所熟知的程度，其侵权信息明显程度并不高，此种情况下网易公司对涉案"哈尔滨"图片的合法性一般较难作出判断。而网易公司在涉案网站首页已设置了"联系方法""不良信息举报""意见反馈"等在线链接服务，并在《网易订阅媒体开放平台注册协议》中明确提醒服务对象不能有侵犯他人著作权的行为，在知道涉案作品存在侵犯他人著作权的情况下，网易公司立即采取措施删除了其网站上相应的文章及图片。同时网易公司在本案中对网络用户并未收取任何费用，未直接获取经济利益。据此，网易公司已尽了一般的合理注意和管理义务，并对预防侵权采取了合理措施、对侵权情况作出了合理反应。再次，本案显示涉案"哈尔滨"图片是由名称为"趣历史"的帐号上传，网易公司已提供该注册账号的详细信息及注册者的真实身份信息，显示"趣历史"账号属于网易订阅号，注册者为徐亚君个人，而李向晖也未能提供证据证明徐亚君与网易公司有关联或是受网易公司教唆、帮助。据此，网易公司在本案中对"哈尔滨"图片的使用不存在过错，不构成侵权，不应对此承担赔偿责任。一审法院认为网易公司使用涉案"哈尔滨"图片构成侵权的认定有误，应予以纠正。对于其余三张图片，网易公司未经李向晖许可，在其经营的网站使用了与李向晖主张权利的摄影作品内容基本一致的图片，其行为已构成对李向晖作品信息网络传播权的侵害，应承担赔偿损失的民事责任。故依照《著作权法》第十条第一款第（十二）项、第十一条第一款、第四款、第四十八条、第四十九条，《最高人民法院关于审理著作权民事纠纷案件适用法律若干问题的解释》第七条第一款、第二十五条、第二十六条，《最高人民法院关于审理侵害信息网络传播权民事纠纷案件适用法律若干问题的规定》第六条、第七条、第八条、第九条、第十一条，《民事诉讼法》第一百七十条第一款第（二）项的规定，判决：一、撤销广州市天河区人民法院（2016）粤0106民初16947号民事判决第二项；二、变更广州市天河区人民法院（2016）粤0106民初16947号民事判决第一项为：网易公司于判决发生法律效力之日起十日内赔偿李向晖经济损失及为制止侵权行为所支付的合理开支共3975元；三、驳回李向晖的其他诉讼请求。

【法官评述】

本案争议的焦点在于：网易公司提供的是内容服务还是信息存储空间服务，其应承担何种责任？

一、网络服务提供者提供的是内容服务还是信息存储空间服务，要结合网站的经营模式具体判断

一般来说，网络服务行为分为两类：一类是仅提供信息通道或平台，如自动接入、自动传输、存储空间、搜索链接、文件分享技术等；另一类是直接提供内容服务，最明显的如新闻发布等。在信息网络传播权纠纷案件中，对于网络服务者提供的服务是内容服务还是信息存储空间服务的争议较为常见。目前，著作权法及相关司法解释并未对如何认定相关网络服务属于信息存储空间服务作出具体规定。笔者认为，首先应根据网站的经营模式具体判断，关键看网站对上传者上传的内容是否进行了审核、编辑和修改，如果答案是肯定的，则不属于信息存储空间服务。如果网站按照预先设定的程序和流程自动接收上传者上传的内容并发布，且未对上传作品进行人工审核、编辑和修改，且服务商提供了作品上传者IP地址、个人信息等真实、有效的信息排除服务商与第三人串通上传作品的情况时，可认定该种服务属于信息存储空间服务。

本案审理正是采用此种思路，通过网易公司提交的《网易订阅媒体开放平台注册协议》对其经营范围进行审查，协议中网易公司声明是为网易订阅媒体开放平台的开发、运营提供技术支持和信息存储的空间；而后结合网易公司网站上传作品的流程，对其实际运行模式进行审查，认定网络用户上传作品的过程是按照网易公司网站事先设置的程序和流程进行，网站不对上传作品进行人工审核、编辑、修改和推荐。因网易公司对外声称的经营模式与其实际经营模式可以相互对应，排除了其外在形式与内在实际不一致的情况，同时通过审查网易公司提交的作品上传者个人信息排除网易公司与第三人串通上传作品的情况。根据上述查明的事实，认定网易公司提供的服务是一种信息存储空间服务。

二、网络服务提供者的侵权责任认定适用"过错责任"原则

《最高人民法院关于审理侵害信息网络传播权民事纠纷案件适用法律若干问题的规定》第六条规定，原告有初步证据证明网络服务提供者提供了相关作品、表演、录音录像制品，但网络服务提供者能够证明其仅提供网络服务，且无过错的，人民法院不应认定为构成侵权。

就本案而言：涉案作品属于摄影作品，无证据显示该作品已达到被公众所熟知的程度。因此其侵权信息明显程度不高，对网易公司来说对其合法性一般较难作出判断，网易公司不可能明知。其次，网易公司在网站首页设置联系及举报的在线链接服务，在注册协议中对服务对象进行了不能侵权的事先提醒，在知道涉案作品存在侵权的情况下，也立即采取删除措施，并提供了上传者的真实身份信息。再次，网易公司在本案中并未直接获取经济利益。

网易公司在本案中已尽了一般的合理注意和管理义务，并对预防侵权采取了合理措施、对侵权情况作出了合理反应。李向晖也未能提供证据证明徐亚君与网易公司有关联或是受网易公司教唆、帮助。因此，网易公司在本案中主观上不存在过错，不构成侵权。

编写人：广州知识产权法院　江闽松

44

达索系统公司诉中山市鑫海精密制造科技有限公司侵害计算机软件著作权纠纷案

> 阅读提示：如何适用举证妨碍制度认定赔偿金额？

【裁判要旨】

计算机软件最终用户侵犯计算机软件著作权，计算机软件著作权人实际损失一般可按照侵权复制品数量乘以权利人正常许可或者销售该软件的市场价格计算。本案赔偿数额突破了现行著作权法规定的 50 万元的最高赔偿上限，按照涉案软件的类型，结合侵权复制品数量、软件发行时间、版本等因素综合确定计算机软件著作权人发行软件复制品的市场销售价格，并以此作为权利人的单位利润来计算本案损害赔偿数额。

【案号】

一审：广州知识产权法院（2015）粤知法著民初字第 4 号
二审：广东省高级人民法院（2016）粤民终 870 号

【案情与裁判】

原告（被上诉人）：达索系统公司（Dassault Systemes SolidWorks Corporation，简称达索公司）

被告（上诉人）：中山市鑫海精密制造科技有限公司（简称鑫海公司）

起诉与答辩

达索公司以鑫海公司未经合法授权，在其计算机上大量安装使用

SolidWorks 系列计算机软件侵害其著作权给其造成经济损失为由向一审法院提起诉讼，请求判令鑫海公司：1. 立即停止复制、安装及使用侵害达索公司享有著作权的 SolidWorks 系列计算机软件的行为，并删除或销毁全部侵权复制件和或含有侵权复制件的载体；2. 赔偿达索公司经济损失 6242600 元及为制止侵权行为所支付的合理费用 100458 元；3. 在《人民日报》中缝之外的版面上书面向达索公司赔礼道歉；4. 承担本案全部诉讼费。

鑫海公司辩称：1. 达索公司提供的证据不能充分证明其享有涉案软件的著作权。2. 鑫海公司在网站上发布招聘"招熟练运用 SolidWork 系列绘图软件人员"的信息并未侵犯涉案软件权利人的著作权，个别员工可能私自在其电脑安装了涉案软件，但该使用不属于商业用途，不构成侵权。3. 达索公司请求判令鑫海公司赔偿经济损失及赔礼道歉，没有依据。故，请求驳回达索公司的诉讼请求。

一审审理查明

SolidWorks 软件是一款三维机械设计软件，达索公司以作者身份向美国版权局申请登记了 SolidWorks 系列计算机软件，该系列软件首次发行所在国均为美国。美国版权局版权登记证书显示：SolidWorks 2008 首次发表于 2008 年 9 月 13 日，创作者为达索公司，完成年份为 2008 年，注册号为 TX 7–051–815，注册生效日期为 2010 年 1 月 27 日；SolidWorks 2012 首次发表于 2011 年 9 月 20 日，创作者为达索公司，完成年份为 2011 年，注册号为 TX 7–534–639，注册生效日期为 2012 年 4 月 23 日。上述两款软件的版权索赔人均登记为达索公司。美国版权局网站 www.copyrihgt.gov 显示 SolidWorks 2008、SolidWorks 2012 两款软件的版权信息与上述版权登记证书内容一致。

2015 年 3 月 31 日，根据达索公司的申请，一审法院依法作出（2015）粤知法著民初字第 4 号民事裁定，裁定对鑫海公司办公场所使用的涉案计算机软件进行证据保全。同年 4 月 3 日实施证据保全，保全前一审法院工作人员向鑫海公司员工说明了证据保全的具体内容及方式，并送达了《民事诉讼证据保全义务及风险告知书》，该告知书载明，依据《最高人民法院关于民事诉讼证据的若干规定》第七十五条规定，如果法院有理由相信持有证据保全裁定所指向的证据的当事人无正当理由拒不提供或拒不配合法院证据保全工作，法院可以推定证据保全申请人主张的相关事实成立。鑫海公司的员工同意以抽检的方式进行检查，由达索公司在鑫海公司厂房二楼的四间设计室各随机选择两台计算机进行检查，以抽查安装涉案软件的计算机比例作为确定安装使用软件的全部计算机数量。但在证据保全实施过程中，鑫海公司的员工接到负责人指示后，开始妨碍法院工作人员开展证据保全工作，随后以强行断电方式阻止证据保全的实施。经法院工作人员进行教育并释明法律责任后，鑫海公司的员工仍拒不恢复供电以配合法院保全证据。在断电前已经完成抽检 1 台电脑，发现该电脑安装有 Solidworks 2008、SolidWorks 2012 计算机软件，在对第二台电脑抽检时发生断电，断电前发现该电脑安装有 Solidworks 2012 计算机软件。经现场清点，在鑫海公司厂房二楼办公区办公室门口铭牌显示的技术一科有 10 台计算机，技术四科有 13 台计算机，技术五科有 20 台计算机，生产技术部（技术中心）有 22 台计算机。

为证明涉案 SolidWorks 2012 计算机软件销售价格，双方当事人均提供了相关证据。达索公司提交了 2012 年 5 月 4 日签订的《SolidWorks 2012 白金版购销合同》及其发票，合同显示 SolidWorks 2012 白金版一套、服务一年及软件培训的金额为 96040 元。鑫海公司提交公证书一份，该公证书保全了鑫海公司委托代理人通过邮箱收取的 SolidWorks 系列软件的报价（报价均含以后升级及网络版的费用），内容为：（1）广东睿盟计算机科技有限公司向鑫海公司销售 SolidWorks 系列软件标准版的报价，5 套，每套单价是 29000 元；10 套，每套 28000 元。报价有效期至 2015 年 5 月 31 日；（2）智诚科技有限公司工作提供的 SolidWorks 2015 软件报价，报价显示：标准版，5 套总价 23 万元，每套单价 46000 元；白金版，10 套总价 38 万元，每套报价 38000 元。庭审时，达索公司确认鑫海公司涉嫌侵害软件版本为 SolidWorks 2012，并主张按照 SolidWorks 2012 白金版每套市场价格 96040 元单价乘以保全现场鑫海公司研发人员计算机台数 65 台作为经济损失的依据；达索公司还提交了发票等证据主张其为本案维权支出了律师费 10 万元、公证费 458 元。

一审判理和结果

一审法院审理认为，根据证据保全现场取证笔录及照片等证据显示，鑫海公司经营场所内的计算机确实安装有 SolidWorks 2008、SolidWorks 2012 等软件，但由于受到鑫海公司的恶意阻挠，无法对鑫海公司经营场所内计算机上安装使用的 SolidWorks 2012 系列计算机软件及软件信息予以逐一登记，应视为鑫海公司持有不利于自己的证据但拒绝提供，已构成证据妨碍。结合鑫海公司在不同网站发布招聘信息均要求应聘人员熟练掌握 SolidWorks 软件，其工作人员在称工作中需要使用上述软件，而鑫海公司又未提供证据证明上述软件系合法取得或得到达索公司的授权、许可等事实，足以推定鑫海公司未经达索公司许可在其计算机上复制了涉案 SolidWorks 2012 计算机软件。关于鑫海公司复制涉案 SolidWorks 2012 计算机软件的行为是否属于商业使用计算机软件的问题。首先，鑫海公司是一间专业从事电梯零部件、精密钣金设计、生产和加工的企业，而涉案 SolidWorks 2012 计算机软件是一款三维机械设计软件，其用途与鑫海公司的经营业务密切相关；其次，证据保全资料显示，安装有涉案 SolidWorks 2012 计算机软件的电脑处于鑫海公司产品设计部门，且上述涉及产品设计部门的电脑多达 65 台，上述电脑软件处于可使用状态。据此认定鑫海公司经营场所内计算机上安装涉案 SolidWorks 2012 计算机软件是为设计、加工等生产经营活动的需要，属于商业性使用。鑫海公司未经达索公司许可商业使用涉案 SolidWorks 2012 计算机软件的行为，侵害了达索公司对该软件享有的复制权，构成侵权。

关于本案赔偿数额。首先，鑫海公司经营场所涉及产品设计的计算机共有 65 台，在鑫海公司强行断电前抽查完成的 2 台计算机上均检测到涉案 SolidWorks 2012 计算机软件，据此推定鑫海公司安装涉案计算机软件的计算机为 65 台。其次，涉案 SolidWorks 系列计算机软件存在标准版、专业版、白金版，不同版本软件的销售价格不同，鑫海公司提供的证据还显示同一客户购买软件的数量不同，涉案软件单套销售价格亦存在巨大差异。因达索公司提交的正版软件市场销售价格并不能准确反映其实际损失，对达索公司要求按照 SolidWorks 2015 计算机软件白金版的销售价格计算本案赔偿数额的主张不予支持。第三，虽然鑫海公司提交的证据仅为涉案软件的报价并非实际销售价格，但考虑到提出报价的智诚科技有限公司是涉案 SolidWorks 系列计算机软件的合法代理商，本案参考 SolidWorks 系列计算机软件 10 套以上标准版的销售单价 38000 元计算本案赔偿数额较为适宜。据此计算，每套软件 38000 元乘以 65 台共计 247 万元。故，鑫海公司应赔偿达索公司经济损失 247 万元。

综上所述，依照《著作权法》第四十七条第（七）项、第四十八条、第四十九条，《计算机软件保护条例》第五条第三款、第八条第一款第（三）项、第九条、第二十四条第一款第（一）项及《最高人民法院关于审理著作权民事纠纷案件适用法律若干问题的解释》第二十一条、第二十五条之规定，判决：一、鑫海公司停止对达索公司 SolidWorks 2012 计算机软件著作权的侵权行为，并将该软件从计算机系统中卸载删除；二、鑫海公司赔偿达索公司经济损失 247 万元；三、鑫海公司赔偿达索公司为本案维权而支出的合理费用共计 100458 元；四、驳回达索公司的其他诉讼请求。

上诉与答辩

一审判决后，鑫海公司不服，向广东省高级人民法院提起上诉称：1. 鑫海公司在不能确定是否为法院工作人员的情况下没有积极配合证据保全是可以理解的，保全过程中停电是不可预测，鑫海公司不存在故意，一审举证责任分配明显不公平。2. 一审认定涉案软件价格，依据不充分。3. 一审保全程序违法，如没有现场送达证据保全裁定书，在鑫海公司未同意的情况下对办公场所电脑进行抽检等。4. 鑫海公司不存在举证妨碍行为，不应承担法律后果。

达索公司辩称一审法院认定事实清楚、适用法律正确，请求二审法院予以维持。

二审审理查明

二审查明事实与一审查明事实一致。

二审判理和结果

二审法院审理认为，一审法院工作人员进行证据保全时已当场送达了保全裁定，并对证据保全工作进行了详细解释和说明，鑫海公司无正当理由拒绝在保全笔录上签字且拒不退回送达回证，保全笔录已经详细记载了相关过程；鑫海公司在证据保全时恶意阻挠，导致一审法院无法对其经营场所内计算机上所有软件情况进行登记，结合停电前检查完成的 2 台计算机上均检测到涉案软件的事实，一审法院推定鑫海公司经营场所内涉及产品设计的电脑上均安装有涉案软件，于法有据。由于涉案软件分为不同版本且对于不同采购数量的客户价格浮动较大，一审法院参考达索公司合法代理商的涉案软件最低版本价格计算本案赔偿数额并无不当。故依照《民事诉讼法》第一百七十条第一款第（一）项之规定，判决：驳回鑫海公司的上诉请求。

【法官评述】

本案通过优势证据合理确定本案的赔偿数额，避免简单适用法定赔偿，进一步从探索完善司法证据制度角度出发寻求破解知识产权损害赔偿难问题。

一、计算机软件著作权赔偿数额的计算方法

《计算机软件保护条例》第二十五条规定："侵犯软件著作权的赔偿数额，依照《中华人民共和国著作权法》第四十九条的规定确定。"根据前述规定，软件著作权的赔偿有三种计算方式：（1）按照软件著作权人的实际损失给予赔偿；（2）按照侵权人的非法所得给予赔偿；（3）人民法院在法定数额内酌情确定。

软件著作权人的实际损失是指软件权利人因侵权行为所受直接经济损失和所失预期应得利益。在司法实践中，实际损失的计算方法包括：鑫海公司侵权行为使达索公司利润减少的数额；达索公司合理的许可使用费；达索公司复制品销售量减少的数量乘以该复制品每件利润之积；鑫海公司侵权复制品数量乘以达索公司每件复制品利润之积；因鑫海公司侵权行为导致达索公司许可使用合同不能履行或难以正常履行产生的逾期利润损失；因鑫海公司侵权行为导致达索公司作品价值下降产生的损失。本案中，达索公司要求按照 SolidWorks 2015 计算机软件白金版的销售价格计算其实际损失，就现有证据分析，涉案 SolidWorks 系列计算机软件不同版本的销售价格不同，且同一

客户购买软件的数量不同会导致涉案软件单套销售价格存在巨大差异。因此，达索公司提交的正版软件市场销售价格并不能准确反映其实际损失。

侵权人的违法所得一般包括以下情况：盗版软件销售利润、鑫海公司的营业利润、鑫海公司的净利润。由于鑫海公司是软件的最终用户，并非软件销售商，故不可能按照盗版软件销售利润计算其违法所得。鑫海公司是专业从事电梯零部件、精密钣金设计、生产和加工的企业，现有证据没有显示其营业利润或净利润，且即使在营业利润、净利润确定的情况下，如何确定涉案软件的使用与其营业利润、净利润之间贡献率本身亦是一个难题。故，在达索公司的实际损失及鑫海公司的侵权获利均无法查明的情况下，本案赔偿数额只能适用第三条路径即根据法定赔偿数额确定。

二、在法定最高数额以上合理确定赔偿数额的依据

软件最终用户侵犯计算机软件著作权，软件著作权人的损失一般可以按照相当于其正常许可或者销售该软件的市场价格计算。对于难以证明实际损失或侵权获利的具体数额，但有证据证明损害数额明显超过法定赔偿最高限额的，可以综合全案证据在法定赔偿限额50万元以上合理确定赔偿数额。

本案中，综合考虑以下因素，达索公司的实际损失明显超过50万元：首先，安装涉案软件的计算机数量。在鑫海公司强行断电前抽查完成的2台计算机上均检测到涉案SolidWorks 2012计算机软件，故根据证据妨碍规则推定鑫海公司经营场所涉及产品设计的65台计算机均安装了涉案软件。其次，涉案SolidWorks系列计算机软件存在标准版、专业版、白金版，不同版本软件的销售价格不同，不同销售数量亦对软件销售价格产生巨大影响。据此，根据不同版本的销售价格，以最高售价或最低售价计算，甚至以同一客户购买10套软件销售单价计算，65套SolidWorks软件给达索公司造成的实际损失都远远超过50万元。如，以SolidWorks 2012白金版的售价96040元计算，销售金额高达624万多元；以SolidWorks系列软件标准版5套、每套29000元计算，销售金额达188.5万元；SolidWorks系列软件标准版10套、每套28000元，销售金额达182万。根据前述分析，本案最终按照正版软件的合理市场价格乘以鑫海公司非法安装软件数量确定达索公司的损失，依法判决鑫海公

司赔偿经济损失 247 万元。

本案赔偿数额突破了现行著作权法规定的 50 万元的最高赔偿上限，通过避免简单适用法定赔偿的方法，而是按照涉案软件的类型，结合侵权复制品数量、软件发行时间、版本等因素综合确定计算机软件权利人发行软件复制品的市场销售价格，并以此作为权利人的单位利润来计算本案损害赔偿数额，提高了损害赔偿计算的合理性。

编写人：广州知识产权法院　彭　盎

45

广州德浩科视电子科技有限公司诉
深圳市一尺万丈科技开发有限公司
计算机软件开发合同纠纷案

> **阅读提示**：计算机软件开发合同没有详细约定软件项目的前期测试标准，委托方在开发期间修改了开发需求，对软件的前期测试以及能否顺延开发时间有何影响？

【裁判要旨】

计算机软件开发合同没有详细约定软件项目的前期测试标准，应当依据"谁主张、谁举证"的原则作出认定，而不能参考适用最终验收测试标准。委托方修改开发需求，相应的开发时间应当顺延，但双方对前期测试标准发生争议，不应作为开发方顺延开发时间的正当理由。

【案号】

一审：广州知识产权法院（2015）粤知法著民初字第 72 号
二审：广东省高级人民法院（2016）粤民终 1892 号

【案情与裁判】

原告（被上诉人）：广州德浩科视电子科技有限公司（简称德浩科视公司）

被告（上诉人）：深圳市一尺万丈科技开发有限公司（简称一尺万丈公司）

起诉与答辩

德浩科视公司起诉请求判令：1. 解除德浩科视公司与一尺万丈公司签订的《德浩科视电子安卓版电子白板软件一期研发委托合同》；2. 一尺万丈公司立即向德浩科视公司退还首付款19万元、支付违约金91200元、支付赔偿金428657.62元、支付检测费6500元。事实和理由：2014年10月8日，德浩科视公司与一尺万丈公司签订《德浩科视电子安卓版电子白板软件一期研发委托合同》，委托一尺万丈公司开发安卓版电子白板系统一期软件。签约后，德浩科视公司已付首期款19万元，双方通过电子邮件对合作事项、验收、验收评分、存在问题进行沟通。2015年1月23日，一尺万丈公司撤走全部技术人员。经第三方检测机构检测，一尺万丈公司开发的项目软件不合格。合同约定51个工作日完成整个项目，一尺万丈公司至今没有完成。

一尺万丈公司辩称，双方在履约过程中存在验收标准争议，应通过协商解决，德浩科视公司要求按其标准进行验收不公平。由于前期验收标准不明确双方发生争议，争议期间不应纳入研发期。德浩科视公司要求赔偿的费用都是在签订合同和发生争议之后发生的，与本案无直接关联。双方开发的软件属于半成品，德浩科视公司提交的检测报告是以成品的要求进行检验，检测费属于不合理支出。

一审审理查明

一、关于合同约定的权利义务

2014年9月18日，德浩科视公司作为甲方与一尺万丈公司作为乙方，签订《德浩科视电子安卓版电子白板软件一期研发委托合同》约定，甲方委托乙方开发安卓版电子白板系统一期软件；委托期限是收首付款之日起51个工作日内；开发费用为38万元；合同约定具体的开发内容与最终验收标准。

合同第二条"付款期限及方式"约定付款方式，要求2014年11月30日前乙方实现附件项目需求的主体框架，并完成70%以上的功能以供甲方测试、演示。

合同第四条"乙方的权利义务"约定，在开发期间，如甲方未能及时提供修改意见，且乙方三次以上邮件催促下甲方仍未回复，造成项目延期，责任由甲方承担。对甲方提出新的有可能影响双方约定的完成时间的修改要求，乙方可以提出延期的请求，由双方协商确定具体时间。项目研发期间，乙方设计团队需在甲方总部研发。

二、关于合同履行的相关事实

签约后德浩科视公司向一尺万丈公司付款 19 万元。2014 年 12 月 24 日，一尺万丈公司向德浩科视公司发送邮件，认为已按计划完成一期的"实现附件项目需求的主体框架，并完成 70% 以上的功能"，要求对方验收。当天，德浩科视公司回复邮件称，软件达不到一期验收标准，并于附件中列出软件项目存在问题。

2014 年 12 月 31 日，一尺万丈公司对软件可能存在的问题进行分析并发送邮件给德浩科视公司。德浩科视公司回复邮件称，软件达不到验收标准，并发送附件指示整理补充内容，对软件的评分是 27.8%。

2015 年 1 月 5 日，一尺万丈公司件要求德浩科视公司重新评分。德浩科视公司回复，此次验收是以 2014 年 11 月 30 日完成 70% 功能目标验收的，一尺万丈公司已经超期近一个月，德浩科视公司只需接收达到合同要求的软件即可，如果一尺万丈公司认为评分标准不合理，请自行按合同需求评分，为激励一尺万丈公司完成项目，德浩科视公司之前已在一定程度上放宽了验收时间要求，但没有降低阶段性的验收标准，若 2015 年 1 月 10 日前没有达成项目验收或双方协商一致，德浩科视公司将按合同 2014 年 11 月 30 日完成 70% 的要求，放宽至按 2014 年 12 月 15 日为节点，每日罚取 0.5% 违约金。

2015 年 1 月 8 日，一尺万丈公司发送邮件给德浩科视公司，表示个别故障已经调整好，对软件项目的评分是 70.27%。

2015 年 1 月 23 日，一尺万丈公司再次发送邮件，认为德浩科视公司一直没有回复相关要求，不清楚对方的下一步安排，开发人员从 2015 年 1 月 23 日下班起开始先回深圳，具体等德浩科视公司下一步开发打算再做安排。

2015 年 6 月 8 日，工业和信息化部电子第五研究所中国赛宝实验室受德浩科视公司委托，对名称为"教育一体机（电子白板软件）"、型号规格为

"安卓电子白板（65寸 RK3288、2G RAM、16G FLASH、6 点触摸）"产品进行检验，检验依据是《安卓版电子白板软件测试技术要求》，检验结果是不合格。德浩科视公司支付检测费 6500 元。

诉讼中，双方确认在实际履行过程中对软件的技术要求有部分修改。德浩科视公司认为当初双方约定开发到 70% 进行验收，目的是将软件演示给客户，因无法演示则不能获得签约的商业机会，一尺万丈公司对此是明知的，因合同目的不能实现，后期的 30% 项目不需要再研发。

德浩科视公司另要求一尺万丈公司赔偿已垫付的员工开发软件期间食宿费用、开发软件研发单独聘请工作人员的费用、项目原材料采购费用等。

一审判理和结果

一审法院审理认为，本案争议焦点是：1. 一尺万丈公司是否迟延交付中间软件；2. 现有证据能否表明一尺万丈公司向德浩科视公司交付的中间软件不合格；3. 一尺万丈公司没有完成整个项目开发是否违约；4. 本案合同是否应当解除；5. 一尺万丈公司是否应当支付违约金及支付损害赔偿费用。

关于一尺万丈公司是否迟延交付中间软件的问题。按照一尺万丈公司收到首付款的时间及合同约定，其于 2014 年 12 月 24 日提出中间验收要求，已经逾期。双方邮件显示，德浩科视公司将达成验收或重新协商一致的时间放宽，并保留在没有达成验收的情况下一尺万丈公司承担违约责任的计算方法。一尺万丈公司没有异议，由此可以视为双方对履行期限以及部分违约责任达成新的协议。2015 年 1 月 8 日，一尺万丈公司再次提出验收要求。德浩科视公司收到验收要求后没有作出回复意见，一尺万丈公司也没有举证表明在此期间直至 2015 年 1 月 23 日前再次敦促德浩科视公司确认。尽管一尺万丈公司在德浩科视公司重新约定的宽限期之前提出验收要求，但是由于双方并没有对验收达成一致意见，因此，按前述条款约定内容，一尺万丈公司构成逾期交付。一尺万丈公司抗辩称双方就 70% 功能的开发标准存在争议，争议期间不纳入研发期。尽管双方对如何才算达到项目 70% 开发功能的标准有争议，但是从开发过程可以反映，一尺万丈公司首次交付已经逾期，而且合同也没有将双方对标准有争议纳入期限可以顺延的范围,一尺万丈公司相应的抗辩理由也不成立。

关于现有证据能否证明一尺万丈公司向德浩科视公司交付的中间软件不合格的问题。按合同约定,一尺万丈公司在最终交付之前进行中间交付,交付的中间软件应当达到完成70%以上开发功能,并由德浩科视公司书面确认合格。但无论是合同内容还是双方履行过程中往来的邮件内容,均没有显示达到70%以上功能的技术要求的具体标准,而双方在邮件中对软件分值的分布及比例有争议。由于涉案软件开发项目标准由双方约定,而双方对软件各项子功能的分值分布及评分计算标准没有一致意见,双方亦承认在履行过程中变更了部分的开发要求,因此,现有证据无法认定一尺万丈公司向德浩科视公司交付的中间软件是否完成70%以上的开发功能。德浩科视公司主张交付的中间软件不合格,提交了检测报告作为证据。检测报告的检验依据是《安卓版电子白板软件测试技术要求》,该检测依据是项目最终完成的测试技术要求,不能作为判断软件没有完成70%开发功能的依据。

一尺万丈公司没有最终完成整个项目是否违约。一尺万丈公司于2015年1月8日向德浩科视公司交付中间软件后,没有证据表明德浩科视公司有进一步回复或是对软件存在的问题提出异议,一尺万丈公司随后将开发人员撤离,此后也没有证据表明德浩科视公司要求一尺万丈公司继续进行项目开发。按合同约定,一尺万丈公司交付中间软件并经德浩科视公司确认合格后,德浩科视公司支付合同金额20%款项,由一尺万丈公司继续完成项目功能。因此,在德浩科视公司没有提出进一步开发要求,也没有支付合同金额20%的情况下,一尺万丈公司没有完成项目的最终开发不能认定属于违约。

关于本案合同是否应当解除的问题。一尺万丈公司虽然有逾期交付的违约行为,但不足以认定该违约行为导致德浩科视公司的合同目的不能实现,德浩科视公司要求解除合同缺乏事实依据。德浩科视公司在庭审中明确拒绝继续履行,且一尺万丈公司已将驻场的开发人员召回,表明一尺万丈公司实际上亦不考虑再履行合同,结合计算机软件技术开发具有时效性的特点,再继续履行合同只会浪费双方资源,实属不必,故确认双方的合同于判决生效之时解除。本案合同非因一尺万丈公司有重大违约行为而解除，德浩科视公司支付的首期款项已经实际投入到技术研发中，对德浩科视公司要求返还首期款不予支持。

关于一尺万丈公司是否应当支付违约金及支付损害赔偿费用的问题。一尺万丈公司逾期交付中间软件，应当承担违约责任。依据双方通过邮件达成的协议以及合同关于违约金的计算条款，一尺万丈公司应向德浩科视公司支付违约金。合同对一尺万丈公司开发人员驻场开支没有约定，一尺万丈公司应返还德浩科视公司为此垫付的伙食费用及租赁房屋费用。德浩科视公司另要求一尺万丈公司赔偿其购买供软件研发的物料费用，但大部分的开支与项目开发无关，仅对其中采购65寸教育一体机的费用确认。因合同没有相关约定，且现有证据不能显示合同解除的责任在一尺万丈公司，该部分的费用应属德浩科视公司履行合同的自负成本。德浩科视公司自行委托检测机构对涉案软件进行检测，因相关的证据不能作为认定一尺万丈公司违约的依据，检测费用不应要求一尺万丈公司承担。

一审法院依据《民法通则》第九十二条、《合同法》第六十七条、第九十三条、第一百一十四条第一款、第三百三十四条的规定，判决：一、一尺万丈公司与德浩科视公司签署的《德浩科视电子安卓版电子白板软件一期研发委托合同》于判决生效之日起解除；二、一尺万丈公司应于判决生效之日起十日内，向德浩科视公司支付违约金45600元；三、一尺万丈公司应于判决生效之日起十日内，向德浩科视公司返还代垫费用13060元；四、驳回德浩科视公司的其他诉讼请求。

上诉与答辩

本案一审判决后，一尺万丈公司不服，向广东省高级人民法院提出上诉，认为一尺万丈公司不需要支付违约金及返还垫付费用。德浩科视公司认为一审认定事实清楚，适用法律正确，请求二审维持原判。

二审审理查明

二审查明事实与一审查明事实一致。

二审判理和结果

二审法院审理认为，双方通过邮件对交付前期开发软件的履行期限以及违约责任部分达成新的协议，本案没有证据显示双方对项目达成验收或者协商一致，一尺万丈公司构成迟延交付前期开发软件的行为，应承担违约责任。双方对于住宿费及伙食费没有明确约定，一尺万丈公司属于履行义务一方，应负担研发团队驻场产生的伙食费以及房屋租赁费。依照《民事诉讼法》第一百七十条第一款第（一）项的规定，判决：驳回上诉，维持原判。

【法官评述】

在计算机软件开发过程中，基于开发难度，委托方和开发方需要对软件项目的每一个阶段进行不同目的和内容的测试活动，以保证各个阶段的正确性，避免偏离开发目的。委托方基于商业个性化需求，会在开发过程中不可避免地提出修改要求，交流软件需求是整个软件开发初期，甚至是一直延续到软件基本定型之前的一项重要工作。由于拟开发的软件尚不存在，工作进展情况可见性差，标准难以评价，故软件开发合同属于最难谈判并能够达成一致的合同。此类合同发生纠纷多集中在开发时间以及测试标准问题上。

本案争议主要焦点是，开发方是否迟延交付供前期测试的软件；开发方中间交付的供测试软件是否符合约定标准。

关于开发方是否迟延交付供前期测试的软件问题。在计算机软件开发合同中，通常会约定多个时间节点，包括交付技术说明的时间点、前期测试时间点、最终验收的时间点等。在开发过程中，委托方是否如期支付当期开发费用，委托方是否有修改开发需求，都会影响到相应的交付时间节点。本案合同明确约定了提交供前期测试软件的时间，但从双方往来的邮件内容以及双方当庭陈述可以确定，委托方迟延支付当期开发费用，因此，相应的交付时间顺延，同时，委托方对软件开发有修改需求，双方对交付时间以及交付条件作出重新约定，这应当视为双方在履行合同过程中对履行时间作了变更。由于开发方没有按变更的时间完成交付，应当认定开发方构成了迟延交付。开发方认为双方对前期测试的标准有争议，争议期间应当纳入可顺延的期间范围。但是，合同没有相关约定，而实际履行中，对前期测试标准有争议是在软件已经实际交付后才发生，无论从约定角度或是实际履行角度，对测试标准发生争议的期间不属于作为顺延交付的期间。

关于开发方交付的供前期测试软件是否符合约定标准问题。由于软件开发程度不同，测试的标准也不相同，不同阶段的测试将保证软件开发的完善性。在本案中，合同约定前期交付的软件应当达到完成70%以上开发功能。但无论是合同内容还是双方履行过程中往来的邮件内容，均没有显示达到70%以上功能的技术要求的具体标准，双方在沟通邮件中对软件分值的分布及比例有争议，而该分值分布及比例均没有体现在双方的合同约定中，应该说各有各的评判标准，该标准没有得到一致认可。由于涉案软件开发项目标准由双方约定，而双方对软件各项子功能的分值分布及评分计算标准没有一致意见，双方亦承认在履行过程中变更了部分的开发要求，因此，现有证据无法认定开发方向委托方前期交付的软件是否完成70%以上的开发功能。在此情况下，根据"谁主张、谁举证"的诉讼法原则，作为委托方应当证明开发方提交的供前期测试的软件没有"达到完成70%以上开发功能"，但显然委托方在本案中没有加以证明，故应承担由此导致的不利后果。委托方主张前期交付的软件不合格，提交的是检测报告作为证据。检测报告的检验依据是《安卓版电子白板软件测试技术要求》，该检测依据是项目最终完成的测试技术要求，不能作为判断软件没有完成70%开发功能的依据，故无法参考适用。

鉴于此类纠纷的常见问题，为了提高软件开发过程的可预见性，更好地进行产品管理，减少纠纷，建议应根据软件开发目标及完成期限，在签订合同以及履行合同的每一个阶段，尽可能明确、详细地约定双方的责任和产品的开发标准。

编写人：广州知识产权法院　刘培英

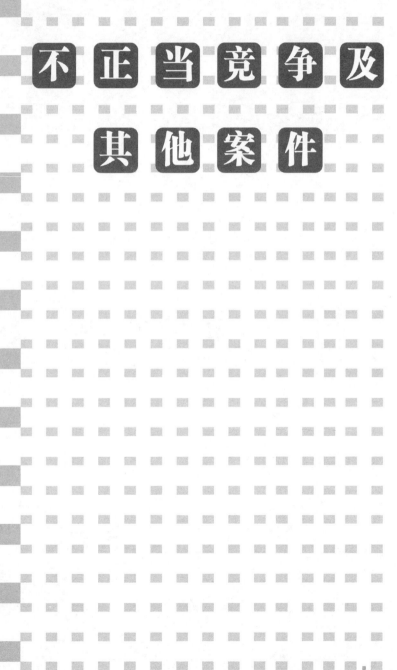

不正当竞争及
其他案件

46

汤臣倍健股份有限公司诉福建汤臣倍健医疗器械有限公司等不正当竞争纠纷案

> 阅读提示：如何认定注册商标是否侵犯他人在先企业名称权从而构成不正当竞争？

【裁判要旨】

经营者具有间接竞争关系，也构成反不正当竞争法意义上的经营者。企业字号能因企业的注册商标知名度而具有相当的市场知名度，并获得企业名称专用权的保护。知识产权有其相应的权利保护范围，对权利的使用突破了保护范围，则可能构成侵权。标识是否侵犯企业名称专用权，应从权利的知名度、行为人主观上的恶意、行为人对标识的使用是否会使他人对市场主体及其商品或者服务的来源产生混淆或混淆的可能性三方面进行综合判断。注册商标是否侵犯他人在先企业名称权从而构成不正当竞争，应在注册商标被依法实际使用的情况下进行判断。

【案号】

一审：广东省广州市白云区人民法院（2014）穗云法知民初字第 256 号
二审：广州知识产权法院（2015）粤知法商民终字第 231 号

【案情与裁判】

原告（被上诉人）：汤臣倍健股份有限公司（简称汤臣倍健公司）

被告（上诉人）：福建汤臣倍健医疗器械有限公司（简称福建汤臣倍健公司）

被告：广州添毅商贸有限公司（简称广州添毅公司）

起诉与答辩

汤臣倍健公司于 2008 年 10 月开始使用"汤臣倍健"字号。2005 年 10 月，汤臣倍健公司在第 30 类非医用营养液、非医用营养粉等商品上注册第 3839270 号"**汤臣倍健**"商标。该商标于 2012 年 4 月 27 日被评为驰名商标。2009 年 9 月，福建汤臣倍健公司在第 10 类医疗器械和仪器等商品上申请注册第 7695842 号"**汤臣倍健** TANGCHUNBEIJIAN"商标，并于 2010 年 11 月获准注册。汤臣倍健公司认为福建汤臣倍健公司在被诉侵权产品退热贴、创可贴上使用第 7695842 号注册商标构成不正当竞争，提起诉讼，请求判令：1. 福建汤臣倍健公司停止生产、销售带有"**汤臣倍健** TANGCHUNBEIJIAN"商标标识的产品，广州添毅公司停止销售带有"**汤臣倍健** TANGCHUNBEIJIAN"商标标识的产品；2. 福建汤臣倍健公司禁止使用并禁止转让第 7695842 号注册商标；3. 福建汤臣倍健公司、广州添毅公司赔偿经济损失。

福建汤臣倍健公司答辩称，其与汤臣倍健公司属于不同省份、不同行业的两家企业，双方不是竞争对手；也没有证据证明被诉侵权产品可能造成相关公众的误认而应禁止使用并禁止转让涉案商标，故请求驳回汤臣倍健公司的诉讼请求。

广州添毅公司答辩称，其销售被诉侵权产品有合法来源，现已不再销售被诉侵权产品，不应承担赔偿责任。

一审审理查明

汤臣倍健公司成立于 2005 年，于 2008 年 10 月开始使用"汤臣倍健"字号，一直生产、销售营养保健产品。2005 年，汤臣倍健公司在第 30 类非医用营养液、非医用营养粉等商品上注册第 3839270 号"**汤臣倍健**"商标。该商标于 2012 年被评为驰名商标。

福建汤臣倍健公司成立于 2007 年，于 2011 年变更为福建汤臣倍健公司，经营范围包括生产销售一类医疗器械。2009 年 9 月，福建汤臣倍健公司在第

10 类医疗器械和仪器等商品上申请注册第 7695842 号 **汤臣倍健** 商标，并于 2010 年 11 月获准注册。

汤臣倍健公司从广州添毅公司公证购买的卡通宝宝退热贴上有 **"汤臣倍健"** 标识。广州添毅公司主张销售被诉侵权产品有合法来源，并提交相关证据。

一审判理和结果

一审法院审理认为，"汤臣倍健"字号属于具有一定的知名度、为相关公众所知悉的字号。福建汤臣倍健公司违反诚实信用原则、禁止混淆原则，申请注册涉案商标具有攀附"汤臣倍健"字号知名度的故意。福建汤臣倍健公司产品的销售渠道与汤臣倍健公司产品的销售渠道相同，足以使相关公众对商品的来源产生误认，侵犯汤臣倍健公司在先的"汤臣倍健"字号权益，故福建汤臣倍健公司注册使用 **汤臣倍健** 商标构成不正当竞争行为。广州添毅公司证明了其销售涉案产品尽到了注意义务，不构成不正当竞争，但应停止销售涉案侵权产品。据此，依照《民事诉讼法》第六十四条，《民法通则》第一百一十八条，《侵权责任法》第三条，《反不正当竞争法》第二条、第二十条，《商标法》第七条、第九条，《最高人民法院关于审理注册商标、企业名称与在先权利冲突的民事纠纷案件若干问题的规定》第一条，《最高人民法院关于审理不正当竞争民事案件应用法律若干问题的解释》第六条，《最高人民法院关于民事诉讼证据的若干规定》第二条之规定，判决：1. 福建汤臣倍健公司于判决生效之日起立即停止使用侵犯汤臣倍健公司"汤臣倍健"企业名称权益的第 7695842 号 **汤臣倍健** 注册商标，并禁止转让该商标；2. 福建汤臣倍健公司于判决生效之日起立即停止生产、销售带有 **汤臣倍健** 商标标识的产品；3. 广州添毅公司于判决生效之日起立即停止销售带有 **汤臣倍健** 商标标识的产品；4. 福建汤臣倍健公司于判决生效之日起十日内赔偿汤臣倍健公司经济损失（含合理费用）12 万元；5. 驳回汤臣倍健公司的其他诉讼请求。

上诉与答辩

一审判决后，福建汤臣倍健公司不服，向广州知识产权法院提起上诉称：1. 福建汤臣倍健公司的行为不构成侵权。2. 本案证据不足以证明汤臣倍健公司的知名度及福建汤臣倍健公司存在恶意。3. 一审判决禁止转让第7695842号商标没有法律依据。请求二审法院判决：1. 撤销一审判决第一、二、三、四项判决，改判驳回汤臣倍健公司的全部诉讼请求。2. 由汤臣倍健公司承担本案一、二审诉讼费用。

汤臣倍健公司答辩称：一审法院认定事实清楚，适用法律正确。1. 福建汤臣倍健公司和汤臣倍健公司属于竞争对手。2. 福建汤臣倍健公司的行为违反了在先使用原则、诚信原则，造成市场混淆。3. 一审判决禁止转让涉案注册商标包括在禁止使用中。

二审审理查明

福建汤臣倍健公司在其经营的网页上展示销售的帮愈创可贴上亦使用了

"汤臣倍健"标识。

二审判理和结果

二审法院审理认为，汤臣倍健公司与福建汤臣倍健公司的经营范围均有以保障人体健康为目的的内容，因此，在特定的经营项目上，二者存在竞争关系，构成反不正当竞争法意义上的经营者。汤臣倍健公司虽于2008年10月才开始使用"汤臣倍健"作为企业字号，但因其第3839270号注册商标在当时已在全国范围内具有很高的知名度，"汤臣倍健"企业字号因此享有相当的知名度，应予以保护，因此，福建汤臣倍健公司使用被诉侵权标识的行为构成不正当竞争。福建汤臣倍健公司的相关行为并非对第7695842号注册商标的使用，而现有证据不能证明第7695842号注册商标在依法使用时构成不正当竞争，因此，汤臣倍健公司要求福建汤臣倍健公司禁止使用并禁止转让第7695842号注册商标没有事实依据。故依照《民事诉讼法》第六十四条、第一百七十条第一款第（二）项的规定，判决：1. 维持广州市白云区人民法院（2014）穗云法知民初字第 256 号民事判决第四项、第五项；2. 撤销广州市白云区人民法院（2014）穗云法知民初字第 256 号民事判决第一项；3. 变更广州市白云区人民法院（2014）穗云法知民初字第 256 号民事判决第二项为：福建汤臣倍健公司于判决生效之日起立即停止生产、销售带有 **"汤臣倍健"** 标识的卡通宝宝退热贴、帮愈创可贴；4. 变更广州市白云区人民法院（2014）穗云法知民初字第 256 号民事判决第三项为：广州添毅公司于判决生效之日起立即停止销售带有 **"汤臣倍健"** 标识的卡通宝宝退热贴。

【法官评述】

本案明确了注册商标是否侵犯他人在先企业名称权从而构成不正当竞争，应在注册商标被依法实际使用的情况下进行判断，并对标识是否侵犯企业名称专用权的判断要件进行了梳理。

一、经营者具有间接竞争关系，也构成反不正当竞争法意义上的经营者

我国反不正当竞争法并未限定经营者之间必须具有直接的竞争关系，也没有要求其从事相同行业。经营者之间具有间接竞争关系，行为人违背反不正当竞争法的规定，损害其他经营者合法权益的，也应当认定为不正当竞争行为。本案中，汤臣倍健公司与福建汤臣倍健公司的经营范围均有以保障人体健康为目的的内容，在特定的经营项目上，二者存在竞争关系，构成反不正当竞争法意义上的经营者。

二、企业字号能因企业的注册商标知名度而具有相当的市场知名度，并获得企业名称专用权的保护

企业字号能被认定为企业名称并依法予以保护的条件是具有一定的市场知名度、为相关公众所知悉，而不仅仅取决于企业字号的使用时间。因商标所承载的商誉是可以承继的，与注册商标相同的企业字号会因为在先商标商誉的存在而在较短的时间内具有较高的知名度。本案中，汤臣倍健公司虽于

2008 年 10 月才开始使用"汤臣倍健"作为企业字号,其使用时间不长,但因该公司第 3839270 号注册商标在当时已在全国范围内具有很高的知名度,"汤臣倍健"企业字号因此享有相当的知名度,从而构成反不正当竞争法规定的"企业名称",并应予以保护。

三、知识产权有其相应的权利保护范围,对权利的使用突破了保护范围,则可能构成侵权

依据法律规定,注册商标专用权以核准注册的商标和核定使用的商品为限。本案中,福建汤臣倍健公司所享有的第 7695842 号注册商标专用权的保护范围应限于核定使用的医疗器械和仪器等商品,而被诉侵权产品并不是上述注册商标核定使用的商品,因此在被诉侵权产品上使用"汤臣倍健"标识,突破了第 7695842 号注册商标专用权的保护范围,可能构成侵权。

四、标识侵犯企业名称专用权的要件

标识是否侵犯企业名称专用权,应从标识的知名度、行为人主观上的恶意、行为人对标识的使用是否会使他人对市场主体及其商品或者服务的来源产生混淆或混淆的可能性进行综合判断。本案中,"汤臣倍健"字号的知名度高,福建汤臣倍健公司使用"汤臣倍健"标识具有不正当性,而被诉侵权产品因与汤臣倍健公司产品的销售渠道相同,会造成相关公众对产品的来源产生混淆和误认,因此,福建汤臣倍健公司使用"汤臣倍健"标识侵犯了汤臣倍健公司的"汤臣倍健"企业名称专用权。

五、注册商标是否侵犯他人在先企业名称权从而构成不正当竞争,应在注册商标被依法实际使用的情况下进行判断

注册商标如未依法实际投入使用,并不会造成市场的混淆,故要求禁止使用一项未实际投入使用的注册商标也就没有事实依据。本案中,虽然福建汤臣倍健公司在被诉侵权产品退热贴、创可贴上使用"汤臣倍健"标识构成不正当竞争,但由于被诉侵权产品均不是福建汤臣倍健公司第 7695842 号注册商标核定使用的商品,且没有证据证明福建汤臣倍健公司有在核定使用

商品上使用第7695842号注册商标的具体行为，也就未出现造成市场混淆的实际情形，故汤臣倍健公司要求福建汤臣倍健公司停止使用未实际投入使用的第7695842号"**汤臣倍健**"注册商标并禁止转让该商标，没有事实依据，二审法院因此改判驳回了禁止使用、禁止转让第7695842号注册商标的诉求。

编写人：广州知识产权法院　谭海华　吴学知

47

北京爱博信化妆品商贸有限公司诉杭州普拉缇娜化妆品有限公司等侵害商标权及不正当竞争纠纷案

阅读提示：突出使用与注册商标文字近似的企业名称，尚不构成商标侵权时，是否构成不正当竞争？

【裁判要旨】

共同制造、销售被诉侵权商品的委托方与被委托方，在被诉侵权商品上将标注为"监制方"的企业名称信息整体突出显著使用，即便该企业名称信息内含有与权利人具备一定知名度的注册商标近似的文字信息，因上述信息不具备标识商品来源的作用，不足以使得相关公众产生误认，不构成商标侵权。但，在同一个市场竞争领域内，考虑到权利人注册商标的知名度，委托方与被委托方未对"监制方"是否真实存在并实际参与合作监制商品进行有效举证、合理说明，其前述行为易使得消费者误认被诉侵权商品与权利人商品之间存在特定关联性，有违诚实信用原则，构成对注册商标权利人的不正当竞争。

【案号】

一审：广东省广州市花都区人民法院（2016）粤 0114 民初 2199 号
二审：广州知识产权法院（2017）粤 73 民终 181 号

【案情与裁判】

原告（上诉人）：北京爱博信化妆品商贸有限公司（简称爱博信公司）

被告（被上诉人）：广州谭氏化妆品实业有限公司（简称谭氏公司）

被告（被上诉人）：杭州普拉缇娜化妆品有限公司（简称普拉缇娜公司）

起诉与答辩

爱博信公司系韩国"**MISSHʌ**"品牌系列化妆品的生产厂家韩国 ABLE C&C LTD 有限公司（简称阿贝尔公司）在北京设立的全资子公司，经合法授权在中国大陆市场独家销售上述品牌系列化妆品，在第 3 类商品注册了第 8848000 号"谜尚美思"商标。阿贝尔公司在中国注册了第 3970503 号"**MISSHʌ**"商标，并授权爱博信公司在中国独占许可使用。经爱博信公司多年经营，"**MISSHʌ**"品牌化妆品在中国市场享有较高知名度，多次获得美妆业界大奖，其中"**MISSHʌ**"项下的"美思"系列化妆品也得到了中国消费者的认可。爱博信公司发现谭氏公司、普拉缇娜公司在制造并销售普拉缇娜系列化妆品的外包装用大号字体印有"韩国美思集团控股有限公司 KOREA MISSHA GROUP HOLDING LIMITED 监制"信息，认为两公司的行为侵害前述两注册商标权，并误导消费者，使消费者误认为该化妆品系"**MISSHʌ**"品牌"美思"系列化妆品，构成对爱博信公司的不正当竞争，故请求法院判令两公司：1. 停止侵害第 3970503 号"**MISSHʌ**"、第 8848000 号"谜尚美思"注册商标专用权及不正当竞争的行为，在制造及经销的化妆品外包装停止使用与爱博信公司注册商标"**MISSHʌ**""谜尚美思"相同或近似字样；2. 连带赔偿爱博信公司经济损失及公证费、律师费、差旅费等共计 10 万元；3. 承担本案全部诉讼费用。

普拉缇娜公司辩称：1. "监制方"是在中国香港取得合法登记的公司，美思、MISSHA 是顺应中文企业名称的翻译，与"谜尚美思""**MISSHʌ**"有明显区别，特别是最后的字母读音并非读 ʌ，印制信息没有侵权；2. 商品上使用"普拉缇娜"注册商标，具有识别性，诉称的侵权标识"MISSHʌ"

"美思"在商品上不显眼，普拉缇娜公司没有侵害爱博信公司的商标权；3. 涉案商品销量一般，普拉缇娜公司早已没有使用涉案包装，没有跟监制方合作。

谭氏公司辩称，同意普拉缇娜公司的答辩意见。谭氏公司只是负责加工商品的被委托方，已尽合理注意义务，不应作为本案被告，爱博信公司需追加韩国美思集团控股有限公司（简称美思公司）作为被告。

一审审理查明

阿贝尔公司注册第 3970503 号 "**MÍSSHA**" 商标，核定使用商品第 3 类，包括防晒霜、润肤乳液（化妆品）等，注册有效期限自 2006 年 9 月 7 日至 2016 年 9 月 6 日止。阿贝尔公司授权爱博信公司代表其进行 "**MÍSSHA**" 商品真伪辨别并有权以自身名义向人民法院提起诉讼等，以及在中国境内独占许可无偿使用该商标，授权期限自 2008 年 1 月 1 日至注册商标有效期。

爱博信公司注册第 8848000 号 "谜尚美思" 商标，核定使用商品第 3 类，包括洗面奶、化妆品等，注册有效期限自 2011 年 11 月 28 日至 2021 年 11 月 27 日止。

爱博信公司在网络购物平台天猫、京东、聚美优品上开设店铺销售 "谜尚" 商品，网页内容上有文字 "MISSHA"。爱博信公司提供的 2010、2011 年进口货物报关单上均载有 "谜尚美思" 或 "谜尚" 商品；2006、2008 年《进口非特殊用途化妆品备案凭证》上记载 "美思"（英文 MISA）"谜尚美思"（英文 MISA）作为其面膜类商品的名称在阿贝尔公司的化妆品中使用；2014 年的《进口非特殊用途化妆品备案凭证》中所载商品名称 "谜尚美思" 化妆品对应的英文为 "MISSHA MISA"。

2006 年，爱博信公司与上海民莎商贸有限公司、上海公筑商贸有限公司签订《独家销售代理合同》，就 MISSHA 品牌商品在上海市的代理销售进行了约定。2008 年爱博信公司与深圳市世家实业有限公司签订了《独家销售代理合同》，就 MISSHA 品牌商品在广东省的代理销售进行了约定。2010 年爱博信公司与杭州泰丽贸易有限公司签订了《"谜尚" 化妆品区域销售合同》，就"谜尚"系列商品在杭州、嘉兴、绍兴、湖州、金华区域的销售进行了约定。

2011 年，爱博信公司与北京博达新大陆广告有限公司签订了广告发布合同，约定在《瑞丽服饰美容》杂志上进行 MISSHA 谜尚广告发布，刊登日期为 2011 年 5 月、6 月、10 月。

2016 年 1 月 15 日，爱博信公司的委托代理人通过公证方式在淘宝网"普拉缇娜旗舰店"购买了"普拉缇娜去黑头收缩毛孔套装 去黑头粉刺面膜鼻贴导出液收毛孔男女"商品，支付了 69 元。上述商品含去黑头面膜 1 个、毛孔紧致精华液 1 个、深层黑头导出液 1 个、矿物泥去黑头粉刺鼻膜 5 个、骨胶原紧致补水面膜 3 片、胶原蛋白眼膜 1 个、高级化妆棉 1 盒、粉刺针 1 个，除高级化妆棉、粉刺针外其余商品包装上均使用"普拉缇娜"商标，并标注监制方为韩国美思集团控股有限公司 "KOREA MISSHA GROUP HOLDING LIMITED""Korea Missha Group Holding Limited"、委托方为普拉缇娜公司、被委托方为谭氏公司。

爱博信公司表示其为本案诉讼支出了公证费 3292 元、律师费 15000 元、差旅费 6032 元，并提交了公证费、律师费的发票及委托代理合同、航空运输电子客票行程单、住宿费发票。

普拉缇娜公司于 2011 年成立，股东包括朱志芹等人，经营范围包括化妆品、化妆工具等。谭氏公司于 2002 年 4 月 15 日成立，经营范围包括化妆品制造、化妆品及卫生用品批发、零售等。

谭氏公司于 2002 年 4 月 15 日成立，经营范围包括化妆品制造、化妆品及卫生用品批发、零售等。

"普拉缇娜"商标于 2008 年申请注册，2011 年 12 月 6 日获准注册，注册人为朱志芹，核定使用商品范围包括化妆品等。韩国美思集团控股有限公司（英文名：KOREA MISSHA GROUP HOLDING LIMITED，简称美思公司）于 2009 年 10 月 22 日在香港成立，创办人为朱志芹。

一审判理和结果

一审法院审理认为，被诉侵权商品上标识了普拉缇娜公司持有的注册商标"普拉缇娜",同时标注了监制方美思公司的中、英文名称。将美思公司的中、英文名称与注册商标"谜尚美思""**MÍSSHA**"进行比对,中文企业名称中的文字"美思"与"谜尚美思"在文字组合上构成近似;英文名称中的文字"MISSHA"与"**MÍSSHA**"亦构成近似,"美思"与"MISSHA"均与企业名称中的其他文字字体一致、大小一致,无突出使用,亦不醒目,被诉侵权商品的包装上以最大字体标注了"普拉缇娜"字样并标注了注册商标的标记,故相关公众能够准确地识别商品的商标,不易产生误认。故普拉缇娜公司、谭氏公司在其生产的商品上标注监制方美思公司的名称不侵害爱博信公司享有的注册商标专用权,亦不构成不正当竞争。据此,一审法院依照《民事诉讼法》第六十四条第一款的规定,判决驳回爱博信公司的全部诉讼请求。

上诉与答辩

一审判决后,爱博信公司不服,向广州知识产权法院提起上诉请求:1. 撤销一审判决,发回重审;或依法改判谭氏公司、普拉缇娜公司的行为构成对爱博信公司的第 3970503 号"**MÍSSHA**"注册商标、第 8848000 号"谜尚美思"注册商标的侵权及对爱博信公司构成不正当竞争,连带赔偿爱博信公司各项损失共计 10 万元;2. 谭氏公司、普拉缇娜公司共同承担本案的诉讼费用。事实和理由:一、一审判决认定事实不清。1. 一审判决既已认定普拉缇娜公司的股东朱志芹于 2008 年申请注册了"普拉缇娜"商标,于 2009 年 10 月在香港注册了美思公司,于 2011 年在杭州注册了普拉缇娜公司,但未核查朱志芹为何在香港注册以韩国"美思、MISSHA"为字号公司的事实,朱志芹与韩国无关,却以此在香港注册所谓的韩国公司,并作为中国内地商品的监制公司,不正常且不符合逻辑。一审法院未核查美思公司是否生产推广过商品、如何对普拉缇娜公司生产的系列化妆品进行监制。普拉缇娜公司股东注册美思公司时应十分清楚"美思""**MÍSSHA**"商品在中国化妆品市场上的知名度;2. 一审判决认定被诉侵权商品上标注的美思、MISSHA 无突出使用,亦不醒目,系事实认定不清。该监制公司所用字体、字号均大于商品上标明的生产厂家以及委托方所用的字体和字号，正常情况下，化妆品的生产者应该宣传推广自己的品牌"普拉缇娜"以及自己的公司，不可能将与之存在竞争关系的对手即爱博信公司的品牌作为监制公司的字号印在自己的商品上，更不会放大字号，突出使用，该情况不符合常理，印证具有利用爱博信公司品牌知名度以混淆消费者的目的。"美思""MISSHA"在监制公司整体名称中没有突出使用，但监制公司全称中，"韩国"代表地域，"集团控股"代表公司形式，真正有意义的就是作为字号的"美思""MISSHA"。因字号是区别于其他企业的显著标志，普拉缇娜公司将没有特定意义的"美思""MISSHA"与韩国连在一起，会误导消费者联想到爱博信公司的知名品牌"美思""**MÍSSHA**"，使消费者误认为该化妆品系"**MÍSSHA**"品牌的系列化妆品。二、谭氏公司、普拉缇娜公司的行为构成对爱博信公司的不正当竞争。1. 三者同为生产经销化妆品的公司，存在同业竞争关系。普拉缇娜公司使用美思公司作为监制公司，该企业名称中英文字号与爱博信公司商标实质性相似，由于"美思""**MÍSSHA**"商品早在普拉缇娜公司成立前即已进入中国市场，经过多年营销，具有很高的知名度，前述行为足以让广大消费者误以为普拉缇娜公司与爱博信公司之间存在某种关系；2. 谭氏公司、普拉缇娜公司将美思公司名称作为其商品的监制公司印在被诉侵权商品的外包装上，用比自己公司名称更大一号的字体突出使用，实质上是一种傍名牌、搭便车行为，系虚假宣传，违反了《反不正当竞争法》第九条规定，构成不正当竞争。

谭氏公司、普拉缇娜公司共同辩称，同意一审法院判决，请求维持。两公司认为，一审案由只是商标侵权，但爱博信公司却在二审中既主张商标侵权又主张不正当竞争，不应当合并审理；两公司实施的被诉行为不是虚假宣传，朱志芹是美思公司的注册人，也是普拉缇娜公司的股东，在香港注册公司是为了经营、税务方面的考虑，在被诉侵权商品上使用的是"普拉缇娜"注册商标；美思公司是普拉缇娜公司的合作方，无需提供监制方面的许可文件；两公司系规范使用监制公司名称，目前也已停止使用，相关商品下架，爱博信公司不能证明因此存在损失，不同意支付赔偿费用。

二审审理查明

本案中，爱博信公司提交的公司章程、营业执照显示，爱博信公司系阿贝尔公司2005年5月在中国投资、在2006年3月27日经批准设立的外国法人独资公司，经营范围为化妆品的进出口及批发、零售等。

爱博信公司提交的香港特别行政区政府知识产权署商标注册处商标记录显示，阿贝尔公司2007年2月9日申请、2007年4月7日实际注册在第3类商品"MISSHA"商标，注册号为300812907；其相关商品照片显示"谜尚美思韩方金雪面霜（谜尚美思韩方叡炫柔肤水）""美思"；证书显示，"谜尚MISSHA"荣获2009年7月1日闺蜜网第二届美容品消费者满意度评选大奖单项奖（消费者最满意BB霜）、2015年5月第二十届中国美容博览会领衔品牌。

爱博信公司提交的2014年度利润表显示，其公司该年度营业利润37530704.24元、净利润27865750.42元。

谭氏公司、普拉缇娜公司提交的多份注册商标查询打印件显示，"美思"注册商标另有他人，爱博信公司于2007年2月15日在第3类商品上申请注册"谜尚"商标，注册号5919898，公告日期2010年7月28日；谭氏公司、普拉缇娜公司为证明美思公司存在的证据为香港公司注册处2009年10月22日收到的该公司的"法团成立表格"，以及代为注册的香港企业登记注册服务中心有限公司Betty Tang出具的备忘录存档文本，显示朱志芹拟成立的韩国美思集团控股有限公司（KOREA MISSHA GROUP HOLDING LIMITED）在香港的注册办事处拟采用的地址即代为注册公司的营业地址，拟注册资本为1万港币。谭氏公司、普拉缇娜公司未提交关于美思公司真实存在的其他证据，以及与美思公司合作监制商品的证据。谭氏公司、普拉缇娜公司在一审庭审中称谭氏公司受普拉缇娜公司委托对商品进行灌装，对普拉缇娜公司和美思公司合作不知情。

再查明，被诉侵权商品包装上标注的监制方信息的字体字号颜色相同，次于同排列印制的"普拉缇娜"注册商标、商品名称，但均大于同排列印制的委托方、被委托方、监制方地址信息采用的字体字号，且位于商品外包装中部、商品成分之下的显著位置。

二审判理和结果

二审法院审理认为，本案中，虽然被诉侵权商品的包装上因同排列印制了更大一些字体字号的"普拉缇娜"注册商标，谭氏公司、普拉缇娜公司被诉行为不具备标识商品来源的作用，不足以产生相关公众误认，不构成商标侵权，但将美思公司作为监制方在被诉侵权商品上标注，主观上具有攀附他人知名商品、搭他人便车的故意，客观上使得消费者对爱博信公司与美思公司之间产生误认或误解，或使得消费者误认为"普拉缇娜"与"谜尚美思""**MISSHA**"注册商标权利人存在某种联系，或认为被诉侵权商品的制造者、销售者与爱博信公司之间存在某种特定联系或关联关系，以致对彼此之间提供的商品产生混淆，违反了诚实信用原则，两公司的行为对爱博信公司构成不正当竞争。二审法院依照《反不正当竞争法》第二条、第二十条，《民事诉讼法》第一百七十条第一款第二项规定，判决撤销一审判决，改判谭氏公司、普拉缇娜公司在制造、销售的化妆品商品上使用"韩国美思集团控股有限公司（KOREA MISSHA GROUP HOLDING LIMITED）"的行为对爱博信公司构成不正当竞争，共同赔偿爱博信公司各项损失共计6万元，驳回爱博信公司其他诉讼请求。

【法官评述】

本案系商标侵权及不正当竞争纠纷，主要争议焦点是，谭氏公司、普拉缇娜公司的被诉侵权行为虽不构成商标侵权，但是否违反诚实信用原则，可适用《反不正当竞争法》第二条予以规制？本案的现实意义在于拓展了一种认定不正当竞争的角度，从社会生活中已普遍被大众接受认可的公平正义理念的角度，规制某些不诚信的行为。

知识产权的无形性特点导致其比有形财产更容易遭受侵害。在当前知识产权实施"严格保护"的大环境下，商事主体之间的竞争已不再是单一的硬件设施的竞争，更重要的是知识产权软实力的竞争。知识产权侵权亦不仅仅是简单的、直接复制与借用,而是变得更为隐秘与模糊。《反不正当竞争法》是知识产权三大部门法保护体系之外的重要补充,在一定的范围内提供了兜底的知识产权保护,禁止以违反商业道德或诚实信用原则的方式侵害他人利益。该法第二条第二款规定,经营者在市场交易中,应当遵循自愿、平等、公平、诚实信用的原则,遵守公认的商业道德。笔者认为,对该条款的适用,不能简单地靠推定,也不能不顾客观事实予以拒绝。作为《反不正当竞争法》中的一般条款,"一般条款的可诉性只是表明司法适用的可能性,并不意味着一般条款是一个大篮子,什么东西都可以往里面放。一般条款案件具有严格的适用条件,只适用于符合自身要求的案件"。① 在适用该条款时,司法的前提条件仍是应当秉持审慎适用原则,以免对权利保护无限扩大,但也不能罔顾客观事实,忽略案件中细节表露出的本质问题,放弃适用。

本案中,一审法院作出的判断未综合考虑谭氏公司、普拉缇娜公司被诉行为的主观故意与客观行为可能引发的混淆后果。一审法院在认定两公司在制造、销售的商品上标注监制方"美思公司"的名称不侵害爱博信公司享有的注册商标专用权时,未根据案件具体情况区别对待,直接作出了两公司亦不构成不正当竞争的认定。但综合以下情况,本案完全可以适用《反不正当竞争法》第二条第二款,认定两公司违反诚实信用原则,构成不正当竞争:

第一,主张权利的两注册商标历史诞生渊源。阿贝尔公司为韩国企业,不仅2006年3月在中国大陆独资设立爱博信公司经营化妆品进出口及批发零售业务,还在2006年9月第3类化妆品商品类别申请注册了"**MISSHA**"商标,并授权许可爱博信公司在中国境内独占许可使用,2007年4月在香港也注册了第3类化妆品商品类别的第300812907号"MISSHA"商标。爱博信公司自己更是2011年申请注册了第8848000号"谜尚美思"商标。化妆品进口货物报关单佐证2006、2008年相关化妆品即开始使用"美思""谜尚美思"中文名称。

---

① 谢晓尧:《在经验与制度之间:不正当竞争司法案例类型化研究》,法律出版社2010年版,第94页。

第二，主张权利的两注册商标的知名度。爱博信公司在中国境内实际经营"MISSHA"品牌化妆品，开设网络购物平台的各店铺进行网络销售，以及与上海、深圳、杭州等地公司自2006年以来在各地合作开展线下代理、专柜销售，还通过广告宣传等方式扩大品牌影响力，品牌有获奖。故爱博信公司经营的"MISSHA"品牌商品在化妆品领域内已具有相当的知名度。谭氏公司、普拉缇娜公司同为经营化妆品的公司，属于爱博信公司同业竞争者，以委托方、被委托方名义出现在被诉侵权商品对外公开的信息中，视为该商品的共同制造、销售方。两被告作为理性商事主体应对标注于商品上的信息保有注意义务并承担相关责任。

第三，被诉侵权商品上载明的"监制方"美思公司与两被告之间的关系。美思公司系普拉缇娜公司股东朱志芹2009年10月在香港拟成立的公司，该申请日期晚于"MISSHA"商标注册日，也晚于"美思""谜尚美思"商品在中国境内市面上实际流通的时间。从两被告自己提交的材料看，美思公司并未真正成立，是否真实存在存疑，两被告也未能提交美思公司实际参与合作监制商品的证据。

第四，两被告客观行为的表现。普拉缇娜公司、谭氏公司未有效举证与监制方存在真实监制合作关系，却在被诉侵权商品上将监制方企业名称置于突出位置，整体放大使用，相较委托方、被委托方更为显著，由于监制方名称中含与注册商标"谜尚美思""MISSHA"近似的文字信息"美思""MISSHA"，对为何使用该监制方名称，两被告不能做出合理解释。由于企业名称具有专用属性，只能由进行注册登记的企业专用，美思公司不存在，还是在香港申请登记的公司，两被告自己都有制造化妆品能力，却突出由美思公司监制，可推定两被告主观存在故意。

综上，谭氏公司、普拉缇娜公司在明知或应知主张权利的两注册商标知名度的情况下，未对被诉侵权商品上载明的"监制方"美思公司是否存在、有无参与真实的合作监制进行有效举证，可推断两被告主观上具有攀附他人知名商品、搭他人便车的故意；客观上，监制方企业名称整体放大使用在被诉侵权商品上,相较于委托方、被委托方等,字体字号更大,位置更显著,容易使得消费者误认为该标注有"普拉缇娜"商标的商品,也与"谜尚美思""MISSHA"注册商标权利人存在某种联系,或认为被诉侵权商品的制造者与爱博信公司之间存在某种特定联系或关联关系,违反了诚实信用原则,两被告的行为对爱博信公司构成不正当竞争。

编写人:广州知识产权法院　佘朝阳　刘小艳

48

安利（中国）日用品有限公司诉南京缘来一家网络科技有限公司等虚假宣传、商业诋毁纠纷案

> **阅读提示：** 商业诋毁在司法中如何认定？

【裁判要旨】

市场同业竞争者在没有事实依据的情况下，通过其官方网站和微信公众号上传对比内容及结论均虚假的视频，宣传竞争对手生产的产品为对人体有毒有害产品的虚伪事实，或通过真实实验过程得出误导性结论，导致竞争对手的市场竞争能力被削弱、商誉受到损害的行为，构成商业诋毁，应当就此承担相应的民事责任。在司法实践当中，认定商业诋毁行为应具备如下要件：存在竞争关系、具体的实施行为、主观过错、商业信誉或商品声誉的贬损。此外，在认定事实虚伪时的举证责任应当分配给散布该虚伪事实的一方。

【案号】

一审：广东省广州市黄埔区人民法院（2016）粤 0112 民初 3535 号

【案情与裁判】

原告：安利（中国）日用品有限公司（简称安利公司）

被告：南京缘来一家网络科技有限公司（简称缘来一家公司）

被告：宿迁伟业电子商务有限公司（简称伟业公司）

起诉与答辩

安利公司起诉称，安利公司发现互联网上广泛传播一个 looopooo 牌洗衣液与安利公司洗衣液对比试验视频，经搜索，确认是缘来一家公司在其官方网站（www. looopooo. com）上发布该视频，并在互联网上传播。该视频通过 looopooo 牌洗衣液和安利公司优生活倍洁多效洗衣液在 5 个方面进行对比的方法，得出宣传结论：looopooo 牌洗衣液在去污力、酸碱度、浑浊度、抗氧化性和环保性等方面均好于安利公司生产的洗衣液。伟业公司在其微信公众号"咱是八零后"发布了相同的对比试验视频。该视频播放量共 89515 次，时间跨度长达一年六个月。缘来一家公司与安利公司的产品存在同业竞争关系，经安利公司委托检测，缘来一家公司生产的 looopooo 牌洗衣液"总活性物""去污力"指标不符合行业标准 QB/T1224－2012《衣料用液体洗涤剂》中洗衣液普通型的要求，判定不合格。因此，缘来一家公司和伟业公司发布和传播对比试验视频，是故意通过令消费者和公众容易误解的片面对比试验方法，诋毁安利公司的信誉和安利公司产品的声誉，以达到抬高本公司竞争性产品的美誉度，促进其产品销售的目的，依法已经构成不正当竞争行为。为维护合法权益，请求法院判令：1. 缘来一家公司、伟业公司停止侵害、赔礼道歉、消除影响、恢复名誉；2. 缘来一家公司、伟业公司连带赔偿安利公司经济损失 3128820 元（赔偿额 300 万元 + 鉴定费 23550 元 + 律师费 10 万元 + 公证费约 5270 元）；3. 本案诉讼费由缘来一家公司、伟业公司承担。

缘来一家公司提交书面答辩称：1. 网上传播的案涉视频并非其上传发布，其只是从网络平台上将他人上传发布的视频转载在自己公司的官网上，应由该视频的发布者和提供服务的网络平台承担责任。此外，公司经营不善，产品无法销售，已濒临破产，转载行为没有给安利公司的产品销量造成实质影响。2. 缘来一家公司不应与伟业公司承担连带赔偿责任。伟业公司在互联网上的行为是其独立行为，与缘来一家公司无关。

伟业公司答辩称，案涉视频来源于缘来一家公司的官网，伟业公司只是在不清楚是非的情况下进行转载，且案涉视频阅读量一共为 68 次，并没有对安利公司造成损失，且已作删除处理。"咱是八零后"公众号转载的视频未涉嫌商业用途，也未给伟业公司带来经济收益。

一审审理查明

looopooo. com 是缘来一家公司的官方网站域名，looopooo 牌洗衣液为其生产。"咱是八零后"公众号为伟业公司经营。http：//www. looopooo. com 网站及"咱是八零后"公众号发布了关于 looopooo 牌洗衣液与安利公司洗衣液的对比试验视频。网页视频播放总量为 80572 次。上述视频中对于酸碱度的对比出现"安利洗衣液酸碱度绝对是伤衣服，还有一个就是伤手"等用语；燃烧试验的对比中出现"安利的洗衣液冒出来的黑烟伤到我们的身体，它是致癌物"等用语；对于水溶性的对比出现"安利的洗衣液安利的东西是不是多害人？是不是？非常伤心？你说直销的东西这么好都是这个样子，何止咱们的超市"等用语。国家洗涤用品质量监督检验中心检验报告（X16198 号），检测 looopooo 牌洗衣液在总活性物和去污力方面不合格，安利公司提交安利优生活洗衣液检验报告，证明安利公司生产的案涉洗衣液符合 Q/ALZG 8 - 2013 标准（多效倍洁洗衣液）要求。微信截图证明案涉视频目前已经删除且阅读量和转发量为 65 次。

一审判理和结果

根据查明的事实，视频中对于酸碱度的对比出现了"安利洗衣液酸碱度绝对是伤衣服，还有一个就是伤手"等用语；对于浑浊度的对比得出安利公司的洗衣液入水后呈比较浑浊状；燃烧试验的对比中出现了"安利的洗衣液冒出来的黑烟伤到我们的身体，它是致癌物"等用语；对于水溶性的对比出现了"安利的洗衣液安利的东西是不是多害人？是不是？非常伤心？你说直销的东西这么好都是这个样子，何止咱们的超市"等用语，安利公司主张 looopooo 牌洗衣液与安利公司洗衣液的对比试验视频误导相关公众以为安利公司生产的洗衣液是不合格甚至对人体、环境等有毒有害，有事实依据。该视频使用了大量引人误解的虚假宣传用语，缘来一家公司作为 looopooo 牌洗衣液的生产商，在其官方网站上上传该视频，伟业公司作为 looopooo 牌洗衣液的销售商在其微信公众号上推广该产品广告，均是期望引导消费者将购买安利公司生产的洗衣液的行为或习惯转为购买 looopooo 牌洗衣液。上述行为违背了《反不正当竞争法》倡导的诚实信用原则并且符合前述法律规定的"引人误解的虚假宣传行为"的构成要件。因此，缘来一家公司与伟业公司上述虚假宣传行为已侵害了同为洗衣液生产者安利公司的权益，构成对安利公司的不正当竞争。

《反不正当竞争法》第十四条规定，"经营者不得捏造、散布虚伪事实，损害竞争对手的商业信誉、商品声誉"。如前所述，案涉视频对比结论虚假，缘来一家公司和伟业公司作为洗衣液的同业竞争者，在没有事实依据的情况下，分别通过其官方网站和微信公众号上散布、捏造安利公司生产的洗衣液为对人体有毒有害产品的虚伪事实，该行为削弱了安利公司的市场竞争能力。故缘来一家公司和伟业公司的上述行为已经构成商业诋毁的不正当竞争行为，应当就此承担相应的民事责任。伟业公司以微信公众号发布对比视频的形式散布虚假事实，无论其行为是否具有主观恶意，客观上已经妨害了安利公司的正当经营活动，损害了安利公司商业信誉和商品声誉，侵害了安利公司的合法权益。因此，伟业公司抗辩转载视频系不清楚是非的情况下进行，一审法院不予采信。综上，依照《民法通则》第一百零一条、第一百二十条、第一百三十四条，《反不正当竞争法》第二条、第九条第一款、第十四条、第二十条第一款，《最高人民法院关于审理不正当竞争民事案件应用法律若干问题的解释》第八条第一款第（一）项、第（三）项、第三款，《最高人民法院关于适用〈中华人民共和国民事诉讼法〉的解释》第九十二条第一款之规定，判决：一、缘来一家公司于判决生效之日起立即停止在官方网站（www.looopooo.com）上发布"looopooo 牌洗衣液与安利洗衣液的对比试验视频"进行广告宣传的行为；二、伟业公司于判决生效之日起立即停止在微信公众平台"咱是八零后"上发布"looopooo 牌洗衣液与安利洗衣液的对比试验视频"进行广告宣传的行为；三、缘来一家公司于判决生效之日起七日内向安利公司赔偿经济损失 25 万元、合理费用 97560 元，共计 347560 元；四、伟业公司于判决生效之日起七日内向安利公司赔偿经济损失 1 万元、合理费用 30720 元，共计 40720 元；五、缘来一家公司、伟业公司于判决生效之日起七日内分别在缘来一家公司官方网站（www.looopooo.com）、伟业公司

"咱是八零后"微信公众号平台首页发布声明，向安利公司公开赔礼道歉（声明内容由一审法院审定，时间不得短于六个月）；六、驳回安利公司其他诉讼请求。

本案各方当事人均未上诉。

【法官评述】

本案是一件典型的因虚假宣传认定的商业诋毁纠纷案件。在安利公司举证证明其积累的商誉已经具有相当大的市场价值，缘来一家公司开展同业竞争时，试图利用该商誉获取价值而忽视了诚实信用原则的遵守，由此引发了本案诉讼。本案中，缘来一家公司和伟业公司利用互联网对安利公司进行了虚假宣传行为和商业诋毁行为，由于互联网传播迅速、覆盖范围广、受众数量庞大，利用网络恶意诋毁安利公司商誉对安利公司的整体形象有极其强大的破坏性，并且这种破坏在短时间内难以彻底修复。安利公司提交的大量相关报道也证实了这一点。

本案中，虽然缘来一家公司确认在其官方网站存在案涉对比视频，但对于对比视频本身是否构成虚假宣传及是否构成商业诋毁仍有异议。案涉视频是否属于虚伪事实而认定为缘来一家公司存在虚假宣传行为和该行为是否构成商业诋毁，是本案审理的重点和难点。

一、关于虚伪事实的认定

本案中的四句宣传用语片面地，没有事实依据地向相关公众传达"安利洗衣液致癌""伤衣服""伤手"等信息，容易使相关公众误认为安利公司生产的洗衣液是致癌物，会对身体健康产生损害，但缘来一家公司并没有证据证明上述宣传语的真实性，因此应认定这是对比视频的虚伪事实部分，故案涉对比宣传用语应认定为对相关商品信息的虚假性宣传。在此，笔者认为，在认定虚伪事实时，除与"真实"情况不符外，虚伪事实还包括引人误解的事实，即经营者或被诉违法主体在商品描述、对比信息中直接对特定竞争者的商品质量、货源进行贬损，将对相关公众的判断产生严重误导，使相关公众对包括相关商品的品牌在内的商品信息产生误解的事实。比如本案中，案涉视频中将安利公司的洗衣液描述为"入水后呈比较浑浊状""安利的洗衣液冒出来的黑烟伤到我们的身体"等文字描述，向消费者表达安利公司生产的商品质量差，属于直接对该商品质量进行误导性的贬损，因而同样构成虚假宣传。此外，在虚伪事实认定时举证责任分配的问题。虚伪事实并不限于虚假，但在案件的审理中，法院仍需通过双方当事人的举证及案件相关事实进行判断，尤其是"真实"与"虚假"之间的证明与认定。因此，在虚假宣传、商业诋毁纠纷案中，有必要合理分配当事人对虚伪事实的举证责任。如在本案中，案涉视频中将安利公司生产的洗衣液进行活性比对，得出安利公司生产的洗衣液活性不合格的结论。安利公司提交了其生产的洗衣液活性物的第三方检测报告，结论为合格。笔者认为，在本案中，安利公司仅需提供证据证明缘来一家公司实施了散布行为，并对该信息对其不利进行初步举证即可，缘来一家公司则应举证证明其所散布的信息为客观、真实。即使在安利公司未提交第三方检测报告的情况下，只要缘来一家公司无法证明其对比视频内容真实客观，就应承担举证不能的不利后果。

二、关于商业诋毁的认定要件

《反不正当竞争法》第十四条将商业诋毁行为规定为不正当竞争行为，规定"经营者不得捏造、散布虚伪事实，损害竞争对手的商业信誉、商品声誉"。但上述规定过于原则，并未明确商业诋毁行为的构成要件，可操作性较差，以致在实践中对相关行为进行定性时没有统一的标准。本案中，审查缘来一家公司是否构成商业诋毁，不仅要审查其具体的诋毁方式，如散布虚假信息、发布恶意材料等，还要考虑该行为是否有损害安利公司商业信誉和商品声誉以及由此造成的具体损害后果，正常的生产或者销售是否造成影响，有无削弱竞争对手竞争能力，违法行为实施者是否达到争夺客户资源、提高交易数量、促进经济收益等目的。因此，商业诋毁的构成要件需要明确。如前所述，本案是一件典型的商业诋毁案件，从该案的审理中，我们可以总结出商业诋毁行为的构成要件是：（1）当事人之间存在竞争关系（不限于狭义的竞争关系）；（2）行为人实施了捏造、散布竞争对手虚伪事实的行为；（3）行为人主观上存在过错；（4）具有损害结果（竞争对手的商业信誉或商品声誉受到贬损)。

由于商誉的无形性,安利公司很难提供其商誉受到损害的直接证据。但在审理该案时,安利公司提交了大量网络平台的用户转发及不利评价,考虑到安利公司经多年经营积累的商誉不仅有财产权的属性,更多地体现了人格权的属性,因此判决同时支持缘来一家公司在互联网发布声明,公开赔礼道歉与赔偿损失的诉讼请求。此外,本案还考虑到利用互联网进行商业诋毁行为,互联网用户群庞大、实施速度快、行为方式多样、违法成本低、商誉挽回的成本大、损害更加直接迅速等特点,对赔偿金额及其他诉讼请求予以综合判断。

编写人:广州市黄埔区人民法院　张静怡

49

玛田音响有限公司诉广州新珑电子科技有限公司、蓝海燕不正当竞争纠纷案

> **阅读提示**：不正当竞争纠纷中如何认定知名商品特有名称、包装、装潢？

【裁判要旨】

知名商品特有名称、包装、装潢应具有区别商品来源的功能，或本身具有独创性，或经使用具有识别性。权利人可以就已取得外观设计专利授权的商品同时提起不正当竞争诉讼和侵害外观设计专利权诉讼，但该外观设计专利并不能当然成为相关公众区分商品来源的标识，亦即不满足知名商品特有名称、包装、装潢的最基本构成要件。同时，即使权利人将其商品名称进行商标注册，但注册商标并不直接等同于商品名称，该商品名称亦不能当然成为知名商品特有的名称。

【案号】

一审：广东省广州市荔湾区人民法院（2015）穗荔法知民初字第381号

【案情与裁判】

原告：玛田音响有限公司（MARTIN AUDIO LIMITED）（简称玛田公司）

被告：广州新珑电子科技有限公司（简称新珑公司）

被告：蓝海燕

起诉与答辩

玛田公司诉称，玛田公司是玛田音响设备（MARTIN AUDIO）的制造商和供应商。玛田公司于 2007 年申请名为"扬声器"的外观设计专利并获得授权公告。玛田公司将这一新设计命名为 BLACKLINE＋，并为该系列产品赋予了 F10＋、F12＋、F15＋、S218＋等独特的产品名称，其中"F15＋"已经在中国取得了注册商标权。玛田公司经调查发现新珑公司在其部分产品上使用的商品包装装潢以及商品名称与玛田公司知名商品特有的包装装潢以及商品名称相似。新珑公司是蓝海燕投资成立的一人有限责任公司。新珑公司、蓝海燕的行为足以误导相关消费者对产品来源的认知，不但损害了玛田公司的产品信誉，还给玛田公司造成极大的经济损失，请求法院判令新珑公司、蓝海燕：1. 立即停止不正当竞争的行为，包括但不限于：销毁侵权产品，删除网站以及产品图册中的侵权产品图片；不得再使用玛田公司特有的产品包装装潢（BLACKLINE＋系列）以及 F10＋、F12＋、F15＋、S218＋等特有的产品名称；2. 赔偿玛田公司经济损失及维权合理费用共计 506600 元；3. 承担本案诉讼费用。

新珑公司、蓝海燕共同辩称，涉案"MARTIN AUDIO"音响商品为知名商品的证据不充分；新珑公司、蓝海燕从未对玛田公司实施过不正当竞争行为；玛田公司在一审法院对新珑公司、蓝海燕提出不正当竞争和商标侵权、外观侵权赔偿的同时，在广州知识产权法院以相同的证据资料对新珑公司、蓝海燕提起本案涉及的 F10＋、F12＋、F15＋三起外观侵权诉讼，属于重复申请赔偿，滥用诉权，不应得到法院的支持。

一审审理查明

玛田公司（MARTIN AUDIO LIMITED）是于 1972 年 3 月 15 日根据英格兰法律设立的私人有限公司。新珑公司是于 2013 年 3 月 8 日成立的有限责任公司（自然人独资），蓝海燕是新珑公司的股东。根据工业和信息化部 ICP/IP 地址/域名信息备案管理系统查询显示，新珑公司网站网页为 www.ldhaudio.com。

经国家工商行政管理局总局商标局核定，第 6052162 号"F15⁺"注册商标注册人为玛田公司，核定使用商品为第 9 类，包括扬声器、环绕立体声音响设备等，注册日期为 2010 年 3 月 7 日，有效期至 2020 年 3 月 6 日。玛田公司于 2007 年 5 月 14 日向国家知识产权局申请名为"扬声器"的外观设计专利，于 2008 年 3 月 26 日获得授权公告。该专利整体呈不规则、不对称的五边形立体设计，正面为网罩，中间网罩向外凸出，凸出部分为上宽下窄的等边梯形，凹凸部分的衔接处因光线的变化呈现为两条明显的黑色直线，透过网罩可以看到里面上方中间有一正方形边条围成的黑色区域设计，下方有一较大面积的圆形黑色区域设计；后视图显示靠近底部有一梯形设计；左右视图显示各有一类碗状的凹陷提手；仰视图显示有一圆形小孔。

玛田公司是一家生产、销售专业音响的企业。2001 年至 2015 年期间，玛田公司音响产品系列广告先后在《国际演艺科技》《国际演艺》《亚洲专业音响》《音响技术》《电声技术》等杂志上刊登。玛田公司提供了部分海关报关单复印件、江门慎昌贸易有限公司证明，证明江门慎昌贸易有限公司报关进口的玛田商品是指玛田公司制造的带有 MARTIN AUDIO 商标的音箱、功放、喇叭等设备。玛田公司提供的产品目录显示"黑线＋系列"（Blackline＋Series）中"二分频单 10 寸全频音箱 F10＋""二分频单 12 寸全频音箱 F12＋""二分频单 15 寸全频音箱 F15＋""双 18 寸超低频音箱 S218＋"音箱整体呈不规则、不对称的五边形立体设计，正面为网罩，中间网罩向外凸出，凸出部分为上宽下窄的等边梯形，凹凸部分的衔接处因光线的变化呈现为两条明显的黑色直线。而"二分频双 15 寸全频音箱 F215＋"音箱整体呈长方体，正面没有网罩。玛田公司提供了证据证明新珑公司参加了第二十二届中国国际专业音响、灯光、乐器及技术展览会。

2013 年 4 月 26 日，玛田公司向广东省广州市广州公证处申请保全证据公证。通过百度搜索引擎输入 www.ldhaudio.com 搜索，点击其中的"广州新珑电子科技有限公司"，打开相应网页，网页中"产品展示"栏目显示有型号为"F10＋""F12＋""F15＋""S218＋"的音箱照片以及相关技术参数。其中型号为"F10＋"的音箱照片显示产品整体呈不规则、不对称的五边形立体设计，正面为网罩，中间网罩向外凸出，凸出部分为上宽下窄的等边梯形，凹凸部分的衔接处因光线的变化呈现为两条明显的黑色直线。网页中的"工程案例"中有"最新战绩"首页显示八个案例图片，文字描述是在"广西防城港 V12 商务娱乐会所"工程案例中使用"F10＋"音箱 60 只等。公证人员对整个操作过程进行监督，制作（2013）粤广广州第 077553 号公证书。

一审判理和结果

一审法院审理认为，玛田公司为证明其公司使用了涉案特有的包装装潢及产品名称的产品的情形，提供了产品目录，而该产品目录显示的商品为音箱，产品目录在介绍不同型号的音箱同时附有图片。但玛田公司的 BLACKLINE＋系列产品音箱，外观形象并非都具有其公司主张的包装、装潢；同时玛田公司没有主张 F215＋为其公司知名商品特有的名称。为此，本案应对涉案的 BLACKLINE＋系列产品中"二分频单 10 寸全频音箱 F10＋""二分频单 12 寸全频音箱 F12＋""二分频单 15 寸全频音箱 F15＋""双 18 寸超低频音箱 S218＋"音箱（简称"F10＋""F12＋""F15＋""S218＋"音箱）是否具有知名商品特有的包装、装潢及 F10＋、F12＋、F15＋、S218＋是否构成知名商品特有的名称进行认定。

经审查，一审法院认为玛田公司现有证据尚无法证明其公司 BLACKLINE＋系列产品中"F10＋""F12＋""F15＋""S218＋"音箱的外观形象构成知名商品特有的包装、装潢，尚无法证明 F10＋、F12＋、F15＋、S218＋构成知名商品特有的名称。理由如下：

一、玛田公司为证明 BLACKLINE＋系列产品是知名商品提供了多份杂志。从内容上看，大部分是第三方对"玛田音响""Martin Audio""Martin Audio 公司"活动情况的介绍性报道，并非专门针对 BLACKLINE＋系列产品的中"F10＋""F12＋""F15＋""S218＋"音箱广告宣传，这些介绍性报道也只有少数提及 BLACKLINE＋（或 Blackline＋）系列产品，玛田公司并未提供其公司在相关媒体或户外广告栏，面向市场广大消费者对 BLACKLINE＋系列产品中"F10＋""F12＋""F15＋""S218＋"音箱进行广告宣传的证据。另外，玛田公司提供海关报关单复印件及江门慎昌贸易有限公司证明与产品目录印证，虽然可以证明玛田公司有在中国销售 BLACKLINE + 系列产品中使用"F10 +""F12 +""F15 +""S218 +"字样的音箱，但凭这些单据，仍然无法判断 BLACKLINE + 系列产品中"F10 +""F12 +""F15 +""S218 +"音箱的市场份额等情况，尚不足以证明 BLACKLINE + 系列产品中"F10 +""F12 +""F15 +""S218 +"音箱在中国境内为知名商品的程度。综上，BLACKLINE + 系列产品中"F10 +""F12 +""F15 +""S218 +"音箱是不为相关公众所知悉的商品，不应当认定为《反不正当竞争法》中的"知名商品"。

二、知名商品特有的名称、包装、装潢不仅要求商品知名，同时还要求该商品的名称、包装、装潢达到反不正当竞争法规定的"特有"程度，亦即该商品的名称、包装、装潢应具有显著区别性特征，并通过在商品上的使用，使相关公众能够以此将该商品与其他经营者的同类商品相区别，故具有区别商品来源功能是知名商品特有名称、包装、装潢的最基本的构成要件。因此，玛田公司主张其涉案商品的名称、包装、装潢构成知名商品特有名称、包装、装潢，应当举证证明该商品名称、包装、装潢具有区别商品来源功能。商品名称、包装、装潢并不先天性地具有区别商品来源功能，商品名称、包装、装潢要与商品来源建立特定联系，需要经过经营者对使用该名称、包装、装潢商品进行一定程度的销售、宣传等。

（一）玛田公司的"扬声器"在 2008 年 3 月获得外观设计专利授权，但该外观设计专利并不影响玛田公司的 BLACKLINE + 系列产品中"F10 +""F12 +""F15 +""S218 +"音箱包装、装潢是否具有区别商品来源特性的判断，亦即是说玛田公司取得外观设计专利授权，并不能当然成为相关公众区分商品来源的标识；从玛田公司提供证据杂志、海关报关单复印件等内容上看不足以认定其请求保护的音箱商品的包装、装潢经过一定程度的销售、宣传已与玛田公司建立起特定联系，从而具有区别商品来源的功能。因此，BLACKLINE + 系列产品中"F10 +""F12 +""F15 +""S218 +"音箱的包装、装潢不属于《反不正当竞争法》第五条第（二）项所保护的特有的包装、装潢。

（二）玛田公司虽为第 6052162 号"F15^{+}"商标注册人，但注册商标并不等同于商品的名称，更不能当然成为知名商品特有的名称。玛田公司提供的产品目录显示其公司 BLACKLINE＋系列产品中"F10＋""F12＋""F15＋""S218＋"音箱名称除有其对应 F10＋、F12＋、F15＋、S218＋外，还均在 F10＋、F12＋、F15＋、S218＋前面加上"寸""全频音箱"等一起使用，可见，该产品目录并不能证明单独的 F10＋、F12＋、F15＋、S218＋为"F10＋""F12＋""F15＋""S218＋"音箱商品名称。从玛田公司提供证据杂志、海关报关单复印件等内容上看亦不足以认定其请求保护的音箱商品的名称 F10＋、F12＋、F15＋、S218＋经过一定程度的销售、宣传已与玛田公司建立起特定联系，从而具有区别商品来源的功能。因此，BLACKLINE＋系列产品中"F10＋""F12＋""F15＋""S218＋"音箱使用的 F10＋、F12＋、F15＋、S218＋不属于《反不正当竞争法》第五条第（二）项所保护的特有的名称。

由于玛田公司以新珑公司擅自使用其知名商品特有的商品的名称、包装、装潢构成不正当竞争的理由不充分，其据此要求新珑公司、蓝海燕停止不正当竞争的行为、赔偿经济损失及合理费用的诉讼请求亦没有事实和法律依据，一审法院均不予支持。

据此，依照《反不正当竞争法》第五条第（二）项，《最高人民法院关于审理不正当竞争民事案件应用法律若干问题的解释》第一条、第二条，《民事诉讼法》第六十四条第一款之规定，判决：驳回玛田公司的全部诉讼请求。

本案各方当事人均未上诉。

【法官评述】

本案为不正当竞争纠纷中如何认定知名商品特有名称、包装、装潢提供了借鉴。知名商品特有的名称、包装、装潢不仅要求商品知名，同时还要求该商品的名称、包装、装潢达到反不正当竞争法规定的"特有"程度，亦即该商品的名称、包装、装潢应具有显著区别性特征，并通过在商品上的使用，使相关公众能够以此将该商品与其他经营者的同类商品相区别，故具有区别商品来源功能是知名商品特有名称、包装、装潢的最基本的构成要件。本案中，原告仅以其商品外观包装已取得外观设计专利、商品名称进行了商标注册为由，主张其商品的名称、包装、装潢为知名商品特有的名称、包装、装潢，但该外观设计专利并不能当然成为相关公众区分商品来源的标识，商品名称进行了商标注册亦不表示该商品名称当然地成为知名商品特有名称，即上述条件并不满足知名商品特有名称、包装、装潢的最基本构成要件。权利人主张其涉案商品的名称、包装、装潢构成知名商品特有名称、包装、装潢，应当举证证明该商品名称、包装、装潢具有区别商品来源功能。

第一，商品名称、包装、装潢的新颖性或独创性与反不正当竞争法规定的"特有"程度有一定的联系。若商品名称、包装、装潢具有新颖性或独创性，例如包装、装潢的图片选择、位置排列、颜色搭配等均体现出一定的特色，将该种具有新颖性或独创性的商品名称、包装、装潢用于商业活动，则该名称、包装、装潢通常会起到区别商品来源的作用。

第二，即使商品名称、包装、装潢不具有新颖性或独创性，也不意味着其必然不具有特有性。名称、包装、装潢并不先天性地具有区别商品来源功能，商品名称、包装、装潢要与商品来源建立特定联系，需要经过经营者对使用该名称、包装、装潢商品进行一定程度的销售、宣传等，故法院在认定的过程中，亦可以综合该商品的销售时间、销售区域、销售额和销售对象，进识任何宣传的持续时间、程度和地域范围等因素进行判断。在部分案件中，涉案商品的包装装潢如果作为"知名商品的特有包装装潢"得到过相关的行政保护，则更具有说服力。

编写人：广州市荔湾区人民法院　陈锦堂　左　斯　张　宁

50

杨明亮诉广州市紫蔷薇健康食品有限公司特许经营合同纠纷案

> 阅读提示："经营资源"的价值如何体现在商业特许经营合同中？

【裁判要旨】

特许经营合同关系解除后，被特许人仍在原场所经营原业务的，其装修费及设备款、租金水电工人工资、租赁保证金和基础设施维护费等运营费用，不属于因特许人违约而产生损失，但是，不再被许可使用经营资源后，特许人收取的加盟费用应扣减后返还；而被特许人的品牌预期收益产生变化，经营效益变差的可能性较大，此部分应认定为特许人违约造成的损失。

【案号】

一审：广东省广州市南沙区人民法院（2014）穗南法知民初字第 550 号
二审：广州知识产权法院（2015）粤知法商民终字第 119 号

【案情与裁判】

原告（被上诉人）：杨明亮

被告（上诉人）：广州市紫蔷薇健康食品有限公司（简称紫蔷薇公司）

起诉与答辩

杨明亮起诉请求：1. 解除双方之间的特许加盟合同并由紫蔷薇公司向杨

明亮赔偿经济损失共计 450593.5 元。2. 本案诉讼费用及保全费用由紫蔷薇公司承担。杨明亮与紫蔷薇公司于 2010 年 9 月 27 日开始签订特许加盟合同，合同签订后，杨明亮完全按约定正常履行合同。后合同期满，于 2013 年 11 月 12 日双方又签订了《紫蔷薇特许加盟合同》及《黄编加盟店附加协议》，杨明亮按约定履行合同，黄编店正常运营。但紫蔷薇公司于 2014 年 6 月 11 日向杨明亮发出《有关申请停止合作的事宜》的通知，突然单方面要求终止合同，从 2014 年 7 月 15 日停止供货，造成杨明亮重大经济损失。

紫蔷薇公司向一审法院辩称，紫蔷薇公司依约解除合同的行为合法，恳请判决驳回其诉讼请求。1. 紫蔷薇公司依双方先前约定的提前终止合作条款，其行为不构成违约。2. 杨明亮诉状所称与事实不符，根本不能成立。3. 起诉状所称造成杨明亮重大损失，并要求赔偿损失 450593.50 元的诉讼请求缺乏依据且与事实不符。

一审审理查明

2010 年 9 月 27 日，紫蔷薇公司（甲方）与杨明亮（乙方）签订有紫蔷薇特许加盟合同，合同期限自 2010 年 10 月 1 日起至 2013 年 10 月 1 日止，共3 年。双方同时签订有黄编加盟店附加协议。合同签订后，杨明亮于 2010 年 10 月 22 日缴纳了 3 万元保证金。2013 年 11 月 12 日，紫蔷薇公司（甲方）与杨明亮（乙方）续签紫蔷薇特许加盟合同。亦同时签订了黄编加盟店附加协议。合同签订后，杨明亮于 2013 年 12 月 3 日缴纳了 4500 元加盟费。双方均确认第一份合同已经履行完毕，杨明亮后一份合同所缴纳的保证金 3 万元为前一份合同的流转。2014 年 6 月 11 日，紫蔷薇公司向杨明亮作出有关申请停止合作的事宜的函件，杨明亮后自行向紫蔷薇公司交回押金收据原件，紫蔷薇公司在扣减相关货款后于 2014 年 8 月 20 日通过网上支付的方式向杨明亮退回 19617.1 元。

紫蔷薇公司认为其与杨明亮已经协商一致解除合同，对此，其提供了书面证据和证人证言，杨明亮对上述证据和证人证言均不予确认。

根据杨明亮、紫蔷薇公司提供的照片与庭审陈述，杨明亮所经营的店铺尚在继续经营，仍使用紫蔷薇公司的相关标识；店铺内置有部分制作面包、蛋糕的设备，其在紫蔷薇公司终止合同之后自行制作部分面包、蛋糕，终止合同之前散装的蛋糕和面包为自行制作，有包装的蛋糕和面包由紫蔷薇公司供货，还有部分产品是根据紫蔷薇公司供货的半成品进行加工制作。

对于其装修费及设备款损失，杨明亮提供了部分单据作为证据证实，其中一部分单据为第二份合同履行期间发生。紫蔷薇公司对上述证据均不予确认。对于其租金、水电、工人工资损失，杨明亮提供了租赁合同、发票等证据予以证实。紫蔷薇公司对上述证据真实性没有异议，但认为这些费用都是属于杨明亮的日常经营成本，与其公司无关。对于其基础设施维护费、合同保证金损失，杨明亮提供了租赁合同、发票和结婚证作为证据证实，紫蔷薇公司对上述证据不予确认，且结婚证仅表明杨明亮与林文玲为夫妻关系。

根据杨明亮的申请，一审法院向广州市番禺区市桥街黄编村股份合作经济社就基础设施维护费的相关事宜进行了调查。

另查，自2014年6月开始，紫蔷薇公司陆续与客户终止关于面包蛋糕的合作合同，并注销所属直营店。紫蔷薇公司成立于2004年1月13日，注册资本为500万元，企业类型为有限责任公司（中外合资），经营范围为糕点、面包制造（不含现场制售）；饼干及其他烘焙食品制造（不含现场制售）；销售本公司生产的产品。

一审判理和结果

本案为特许经营合同纠纷。杨明亮、紫蔷薇公司签订的两份特许经营合同系双方当事人的真实意思表示，且未违反法律强制性规定，应为合法有效，双方均应按合同约定行使权利并履行义务。因第一份合同双方均确认履行完毕，故本案存在争议的应为第二份合同履行期间的权利义务关系。本案中，杨明亮认为紫蔷薇公司已构成违约，故主张解除合同，并要求紫蔷薇公司赔偿损失，上述诉请应以紫蔷薇公司的行为构成违约为前提。

一、紫蔷薇公司单方解除合同是否构成违约

首先，紫蔷薇公司单方解除合同的行为，不发生解除合同的效力。根据《合同法》第四十五条第一款规定，审查讼争合同第十七条的第1、2点约定，第1点确为无条件解除合同条款，但该条款享有权利主体仅为杨明亮一方；而第 2 点则为附条件解除合同的条款，紫蔷薇公司没有证据证明其行为符合附加条件约定中的几个条件。根据《合同法》第二十一条、第二十二条规定，紫蔷薇公司在本案中，既没有证据证实杨明亮以明示的方式作出同意解除合同的意思表示，亦没有证据证实双方对此存在交易习惯，而默示方式的意思表示推定须法律明确规定，故不能推定其已经同意与紫蔷薇公司解除合同。至于紫蔷薇公司自身的经营行为更与其与杨明亮之间订立的合同没有直接的关联性。市场交易活动应具备稳定性与秩序性，紫蔷薇公司基于自身经营模式转变等需要单方与杨明亮解除合同不符合合同约定之解除条件，亦不符合合同法的相关规定，故紫蔷薇公司以函件的形式通知杨明亮解除合同的行为，不发生解除合同的效力。

其次，杨明亮有权解除合同并主张相应的赔偿责任。根据《合同法》第九十四条第（二）项、第一百零七条之规定，紫蔷薇公司单方解除合同的行为已经构成根本违约，杨明亮可据此解除涉案合同，并可向紫蔷薇公司主张相应的赔偿责任。根据《合同法》第九十六条的规定，合同自通知到达对方时解除。故涉案合同应在一审法院将起诉状送达紫蔷薇公司的 2014 年 11 月 20 日解除，并以此日作为计算各项赔偿责任的基准日，双方的权利义务在合同解除日之后全面终止。相应地，杨明亮从该日始亦应停止享有基于讼争合同所享有的全部权利，其中应包括停止使用紫蔷薇公司的相关标识。

二、紫蔷薇公司应负之赔偿责任的认定

本案中，杨明亮与紫蔷薇公司订立的涉案合同属于继续性合同。由于双方合同解除的时间点已经确定，而继续性合同的解除原则上无溯及力，依据《合同法》第九十七条的规定，结合杨明亮的主张，讼争合同应分三个阶段处理：其一，合同完全依约履行的过程中没有发生违约行为，故不产生赔偿责任。其二，紫蔷薇公司开始停止供货从而不完全依约履行合同义务的过程中，由于杨明亮没有提供任何证据证实紫蔷薇公司停止供货对其造成的实际损失，而其所经营的店铺具有部分的生产能力，亦一直维持有实际经营，故法院对此不予支持。其三，合同解除后，根据上述《合同法》第一百一十三条第一款之规定，当紫蔷薇公司根本性违约时导致杨明亮无法实现其合同目的时，为使杨明亮恢复到原来的经济地位，紫蔷薇公司应对其实际损失而非象征性的损失给予赔偿。关于杨明亮的损失，法院根据合同目的、性质、主要权利义务、履行时间等因素，分项认定其直接的实际损失。

一审法院依照《合同法》第五条、第六条、第八条、第二十一条、第二十二条、第四十五条第一款、第九十四条第（二）项、第（四）项、第九十六条第一款、第九十七条、第一百零七条、第一百一十三条，《民事诉讼法》第六十四条第一款，《最高人民法院关于民事诉讼证据的若干规定》第二条、第十八条之规定，判决：一、紫蔷薇公司应于判决生效之日起十日内一次性赔偿杨明亮各项经济损失合计89360元；二、驳回杨明亮的其他诉讼请求。

上诉与答辩

一审判决后，紫蔷薇公司不服，向广州知识产权法院提起上诉称：一、一审判决对紫蔷薇公司提前解除《特许加盟合同》的行为定性有误。二、一审法院判决紫蔷薇公司赔偿合同保证金9360元和基础设施维护费8万元缺乏事实及法律依据。请求撤销一审判决第一项、由杨明亮承担一审和二审诉讼费。

杨明亮答辩称：一、杨明亮未同意紫蔷薇公司解除合同，未与其达成共识。二、关于保证金9360元和基础设施维护费8万元是杨明亮的实际损失。请求驳回上诉，维持一审判决。

二审审理查明

二审查明事实与一审查明事实一致。

二审判理和结果

二审法院审理认为，杨明亮与紫蔷薇公司于2010年9月27日签订了特许经营合同（第一期合同），该合同期满后，双方又于2013年11月12日续签合同（第二期合同）。一审法院认定双方合同关系合法有效是正确的，双方的权利义务应当按照合同的约定予以确定。本案是因双方在履行第二期合同过程中发生纠纷所致，一审法院经审理后判令紫蔷薇公司赔偿杨明亮全部"租赁保证金"和部分"村基础设施维护费"共89360元，现紫蔷薇公司对此判决结果不服，其理由涉及对导致纠纷产生的各方当事人行为的法律评价，故二审法院审查不限于上述两笔费用该不该赔偿之问题。

正如一审法院所指出，合同第十七条约定了解除合同的条款，根据该条款，合同一方如有意解除合同，必须提前一个月书面通知对方，还须"经对方同意"，并"共同协商终止合约的方式和时间"，"达成共识并结清帐"。经审查，在第二期合同履行过程中，紫蔷薇公司意欲解除合同，已于2014年6月11日向杨明亮发出书面函，告知其将于当年7月15日终止合同，预留了一个月的时间。关于从书面函发出后至停止供货此期间，双方尚未就合同终止的方式、时间等事项达成共识，更未清帐。但是，紫蔷薇公司停止向杨明亮供货之后，杨明亮已向紫蔷薇公司交回合同保证金收据，开始结算步骤。再后杨明亮向一审法院起诉，明确提出解除合同之诉请。可见，杨明亮也有意解除合同，但由于双方已起纠纷，自主协商未能继续进行，共识未能彻底达成，故法院应对合同解除后双方的责任进行认定，对未结算之事项进行处理。

公民和法人有设立、变更或者终止民事权利和民事义务的权利。紫蔷薇公司与杨明亮均为独立的经营主体，双方均有对外签订合同、建立契约关系的自由；签订合同后也有解除契约关系的自由，但是如果未按约定解除必须承担违约或者赔偿责任。紫蔷薇公司虽然提前一个月发出了解除合同的书面函，但在未与杨明亮协商一致达成共识、未结算完毕的情况下单方停止供货，已构成违约。一审法院认定基于紫蔷薇公司违约，故杨明亮有权解除合同并主张赔偿损失，并无不当，但应加判合同解除判项。按照合同第十六条的约定，违约行为给对方造成经济损失的，应根据造成损失的程度向守约方支付不少于1万元的违约金，违约金不足以赔偿守约方经济损失的，由违约方补足。因此，本案的关键争议是确定紫蔷薇公司的违约行为是否给杨明亮造成损失、杨明亮在一审中提出的损失项目是否由紫蔷薇公司违约行为所导致。

本案是特许经营合同关系，在这种合作模式中，紫蔷薇公司停止履行合同后，杨明亮仍可继续经营，只不过失去了紫蔷薇公司提供的经营资源而已。事实上，本案一、二审诉讼期间，杨明亮仍在原场所经营原业务，甚至紫蔷薇公司的有关标识仍被使用。因此，杨明亮提出的装修费及设备款、租金水电工人工资、租赁保证金和村基础设施维护费四项，并不因紫蔷薇公司违约而产生损失。但是，合同解除后，杨明亮继续经营将不再被许可使用合同约定的紫蔷薇公司原经营资源，加盟费用应扣减后返还，品牌预期收益也将变化。关于加盟费，合同第二期为 2013 年 11 月 12 日至 2016 年 11 月 12 日共三年，从合同第二期开始履行至杨明亮解除合同之意思表示到达紫蔷薇公司之日，已履行大致一年，紫蔷薇公司所收取的三年加盟费 4500 元，应扣除 1/3（剩 3000 元）后予以返还。关于品牌预期收益的变化，从理论上讲，去除紫蔷薇公司的经营资源后，杨明亮的经营效益有可能变差、也有可能变好，但从生产生活常识上讲，个体经营一般情况下不如品牌连锁效应，在去除原有经营资源后，变差的可能性更大，因此，二审法院将此笔计入合同第十六条中的"因违约造成损失必须支付的违约金"，酌情确定为 3 万元。至于杨明亮在合同解除后使用紫蔷薇公司相关标识涉嫌侵害其权利，属另一法律关系，本案不予调处。

综上所述，一审法院查明事实清楚，但适用法律部分有误，根据《民事诉讼法》第一百七十条第一款第（二）项的规定，改判：一、撤销广州市南沙区人民法院（2014）穗南法知民初字第 550 号民事判决；二、紫蔷薇公司与杨明亮于 2013 年 11 月 12 日签订的《紫蔷薇特许加盟合同》从 2014 年 11 月 20 日起解除；三、紫蔷薇公司应于判决生效之日起十日内向杨明亮返还加盟费 3000 元，并支付违约金 3 万元，共 33000 元；四、驳回杨明亮的其他诉讼请求。

【法官评述】

本案关键在于特许经营合同解除后，如何对双方当事人的合同责任进行认定、如何对未结算之事项进行处理。在特许经营合同存续期间，特许人虽然提前一个月发出了解除合同的书面函，但在未与被特许人协商一致达成共识、结算完毕的情况下单方停止供货，已构成违约。基于此，被特许人有权解除合同并主张赔偿损失。合同解除后，被特许人所经营的店铺仍可继续经营。当事人双方约定的"自主经营、自负盈亏"的合同内容也表明被特许人的经营模式自主性较高,即使双方解除合同,被特许人的经营获利目的仍然可以实现,只不过原有的特许经营资源被撤走,故未发生的加盟费用应予退还,且被特许人的品牌预期收益发生变化,由此产生的损失应由特许人承担。本案的处理思路中,特别关注"经营资源"这种交易对象在合同关系中的价值,凸显了特许经营合同的知识产权属性,为同类案件的审理提供了范例。

编写人:广州知识产权法院　郑志柱